www.kimnbook.co.kr

꿈을 향한 도전, 김앤북이 함께 합니다!

「**김앤북**」은 **편입** 교재 외에 **컴퓨터/IT** 관련 교재,
전기/소방, 미용사/사회복지사 등 전문 **자격 수험서**까지
다양한 분야의 도서를 출간하는 **종합 출판사로 성장하고 있습니다.**

대학편입은 김영, **편입수험서는 김앤북!**

편입수험서 No.1 김앤북

김영편입 **영어** 시리즈

| 어휘시리즈 |

| **기출 1단계**(문법, 독해, 논리) |

| **워크북 1단계**(문법, 독해, 논리) |

| **기출 2단계**(문법, 독해, 논리) |

| **워크북 2단계**(문법, 독해, 논리) |

| **기출 3단계**(연도별 기출문제 해설집) |

김영편입 **수학** 시리즈

| **1단계 이론서**(미분법, 적분법, 선형대수, 다변수미적분, 공학수학) |

| **2단계 워크북**(미분법, 적분법, 선형대수, 다변수미적분, 공학수학) |

| **3단계 기출문제 해설집** |

축적된 **방대한 자료**와 **노하우**를 바탕으로 **전문 연구진**들의 교재 개발,
실제 시험과 **유사한** 형태의 **문항**들을 개발하고 있습니다.
수험생들의 **합격을 위한 맞춤형 콘텐츠**를 **제공**하고자 합니다.

내일은 시리즈(자격증/실용 도서)

자격증

정보처리기사 필기, 실기

컴퓨터활용능력 1급, 2급 실기

빅데이터분석기사 필기, 실기

데이터분석 준전문가(ADsP)

GTQ 포토샵 1급

GTQi 일러스트 1급

리눅스마스터 2급

SQL개발자

실용

코딩테스트

파이썬

C언어

플러터

SQL

자바

코틀린(출간예정)

스프링부트(출간예정)

머신러닝(출간예정)

전기/소방 자격증

2024 전기기사 필기
필수기출 1200제

2025 소방설비기사 필기 공통과목
필수기출 400제

2025 소방설비기사 필기 전기분야
필수기출 400제

김앤북의 가치

도전 신뢰

끊임없이 개선하며 **창의적인 사고**와 **혁신적인 마인드**를 중요시합니다.
정직함과 **도덕성**을 갖춘 사고를 바탕으로 회사와 고객, 동료에게 **믿음**을 줍니다.

함께 성장

자신과 회사의 **발전**을 위해 **꾸준히 학습**하며, 배움을 나누기 위해 노력합니다.
학생, 선생님 **모두 만족시킬** 수 있는 **최고의 교육 콘텐츠**와 **최선의 서비스**를 위해 노력합니다.

독자 중심

한 명의 독자라도 **즐거움**과 **만족**을 느낄 수 있는 책, 많은 독자들이 함께 **교감**하는 책을 만들기 위해 노력합니다. **분야를 막론**하고 **독자들의 마음속**에 오래도록 깊이 남는 **좋은 콘텐츠**를 만들어가겠습니다.

김앤북은 메가스터디 아이비김영의 다양한 교육 전문 브랜드와 함께 합니다.

김영편입 김영평생교육원 미래편입 Changjo

UNISTUDY 더조은아카데미 메가스터디아카데미

메가스터디교육그룹 아이비원격평생교육원

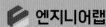

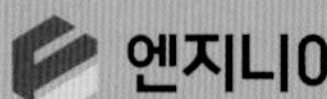

엔지니어랩

합격을 완성할 단 하나의 선택

김영편입 영어

2025 성균관대학교

기출문제 해설집

합격을 완성할 단 하나의 선택

김영편입 영어 2025 성균관대학교 기출문제 해설집

PREFACE

성균관대 기출문제 해설집, 합격을 향한 완벽 가이드!

편입영어 시험은 단순히 영어 능력만을 평가하는 것이 아니라, 해당 대학에서의 수학능력을 평가하는 도구로서 활용됩니다. 따라서 편입영어 시험에서는 어휘, 문법, 논리, 독해 영역에서 높은 이해도를 요구하며, 이를 통해 학생들의 역량을 평가하게 됩니다.

편입영어 시험은 대학마다 출제 방식이나 난이도가 다르기 때문에, 각 대학의 특성에 맞게 대비해야 합니다. 또한, 자신의 목표와 상황에 따라 적절한 전략을 수립하여 효율적으로 공부하는 것이 중요합니다.

『김영편입 영어 2025 성균관대학교 기출문제 해설집』은 편입 수험생이 2020학년도~2024학년도 성균관대 편입영어 시험에 출제된 문제를 통해 출제경향과 난이도를 파악하여 실전에 대비할 수 있도록 구성했습니다. 연도별 심층분석 자료와 더불어, 성균관대 편입 성공을 이루어 낸 합격자의 영역별 학습법을 수록하였습니다. 지문 해석뿐만 아니라 선택지 해석, 어휘, 문제풀이 분석 및 오답에 대한 설명을 제공하여 편입 시험에 도전하는 수험생을 위하여 기출문제에 대한 자신감을 갖도록 기획했습니다.

김영편입 컨텐츠평가연구소

HOW TO STUDY

기출문제 해설집에 수록된 모든 유형의 문제를 풀어보자!

5개년 기출문제는 실제 시험의 출제경향과 난이도를 파악할 수 있는 중요한 참고 자료입니다. 기출문제는 연도별 난이도의 편차와 유형의 차이가 존재하므로, 5개년 기출문제를 통해 출제 포인트와 난이도를 파악하고 이에 맞춰 학습목표를 설정하는 것이 중요합니다.

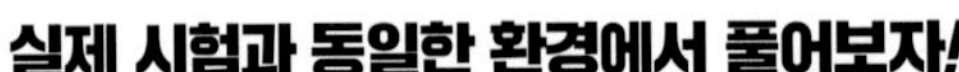

실제 시험과 동일한 환경에서 풀어보자!

편입시험은 제한된 시간에 많은 문제를 풀어야 하기 때문에 시간안배가 중요합니다. 또한 문항별 배점이 다른 대학의 경우 배점이 높은 문제를 먼저 풀어 부족한 시간에 대비하는 것도 필요합니다. 실제 시험장에서 긴장하지 않고 시험환경에 얼마나 잘 적응할 수 있느냐가 고득점의 필수요건이므로, 기출문제집을 통해 이에 대비해야 합니다.

풀어본 문제는 해설과 함께 다시 한 번 확인하여 정리하자!

- 기출문제 해설집에는 지문 해석뿐만 아니라 문제의 해석, 분석, 어휘, 오답에 대한 설명 등이 상세하게 수록됐습니다.

- 어휘는 기출어휘에서 출제되는 경향이 높으므로 표제어뿐만 아니라, 선택지에 제시된 어휘를 잘 정리해서 암기해야 합니다. 출제된 어휘를 상세하게 수록하여 사전의 도움 없이 어휘 학습이 가능하도록 구성했습니다.

- 문법은 문제별 출제 포인트를 제시하고, 해설과 문제에 적용된 문법 사항을 정리하여 문제를 쉽게 이해할 수 있도록 했습니다. 오답 노트를 만들어 취약한 부분을 정리하는 것이 필요하며, 해설이 이해가 안 되는 경우 문법 이론서를 통해 해당 문법 사항을 반드시 이해하고 넘어가야 합니다.

- 논리완성은 문제를 풀기 위해서 문장을 정확히 분석하는 능력을 키우는 동시에 다량의 어휘를 숙지하고 있어야 합니다. 문제에 대한 정확한 해석뿐만 아니라 글이 어떻게 구성되어 해당 어휘가 빈칸에 적절한지에 대한 상세한 분석이 돼 있습니다. 또한 문제 및 선택지에 출제된 어휘도 상세히 수록하여 어휘 학습을 병행하는 데 도움이 되도록 구성했습니다.

- 독해는 편입시험에서 가장 비중이 높은 영역입니다. 지문 해석뿐만 아니라 선택지도 해석이 돼 있어 편입을 처음 접하는 학생들도 쉽게 이해할 수 있도록 구성했으며 오답에 대한 설명을 수록하여 문제의 이해도를 높였습니다.

CONTENTS

문제편

해설편

문제편

출제경향 및 난이도 분석

▶▶ 성균관대 편입영어 시험은 50문항·90분으로 진행됐으며, 영역별로 차등배점이 부여됐다. 특히 독해의 경우 30문항이 출제되어 전체 시험에서 가장 큰 비중을 차지했고, 다른 영역에 비해 문항 당 배점이 높아서 독해 영역이 시험의 당락을 좌우했을 것으로 보인다.

2020~2024학년도 성균관대 영역별 문항 수 비교

구분	어휘	문법	논리완성	독해	합계
2020학년도	5	5	9	31	50
2021학년도	6	5	10	29	50
2022학년도	5	5	10	30	50
2023학년도	5	5	9	31	50
2024학년도	5	5	10	30	50

2024 성균관대 영역별 분석

어휘

구분	2020	2021	2022	2023	2024
문항 수 (동의어)	5/50(10%)	6/50(12%)	5/50(10%)	5/50(10%)	5/50(10%)

▶▶ 밑줄 친 어휘와 의미가 가장 가까운 것을 고르는 동의어 유형 5문제가 출제됐다. 출제된 어휘에는 sedentary(=desk-bound), skimp on(=cut back on), decommission(=deactivate), thriftness(=frugality), trenchant(=incisive)가 있었다. 제시어와 선택지가 대부분 기출어휘였지만 혼동을 줄 수 있는 어휘를 선택지로 제시하여 제시어의 의미를 정확히 알지 못한 수험생들은 정답을 고르기 어려웠을 것이다.

문법

구분	2020	2021	2022	2023	2024
문항 수 (W/E)	5/50(10%)	5/50(10%)	5/50(10%)	5/50(10%)	5/50(10%)

▶ 밑줄 친 부분 중 어법상 옳지 않은 것을 고르는 Written Expression 유형 5문제가 출제됐다. 출제된 문법 사항으로는 if가 생략된 가정법 과거완료, 능동태와 수동태의 구분, 명사의 수, 관계대명사 that/what의 구분, 대명사의 수일치, 전치사의 목적어로 쓰이는 명사, 동격을 나타내는 접속사 that 등이 있었다. 암기 위주의 문법사항을 물어보기보다 문장의 구조를 파악해야 풀 수 있는 문제가 주로 출제됐다.

논리완성

구분	2020	2021	2022	2023	2024
문항 수	9/50(18%)	10/50(20%)	10/50(20%)	9/50(18%)	10/50(20%)

▶ 한 단락 길이의 지문에서 빈칸에 적절한 어구를 고르는 유형으로 10문제가 출제됐다. 문제를 풀 수 있는 결정적인 단서가 빈칸 앞뒤로 제시되어 있었지만, 일부 선택지가 다의어가 출제되어 정답을 고르는 데 어려움을 주었다. 예를 들어, '법정'이라는 뜻으로 알고 있는 court가 '얻으려고 애쓰다'는 뜻으로도 쓰일 수 있고, '고자질쟁이'라는 뜻으로 알고 있는 telltale이 '숨길 수 없는'이라는 뜻으로도 쓰일 수 있음을 알아야 풀 수 있는 문제들이었다. 문제의 내용을 살펴보면 동남아시아가 추구하는 개발 전략, 석유의 기원과 관련한 소련 기술자들의 견해, 불발로 끝난 감옥 탈출 시도, 임금 인상과 물가 인상의 악순환, 고귀한 목표 추구에 헌신한 사람에 대한 경의, BTS 군 면제와 관련한 루머, 'man'이 갖고 있는 여러 가지 뜻, 선과 악의 이원론, 다양한 민족과 종교로 이루어져 있는 미국, 연쇄살인범을 둘러싼 집단 공포 등 다양한 내용의 글이 논리완성 문제로 활용됐다

독해

구분	2020	2021	2022	2023	2024
지문 수	17	14	16	17	16
문항 수	31/50(62%)	29/50(58%)	30/50(60%)	31/50(62%)	30/50(60%)

▶ 『The Economist』, 『The New York Times』, 『The Guardian』 등과 같은 대중매체뿐 아니라, 유발 노아 하라리의 『사피엔스(Sapiens)』 같은 베스트셀러에서 발췌한 수준 높은 글이 독해지문으로 출제됐다. 출제된 유형을 살펴보면 문맥상 적절하지 않은 단어 고르기, 글의 요지, 글의 제목, 내용일치, 지시대상, 부분이해, 글의 어조, 빈칸완성, 단락 나누기 등 지난해와 비슷한 유형의 문제가 출제됐다. 지문의 내용을 살펴보면 부자 감세로 인한 낙수 효과, 영어에 미치는 미국의 영향력, 생성형 인공지능의 비즈니스 활용, ChatGPT의 장단점, 중국의 패권주의, 인공지능을 활용한 해커 전술, 매력적인 국가로 만들려는 노력의 한계, 모나리자가 신비롭게 보이는 이유, 감시 자본주의와 사생활 침해, 화가들에게 매력적인 동굴, 우주 팽창과 관련된 에드윈 허블의 업적, 커피 수요증가의 원인 등이 출제됐다.

2025 성균관대 대비 학습전략

▶ 성균관대는 유형의 변화가 크지 않으므로 기출문제를 통해 평가 요소를 확인하고 학습 목표를 설정하는 것이 중요하다. 어휘는 기출 어휘를 중심으로 학습하고, 문법은 문장의 구조와 관련된 문제가 주로 출제되므로 이에 대한 훈련이 필요하다. 논리완성은 한 단락 길이의 지문에서 문제가 출제되므로 빈칸을 추론할 수 있는 단서를 찾고 빈칸 앞뒤에 제시된 연결어나 지시어를 활용해 문제를 풀 수 있는 능력을 키우는 것이 중요하다. 독해는 현재 사회적으로 이슈가 되고 있는 다양한 분야의 대중매체의 글을 접하는 것이 도움이 될 것이다.

SUNGKYUNKWAN UNIVERSITY

성균관대학교

2024학년도 인문계
▸▸ 50문항·90분

[01-05] Choose one that is closest in meaning to the underlined expression.

01 Making healthy lifestyle choices can help e-sports players stay fit and reduce the risk of developing a <u>sedentary</u> lifestyle. 1.9점

① desk-bound ② lustful ③ innocent
④ hypnotizing ⑤ bewitching

02 Some Uber drivers said they might <u>skimp on</u> the New Year feast to save money as they feared losing their livelihood in 2024. 1.9점

① reinforce ② grumble ③ skip
④ cut back on ⑤ pile up

03 Although the Nanaimo bunker was <u>decommissioned</u> in the 1990s, the Department of National Defence has not yet determined what it intends to do with the bunker structure itself following the soil remediation. 1.9점

① introduced ② deactivated ③ free of charge
④ gratuitous ⑤ purposeless

04 Germany's environment minister once used Christmas as an opportunity to show off her housewifely <u>thriftiness</u> by being pictured ironing soon-to-be-reused sheets of wrapping paper. 1.9점

① rationality ② image ③ frugality
④ indiscretion ⑤ generosity

05 For over four decades, the late Robert Heinecken was a <u>trenchant</u> observer of social politics. 1.9점

① dominant ② dull ③ fallible
④ nebulous ⑤ incisive

[06-10] Choose one that is either ungrammatical or unacceptable.

06 ①<u>All</u> of this would ②<u>have</u> been more tolerable had ③<u>it</u> been ④<u>applying</u> with ⑤<u>some</u> degree of consistency. 1.8점

07 Robert Brown is one ①<u>of</u> a small ②<u>numbers</u> of social scientists ③<u>who</u> can write effectively ④<u>both</u> to specialists and to the general ⑤<u>reading</u> public. 1.8점

08 ①<u>That</u> happened in the second ②<u>half</u> of the twentieth century has been ③<u>described</u> ④<u>rather</u> dismissively ⑤<u>as</u> the cola-colonization of the world. 1.8점

09 ①<u>During</u> the long period that baseball was ②<u>developing</u> from a gentleman's recreation to the national pastime, ③<u>another</u> sport was ④<u>shaping</u> up to challenge ⑤<u>their</u> unquestioned preeminence. 1.8점

10 ①<u>Since</u> many odd languages were of military ②<u>significant</u> during World War II, the anthropological linguist had a chance ③<u>to</u> introduce his method of ④<u>working</u> directly ⑤<u>with</u> the native informant. 1.8점

[11-15] Choose one that is most appropriate for the blank.

11 Over the last half century in much of East and Southeast Asia, national leaders have pursued a development strategy that has rescued hundreds of millions of people from poverty, ______ foreign investment to construct export-oriented industry. Farmers gained greater incomes through factory work, making basic goods like textiles and clothing before evolving into electronics, computer chips and cars.

① obstructing ② occluding ③ courting 1.9점
④ arraigning for ⑤ denouncing for

12 Soviet engineers often found hydrogen not because they wanted it but because they had a different theory of how petroleum originates. They believed it was generated from inorganic matter rather than crunched-up dinosaur bones. On this view, carbon from the earth's mantle would interact with hydrogen deep underground to produce hydrocarbons(the chief component of petroleum), so it made sense to look for hydrogen as a ______ sign of petroleum. 1.9점

① restricted ② telltale ③ sensitive
④ spurious ⑤ underhand

13 Jack pressed on, reached the railway and waited for a train. When it came, he hurled himself aboard and burrowed in among the empty coal bags. After he escaped, his fellow prisoners covered for him, stuffing a dummy under his blankets and pretending he was asleep. ______, Jack had booked a haircut and shave from a Boer barber for the next morning and forgotten to cancel it. His absence was noticed by the barber. Later, the barber was offered a hefty reward for Jack's recapture. 1.9점

① Favorably ② Thankfully ③ Unfortunately
④ Fortuitously ⑤ Gracefully

14 What's more dubious about Pill's story is that he attributes this zero-sum jockeying for position to an attempt to avoid an inevitable decline in real income, brought on largely by ______. Although he was careful to include price hikes by firms as well as wage demands in his discussion, this is still basically the classic wage-price-spiral story. In that story, workers see a rise in their cost of living, say, because of surging energy prices, and demand wage increases to offset these losses — but firms then raise prices to reflect higher labor costs, and off we go.

1.9점

① higher energy prices
② prosperity of the company
③ protection of the private sector
④ uncompromising negotiation
⑤ cultural change

15 Still, think how much grimmer the world would be if there were no prizewinners to announce, if we didn't take a moment to celebrate those who have dedicated their lives to the pursuit of some noble or beautiful goal. But what about those who do not win prizes? This much larger group may not be all Mozarts, but they do suggest the essential meaning and tension in winning a prize: For every winner, there are many, many others who go unrecognized. We should take care to assign prizes their proper weight, to neither ______. A prize is a wonderful thing, but it is the work, and the artist's commitment to it, that matters. 1.9점

① remember them momentarily nor permanently
② celebrate them officially nor secretly
③ nominate them based on the dedication nor luck
④ mistake them for meaning too much nor too little
⑤ value them for the collaborative work nor fortune

[16-20] Choose one that is most appropriate for the blank.

16 For months it was rumored that the government might allow the members of BTS to skip the military service, on the basis they had already served their country by earning it billions of dollars, and it would be more beneficial to allow them to carry on doing so. But in October, the members of BTS announced they were all planning to enlist, with Jin, as the oldest, going first. ______, the reports he was being sent to the front line surprised some fans, who had assumed he would be given a less risky role. 2.1점

① Even so ② As usual ③ Even now
④ And thus ⑤ In summary

17 I have considerable admiration for scientists in general, and evolutionists and ethologists in particular, and though I think they have sometimes gone astray, it has not been purely through prejudice. Partly it is due to sheer semantic accident — the fact that "man" is a(n) ______ term. It means the species; it also means the male of the species. If you begin to write a book about man or conceive a theory about man you cannot avoid using this word. You cannot avoid using a pronoun "he" as a substitute for the word. 2.1점

① impartial ② technical ③ traditional
④ ambiguous ⑤ admirable

18 Today the secular world doesn't need Satan. Good and evil, however, are in great demand. The old Iranian dualism of good versus evil is entirely an arbitrary one, but it's effective for maintaining social order. In US history, the good/evil dualism was projected onto ______. The undiscovered countries of Africa and North America were cast in the role of evil, conveniently enough, as they were both un-Christian and ripe for exploration and exploitation in a way that much of seventeenth century Asia was not. 2.1점

① the continent itself
② its mysterious history
③ the segregation of the society
④ its socioeconomic structure
⑤ the racial discrimination

19 Lakshmi, an Indian-American immigrant, closed her speech by paying tribute to the participants of the conference, saying they "build a truer mosaic of what America looks like today. While our nation is far from perfect, full of contradictions and hypocrisy in its policies, it can still show the world, that a country needn't consist of only people from the same ethnicity or religion," she said. "It can be built, with all of us who see the best possible America, and help it lurch forward, stumbling often along the way, towards a future, where we will share the same rights and hopefully, ______." 2.1점

① America comes first
② nobody is perfect
③ we need more volunteers
④ no more foreign workers
⑤ all are welcome

20 In the mid-1980s a collective fear — initiated and fueled by law enforcement and the media — gripped the world, and ______. If one were to believe all the hype, a monster was lurking at every turn, just waiting to destroy another life. The FBI even went so far as to state that their numbers showed 500 serial killers on the loose in the US at any given time (the actual number is probably much closer to 50). Supposed experts and authors came out of the woodstock and have ridden this wave of hysteria in the way of badly researched (and in many cases, fabricated) quickie true-crime books and dubious hypotheses and theories. 2.1점

① people started watching more thrillers
② the story of apocalypse was spreading
③ superstition replaced the scientific beliefs
④ the myth of the serial killer was born
⑤ people wanted the more strict law enforcement

[21-22] Choose the one that is inappropriate for the whole context.

21 Tax cuts for the wealthy have long drawn support from conservative lawmakers and economists who argue that such measures will Ⓐ"trickle down" and eventually boost jobs and incomes for everyone else. But a new study says 50 years of such tax cuts have only helped one group — the rich. The new paper examines 18 Ⓑdeveloped countries — from Australia to the United States — over a 50-year period from 1965 to 2015. The study compared countries that passed tax cuts in a specific year, such as the U.S. in 1982 when President Ronald Reagan slashed taxes on the wealthy, with those that didn't, and then examined their economic outcomes. Per capita gross domestic product and unemployment rates were nearly identical after five years in countries that Ⓒslashed taxes on the rich and in those that didn't, the study found. But the analysis discovered one major change: The incomes of the rich grew much faster in countries where tax rates were Ⓓlowered. Instead of trickling down to the middle class, tax cuts for the rich may not accomplish much more than help the rich keep more of their riches and Ⓔreduce income inequality, the research indicates. 2.1점

① Ⓐ　② Ⓑ　③ Ⓒ
④ Ⓓ　⑤ Ⓔ

22 For the immediate future and perhaps for longer, Ⓐby far the most powerful influence on world English is likely to be the United States. But this influence may be Ⓑdecreasingly challenged in time. Sardonic rumors that the 'native speaker is dead' have circulated since a book of that title was published by Thomas Paikeday in Canada in 1985. But we must regard such reports as grossly Ⓒ'exaggerated'. In view of the claim that native speaker 'owns' the language, a more appropriate heading might be 'The Ⓓtoppling of the native speaker'. In the future, the native speaker may not automatically be regarded as the Ⓔauthority to whom non-native speakers defer in determining what is correct in the language. 2.1점

① Ⓐ　② Ⓑ　③ Ⓒ
④ Ⓓ　⑤ Ⓔ

성균관대학교
인문계

23 The main point of the following passage would be '______'. 2.1점

Many generative AI tools will be easier to access than previous technologies. This is not like the advent of personal computers or smartphones, where employers needed to buy lots of hardware, or even e-commerce, where retailers needed to set up physical infrastructure before they could open an online storefront. Yet not all businesses will be enthusiastic adopters. Although the technology promises to do away with drudgery, some people worry that it may ultimately replace them. A survey by a consultancy finds that frontline workers are more likely to be concerned, and less likely to be optimistic, about AI than managers or leaders are. In some cases, unions may act to slow the adoption of the technology; some may go as far as the writers' guild in Hollywood, which was on strike for much of 2023, in part because of concerns about AI's impact on jobs.

① Managers in the public sector may feel no impulse to innovate.
② Using AI is less valuable than previous approachable technologies.
③ AIs are prone to hallucinations or fake news.
④ Many of the companies are using AI to build a tool to help rich managers.
⑤ AI holds much promise for businesses but we should not expect the adoption overnight.

24 **The one which has the different opinion from others is ______.** 2.1점

Ⓐ When students type questions for an assignment on ChatGPT, the latter responds with explanations and examples. It provides students with an alternative way of answering assignment questions.
Ⓑ ChatGPT can speak out the responses for students with sight impairments. It can also summarize the topics or concepts from a course for students with learning disabilities.
Ⓒ ChatGPT can understand students' learning styles, providing a personalized learning experience. It can analyze students' academic performance and structure the course to meet their requirements.
Ⓓ Using ChatGPT in higher education can assist professors in multiple ways. For example, it can develop a comprehensive lesson plan for a course. It can also provide access to links containing additional educational resources for a course.
Ⓔ Using ChatGPT for writing assignments will only promote cheating and plagiarism. Since ChatGPT generates responses quickly, it will decrease students' abilities to brainstorm, think critically, and be creative with their answers.

① Ⓐ ② Ⓑ ③ Ⓒ
④ Ⓓ ⑤ Ⓔ

25 **The underlined "this evaluation" would mean that ______.** 2.1점

China disagrees with this evaluation. The Chinese are calling for an end to "hegemonism" — the Chinese and Russian codeword for domination of the world by a single power. Yet all the signs are that China is positioning itself to be the next great hegemon. China has been recruiting nations in South America, the Middle East, and Asia for what it has specifically told each of them will be the "new world order," one that will put an end to the "gunboat diplomacy," "neo-colonialism," and the "hegemonism" of an unnamed rival power. That unnamed power is the United States.

① China's future is not bright
② China will face technological challenges
③ China will be next super power
④ China will give up one-child policy
⑤ China would never be equal to the United States

26 **The best title of the following passage would be ______.** 2.0점

Perhaps the most effective weapon in a hacker's arsenal is "spear phishing" — using personal information gathered about an intended target to send them an individually tailored message. An email seemingly written by a friend, or a link related to the target's hobbies, has a high chance of avoiding suspicion. This method is currently quite labor intensive, requiring the would-be hacker to manually conduct detailed research on each of their intended targets. However, an AI similar to chatbots could be used to automatically construct personalized messages for large numbers of people using data obtained from their browsing history, emails and tweets.

① Enhancing Hacker Tactics with AI
② How to Identify Spam Mails
③ Avoiding the Targets of Hackers
④ Emails Can Be Dangerous
⑤ Personalized Message Produced by AI

27 Which one is true of the passage? 2.0점

Most rabbits have, in their skill set, the ability to pretend that they're healthy even when they're quite sick. It's sort of the inverse of playing possum, but done for the same purpose, namely, to deflect attention from predators, who would consider a sick rabbit easy pickings. As a result of this playacting, rabbits often die suddenly — or what appears to be suddenly — when, in fact, they've been sick for a while.

① Rabbits may die without being sick.
② It's not easy to keep rabbits as a pet.
③ Rabbits pretend to be dead before the predators.
④ In fact, rabbits are smarter than the possums.
⑤ It's not surprising for a rabbit to die all of a sudden.

[28-30] Read the following passage and answer the questions.

Imagine that when you are very young, the map of the world you use to guide your immature self is correspondingly underdeveloped, like a child's drawing of a house: always straight and centered, portraying only the front; always with a door and two windows; always with a square for the outside wall and a triangle for the roof; always with a chimney and smoke. This is a very low-resolution representation of a house. ⒶIt is more hieroglyph than drawing. It is something that represents the idea of house, or perhaps home, generically, like the words "house" or "home" themselves. However, it is almost always enough: The child who drew the picture knows it is a house, and the other children and the adults who see the picture know it is a house. ⒷIt is a good-enough map. But all too often appalling events occur within houses. These are not so easy to represent. A few squares, a triangle, a smattering of flowers, and a benevolent solar orb offer only an inadequate representation of the horrors characterizing such a dwelling place. Maybe what is happening inside the house is beyond understanding. But how can what is terrifying be beyond both tolerability and understanding? How can trauma even exist without comprehension? These are great mysteries. But everything is not experienced at the same level of conception. We have all been petrified by the unknown even though that seems a contradiction in terms. But the body knows what the mind does not yet grasp. And it remembers. And it demands that understanding be established. And there is simply no escaping that demand.

28 **The underlined Ⓐ"<u>It is more hieroglyph than drawing</u>" means that it is more '______'.** 2.0점

① contradictory than confirming
② biased than impartial
③ conceptual than graphic
④ appalling than peaceful
⑤ established than temporary

29 **The underlined Ⓑ"<u>It is a good-enough map</u>" may suggest that the drawing by children '______'.** 2.0점

① locates the exact place
② fulfills its purpose
③ characterizes a terrifying moment
④ is more vivid than the picture
⑤ is actually very creative yet controversial

30 **According to the above passage, the author thinks that the understanding of old memories is, in some sense, '______'.** 2.0점

① an exaggeration of the reality
② the unchanging fact
③ a prerequisite to experience itself
④ the contradiction of the reality
⑤ the benevolent solar orb

[31-33] Read the following passage and answer the questions.

Mr. Diouf was among the lucky ones: He made it to the Canary Islands alive. But the whole experience was dreadful, he said. He was imprisoned and deported to Senegal. Upon his return, together with two other repatriates, he set up his nonprofit, known as AJRAP, or the Association of Young Repatriates, whose mission is persuading Senegal's youth to stay. In his quest, Mr. Diouf has sought the help of some high-profile allies: He wrote a letter to the country's president, Macky Sall, but never got an answer. He even tried to go to Brussels to speak with the authorities of the European Union but was denied a visa. But that has not held him back. When it has the funds, AJRAP organizes vocational training in baking, poultry breeding, electricity and entrepreneurship, to provide alternatives to embarking on a pirogue. Mr. Diouf also speaks to young people in local schools to rectify the overly rosy picture of Europe often painted by those who made it there. But he is painfully aware of his limitations. "We know that the European Union sent funds to Senegal to create jobs," he said with quiet resignation in his voice. "But we have not seen any of this money." After the initial peak of 2006-2007, the number of people trying to cross the Atlantic Ocean decreased in the following years. But recently, the route has seen a resurgence in popularity, especially among young people struggling to find jobs, and fishermen affected by their ever-shrinking catch.

31 **The underlined part "he is painfully aware of his limitations" may suggest that ______.** 2.0점

① most people in Senegal choose to migrate anyway
② Senegal is the safest country in Africa
③ Europe is too dangerous to live
④ only young authorities are aware of the danger
⑤ people with low incomes may pay higher tax than the rich

32 **According to the passage, Mr. Diouf ______.** 2.0점

① did not experience a disastrous voyage at sea
② concedes that it is getting easier to make his case
③ is fighting an uphill battle against emigration
④ has become an accomplice in his colleagues' deaths
⑤ thinks that Senegal has all different kinds of jobs which are scarce in Europe

33 **What kind of attitude does Mr. Diouf have?** 2.0점

① optimistic ② buoyant ③ indifferent
④ adamant ⑤ pliable

[34-35] Read the following passage and answer the questions.

All the many species of hominids that preceded us had prominent browridges, but we Homo sapience gave them up in favor of our small, active eyebrows. ______. One theory is that eyebrows are there to keep sweat out of the eyes, but what the eyebrows do really well is convey feelings. Think how many messages you can send with a single arched eyebrow, from "I find that hard to believe" to "Watch your step." One of the reasons the Mona Lisa looks enigmatic is that she has no eyebrows. In one interesting experiment, subjects were shown two sets of digitally doctored photographs of well-known people: one with the eyebrows eliminated and the other with the eyes themselves taken away. Surprisingly, but overwhelmingly, volunteers found it harder to identify the celebrities without eyebrows than without eyes.

34 **The best expression for the blank would be ______.** 2.2점

① It makes sense
② It's not easy to say why
③ It is out of the question
④ There is no rule without exception
⑤ A picture is worth a thousand words

35 **According to the experiment, the best way to disguise oneself would be ______.** 2.2점

① to wear full make-up
② to hide your mouth
③ to put on sunglasses
④ to dye one's hair
⑤ to cover eyebrows

[36-38] Read the following passage and answer the questions.

The "invasion of privacy" is now a predictable dimension of social inequality, but it does not stand alone. It is the systematic result of a "pathological" division of learning in society in which surveillance capitalism knows, decides, and decides who decides. Demanding privacy from surveillance capitalists or lobbying for an end to commercial surveillance on the internet is like asking Henry Ford to make each Model T by hand. So here is what is at stake: Surveillance capitalism is profoundly antidemocratic, but its remarkable power does not originate in the state, as has historically been the case. Its effects cannot be reduced to or explained by technology or the bad intentions of bad people; they are the consistent and predictable consequences of an internally consistent and successful logic of accumulation. Surveillance capitalism rose to dominance in the US under conditions of relative lawlessness. From there it spread to Europe and it continues to make inroads in every region of the world.

Surveillance capitalist firms, beginning with Google, dominate the accumulation and processing of information. They know a great deal about us, but our access to their knowledge is sparse: hidden in the shadow text and read only by the new priests, their bosses, and their machines. The unprecedented concentration of knowledge produces an equally unprecedented concentration of power: ______ that must be understood as the unauthorized privatization of the division of learning in society. This means that powerful private interests are in control of the definitive principle of social ordering in our time, just as Durkheim warned of the subversion of the division of labor by the powerful forces of industrial capital a century ago.

36 **The author believes that ______.** 2.0점

① surveillance capitalism cannot be explained by our knowledge itself
② the division of learning in society has been hijacked by surveillance capitalism
③ the processing of information is detrimental to the surveillance capitalist corporations
④ the bosses of the company are not aware of the accumulation of information
⑤ people in the powerful forces of industrial capital are less likely to be affected by surveillance capitalism

37 **According to the author, lobbying for an end to commercial surveillance on the internet is ______.** 2.0점

① inconceivable ② confidential ③ sequential
④ persuasive ⑤ attainable

38 **The most appropriate expression for the blank is ______.** 2.0점

① asymmetries ② equal rights ③ laws
④ requirements ⑤ illusions

[39-40] Read the following passage and answer the questions.

The bear hug between capital and politics has had far-reaching implications for the credit market. The amount of credit in an economy is determined not only by purely economic factors such as the discovery of a new oil field or the invention of a new machine, but also by political events such as regime changes or more ambitious foreign policies. After the Battle of Navarino, British capitalists were more willing to invest their money in risky overseas deals. They had seen that if a foreign debtor refused to repay loans, the British army would get their money back. This is why today a country's credit rating is far more important to its economic well-being than are its Ⓐ______. Credit ratings indicate the probability that a country will pay its debts. In addition to purely economic data, they take into account political, social and even cultural factors. An oil rich country cursed with a despotic government, endemic warfare and a corrupt judicial system will usually receive a low credit rating. As a result, it is likely to remain relatively poor since it will not be able to raise the necessary capital to make the most of its oil bounty. A country devoid of natural resources, but which enjoys peace, a fair judicial system and a free government is likely to receive a high credit rating. Ⓑ______, it may be able to raise enough cheap capital to support a good education system and foster a flourishing high-tech industry.

39 **According to the passage, which one is NOT relevant to others?** 2.0점

① political instability
② indigenous warfare
③ a dictatorial government
④ a dishonest judicial system
⑤ a harmonious society

40 **The most appropriate words for the blanks Ⓐ and Ⓑ are ______.** 2.0점

Ⓐ	Ⓑ
① natural resources	As such
② free government systems	Conversely
③ judicial systems	In the end
④ overseas deals	In conclusion
⑤ education systems	However

[41-42] Read the following passage and answer the questions.

The attraction of caves as art studios and galleries does not stem from the fact that they were convenient for the artists. In fact, there is no evidence of continuous human habitation in the decorated caves, and certainly none in the deepest, hardest-to-access crannies reserved for the most spectacular animal paintings. Cave artists are not to be confused with "cavemen."

Nor do we need to posit any special affinity for caves, since the art they contain came down to us through a simple process of ______: outdoor art, such as figurines and painted rocks, is exposed to the elements and unlikely to last for tens of thousands of years. Paleolithic people seem to have painted all kinds of surfaces, including leather derived from animals as well as their own bodies and faces, with the same kinds of ochre they used on cave walls. The difference is that the paintings on cave walls were well enough protected from rain and wind climate change to survive for tens of millennia. If there was something special about caves, it was that they are ideal storage lockers.

41 **The most appropriate expression for the blank would be ______.** 2.0점

① invisible hand
② golden ratio
③ accident fallacy
④ vicious circle
⑤ natural selection

42 **Which is true of the above passage?** 2.0점

① Cavemen showed the great artistry.
② Cavemen used caves for their art exhibition.
③ Paleolithic people drew pictures of animals they hunted.
④ Cave paintings are found even in the uninhabitable caves.
⑤ Paleolithic artists used the different kinds of colors on human bodies.

[43-45] Read the following passage and answer the questions.

A light-footed doe peaked out of the edge of the woods and stopped to look at me. She was about fifteen feet away. I froze. Not because I had any conscious objection to killing, not even in the odd mutuality of that single beat, as we both stood there trying to figure out how to respond. I just did not know what to do. And then she was gone. I don't remember how I explained it to my father. Just the silence as we drove home. [A] As well as being a poor deer hunter, I was ______. There were a couple of years when, bored and cold, fiddling with my gun, I accidentally squeezed off a shot. [B] If I had not later done the same thing in my parents' basement while playing with a loaded handgun, I would say that the unanticipated sound of a high-powered rifle in the woods is the loudest sound that I have ever heard. [C] I always lied about the reason. "My gun went off by accident" was not an acceptable hunting story. Nor, really, was "I saw a huge buck and took aim but missed." [D] And so I settled on wild dogs. Three different years, I came in from the woods with a tale of shooting at a dog. [E] One year, I somehow found a tuft of hair, perhaps from a squirrel, which I passed around as evidence that I had managed to graze one. Another year, standing in a long line of hunters at the edge of a field as another group walked through the woods to drive the deer toward us, my gun went off when I was trying to catch a falling snowflake in my mouth.

43 **The most appropriate expression for the blank would be ______.** 2.2점

① contagious
② dangerous
③ immature
④ brave
⑤ curious

44 **If the given passage is divided into three paragraphs, the best boundary would be ______.** 2.2점

① [A] and [C]　② [A] and [D]　③ [B] and [D]
④ [B] and [E]　⑤ [C] and [E]

45 **It appears that the author ______.** 2.2점

① didn't want to kill the animals
② missed target on purpose
③ didn't know how to tell a lie
④ was clumsy with firearms
⑤ never made the same mistake again

[46-48] Read the following passage and answer the questions.

In 1929 astronomer Edwin Hubble was studying the light spectra of galaxies and announced that his observations showed that many galaxies were redshifting — they were in fact moving away from us. But what he'd actually discovered was the expansion of the universe. Those galaxies weren't just speeding away on their own, the very fabric of space-time itself was ballooning outward. He didn't believe this was evidence of expansion; it would take another seventy years before scientists realized that not only was the universe expanding — the expansion was speeding up.

Nearly a decade before Hubble took to the telescope, Albert Einstein proposed a theory called the cosmological constant in tandem with his theory of general relativity. The idea being that the universe was a static place and the density remained constant. When Einstein saw Hubble's news about the redshifting galaxies he threw his theory away, except Einstein was sort of right, go figure. The universe is not a static place — we know it's expanding rapidly, but the density in the universe still remains constant. Think of it like this, imagine you're in your living room with a table and TV and some books and a cup of coffee. Now imagine if that room began to expand like a balloon and got bigger and bigger. The objects in your living room would not increase in density — they are what they are. This is the same with our universe, as it balloons out the density remains the same, hence, your cup of coffee is the cosmological constant.

46 **Edwin Hubble _______.** 2.0점

① thought the universe was expanding
② wanted to prove Albert Einstein's theory
③ didn't realize that his finding showed the expansion of the universe
④ inspired Einstein to think about the theory of the cosmological constant
⑤ found something that made Einstein give up his theory of general relativity

47 **What does the underlined "Einstein was sort of right" mean?** 2.0점

① Even Einstein could be wrong
② Einstein's idea was partially correct
③ Einstein's theory is too ambiguous
④ Einstein knew finally he could prove everything
⑤ It was wise for Einstein to admit that he was wrong

48 **In the above passage, the universe is compared to _______.** 2.0점

① TV set
② some books
③ a table
④ living room
⑤ a cup of coffee

[49-50] Read the following passage and answer the questions.

Analysts expect China's growing thirst for coffee to be a key driver of future demand for the beans as coffee shops expand beyond Beijing and Shanghai to dozens of mid-sized cities where young professionals have warmed to the beverage. China's rising coffee demand is an opportunity for international chains like Starbucks and Tim Hortons that are investing heavily in China, though they face a steep challenge from rapidly expanding local brands. Data from the International Coffee Organization sent to Reuters show coffee consumption in China grew 15% in the year-long season ended in September from the previous cycle to 3.08 million bags. "The Chinese consumer is increasingly adopting Western lifestyles and coffee is obviously one of the beverages that represent that," said the managing director of market research firm.

The number of branded coffee shops in China grew a staggering 58% in the last 12 months to 49,691 outlets, according to Alegra Group, a company that tracks growth of coffee chains. There is harsh competition between the local chains and international chains, said Matthew Barry, a beverages analyst for Euromonitor. Each one is trying to grab as big a share as they can of the growing market, he said. Alegra Group estimates China's Luckin Coffee added 5,059 stores in the last 12 months, while another Chinese chain, Cotti Coffee, opened 6,004 outlets in the period. "The scale of the opportunity is such that both (local and international chains) will have to be very aggressive in <u>facing off against the other</u> and I think that should ensure a very dynamic marketplace in the next few years," Barry said. Chinese coffee consumption still pales when compared to top consumers, the United States and Brazil, that use more than 20 million bags per year. But the growing demand signals China is undergoing a cultural change similar to other tea-loving Asian countries including Japan and South Korea.

49 **What is true of the above passage?** 2.0점

① China's coffee shops cannot eventually expand beyond Beijing.
② There will be no more growing demand for coffee in China.
③ China's new thirst for coffee spurs cut-throat cafe competition.
④ China's coffee consumption surpasses that of Japan and South Korea.
⑤ There is no competition between local and international chains in terms of coffee shops.

50 **The underlined "<u>facing off against the other</u>" means that they are '______'.** 2.0점

① encountering dynamic cultural change
② competing with each other
③ deliberately purchasing the affordable coffee
④ moderately tracking the growth of new coffee chains
⑤ overweighing international chains like Starbucks over local ones

SUNGKYUNKWAN UNIVERSITY

성균관대학교

2024학년도 자연계
▸▸ 영어 25문항, 수학 20문항 · 90분

[01-02] Choose one that is either ungrammatical or unacceptable.

01 The click and flow of a word processor can be ①seductive, and you may find yourself ②adding a few unnecessary words or even a whole passage just ③to experience the pleasure of running your fingers over the keyboard and ④watching your words ⑤appeared on the screen. 1.8점

02 The patrol ①emerged from the wire, and the young marines ②climbing slowly up the slope of the new fire support base, ③bent over with fatigue, ④picking their way around shattered stumps and dead trees that ⑤gave no shelter. 1.8점

[03-05] Choose one that is closest in meaning to the underlined expression.

03 Mr. Putin has turned the exits of major Western companies into a windfall for Russia's loyal elite and state itself. 1.9점

① loss ② bonanza ③ shortfall
④ disaster ⑤ disadvantage

04 Exchanges of missile and artillery fire between Israel and Hezbollah, a Lebanese Shia militia allied with Iran, presage a possible second front. 1.9점

① explain ② prevent ③ escalate
④ foretell ⑤ follow

05 According to one research study, labor market performances of the subjects, who were in utero during the worst time of the Korean War (1950-1953), were significantly lower in 1990. 1.9점

① child ② unborn ③ active
④ ill ⑤ refugee

[06-10] Choose one that is most appropriate for the blank.

06 A tea pavilion — ______, almost austere in expression, with thin walls, flat roof and empty walls — is only a background for the careful practice of preparing and sharing the drink between the host and the guests. Focus on subtle, sensual experience is a celebration of transient beauty of objects and careful gestures. 2.1점

① a fully occupied space
② an extravagant building
③ the most impressive building
④ a pretty and luxurious flat
⑤ an extremely modest building

07 Here is an anecdote. Prince George's (PG) County, a Maryland county next to Washington, DC, used to have a large white majority. After the ______ of a large black middle class made the county much more diverse (although whites were still in the majority), PG voters passed a law called TRIM in 1978. TRIM puts a legal ceiling on the property tax rate, a binding constraint on the main source of revenue for school financing. 2.1점

① influx ② induction ③ emigration
④ protest ⑤ prosperity

08 Like diversity, the post-pandemic spread of remote work brings benefits while raising coordination costs. Running a workforce virtually imposes what management organization scholars call “management overhead”. Even when the network connection is not patchy and people don’t forget to unmute themselves, virtual meetings ______ lots of signals, such as eye contact and gestures. 2.1점

① allow ② let out ③ strip out
④ promote on ⑤ pass under

09 When a disaster such as a hurricane strikes a region, many goods experience an increase in demand or a decrease in supply, putting upward pressure on prices. Policymakers often object to these price hikes. They argue that businesses and economists should pay more attention to our shared social values. “During a time of crisis, it’s time for all of us to ______, it’s not time for us to grab.” 2.2점

① throw in ② take out ③ pull over
④ pitch in ⑤ persevere

10 On January 15, 2000, *The New York Times* reported that in the first week of the new millennium local hospitals had recorded an astonishing 50.8% more deaths than in the last week of 1999. *The Times* suggested that this phenomenon was due to infirm people willing themselves to stay alive long enough to witness the dawning of the new age. Apparently, the anticipation of ______ events can motivate people to live longer. 2.2점

① trivial ② obscure ③ mundane
④ momentous ⑤ insignificant

[11-12] Read the following passage and answer the questions.

The media often seem to thrive on superlatives, and we, their audience, are confused as to whether the price increases we have recently seen in the stock market are all that unusual. Data that suggest that we are setting some new record (or at least close to doing so) are regularly stressed in the media, and if reporters look at the data in enough different ways, they will often find something that is close to setting a record on any given day. In covering stock market, many writers mention “record one-day price changes” — measured in points on the Dow rather than percentage terms, so that records are much more likely. Although the media have become increasingly ______ about reporting in terms of points on the Dow in recent years, the practice still persists among some writers.

This record overload — the impression that new and significant records are constantly being set — only adds to the confusion people have about the economy. It makes it hard for people to recognize when something truly and importantly new really is happening. It also, with its deluge of different indicators, encourages an avoidance of individual assessment of quantitative data — a preference for seeing the data interpreted for us by experts.

11 **What is most appropriate for the blank?** 2.0점

① reckless ② persistent ③ enlightened
④ encouraged ⑤ enthusiastic

12 **What is NOT true of the above passage?** 2.0점

① The media often confuse people by their record overload.
② Record overload causes something new to go unrecognized.
③ The media often suggest that we are setting new record in the stock market.
④ Record overload encourages people to ignore opinions by the expert.
⑤ Measuring stock price changes in points rather than percentage terms makes setting new records more likely.

[13-15] Read the following passage and answer the questions.

The health risk from bedbugs is minor: itchy bites and a small risk of allergies and secondary infections. Mosquitoes spread malaria, dengue fever and yellow fever. But no human pathogen is known to use bedbugs as a vector. As the present panic suggests, the bigger impact (of bedbugs) tends to be psychological. Mosquitoes, leeches, and other parasites are unpleasant, but do not colonize your home. If a traveler brings bedbugs back from their holidays, they can start an infestation that can be very difficult to shift.

The insects thrive in warm environments with plenty of dark places to hide. Cities, and crowded blocks of flats, are ideal. The bugs shelter in the crannies of furniture, in mattress seams or in cracks in walls, coming out to feed at night. Warm, centrally heated homes accelerate their life-cycles, making the problem worse — as does a warming climate.

The introduction and widespread use of insecticide such as DDT in the aftermath of the second world war came close to eliminating the bugs from most rich-world houses. But that chemical assault exerted a powerful evolutionary pressure on the insects to develop resistance to the poisons. Just as bacteria have evolved resistance to many of the antibiotics once used to kill them, modern bedbugs are almost invulnerable to at least some insecticides. That growing resistance has been boosted by a depleting arsenal of chemicals to hurl against them. Fumigants such as hydrogen cyanide, sulphur dioxide and DDT itself are now regarded in most places too toxic to use. Pyrethroids, which are the active ingredients in many commercially available insecticide sprays, are safer, but become less effective every year.

13 **Health risk of bedbugs is relatively lower than that of other insects because bedbugs _______.** 2.0점

① only thrive in warm climate
② do not colonize your home
③ only come out to feed at night
④ are relatively easy to kill
⑤ do not carry diseases around

14 **According to the passage, ______ is <u>NOT</u> a reason for the spread of bedbugs.** 1.9점

① poor hygiene
② global warming
③ frequent travel
④ ineffective insecticides
⑤ centrally heated homes

15 **Fumigants such as hydrogen cyanide, sulphur dioxide, and DDT are no longer used to kill bedbugs because ______.** 2.1점

① Fumigants have become less effective
② Bedbugs are invulnerable to most fumigants
③ Fumigants are harmful even to human body
④ Commercially available insecticides use Pyrethroids
⑤ Fumigants such as DDT are too costly to use

[16-17] Read the following passage and answer the questions.

The world has forgotten ______. We analyzed data from the Fraser Institute, a free-market think-tank, which measures "economic freedom" on a ten-point scale. We considered cases where a country improves by 1.5 points or more — a quarter of the gap between Switzerland and Venezuela — within a decade, indicating that bold, liberalizing reforms have been undertaken. In the 1980s and 1990s such "daredevil economics" was common, as countries left the Soviet Union, and many deemed unreformable, such as Ghana and Peru, proved they were in fact reformable. Politicians changed foreign-trade rules, fortified central banks, cut budget deficits and sold state-owned firms. In recent years just a handful of countries, including Greece and Ukraine, have implemented reforms. By the 2010s reforms have ground to a halt.

Daredevil economics has declined in popularity in part because there is less need for it. Although in recent years economies have become less liberal, the average one today is 30% freer than it was in 1980s. There are fewer state-run companies. Tariffs are lower. But the decline of daredevil economics also reflects a widely held belief that liberalization failed. In the popular imagination, terms such as "structural-adjustment plan" or "shock therapy" conjure up images of impoverishment in Africa, the creation of mafia states in Russia and Ukraine, and human-right abuses in Chile. Books such as Joseph Stiglitz's "Globalization and its Discontents" fomented opposition to the free-market Washington consensus. In Latin America, "neoliberal" is now a term of abuse; elsewhere, it is rarely used as an endorsement.

16 **What is most appropriate for the blank?** 2.0점

① how to reform
② how to overcome inequality
③ how to run central banks
④ how to protect human rights
⑤ how to oppose to the free market

17 According to the passage, which one is <u>NOT</u> associated with the "daredevil economics"? 2.0점

① promoting free market
② lowering import tax
③ promoting economic freedom
④ pursuing market liberalization
⑤ increasing state-run companies

[18-20] Read the following passage and answer the questions.

The banning of menthol cigarettes, the mint-flavored products that have been aggressively marketed to Black Americans, has long been an elusive goal for public health regulators. But Covid-19 and the Black Lives Matter movement have put new pressure on Congress and the White House to reduce racial health disparities. And there are few starker examples than this: Black smokers smoke less but die of heart attacks, strokes and other causes linked to tobacco use at higher rates than white smokers do. About 85 percent of Black smokers use *Newport*, *Kool* and other menthol brands that are easier to become addicted to and harder to quit than plain tobacco.

Menthol is a substance found in mint plants, and it can also be synthesized in a lab. It creates a cooling sensation in tobacco products and ______ the harshness of the smoke, making it more tolerable. Some studies have shown that menthol also acts as a mild anesthetic. Back in 1953, when menthol was not widely used, a Philip Morris Co. survey revealed that 2 percent of white smokers preferred a menthol brand, while 5 percent of Black smokers did. "The industry looked at that and said, 'We're missing an opportunity,' and consciously targeted the African-American community," said Matthew L. Myers, president of the Campaign for Tobacco-Free Kids.

Tobacco companies have targeted Black communities with menthol cigarettes for decades. They distributed free samples, offered discounts and sponsored countless concerts and special events, among them the famous *Kool Jazz Festival*. Tobacco companies also gained good will by advertising in newspapers and magazines geared to a Black readership — and by donating money to civil rights organizations. The companies have also been frequent donors to Black political candidates.

18 **What is most appropriate for the blank?** 1.9점

① does ② masks ③ reveals
④ emphasizes ⑤ sets aside

19 **According to the passage, which one is <u>NOT</u> a tactic that tobacco companies use to target Black smokers with menthol cigarettes?** 2.0점

① offering price discounts
② distributing free samples
③ advertising in Black newspapers
④ donating to civil rights organization
⑤ reducing cigarette tax for Black smokers

20 **According to the passage, banning menthol cigarettes will ______.** 2.1점

① bankrupt the cigarette industry
② make white smokers consume more menthol cigarettes
③ increase the demand for menthol cigarettes
④ decrease racial health disparities
⑤ reduce the quality of menthol cigarettes

[21-22] Read the following passage and answer the questions.

Beyond animosity toward particular groups, there is another possible cause of discrimination, called statistical discrimination. It is based on the assumption that employers have imperfect information about possible employees. If some relevant but unobservable employee characteristic happens to be correlated with an otherwise irrelevant but observable characteristic, then employers may rely on the observable characteristic when making hiring decisions.

Some employers, for instance, prefer not to hire workers with criminal records. The simplest way to avoid doing so is to ask job applicants whether they have criminal records, and many employers do. Some U.S. states, however, have passed "ban the box" laws that prohibit employers from asking. (The "box" refers to the place on the job application that a person would check to signal a clean record.) The goal of these laws is to help ex-offenders find jobs and thus reenter society as law-abiding citizens.

Despite the noble intent of these laws, one unintended consequence is that they foster statistical discrimination. Statistics show that black men are more likely to have served time in prison than white men. If employers are aware of this fact, those who care about criminal records but are prohibited from asking about them may avoid hiring black men. As a result, black men without a criminal past would suffer from discrimination because of their group's average characteristics. Some studies have compared states with and without "ban the box" policies and have found that these laws significantly reduce employment for young black men without college degrees. These results suggest that policymakers should look for ways to help ex-offenders that do not inadvertently promote statistical discrimination.

21 Employers use statistical discrimination in hiring decisions because they ______.

2.0점

① have a good knowledge of statistics
② do not have enough information about applicants
③ can simply ask job applicants about criminal records
④ want to satisfy the demand of their customers
⑤ do not use the observable characteristic when making hiring decisions

22 **The objective of the "ban the box" laws is ______.** 2.0점

① to ban hiring employees with certain beliefs
② to reduce the burden of applicants in the job market
③ to help employers hire the best possible job applicants
④ to better screen the job candidates with criminal records
⑤ to protect ex-offenders from being discriminated in the job market

[23-25] Read the following passage and answer the questions.

Fifteen years ago, Easterly and Levine published "Africa's Growth Tragedy", highlighting the disappointing performance of Africa's growth, and the toll it has taken on the poor. Since then, growth has picked up, averaging 5-6 percent a year, and poverty is declining at about one percentage point a year. The statistical tragedy is that we cannot be sure this is true. Take economic growth, which is measured in terms of growth in GDP. GDP in turn is measured by national accounts. While there has been some progress, today, only 35 percent of Africa's population lives in countries that use the 1993 UN System of National Accounts; the others use earlier systems, some dating back to the 1960s.

The proximate causes of the problem with statistics are: weak capacity in countries to collect, manage and disseminate data; inadequate funding; diffuse responsibilities; and fragmentation, with many diffuse data collection efforts. But I would submit that the underlying cause is that statistics are ______. Take the poverty estimates. They assess whether people are better off today than they were five years ago. If the estimate takes place during an election year, there is a strong tendency to keep the results under wraps. Worse still, there is a tendency to drag their feet in completing the survey. And the raw data of household surveys are almost never publicly available (so there is little chance of being able to replicate them).

There is another aspect to the statistical tragedy. After a lot of bad experiences, the international community has decided that African countries should develop their own National Statistical Development Strategies (NSDS), and that all statistical activities should be consistent with the NSDS. The tragedy is that donors, including the World Bank, undertake statistical activities without ensuring that they are consistent with the NSDS. Why? Because they need data for their own purpose — to publish reports — and this means getting it faster, with little time to strengthen the countries' statistical capacity.

23 **What is most appropriate for the blank?** 1.9점

① inherently opaque
② inherently equitable
③ fundamentally political
④ economically efficient
⑤ unreasonably misleading

24 **What is the best title of the passage?** 2.0점

① Africa's statistical tragedy
② Africa's unreliable poverty data
③ Africa's disappointing growth performance
④ Africa's National Statistical Development Strategies (NSDS)
⑤ Guideline to Africa's data gathering practice for international organizations

25 **What is <u>NOT</u> the problem with statistics in Africa?** 2.1점

① lack of funding
② Africa's electoral system
③ scattered data collection efforts
④ low ability to collect and manage data
⑤ inconsistency between NSDS and donors' statistical activities

편입은 끝날 때까지 끝난 게 아니야!

김O민

성균관대학교 독어독문과
편입구분: 학사편입

어휘 학습법

"편입의 꽃은 단어다!"라는 말을 엄청 많이 들었습니다. 그만큼 편입시험에서 어휘가 차지하는 비중은 절반 이상이라고 생각해요. 어휘 문제를 맞히기 위함보다는 문법, 논리, 독해 영역에서 단어를 모르면 문제를 푸는 게 불가능하기 때문에, 어휘 공부는 매일 철저하게 하는 것이 가장 중요하다고 생각합니다. 지루하더라도 꾸준한 반복만이 어휘 공부의 핵심이라고 생각합니다.

문법 학습법

문법은 이해 후 암기, 그리고 문제를 많이 풀어보는 것이 필수라고 생각합니다. 문법이 이해되면 문제를 풀 수 있다고 스스로 착각하는 경우가 많은데 저도 여러 문법 문제를 풀어보며 이해와 문제 풀이는 확실히 다르다고 느꼈어요. 그리고 문제를 많이 풀어보면서 암기되지 않은 문법 개념을 하나씩 메꾸는 것이 중요한 것 같습니다.

논리 학습법

논리의 핵심은 '단어+논리력'이라고 생각합니다. 논리력이 아무리 뛰어나도 단어 모르면 풀 수 없고 단어 실력이 아무리 뛰어나도 논리력이 없으면 풀 수 없기 때문이에요. 그리고 논리는 독해에 비해 짧기 때문에 주어진 문장 안에서 정확한 정답의 단서를 찾는 것이 무엇보다 중요한 것 같아요. 저도 정확한 단서를 찾는 연습을 꾸준히 했기 때문에 시험장에서 정확하게 문제를 풀 수 있었던 거 같습니다.

독해 학습법

모든 문장이 해석되는 것과 글의 내용을 이해하는 것이 같은 게 아님을 편입 독해를 공부하며 느꼈습니다. 한 문장 한 문장 해석하는 것보다 그 문장이 담고 있는 의미를 파악하는 것이 편입 독해의 핵심이라고 생각합니다. 따라서 저는 문장을 정확히 해석하는 것보다 필자가 무엇을 강조하는지, 그리고 출제자는 무엇을 묻고 있는지를 파악하고자 노력했습니다. 저의 경우 독해 지문에서 필자와 출제자의 강조점을 찾는 연습을 반복했기 때문에 안정적으로 독해 실력을 기를 수 있었다고 생각합니다.

성균관대학교 | 2023학년도 인문계 | 50문항 · 90분

어휘

▶▶ 문장의 밑줄 친 부분과 가장 가까운 의미를 가지는 것을 고르는 동의어 유형 5문제가 출제됐다. 출제된 어휘는 coalition(=alliance), convene(=gather), diverting(=entertaining), incriminating(=accusatory), escalation(=rise)이 있었다. 해당 제시어의 의미를 몰라도 문맥을 통해 밑줄 친 단어의 의미를 유추할 수 있었던 지난해 어휘 문제와 달리, 짧은 문장에 밑줄 친 단어와 의미가 통하는 보기를 선택지에 제시하여 밑줄 친 제시어의 의미를 정확히 알고 있지 못한 수험생은 정답을 고르기 어려웠을 수 있다.

문법

▶▶ 밑줄 친 보기 중 틀린 것을 고르는 Written Expression 유형 5문제가 출제됐다. 성균관대는 암기 위주의 문법 사항보다는 문장의 구조를 파악해야 풀 수 있는 문제를 주로 출제한다. 접속사 that 다음 주어 자리에 온 소유격 its를 주어와 동사(it is)로 고치는 문제, 동사가 두 개(seem indeed have)가 나와 비문이 된 문장을 seem indeed to have로 고치는 문제, 수동태 다음에 목적어가 온 문장을 능동태로 고치는 문제, 2형식 동사 seem 다음에 원형동사 sweep이 제시되어 이를 형용사 상당어구인 swept로 고치는 문제, 관계사 what과 접속사 that을 구별하는 문제가 출제됐다.

논리완성

▶▶ 논리완성에서는 총 9문제가 출제됐다. 문제를 풀 수 있는 결정적인 단서가 빈칸 앞뒤에 제시되어 문맥을 제대로 이해한 수험생은 빈칸을 어렵지 않게 추론할 수 있었다. 예를 들면, 빈칸 앞에 서술한 사실과 반대되는 내용을 제시하여 역접의 접속사를 고르는 문제, 빈칸 앞에 문제를 해결할 수 있는 결정적인 문장을 제시하고, 해당 상황을 간략하게 설명하는 어구 또는 부연 설명하는 문장을 고르는 문제 등이 출제됐다. 문제의 내용을 살펴보면 카타르 월드컵 결승전에서 프랑스의 경기, 금리 인상으로 성장이 둔화되는 악순환, 정신과 신체의 분리를 주장한 데카르트 이원론의 반박, 불평등의 고착화로 "노력하면 성공할 수 있다"라는 미국의 신조가 거짓이 된 상황, 우크라이나 전쟁에도 불구하고 과학 분야의 협력이 지속되어 적대국간 긴장 완화에 도움이 되고 있는 현실, 팝 그룹의 수명은 제한되어 있지만 이와 달리 그룹의 각 멤버가 두드러진 활동을 하는 케이팝 그룹 블랙핑크에 대한 내용이 소개되었다. 현재 이슈가 되고 있는 정치, 사회 문화, 스포츠 등 다양한 내용의 글이 논리완성 문제로 활용됐다.

독해

▶▶ Harper's Magazine(미국의 대표적인 문예 평론지), The New York Times, ScienceDaily, Time Magazine 등의 매체에서 다양한 주제의 수준 높은 글이 지문으로 활용되어 출제됐다. 지문의 내용을 살펴보면 2022년 타임지에서 올해의 인물로 소개된 우크라이나 볼로디미르 젤렌스키 대통령, 중국의 여권 문제, 서번트의 재능을 개발하는 것이 중요한 이유, 윌리엄 포크너(William Faulkner)의 노벨문학상 만찬회 연설, 아프리카 최대 산유국인 나이지리아의 심각한 경제 상황, 안면 인식 기술의 규제를 위한 청사진, 재택근무의 확산, 반복 실험이 불가능한 연구가 과학에 대한 대중의 신뢰에 미치는 부정적인 영향, 벤저민 프랭클린의 발견에 영향을 미치게 된 라이덴 항아리와 관련된 내용 등이 출제됐다.

SUNGKYUNKWAN UNIVERSITY

성균관대학교

2023학년도 인문계
▸▸ 50문항·90분

[문항별 배점: 01-10 1.9점/ 11-40 2점/ 41-50 2.1점]

[01-05] Choose one that is either ungrammatical or unacceptable.

01 Atomic experts ①rarely like to estimate ②when fusion energy may be ③widely available, often joking that, ④no matter when you ask, ⑤its always 30 years away.

02 ①Were it possible ②to describe historical phenomena ③in terms of statistics, this would seem ④indeed have a revolutionary effect ⑤upon human thought.

03 ①Among extinct species and subspecies, the bucardo goat ②is represented a good prospect ③for cloning, because the extinction is ④so recent and the cell sample was properly ⑤preserved.

04 When ①it comes to the nature of time, physicists are ②pretty much at ③as much of a loss as the rest of us who seem hopelessly ④sweep along in ⑤its current.

05 Most savants are autistic, and ①part of the cognitive style of such people ②is what they ③focus on the separate elements of each domain, and typically ④fail to integrate ⑤them into a coherent whole.

[06-10] Choose one that is closest in meaning to the underlined expression.

06 The United States led an international <u>coalition</u> to overthrow the Iraqi government in 2003.

① detachment ② notoriety ③ dispersal
④ disbanding ⑤ alliance

07 Legislatures won't <u>convene</u> until January at the earliest, so it's unclear how many bills are being drafted and on which subjects.

① intervene ② gather ③ occur
④ dissemble ⑤ adjourn

08 Finding these programs has been a <u>diverting</u> puzzle for programmers.

① entertaining ② platitudinous ③ prosaic
④ tiresome ⑤ diehard

09 The <u>incriminating</u> conversations took place before election day.

① overlooked ② exculpating ③ accusatory
④ flattering ⑤ ignorant

10 Horizontal <u>escalation</u> is where the geographical scope of a conflict expands.

① peril ② decrease ③ warning
④ rise ⑤ strategy

[11-19] Choose one that is most appropriate for the blank.

11 Mbappe was as anonymous as most of his team for the first 80 minutes, ill-served amid an unfathomably poor France display — which they put in despite seeking to become the first side to retain the trophy since Brazil did so 60 years ago, and only the third ever after Italy won in 1934 and 1938. Manager Didier Deschamps even made two substitutions before half-time, replacing Olivier Giroud and Dembele with Marcus Thuram and Randal Kolo Muani. ______ it was Mbappe who revived France in those sensational seconds when they went from looking like timid losers to potential winners, then getting his third from the spot after Messi had put Argentina back in front.

① And yet ② As usual ③ As such
④ And thus ⑤ Now that

12 It seemed that she could survive a week at most. But her perspective on time was shifting, focusing her on the present and those closest to her. She told me that uppermost in her mind was a wedding that weekend that she was desperate ______. "Arthur's brother is marrying my best friend," she said. She'd set them up on their first date. Now the wedding was just two days away, on Saturday at 1:00 p.m. "It's just the best thing," she said. Her husband was going to be the ring bearer. She was supposed to be a bridesmaid. She was willing to do anything to be there, she said.

① to delay ② to remember ③ to avoid
④ not to miss ⑤ not to attend

13 In the past century US life expectancy has climbed from forty-seven to seventy-seven, increasing by nearly two-thirds. Similar rises happened in almost every country. And this process shows ______: according to the United Nations, by 2050 global life expectancy will have increased by another ten years. Note, however, that this tremendous increase has been in average life expectancy — that is, the number of years that most people live. There has been next to no increase in the maximum lifespan, the number of years that one can possibly walk the earth — now thought to be about 120.

① no sign of stopping
② the side-effect of medicine
③ the other side of the story
④ another aspect of human dilemma
⑤ the increase of the maximum lifespan

14 For the past thirty years the United States has financed its budget deficits by persuading foreigners to buy US Treasury bonds in other wealthy nations, especially Japan and China. Unfortunately for the United States, those other countries are marching toward longevity crises of their own. They, too, will have fewer young, productive workers. They, too, will be paying for longevity treatments for the old. They, too, will be facing a grinding economic slowdown. For all these reasons they may be less willing to finance our government. If so, Uncle Sam will have to raise interest rates to attract investors, which will further depress growth — ______.

① an invisible hand
② a golden ratio
③ fallacy of accident
④ a political budget cycle
⑤ a vicious circle

15 This notion of an immaterial soul potentially separable from the body clashes starkly with the scientific view. For psychologists and neuroscientists, the brain is the source of mental life; our consciousness, emotions, and will are the products of neural processes. As the claim is sometimes put, ______. I don't want to overstate the consensus here; there is no accepted theory as to precisely how this happens, and some scholars are skeptical that we will ever develop such a theory. But no scientist takes seriously Cartesian dualism, which posits that thinking need not involve the brain. There is just too much evidence against it.

① there's no such thing as free will
② language mirrors reality
③ the mind is what the brain does
④ a sound mind in a sound body
⑤ only humans have their own unique culture

16 We live in an age of winners and losers, where the odds are stacked in favor of the already fortunate. Stalled social mobility and entrenched inequality give the lie to the American credo that "______". The consequence is a brew of anger and frustration that has fueled populist protest and extreme polarization, and led to deep distrust of both government and our fellow citizens — leaving us morally unprepared to face the profound challenges of our time.

① you can make it if you try
② losers are not actual losers
③ don't be benevolent to others
④ uprooting inequality is possible
⑤ pervasive unfairness is in our society

17 Memory and perception seem like entirely distinct experiences, and neuroscientists used to be confident that the brain produced them differently, too. But in the 1990s neuroimaging studies revealed that parts of the brain that were thought to be active only during sensory perception are also active during the recall of memories. "It started to raise the question of whether a memory representation is actually different from a perceptual representation at all," said Sam. Could our memory of a beautiful forest glade, for example, be just a ______ that previously enabled us to see it?

① spatial blurriness
② new level of complexity
③ learning and plasticity unit
④ re-creation of neural activity
⑤ shuffled distortion of what we are seeing

18 Superpower leaders still seem open to at least some scientific cooperation. Despite the Ukraine war, Russia continues to contribute to the ITER fusion reactor under construction in France and launch crew and supplies to the International Space Station. And in November, after a lengthy meeting aimed at ______, U.S. and Chinese leaders announced they would resume their paused work on climate and other issues. Such cooperation, each side said, is in the best interests of the world as a whole.

① defusing tensions
② decrease in quantity
③ suspending collaborative projects
④ stealing the fruits of funded research
⑤ placing the new restrictions on the funds

19 Most pop groups have a limited life span: they ______ or see one member rise above. But Blackpink has managed to become the biggest girl group in the world precisely by allowing its members to be solo stars in their own right. The group may be bigger than the sum of its parts, but each of its parts is bigger than most other pop groups' combined efforts.

① flame out ② make it ③ thrive
④ integrate ⑤ assimilate

20 **The most appropriate place for the following sentence would be ______.**
[Time hadn't been kind to him.]

Though my interest in science continued even after I realized how foolish the spaceship idea had been, my relationship with my grandfather was never the same. [A] Once I left Cuba, we barely spoke for over a decade. [B] A few years back, he and my grandmother came to visit my family in Miami. [C] Wrinkles had conquered the whole of his face. [D] His glass eye had sunk deeper into his skull. His spine had developed a forward bend, his walk a sluggish drag. [E] Following the initial hug and typical exchange between people whose distance has turned them into strangers, he said he had something important to ask me.

① [A] ② [B] ③ [C]
④ [D] ⑤ [E]

[21-23] Choose the one that is inappropriate for the whole context.

The Russians had destroyed the city's infrastructure, leaving it with no water, power, or heat. Its outskirts were Ⓐlittered with mines. Government buildings were rigged with trip wires. On the highway to Kherson, an explosion had destroyed a bridge, rendering it Ⓑpassable. As they fled, the Russians were also suspected of leaving behind agents and saboteurs who could try to ambush the presidential convoy, to assassinate Zelensky Ⓒor take him hostage. There would be Ⓓno way to ensure his safety on the central square, where crowds had gathered to celebrate the city's liberation, Ⓔwithin range of Russian artillery.

21 ① Ⓐ ② Ⓑ ③ Ⓒ
④ Ⓓ ⑤ Ⓔ

Chinese women have long been told that they are equal with men, and used to feel relatively Ⓐsafe. But now this feeling is fading. They are angry not only about the physical violence against them, but also about the way the authorities respond to such incidents. Officials may eventually act Ⓑagainst the perpetrators but only after huge public outcries. They do Ⓒlittle to support women's daily rights on the ground. Women's social-media accounts may Ⓓflourish at any time. Activists may be visited, if not Ⓔdetained, by police for simply posting or re-posting some "sensitive words" about what is happening to them.

22 ① Ⓐ ② Ⓑ ③ Ⓒ ④ Ⓓ ⑤ Ⓔ

There are two necessary components of the savant syndrome: (i) a Ⓐremarkable ability to memorize, to record detail, or repeat an operation endlessly and efficiently, and (ii) a means of giving expression to this ability. The importance of (ii) should not be Ⓑoverestimated. Not only are savants noticed by this expression of their special abilities, but also savants like doing something, and doing it again, Ⓒagain and again. No one has any idea how many savants go unnoticed. In the case of prodigious savants it is possible that Ⓓearly recognition and careful encouragement are important contributory factors to how the talent develops. It has been proposed that helping the savant to achieve a higher level of general functioning may result in a loss of the special savant skills. However, there is Ⓔlittle evidence for this, and it may well be that "training the talent" could be a valuable approach towards improving socialization, communication and self-esteem.

23 ① Ⓐ ② Ⓑ ③ Ⓒ ④ Ⓓ ⑤ Ⓔ

24 **The one which has the different opinions from others is ______.**

Ⓐ Automated driving systems could prevent 47,000 serious accidents and save 3,900 lives over the next decade through their ability to reduce the single largest cause of road accidents — human error.
Ⓑ We all experience road rage at some point in our lives. Whether you're usually the culprit or on the receiving end of it, those days will be gone. Computers won't do tailgating, and they don't have middle fingers.
Ⓒ Driverless cars will allow for disabled and those less mobile to get around easier and comfortably. Driverless cars mean more freedom and less dependence on other people or forms of transport.
Ⓓ Increasingly connected vehicles mean they are more vulnerable to the threat of hackers, who may be able to take over control of the cars. Equally, there are privacy concerns in the car being tracked and knowing your frequent destinations, i.e. your home.
Ⓔ Just because driverless cars are predicted to be safer, doesn't mean they will have to drive slowly. Quite the opposite in fact, driverless cars could mean higher speeds on roads as computers are the ones doing the driving with less human error.

① Ⓐ ② Ⓑ ③ Ⓒ
④ Ⓓ ⑤ Ⓔ

25 **The following passage is a part of ______.**

I feel that this award was not made to me as a man, but to my work — a life's work in the agony and sweat of the human spirit, not for glory and least of all for profit, but to create out the materials of the human spirit something which did not exist before. So this award is only mine in trust. It will not be difficult to find a dedication for the money part of it commensurate with the purpose and significance of its origin. But I would like to do the same with the acclaim too, by using this moment as a pinnacle from which I might be listened to by the young men and women already dedicated to the same anguish and travail, among whom is already that one who will some day stand here as I am standing.

① an article ② a journal ③ an address
④ a diary ⑤ an itinerary

26 The mood of the following passage is ______.

"No Dogs Allowed" a sign on the gateway read. Bobby ignored the sign, trotted past it to his master's grave. There he lay down and contentedly chewed on his scone — just as he had while his master was still alive. All the efforts to lure him away, to find a home for him, failed. Even when it was pouring rain the little dog stayed at his master's graveside, drenched to the skin and shivering with cold, but still refusing to leave. Taking pity on him, the caretaker of the churchyard built him a little shelter right beside the grave. There Bobby remained. Month after month, year after year, he continued his lonely vigil.

① touching ② sarcastic ③ humiliating
④ romantic ⑤ regretful

27 AI scientists lost their interest in chess because ______.

Computers had triumphed at chess not by aping human thought, as most AI experts had expected, but by playing like machines. The analogy with flight is instructive: as long as people tried to fly by imitating birds, attaching diaphanous wings to their arms and flapping madly, they were doomed to failure; once they escaped the paradigm of the familiar, however, they were soon flying faster than birds. Yet something still seemed to be missing. Programmers had made the most of computers' computational superiority, but many experts agreed that humans retained the edge in strategy. After Deep Blue's victory, AI researchers lost interest in chess, largely because brute force methods seemed too crude and mechanical to shed much light on the nature of intelligence.

① there was no other person to play
② nobody got interested in the match between humans and AI
③ AI researchers couldn't understand the strategy used by the AI
④ no programmers were interested in developing the chess game
⑤ their methods didn't seem to provide any information about human intelligence

[28-29] Read the following passage and answer the questions.

Inflation reached almost 21% in September, a 17-year high. Reducing it will require higher interest rates. Servicing debt is a worry because the government gathers so little tax. Even a prolonged oil-price boom may not help. It should nudge up growth, but high oil prices hurt the public purse. Nigeria, usually Africa's biggest oil producer, subsidises fuel. But the cost of doing so outweighs the extra revenue from higher oil prices — so the net effect is "______", says Zainab Ahmed, the finance minister. Rampant theft makes things worse.

All this might one day prompt the government to ditch subsidies, freeing money to spend on things with a better chance of boosting growth, such as infrastructure and education. In the long term the declining importance of oil might shift Nigeria away from its current model, in which elites squabble over oil money while ignoring their citizens. Without easy oil cash they would need to expand the rest of the economy. Yet 2023 will witness halting steps, at best, towards all this.

28 **The most appropriate expression for the blank would be ______.**

① promising ② nil or negative ③ efficacious
④ heartening ⑤ outright

29 **The main point of the passage would be '______'.**

① Oil cash is worth pursuing after
② Nigeria is the Africa's largest oil producer
③ Nigeria's economy will continue to struggle
④ Opponents of oil money risk being thwarted
⑤ Nigeria has been spending oil money on infrastructure

[30-32] Read the following passage and answer the questions.

In the famous Chinese Room thought experiment, a non-Chinese-speaking person sits in a room furnished with many rulebooks. Taken together, these rulebooks perfectly specify how to take any incoming sequence of Chinese symbols and craft an appropriate response. A person outside slips questions written in Chinese under the door. The person inside consults the rulebooks, then sends back perfectly coherent answers in Chinese.

The thought experiment has been used to argue that, no matter how it might appear from the outside, the person inside the room can't be said to have any true understanding of Chinese. Still, even a simulacrum of understanding has been a good enough goal for Natural Language Processing (NLP).

The only problem is that perfect rulebooks don't exist, because natural language is far too complex and ______ to be reduced to a rigid set of specifications. Take syntax, for example: the rules (and rules of thumb) that define how words group into meaningful sentences. The phrase "colorless green ideas sleep furiously" has perfect syntax, but any natural speaker knows it's nonsense. What prewritten rulebook could capture this "unwritten" fact about natural language — or innumerable others?

NLP researchers have tried to square this circle by having neural networks (or Artificial Intelligence) write their own makeshift rulebooks, in a process called pretraining. Before 2018, one of NLP's main pretraining tools was something like a dictionary. Known as word embeddings, this dictionary encoded associations between words as numbers in a way that deep neural networks could accept as input — akin to giving the person inside a Chinese room a crude vocabulary book to work with. But a neural network pretrained with word embeddings still has problems. "It would think that 'a man bit the dog' and 'a dog bit the man' are exactly the same thing," said Tal Linzen, a computational linguist.

30 **The most appropriate expression for the blank is ______.**

① haphazard ② uniform ③ methodical
④ deliberate ⑤ regularized

31 **The best title of the passage would be '______'.**

① Who Uses Chinese Rulebooks?
② How to Use Neural Networks in Chinese
③ How to Teach Chinese to Artificial Intelligence
④ Artificial Intelligence Can Read But May Not Understand
⑤ Different Ways of Understanding Sequence of Language Symbols

32 **The underlined "has problems" means that the neural network is '______'.**

① not capable of building many rulebooks in Chinese
② still blind to the meaning of words at the sentence level
③ unable to pick up on lots of shortcuts to learn a language
④ able to gain intuitions of how humans actually read and write
⑤ short of time making tests that are efficient for language technology

[33-35] Read the following passage and answer the questions.

Australian law was not drafted with widespread use of facial recognition in mind. Led by Nicholas Davis, the report recommends reform to modernize Australian law, especially to address threats to privacy and other human rights.

Facial recognition and other remote biometric technologies have grown exponentially in recent years, raising concerns about privacy, mass surveillance and unfairness experienced, especially by people of colour and women, when the technology makes mistakes. In June 2022, an investigation by consumer advocacy group CHOICE revealed that several large Australian retailers were using facial recognition to identify customers entering their stores, leading to considerable community alarm and calls for improved regulation. There have also been widespread calls for reform of facial recognition law — in Australia and internationally. This new report responds to those calls. It recognizes that our faces are special, in the sense that humans rely heavily on each other's faces to identify and interact. This reliance leaves us particularly vulnerable to human rights restrictions when this technology is misused or overused. "When facial recognition applications are designed and regulated well, there can be real benefits, helping to identify people efficiently and at scale. The technology is widely used by people who are blind or have a vision impairment, making the world more accessible for those groups," said Professor Santow.

This report proposes a risk-based model law for facial recognition. The starting point should be to ensure that facial recognition is developed and used in ways that uphold people's basic human rights. The gaps in our current law have created a kind of regulatory market failure. Many respected companies have pulled back from offering facial recognition because consumers are not properly protected. Those companies still offering in this area are not required to focus on the basic rights of people affected by this technology.

33 **What was the problem of the current facial recognition technology?**

① It was only available to people in Australia.
② It could not identify people of colour and women.
③ It heavily relied on the efficiency of the technology.
④ It was only used primarily for patients with a vision impairment.
⑤ It could violate the human rights and privacy when misused.

34 **The underlined "Many respected companies" have '______'.**

① drawn back from offering facial recognition
② reinforced the facial recognition technology
③ neglected a cumulative set of legal requirements
④ encouraged to identify customers visiting different stores
⑤ encouraged the use of a particular facial recognition technology

35 **According to the above passage, the new report offers ______.**

① a digital-by-default approach to identify customers
② multiple justifications for the move to digital status
③ side-effect of prevalent use of the modern technology
④ blueprint for regulation of facial recognition technology
⑤ the use of technology to enforce its traditional application policy

[36-38] **Read the following passage and answer the questions.**

Who calls the shots on how many days you end up working in the office? It has gradually dawned on bosses that it isn't them. The real power holders? The elusive "top talent" that every firm is trying to attract. Raj Choudhury, an economist, argues that throughout history it's been the most sought-after job candidates who end up shaping what our jobs look like. For instance, in the early '90s, using email on our phones was a luxury exclusive to CEOs. Soon, however, top talent in companies started demanding it and, as a result, we now can't escape email.

Today, Choudhury's spidey-sense is tingling over the demand for extreme flexibility: Top talent doesn't just want hybrid work, they want to work from wherever they want. "There are two kinds of companies," Choudhury explains. "One is going to embrace work-from-anywhere, and the second is in denial — I feel those companies will lose their workforce." He argues that the "companies that are trying to drag back time will lose some of their best talent, and that dynamic will force these companies to catch up."

This might come as a revelation to workers who are currently experiencing a top-down model of 3/2 in their workplaces. This "three days in, two days out" model was certainly expected to become a norm when we first imagined, during the pandemic, what life would be like after Covid. But since emerging from our bedrooms and kitchen tables we've recognized that we're not at the end of this story — we're still at the beginning of it. Data by Stanford economist Nick Bloom backs this up: In June 2020, most companies expected employees to be working from home around one and a half days a week, but the subsequent two years have seen the expectation of homeworking go up each successive month — most firms now expect workers to be at home for almost half of the week.

Nimble startup firms have a strong advantage due to this cultural shift. Indeed, in 2023, we will see startups migrate to remote-first. On the other hand, more established firms will be presented with the decision of whether to hang on to expensive real estate and slow-to-evolve managers, or to just dash to chase the new trend.

36 **The best theme of the passage would be '______'.**

① A competitive job market after Covid
② The beginning of the work-from-anywhere
③ A sense of loneliness when working from home
④ A final attempt of dragging workers back to the office
⑤ Inevitable dilemma of losing talented workers in the pandemic

37 **The underlined part "this cultural shift" may suggest ______.**

① more people are turning to work at home
② most companies expect workers to be industrious
③ most workers wish to experience dynamic job market
④ small companies tend to seek for well-prepared candidates
⑤ CEOs want to hire people who can work more productively

38 **According to the passage, which of the following is correct?**

① The life after Covid did not change much.
② The experience of Covid made people lazy.
③ The workers want to work anywhere they want.
④ The recent pandemic has made workers be consistent.
⑤ The talented workers want to work exclusively for startups.

[39-40] Read the following passage and answer the questions.

To be completely honest, I did not consider bartending until a friend told me there was an opening for a bartender where he waited tables. I had done nothing comparable in my life, nor had I taken any drink-mixing classes, so I was hired on the spot at that odd establishment. My friend worked in a good old-fashioned diner where every other day the plat du jour was meatloaf. I, on the other hand, was hired to work in the bar upstairs, a faux upscale taproom with an English private club motif: leather fauteuils, pretentiously bound hardcovers in fake bookshelves, and port in the well. In a stroke of genius, the owners had baptized the place the Nineteenth Avenue Diner.

As the newest member of the staff, I was given the day shifts, the slowest. The bar did not have many customers, not at first. I mean, why would patrons of a diner want a spot of sherry or a tumbler of Armagnac after their good old-fashioned burger and fries? Even though I wouldn't make much money, the situation suited me fine, for I'd discovered early on that working was not my forte. It took me less than an hour at the place to realize that I had to change some things in order to make the environment ideal for person with my temperament. I could not remain standing for ten minutes, let alone an entire shift, so I moved one of the barstools behind the bar, next to the wall on one end, in order to be able to sit comfortably and indulge in my two passions, reading and watching soccer matches.

I don't know why the owners thought an upscale English bar needed four television sets and a satellite system (to show British period dramas?), but I was grateful. I was able to figure out how to find all the soccer games I wanted to watch. For the first month or so, working that almost empty bar was as close to heaven as a job could get.

*Armagnac: a white-wine-based liquor

39 **The bar didn't have many customers during his/her shift because ______.**

① the food was too expensive
② the place was full of fake stuffs
③ not many would drink in the day time
④ the bartender was not an experienced one
⑤ the owners didn't mind their own business

40 The writer ______.

① didn't enjoy the job at first
② was paid a lot for his job
③ wanted to have more customers
④ prepared for the job for a long time
⑤ didn't have any experience of bartending

[41-42] Read the following passage and answer the questions.

Most Americans are not significant consumers of news and are not especially ideological. One might hope that if news were performing the educational function it sets for itself, news-savvy, high-information Americans would be still more open-minded and less ideological. Studies suggest ______ — that more informed voters are more partisan and often have less accurate, more ideologically skewed ideas about the world. This isn't necessarily the news' fault. Nonetheless, the news seems not to counteract or mitigate but to abet our ideological drift. It gives us the tools not to interrogate but to taxonomize belief, not to develop policy preferences but to identify to which political identity and tribe a policy belongs. In the internet age it gives us just enough to cobble together our own take — demonstrating our wonkish bona fides, unleashing a snarky dismissal or the sickest burn — just enough, that is, to pass off the scraps of other people's expertise as an ersatz identity of our own.

41 The best expression for the blank would be ______.

① it works fine
② the opposite is true
③ it is beyond the question
④ there is no rule without exception
⑤ a picture is worth a thousand words

42 According to the author, the more you read the news, the more you would ______.

① be open-minded
② think about your life
③ know about the world
④ compare yourself with the others
⑤ be ideologically biased

[43-44] Read the following passage and answer the questions.

Now there is too much rushing back and forth, making sure Tim has a little dinner — just a tiny bowl of soup, just an appetizer, really that he is unable to smell, that he fights nausea to choke down — taking his temperature, monitoring his oxygen-saturation levels with the fingertip pulse oximeter brought by a friend from the drugstore on the doctor's advice, taking him tea, dispensing his meds, washing my hands over and over, texting the doctor to say he is worse again, standing next to him while he coughs into covers, rubbing his knees through the blankets.

"You shouldn't stay here," he says, but he gets more frightened as night comes, dreading the long hours of fever and soaking sweats and shivering and terrible aches. "This Covid thing grinds you like a mortar," he says.

I am texting the doctor. I am texting Tim's five siblings on a group chat, texting my parents and my brother, texting Tim's business partner and employees and his dearest friends and mine, in loops and loops, with hearts and thankful prayer-hands emoji. He is too exhausted, too weak, to answer all the missives winging to him all hours. "Don't sugarcoat it for my family," he tells me. He had asked for the gray sweater that was his father's, that his father wore when he was alive. He will not take it off.

43 Tim said the underlined "You shouldn't stay here" to his wife because ______.

① he didn't love her any more
② the disease was contagious
③ he wanted to call the doctor himself
④ her presence made his condition worse
⑤ he was worried that her sickness might infect him

44 The underlined "Don't sugarcoat it" means ______.

① I don't want to eat sugar
② I won't give up
③ Don't write back
④ Tell the truth
⑤ I need a real coat

[45-47] Read the following passage and answer the questions.

[A] We see it all the time. Remember the claims that subliminal smiley faces on a computer screen can cause big changes in attitudes toward immigration? That elections are decided by college football games and shark attacks? These studies were published in serious journals or promoted in serious news outlets. Scientists know this is a problem. In a recent paper in the journal *Nature Human Behaviour*, a team of respected economists and psychologists released the results of 21 replications of high-profile experiments. Replication is important to scientists, because it means the finding might just be real. In this study, many findings failed to replicate. On average, results were only about half the size of the originally published claims. Here's where it gets really weird. The lack of replication was predicted ahead of time by a panel of experts using a "prediction market," in which experts were allowed to bet on which experiments were more or less likely to — well, be real.

Similar prediction markets have been used for many years for elections, mimicking the movement of the betting line in sports. Basically, the results in this instance indicated that informed scientists were clear from the get-go that what they were reading would not hold up. So yes, that's a problem. There has been resistance to fixing it, some of which has come from prominent researchers at leading universities. But many, if not most, scientists are aware of the seriousness of the replication crisis and fear its corrosive effects on public trust in science.

[B] In 1996, a psychology study claimed that unobtrusive priming — the insertion of certain innocuous words in a quiz — could produce consistent behavioral change. That paper got cited by other scientists a few thousand times — before failed replications many years later made it clear that this finding, and much of the subsequent literature, was little more than researchers <u>chasing patterns in noise</u>.

As a political scientist, my personal favorite was the survey finding in 2012 that women were 20 points more likely to support Barack Obama for president during certain days of their monthly cycle. In retrospect, this claim made no sense and was not supported by data. Even prospectively, the experiment had no chance of working: the way the study was conducted, the noise in estimating any effect — in this case, any average difference in political attitudes during different parts of the cycle — was much larger than any realistically possible signal (real result).

[C] The challenge is what to do next. One potential solution is preregistration, in which researchers beginning a study publish their analysis plan before collecting their data. Preregistration can be seen as a sort of time-reversed replication, a firewall against "data dredging," the inclination to go looking for results when your first idea doesn't pan out.

But it won't fix the problem on its own. The replication crisis in science is often presented as an issue of scientific procedure or integrity. But all the careful procedure and all the honesty in the world won't help if your signal (the pattern you're looking for) is small, and the variation (all the confounders, the other things that might explain this pattern) is high.

45 **The most appropriate ordering of the paragraph would be ______.**

① [A] — [C] — [B]
② [B] — [C] — [A]
③ [B] — [A] — [C]
④ [C] — [A] — [B]
⑤ [C] — [B] — [A]

46 **The meaning of the underlined "chasing patterns in noise" is '______'.**

① conducting high-quality experiments
② gaining public trust and support in science
③ inaccurately predicting the winner in sports
④ refusing to publish analysis plan after collecting the data
⑤ pursuing after something that turns out to be meaningless

47 **Which one is true of the above passage?**

① The preregistration has a negative impact on science.
② Many scientists are unaware of unrealistic experiments.
③ A political scientist thinks the future is looking bright.
④ Most experiments do not fail to replicate.
⑤ Failed replication leads to detrimental effects on public trust in science.

[48-50] Read the following passage and answer the questions.

The Leyden Jar, named after the town in the Netherlands where it was invented, in about 1745, by a professor at the university, was filled with water and connected to an electricity-generating machine by a wire. The connecting piece was called the 'conductor' because it allowed the mystery power to pass into the water in the jar, where it was stored. When a laboratory assistant touched the side of the jar and conducting piece, he got such a jolt that he thought it was all over him. The report of this experiment caused a sensation and Leyden Jars became all the rage. Ten monks once linked hands and when the first one touched the jar and conducting piece, they were all jolted simultaneously. ______, it seemed, could be passed from person to person.

What exactly was going on? There were a lot of theories flying about, but one man who brought some order to the subject was Benjamin Franklin (1706-90). You might know him as an early American patriot who helped write the Declaration of Independence from the British Empire. He was a witty, popular man, full of homespun wisdom, such as 'Time is money,' and 'In this world, nothing can be said to be certain, except death and taxes.' Next time you sit in rocking chair, or see someone wearing bifocal glasses, think of him: he invented them both.

Largely self-taught, Franklin knew a lot about a lot of things, including science. He felt equally at home in France, Britain and America, and he was in France when he performed his most famous scientific experiment with lightning. Like many in the 1740s and 1750s, Franklin was curious about Leyden Jars and what they could show. In his hands, they showed far more than had been thought. First, he realized that things could carry either positive or negative charges — as you can see marked by the '+' and '-' at the opposite ends of a battery. In the Leyden Jar, the connecting wire and the water inside the jar were 'electrised positively, or plus,' he said, while the outer surface was negative. The positive and negative were the same strength and so canceled each other out.

48 **The most appropriate expression for the blank would be ______.**

① A feeling of pride
② A sense of touch
③ Religious affiliation
④ An electric shock
⑤ Spiritual awakening

49 **According to the passage, Benjamin Franklin is a ______ man.**

① stubborn ② versatile ③ fortunate
④ meticulous ⑤ mercenary

50 **The next passage following this one would be about ______.**

① Life of Benjamin Franklin in Britain
② Benjamin Franklin's invention around us
③ Benjamin Franklin's experiment with lightning
④ How Benjamin Franklin got interested in science
⑤ Benjamin Franklin's experiments with Leyden Jars

SUNGKYUNKWAN UNIVERSITY

성균관대학교

2023학년도 자연계
▸▸ 영어 25문항, 수학 20문항·90분

[문항별 배점: 01-10 1.9점/ 11-15 2점/ 16-25 2.1점]

[01-03] Choose one that is closest in meaning to the underlined expression.

01 Carla was something of an amateur genealogist, and her entire family was in that book, at least, as far back as 1638, when its earliest traceable <u>progenitor</u> had risen out of the nameless crowd of Londoners.

① root ② forebear ③ successor
④ seed ⑤ descendant

02 Many opportunistic incumbents <u>manipulate</u> economic policy to help their re-election chances.

① contract ② expand ③ overheat
④ exploit ⑤ leave alone

03 <u>Incarceration</u> of individuals who intend to harm our property or person is a widely shared preference.

① freedom ② pardon ③ abandonment
④ acquittal ⑤ imprisonment

[04-05] Choose one that is either ungrammatical or unacceptable.

04 ①<u>Having encouraged</u> by his wife, Macbeth achieved his ambition and ②<u>realized</u> the prediction of the witches ③<u>by murdering</u> Duncan and ④<u>becoming</u> king of Scotland ⑤<u>in his place</u>.

05 I returned, and saw under the sun, that the race is not to the ①<u>swift</u>, nor the battle to the ②<u>strength</u>, neither yet bread to the ③<u>wise</u>, nor yet riches to men of ④<u>understanding</u>, nor yet favor to men of ⑤<u>skill</u>; but time and chance happen to them all.

[06-10] Choose one that is most appropriate for the blank.

06 I realized that no matter how kind, friendly and genuinely interested the owners may be, in the end most sports players are little more than ______ assets to them. Self-definition comes from external sources, not from within. While their physical skill lasts, professional athletes are celebrities — fondled and excused, praised and believed. Only toward the end of their careers do the stars realize that their sense of identity is insufficient.

① appreciative ② appreciable ③ depressive
④ depreciable ⑤ intangible

07 Democracy and the market are generally perceived to have an uneasy relationship. This is especially so if democracy is defined in terms of universal suffrage; when people ______, the political system responds to demands of redistribution, which, in turn, has adversarial consequences to the functioning of the market.

① are allowed to vote
② are allowed to invest
③ tend to cooperate with each other
④ are allowed to freely transact in the market
⑤ are allowed to protest against the government

08 It is true that sports and cheating go hand in hand. That's because cheating is more common in the face of a bright-line incentive (the line between winning and losing, for instance) than with a murky incentive. An athlete who gets caught cheating is generally condemned, but most fans at least appreciate his motive: he wanted so badly to win that he ______. As the baseball player Mark Grace once said, "If you're not cheating, you're not trying."

① bent the rules
② upheld the laws
③ broke the record
④ abided by the rules
⑤ condemned the rules

09 These views of trust imply that trust should be more essential for ensuring cooperation between strangers than for supporting cooperation among people who interact frequently and repeatedly. In the latter situations, such as families or partnerships, reputations and ample opportunities for future punishment would support cooperation even with low levels of trust. This implies that trust is most needed to support cooperation in large organizations, where members interact with each other ______.

① often ② directly ③ rarely
④ in person ⑤ in a large scale

10 ______. I never found the companion that was so companionable as being alone. We are for the most part more lonely when we go abroad among men than when we stay in our chambers. A man thinking or working is always alone. Solitude is not measured by the miles of space that intervene between a man and his fellows. The really diligent student in one of the crowded hives of Cambridge College is as alone as a dervish in the desert.

*dervish: a member of a Muslim religious group

① I love to be alone
② I love companionship
③ I like to travel abroad
④ I am a hard-working student
⑤ I love to collaborate with others

[11-13] Read the following passage and answer the questions.

Decisive battle, in which two opposing forces meet face to face until annihilation or surrender, dominates western warfare strategy. Winning this type of battle requires amassing sufficient numbers of soldiers who will stand their ground. But, throughout history soldiers have frequently deserted, and their leaders have had to devote a great deal of attention to preventing desertions.

What motivates soldiers to stand their ground? Mercenary armies have been motivated by pay, professional armies by promotions, and volunteers and draftees by punishments. Battle police or even men's commanding officers have stood behind them to prevent their running away. During World War II, not only did Stalin's armies have special detachments who formed a second line to shoot at any soldiers in the first line who fled, but the families of all deserters were also arrested. Democracies cannot inflict such punishments and, when fighting major wars, have never been very generous with pay.

Based in part upon questionnaires administered to World War II U.S. soldiers, many sociologists, psychologists, and military historians have argued that soldiers' primary motivation for fighting is intense loyalty, to the point of self-sacrifice, to a small band of comrades. Because soldiers live with the same men for so long, endangering the group leads to ______. Oliver Wendell Holmes who served as an officer in the Civil War wept at not being able to be with his comrades at the battle of Fredericksburg where his regiment lost more men than in any other engagement of the war.

11 What is most appropriate for the blank?

① conflict with civilians
② disintegration of the army
③ bravado against the enemy group
④ destruction of the entire regiment
⑤ personal guilt and ostracism within the group

12 According to the passage, ______ is NOT a motivation for fighting in a war.

① salary
② loyalty
③ ideology
④ retribution
⑤ promotion

13 **What is the main idea of the passage?**

① Mercenary armies cannot fight major wars effectively.
② Loyalty is the main motivation for fighting in the battle.
③ Motivated soldiers rarely sacrifice themselves for their comrades.
④ Punishments often prevent soldiers from running away in decisive battle.
⑤ Winning decisive battle does not depend on the number of soldiers who will stand their ground.

[14-15] Read the following passage and answer the questions.

A solitary ant, afield, cannot be considered to have much of anything on his mind; indeed, with only a few neurons strung together by fibers, he can't be imagined to have a mind at all, much less a thought. He is more like a ganglion on legs. Four ants together, or ten, encircling a dead moth on a path, begin to look more like an idea. They fumble and shove, gradually moving the food toward the Hill, but as though by blind chance. It is only when you watch the dense mass of thousands of ants, crowded together around the Hill, blackening the ground, that you begin to see the whole beast, and now you observe it thinking, planning, calculating. ______, a kind of live computer, with crawling bits for its wits.

At a stage in the construction, twigs of a certain size are needed, and all the members forage obsessively for twigs of just this size. Later, when outer walls are to be finished, thatched, the size must change, and as though given orders by telephone, all the workers shift the search to the new twigs. If you disturb the arrangement of a part of the Hill, hundreds of ants will set it vibrating, shifting, until it is put right again. Distant sources of food are somehow sensed, and long lines, like tentacles, reach out over the ground, up over walls, behind boulders, to fetch it in.

14 **What is most appropriate for the blank?**

① It is an entity
② It is a machine
③ It is a complexity
④ It is an intelligence
⑤ It is an army of ants

15 Which one is NOT true of the above passage?

① Ants can find sources of food from a distant place.
② Hundreds of ants construct walls together as if given orders.
③ A single ant forms an idea while many ants form many thoughts.
④ All the members of ants work together to find twigs of a certain size.
⑤ Understanding how ants behave requires observing the dense mass of thousands of ants.

[16-17] Read the following passage and answer the questions.

Consider the events that transpired in 1696, when King William III of England decided that he needed to raise more money. He couldn't use an income tax, because it was widely viewed as a violation of personal liberty. Instead, he opted for a tax on windows. Because wealthier people have larger houses, and larger houses have more windows, this tax would tend to target the well off. King William may not have anticipated a simple way to avoid the tax — brick up windows on one's home. Other architecture quirks are also products of tax avoidance. For example, in the 18th century, the government of Brazil levied a tax on ______ churches. To avoid the tax, some churches at the time were built with one of their towers missing. Similarly, strange consequences followed from a 17th century law in Holland, which levied a tax based on the width of one's house: the wider the house, the bigger the tax bill. The people of Amsterdam responded by building houses that were tall, deep, and narrow.

Although these architecture examples are whimsical, they illustrate an important truth: people do not react passively to taxation. Rather, they search creatively for ways to avoid or at least reduce their tax burden. For example, people in Ukraine who import car sometimes cut the cars into two separate pieces before bringing them through customs. What could account for this peculiar behavior? Spare parts are subject to a lower tax than cars.

16 What is most appropriate for the blank?

① rich ② finished ③ incomplete
④ extravagant ⑤ Byzantine-style

17 **What is the main idea of the passage?**

① People influence how tax laws are written.
② People display peculiar behaviors if their tax burden is high.
③ Unreasonable taxation often leads to unintended consequences.
④ Taxation is responsible for many awkward looking architectures.
⑤ People are creative when it comes to avoiding or reducing taxes.

[18-20] Read the following passage and answer the questions.

Very few teams outside of soccer's established powerhouses make it as far as the semifinals of a World Cup, which is to say that merely doing so is, without question, an achievement in itself. The rare ones that have are, for the most part, easily recalled: Croatia in 2018 (and 1998), Uruguay in 2010, South Korea and Turkey in 2002, Bulgaria and Sweden in 1994. Even fewer, though, make the final. Of those teams, only Croatia, four years ago, made that last step. For everyone else, it was at the semifinal stage that the clock struck midnight, the reverie came to an end, and cold, unforgiving reality once more took hold.

There are a handful of reasons for that. The most immediate is that the further you go in the competition, the higher the quality of your opponent. The World Cup is designed so that each step is harder than the last. Only eight countries, after all, have ever won it. The tournament's structure is such, too, that it tends to allow teams — especially the traditional contenders — at least a little time to work out whatever faults they may have, to <u>build up a head of steam</u>. But perhaps most pertinent is the intensity of it all. The meeting with France was Morocco's sixth game in 22 days, and France's sixth in 23. That workload is more easily handled by a team of France's resources than Morocco's, largely because the gap between the caliber of France's first team and that of its reserves is significantly smaller.

It is not impossible, of course, that a smaller team might one day lift a major trophy. Croatia almost got there at the 2018 World Cup. Greece won the European Championship in 2004, a genuine outsider that made it all the way. For the most part, though, the teams that illuminate soccer's grandest stages every few years, the unheralded and the unfancied, do so knowing that the longer they remain, the louder, the more urgent, is the ticking of the clock.

18 **What is the main idea of the passage?**

① Smaller soccer teams can sometimes win the major tournament.
② Winning a major soccer competition is an almost impossible feat for most teams.
③ The longer teams remain in the competition, the less likely is the chance of winning.
④ Structure and intensity of the tournament explain the dominance of established teams in the World Cup.
⑤ There is no plausible explanation for why few unfancied teams make it to the seminals of a World Cup.

19 **The underlined part "build up a head of steam" means '______'.**

① win the remaining games
② survive in the tournament
③ do their best in the competition
④ recover from the unexpected defeat
⑤ gain energy needed to move forward

20 **According to the passage, which one is NOT an explanation for why only established teams usually make it to the semifinals of a World Cup?**

① The schedule is intense.
② Each step of the competition becomes harder.
③ Only handful of countries have sufficient resources.
④ Quality of reserve players is better in established teams.
⑤ Traditional contenders have less time to work out their strategy.

[21-22] Read the following passage and answer the questions.

Recent shortages of amoxicillin, an effective antibiotic that pediatricians have long relied upon to treat strep throat and ear infections in children, have put a spotlight on an urgent global threat: the world's shrinking arsenal of potent antibiotics and the lack of incentives to develop them. The $6 billion measure, the Pasteur Act, would upend the conventional model that ties antibiotic profits to sales volume by creating a subscription-like system that would provide pharmaceutical companies an upfront payment in exchange for unlimited access to a drug. Some call it the Netflix model for antibiotics.

The measure attempts to address the vexing economics of antibiotics: Promising new drugs often gather dust on pharmacy shelves because health providers would rather save them for patients whose infections don't respond to existing ones. That's because the more frequently an antibiotic is used, the more quickly it will lose its curative punch as the targeted bacteria develop the ability to survive. New antibiotics also tend to be expensive, a disincentive for hospital-based prescribers who will often turn to cheaper ones, making it even harder for drug companies to earn back their initial investment. Aside from the shortages of drugs that still work, the shrinking toolbox of effective antimicrobials has become a silent global crisis that claims nearly 1.3 million lives a year.

By separating profits from sales volume, supporters of the bill hope that prescribers will save new drugs for patients whose infections are resistant to existing medications. Limiting their use, experts say, can help extend the life of a new antibiotic before evolutionary pressure creates a superbug all but ______ to available antimicrobials.

21 What is most appropriate for the blank?

① penetrable ② permeable ③ impervious
④ responsive ⑤ sensitive

22 What is NOT true of the above passage?

① The frequent use of antibiotics reduces their potency.
② Bacteria can develop defense mechanism against antibiotics.
③ Prescribers may prefer old antibiotics because new ones are more expensive.
④ In the conventional model for antibiotics, the profits are independent of sales volume.
⑤ In the Netflix model for antibiotics, drug companies would charge an upfront payment for unlimited access to antibiotics.

[23-25] Read the following passage and answer the questions.

Imagine a dictator with a tenure of one week: effectively, a bandit with a roving army who sweeps in, takes whatever he wishes, and leaves again. Assuming he's neither malevolent nor kindhearted, but purely self-interested, what incentive does he have to leave anything? The answer is none unless he plans on coming back next year.

But imagine that the roaming bandit likes the climate of a certain spot and decides to settle down, building a palace and encouraging his army to avail themselves of the locals. Desperately unfair though it is, the locals are probably better off now that the dictator has decided to stay. A purely self-interested dictator will realize that he cannot destroy the economy and starve the people if he plans on sticking around, because then he would exhaust all the resources and have nothing to steal the following year. And so a dictator who lays claim to a land is a preferable leader than one who moves around constantly in search of new victims to plunder.

Although it may seem totally unrelated, biology offers a helpful archetype for comparison: viruses and bacteria tend to become much ______ over time, because the most extreme strains die out rapidly. When syphilis was first recorded in Europe in the last fifteenth century, it was described as being a tremendously aggressive disease, which quickly killed the victim. This is not a terribly successful strategy. It's much better to be a virus that allows its victims to live, at least for a little while, to spread the disease. So mutant strains of syphilis that killed people less quickly turned out to be much more successful and longer-lasting than the more virulent strains.

23 **What is most appropriate for the blank?**

① more severe ② more violent ③ more noxious
④ less virulent ⑤ less dormant

24 **According to the passage, the dictator who lays claim to a land is compared to ______.**

① bacteria that is more aggressive
② viruses that kill people less quickly
③ a dictator who is malevolent in heart
④ a bandit who sweeps in and leaves again
⑤ syphilis that was first recorded in Europe

25 **What is NOT true of the above passage?**

① Aggressive viruses tend to survive longer than their victims.
② A dictator will not destroy the economy if he expects to stick around.
③ A dictator with a short tenure has little incentive to leave anything for people.
④ Viruses allow their victims to live longer in order to spread the disease more effectively.
⑤ Syphilis is less aggressive now compared to when it was first recorded in the fifteenth century.

생명계열 비동일계의 전자전기공학부 합격비법

이○수
성균관대학교 전자전기공학부
편입구분: 일반편입

어휘 학습법

저는 계획표에 영단어 암기 시간을 따로 잡아 매일 약 300단어를 암기했습니다. 단어와 뜻 사이의 연결고리를 만들어 암기 속도를 높였고, 복습을 통해 암기를 확실히 했습니다. 예를 들어, "veracious(정직한)"는 "버락(verac) 오바마는 정직함"으로 연결 지어 외웠습니다. 영단어를 모르면 어휘, 논리, 독해 문제를 풀기 어렵지만, 영단어를 잘 암기하면 안정적으로 점수를 얻고 문제 푸는 시간을 단축해 수학 문제를 푸는 시간을 확보할 수 있습니다.

문법 학습법

저는 문법 출제 비중이 적다는 것을 알고 있었기 때문에 방대한 문법 전체를 복습하는 것은 비효율적이라고 생각했습니다. 기출문제를 접한 후, 문법은 반복적으로 출제되는 빈출 파트가 있다는 것을 알게 되었고, 그 부분만 집중적으로 복습하는 데 시간을 투자했습니다.

논리 학습법

'논리'라는 이름을 가진 어휘 파트라고 생각합니다. 결국 단어 암기가 논리 문제 풀이의 핵심입니다. 선택지들 중 비슷한 의미의 단어가 나오는 빈도가 적어서 단어를 잘 암기해 두면 독해보다 답이 명확하게 보입니다.

독해 학습법

독해는 올바른 문제 풀이 사고를 익히기 위해 문제를 많이 분석해 보는 것이 중요하다고 생각합니다. 어휘나 논리에 비해 독해는 상당히 애매한 문제가 많습니다. 이러한 애매함 속에서 답을 골라내기 위해 올바른 문제 풀이 사고가 필요합니다. 저는 기출문제를 여러 번 복습하면서 어떠한 사고 과정을 거쳐 답이 도출되었는지 분석하려고 노력했습니다.

성균관대학교 | 2022학년도 인문계 | 50문항 · 90분

어휘

▶▶ 문장의 밑줄 친 부분과 가장 가까운 의미의 보기를 고르는 동의어 유형 5문제가 출제됐다. 출제된 어휘는 rail at(=upbraid), impregnable(=unyielding), extinguish(=quench), outbreak(=breakout), encroach on(=trespass)이 있었다. 해당 제시어의 의미를 몰라도 문장을 통해 밑줄 친 단어의 의미를 유추할 수 있었으며, 기출 어휘를 중심으로 어휘를 암기한 수험생은 무난하게 정답을 고를 수 있는 난이도의 문제가 출제됐다.

문법

▶▶ 밑줄 친 보기 중 틀린 것을 고르는 Written Expression 유형 5문제가 출제됐다. 접속사 that과 의문사 what의 차이, 부정대명사 anything과 something의 용법, between A and B의 구조, 수동태 뒤에 목적어가 위치해 수동태를 능동태로 고치는 문제, turn A into B에서 목적어인 A가 주어가 되어 능동형의 동사 turned를 수동태로 고치는 문제가 출제됐다. 암기 위주의 문법 사항보다는 문장의 의미와 구조를 파악해야 풀 수 있는 문제가 출제됐다.

논리완성

▶▶ 논리완성에서는 총 10문제가 출제됐다. 단문의 어휘형 논리완성 문제보다는 연구 또는 사회적 현상 등을 설명하는 한 단락 길이의 글에 빈칸을 제시하여 의미상 적절한 어구를 넣는 문제가 주로 출제됐다. 청소년들이 다른 사람의 감정을 인지하는 능력에 어려움을 겪는다는 내용을 통해 동정심과 관련된 보기를 찾는 문제, 코로나 팬데믹으로 인한 출산 증가를 반갑지 않은 반전이라는 내용을 통해 멕시코 정부가 그동안 출산 문제를 어떻게 다루었는지 유추하는 문제, 소비자가 가격할인보다 수량 증가를 가치 있게 여긴다는 내용의 연구 결과를 제시하고 비교 구문에서 두 사항 중 앞에 언급된 사항인 수량 증가가 아닌 가격할인에 해당하는 것을 빈칸에 넣는 문제, 빈칸을 전후로 아름다움의 현상에 대한 상반된 내용을 언급하고 이 둘을 연결하는 적절한 접속부사를 고르는 문제 등이 출제됐다.

독해

▶▶ 성균관대는 언론매체의 기사를 활용한 문제의 출제 비율이 높다 보니, 무인자동차 기술, 백신 여권에 대한 찬반 의견, 새로운 종류의 일에 대한 수요를 창출하는 인공지능 기술, 콜로라도 주의 새로운 총기 규제 법안에 대한 사람들의 반발 등 기술과 사회적인 반향을 일으키는 내용과 관련된 지문의 출제 비중이 높다. 그 외 출제된 내용을 살펴보면 기후 변화로 인한 경제적 비용의 불균형, 조지 프리드먼(George Friedman)의 『100년 후(Next 100 Years)』에서 지정학을 통해 미래를 예측할 수 있다는 내용을 소개한 서문, 멸종위기종에 대한 해결책이 될 수 없는 복제(cloning) 기술, 두 요인 간의 상관관계가 있다고 해서 인과관계를 의미하지 않는다는 것을 설명한 스티븐 레빗(Steven Levitt)의 『Freakonomics(괴짜 경제학)』 등이 있었다. 문맥상 적절하지 않은 단어 고르기, 빈칸완성, 글의 주제와 관련한 속담 고르기, 글의 문체, 단락배열, 부분이해 등 여러 유형의 문제를 통해 수험생의 독해력을 평가했다.

SUNGKYUNKWAN UNIVERSITY

성균관대학교

2022학년도 인문계
▸▸ 50문항·90분

[01-05] Choose one that is either ungrammatical or unacceptable.

01 ①Living a minimal life made me better understand ②that I really need, and the sense of accomplishment from ③emptying things out ④has a positive effect ⑤on my mental health too. 1.9점

02 Happiness is not, ①except in very rare cases, ②anything that ③drops into the mouth, like a ④ripe fruit, by the ⑤mere operation of fortunate circumstances. 1.9점

03 The choice is not between peace ①on earth, which is ②beyond man's grasp, ③or mutual destruction, which ④though within his grasp is highly improbable, ⑤but between greater and lesser degrees and frequencies of violence. 1.9점

04 ①Hundreds of millions of devices around the world could ②be exposed to ③a newly revealed software vulnerability, as a senior Biden administration cyber official ④was warned executives from major US industries Monday that they need to take action to address "one of the ⑤most serious" flaws she has seen in her career. 1.9점

05 The end of study is ①not to possess knowledge as a man possesses the coins in his purse, ②but to make knowledge ③a part of ourselves, ④that is, to turn knowledge into thought, as the food we eat ⑤turned into the life-giving and nerve-nourishing blood. 1.9점

[06-10] Choose one that is closest in meaning to the underlined expression.

06 For years, former players have railed at referees and linesmen for poor decisions, using television replays to give all their attention to human errors. 1.9점

① rejected ② welcomed ③ flattered
④ proved ⑤ upbraided

07 The watchtowers and the high-security fence on the border between Myanmar and Bangladesh make this frontier look impregnable. 1.9점

① unyielding ② imperceptible ③ insatiable
④ fugitive ⑤ conquerable

08 We are unwilling to extinguish the hope that, one day, we will be recognized as exceptional: the human being that our parents once placed on a pedestal. 1.9점

① compensate ② perpetuate ③ quench
④ disparage ⑤ depict

09 As economies bounce back from the pandemic the recovery will be patchy, as local outbreaks and clampdowns come and go. 1.9점

① quarantines ② breakouts ③ visitors
④ subsidences ⑤ oppositions

10 Protesters feared the bill would allow China to encroach on their rare freedoms. 1.9점

① relinquish ② desert ③ appeal to
④ trespass ⑤ recognize

[11-20] Choose one that is most appropriate for the blank.

11 In a 2002 study published in *Brain and Cognition*, Robert McGivern and co-workers found that adolescents struggle with the ability to recognize another person's emotions. Our brains constantly seek novelty and stimulation from both positive and negative sources. But noticing your first response and tying to get some perspective on it is one strategy to push back technology's assault on our brain's ability to ______. 2점

① feel compassion for others
② feel gregarious and social
③ set free from control
④ be driven by altruistic motives
⑤ feel hard-heartedness

12 Everyone knew the pandemic would bring death. Edith García Díaz thought it would also bring birth — lots of birth. Doctors were swamped with Covid-19 patients. Couples were hunkering down at home, afraid to go out. Early in the pandemic, Mexico's population agency warned that the pandemic could result in 120,000 additional unplanned births — an unwelcome reversal in the long battle to ______. 2점

① encourage more births
② tame the fertility rate
③ promote a healthy pregnancy
④ provide constant support for pregnant women
⑤ relax the government's strict family planning regulations

13 When retailers want to entice customers to buy a particular product, they typically offer it at a discount. According to a new study to be published in the *Journal of Marketing*, they are missing a trick. Shoppers much prefer getting something extra free to getting something cheaper. The main reason is that most people are useless at fractions. Consumers often struggle to realize, for example, that a 50% increase in quantity is the same as a 33% discount in price. They overwhelmingly assume the former is better value. In an experiment, the researchers sold 73% more hand lotion when it was offered in a bonus pack than when it carried ______. 2점

① no value
② three bonus packs
③ appropriate fractions
④ decrease in quantity
⑤ an equivalent discount

14 The kids are finally able to go back to school without fear of a global pandemic. We all give thanks to the medical and logistical experts who ______ an unprecedented vaccine distribution. But even if we have gotten the danger under control, big questions about the future of K-12 education still confront the nation. 2점

① rolled out ② turned in ③ insulated
④ dilapidated ⑤ reclined

15 In addition to the usual rankings of countries from the happiest to the least, the study also tries to unpick what makes people gleeful and — more unusually — what makes them miserable. Reducing suffering, the authors argue, may be more important than boosting pleasure, because improving the life of an already-happy person probably yields a smaller gain in total welfare than ______ someone from misery does. 2점

① checking ② irritating ③ confining
④ freeing ⑤ gathering

16 With over 13,000 islands, Indonesia is by far the world's biggest archipelagic state, a nation shaped as much by the seas around it as by its land. Yet the new president believes Indonesians have for too long turned out backs on the water. In his inaugural speech in October the head of state expressed a desire to "be as great in the oceans as our ancestors were in the past." A few weeks later, at an Asian summit in Myanmar, ______. Indonesia should revive its maritime culture, develop its fishing industry, improve maritime links through things like better ferries and ports, and crack down on illegal fishing and other violations of sovereignty. Indeed, he said, Indonesia should be nothing less than a "world maritime axis" between the Indian Ocean and the Pacific. 2점

① he was totally different
② he went further
③ he asked others to join him
④ he refused to accept others' proposals
⑤ he was turned down by the others

17 Anniversaries may be no more than chronological accidents, but they can be hard to ignore. That 2014 marked 100 years since the start of the first world war provoked sombre commemorations in the countries that lost millions of lives in the conflict. It also caused some to compare its causes to worrisome strategic tensions today, especially in Asia. The parallels between Europe in the early years of 20th century and Asia a hundred years on were too many to ignore; haunting enough, indeed, to prompt worries about the possibility of another global confrontation. The turn of the year will not end this vogue for ______, though attention may turn as much to the differences as to the similarities. As Joseph Nye, a political scientist at Harvard University has pointed out, "war is never inevitable, though the belief that it can become one of its causes". 2점

① accidental discrepancy
② worldwide prevalence
③ scientific breakthrough
④ unavoidable conflict
⑤ historical analogy

18 I was seventeen years old when I discovered that I was the great-great (and forty-six more of those) grandson of Charlemagne — king of the Franks and Holy Roman Emperor. Where I grew up, it's not unusual to find out such things. The culture of Charleston, South Carolina, is built around the pride associated with a handful of family histories. Like most of my friends downtown, I spent my youth in an unconscious state of ______. Might I be the descendant of a signer of the Declaration? Robert E. Lee's messenger? I bugged my mom and aunts and uncles. Who am I really? Might my childhood friends turn out to be third cousins? In Charleston, that one's almost too easy. 2점

① fanciful imagination
② genealogical questing
③ growing pains
④ romantic dreaming
⑤ intellectual curiosity

19 Beauty appears to be one of the most clearly known of human phenomena. Unobscured by any aura of secrecy and mystery, its character and nature stand in no need of subtle and complicated metaphysical theories for their explanation. Beauty is part and parcel of human experience; it is palpable and unmistakable. ______, in this history of philosophical thought the phenomenon of beauty has always proved to be one of the greatest paradoxes. 2점

① Otherwise ② Likewise ③ Therefore
④ Moreover ⑤ Nevertheless

20 SARS broke out of its redoubt in southern China to infect, over the course of nine months during 2001 and 2002, more than 8,000 people in nearly 30 countries. It killed 10% of them. It also brought air travel, if not to screeching halt, then at least to a slow pace. The fear was that something similar might happen with Middle East Respiratory Syndrome (MERS), as it has come to be known. So far, disaster ______. America's Central for Disease Control and Prevention, which monitors new diseases around the world, has recorded only 103 cases, in 8 countries. Forty-nine of these cases were fatal, though, and even allowing for the non-reporting of some milder instances of MERS, that is a scary death rate. 2점

① is expected again
② has come true
③ moves around the world
④ has not materialized
⑤ has yet to be prevented

[21-22] Choose the one that is <u>inappropriate</u> for the whole context.

21 Some psychologists argue that perfectionism doesn't need to be pathological. In 1978, D. E. Hamachek, an American psychologist, drew a distinction between normal and neurotic perfectionism. The normal perfectionist can set high standards for themselves without Ⓐ<u>descending</u> into punitive self-criticism. They can even take pleasure in striving for improvement. Subsequent researchers have Ⓑ<u>corroborated</u> Hamachek's distinction, arguing that the desire to be perfect can never be "normal". The Ⓒ<u>yearning</u> for something that is intrinsically impossible can result only in feelings of frustration and inadequacy. My own work with perfectionists has led me to reach a similar conclusion. Yet though perfectionism can corrode our sense of self-worth, few of us would want to Ⓓ<u>give up</u> the ambition to develop and grow. How might we protect this Ⓔ<u>aspiration</u> from the incursions of perfectionist zeal? There are no easy answers. 2점

① Ⓐ ② Ⓑ ③ Ⓒ
④ Ⓓ ⑤ Ⓔ

22 The promise of driverless technology has long been enticing. It has the Ⓐpotential to transform our experience of commuting and long journeys, take people out of high-risk working environments and Ⓑstreamline our industries. It's key to helping us build the cities of the future, where our reliance and relationship with cars are redefined — Ⓒlowering carbon emissions and paving the way for more sustainable ways of living. And it could make our travel Ⓓless safer. The WHO estimates that more than 1.3 million people die each year as a result of road traffic crashes. "We want Ⓔsafer roads and less fatalities. Automation ultimately could provide that," says Camilla Fowler, head of automated transport for the UK's Transport Research Laboratory. 2점

① Ⓐ ② Ⓑ ③ Ⓒ
④ Ⓓ ⑤ Ⓔ

23 According to the author, negative interest rates could ______. 2점

When all money is electronic, negative interest rates could have a more direct effect on consumers. Countries like Denmark, Japan, and Switzerland have already experimented with negative interest rates. According to the International Monetary Fund, negative interest rates reduce bank profitability, and banks could be tempted to hike fees on customers to make up that deficit. In 2021, banks are limited in their ability to pass on those costs, because customers can simply withdraw their cash from the bank if they don't like the fees. In the future, if customers can't withdraw cash from the bank, they may have to accept any additional fees.

① go up in the future
② face the resistance of citizens
③ be passed onto customers
④ bankrupt the current investment system
⑤ be a disaster for capitalism

24 **The writer of the following has a(n) ______ problem.** 2점

When technicians activated my cochlear implant in October 2001, they gave me a pager-sized processor that decoded sound and sent it to a headpiece that clung magnetically to the implant underneath my skin. The headpiece contained a radio transmitter, which sent the processor's data to the implant at roughly 1 megabite per second. Sixteen electrodes curled up inside my cochlea strobed on and off to stimulate my auditory nerves. The processor's software gave me eight channels of auditory resolutions, each representing a frequency range. The more channels the software delivers, the better the user can distinguish between sounds of different pitches.

① cardinal ② dental ③ ocular
④ kidney ⑤ hearing

25 **As a consumer, the narrator would feel ______.** 2점

Why are Washington apples in local markets so small and old-looking? The dried-up stems might seem they were taken out of cold storage from some gathered last year. Recently, some apple-picking friends brought some apples they had just picked, and they were at least four times the size of those available for sale here. Where do these big delicious apples go? Are they shipped to Europe, to the East or can they be bought here in Seattle?

① satisfied ② diffident ③ irate
④ distracted ⑤ indifferent

26 **In the following situation, the author would be ______.** 2점

> There were no rooms to be had anywhere. In the end, I trudged back to the station plaza, to the office of the VVV, the state tourist bureau, where I assumed there would be a room-finding service. I went inside and up some stairs and found myself in a hall that brought to mind Ellis Island. There were eight straggly lines of weary tourists, with at least thirty people in each queue. The VVV staff were sending people all over — to Haarlem, to Delft, to Rotterdam, to The Hague — because there was not a single hotel room left in Amsterdam at any price. This was only April. What on earth can it be like in July? They must send people to Iceland. A big sign on the wall said NO TICKETS FOR THE VAN GOGH EXHIBITION. SOLD OUT. That was great, too. One of the reasons I had come when I did was to see the exhibition.

① doubtful ② optimistic ③ serene
④ hopeful ⑤ despondent

27 **Which one of the followings have different idea about the vaccine passport?** 2점

① Properly implemented "Covid passes" can provide reassurance to the public, and especially to vulnerable people, that all reasonable steps have been taken to ensure that the people they are mingling with are free of the virus.

② We want the Government to commit to not rolling out any e-vaccination status/immunity passport to the British public. Such passports could be used to restrict the rights of people who have refused a Covid-19 vaccine, which would be unacceptable.

③ If we end up in a society where we have to be afraid of each other unless we can show proof, then you really have to scratch your head and ask yourself: Is this the direction we want to go?

④ Millions of people who work in night-time industries, events, or who attend conferences face being questioned about their personal medical choices and many risk losing their jobs if they decline or delay vaccination.

⑤ After months of nightclubs and large events being open to all, there can be absolutely no justification for this authoritarian, divisive and discriminatory move to impose vaccine IDs.

[28-29] Read the following passage and answer the questions.

Artificial Intelligence (AI) will eliminate some forms of this digital labour — software has got better at transcribing audio. Yet AI will also create demand for other types of digital work. The technology may use a lot of computing power and fancy mathematics, but it also relies on data distilled by humans. For ______ cars to recognize road signs and pedestrians, algorithms must be trained by feeding them lots of video showing both. That footage needs to be manually "tagged", meaning that road signs and pedestrians have to be marked as such. This labelling already keeps thousands busy. Once an algorithm is put to work, humans must check whether it does a good job and give feedback to improve it.

A service offered by CrowdFlower, a micro-task startup, is an example of what is called "human in the loop". Digital workers classify e-mail queries from consumers by content, sentiment, and other criteria. These data are fed through an algorithm, which can handle most of the queries. But questions with no simple answer are again routed through humans.

28 **The most appropriate expression for the blank would be ______.** 2점

① affordable ② grand ③ autonomous
④ unsophisticated ⑤ dependent

29 **The main point of the passage would be '______'.** 2점

① People should be cautious when using technology
② Technology is creating demand for new kinds of work
③ We should not manipulate data generated by digital labor
④ Humans will be taken out of the loop as algorithms improve
⑤ Platforms for online work offer new sources of income

[30-32] Read the following passage and answer the questions.

In one recent experiment, Aimee E. Stahl and Lisa Feigenson of Johns Hopkins showed 11-month-old babies a sort of magic trick. Either a ball appeared to pass through a solid wall, or a toy car appeared to roll off the end of a shelf and remain suspended in thin air. The babies apparently knew enough about everyday physics to be surprised by these strange events and paid a lot of attention to them. Then the researchers gave the babies toys to play with. The babies who had seen the ball vanish through the wall banged it; those who'd seen the car hovering in thin air kept dropping it. It was as if they were testing to see if the ball really was solid, or if the toy car really did defy gravity.

It is not just that young children don't need to be taught in order to learn. Recent studies show that explicit instruction, the sort of teaching that goes with school and "parenting," can be ______. When children think they are being taught, they are much more likely to simply reproduce what the adult does, instead of creating something new.

My lab tried a different version of the experiment with the complicated toy. This time, though, the experimenter acted like a teacher. She said, "I'm going to show you how my toy works." instead of "I wonder how this toy works." The children imitated exactly what she did, and didn't come up with their own solutions. The children seem to work out, quite rationally, that if a teacher shows them one particular way to do something, that must be the right technique, and there's no point in trying something new. But as a result, the kind of teaching that comes with schools and "parenting" pushes children toward imitation and away from innovation.

30 **The most appropriate expression for the blank is ______.** 2점

① plenteous ② dispensable ③ limiting
④ compensatory ⑤ eluded

31 **According to the experiment conducted by Stahl and Feigenson, babies ______.** 2점

① didn't believe in the magic
② fell asleep as soon as the experiment began
③ did nothing but observed what the researchers did
④ showed indifference to toys
⑤ wanted to test something unbelievable

32 **The best title of the passage would be '______'.** 2점

① Just let them learn by themselves
② Baby's favorite magic show
③ The best toys of babies
④ How to conduct an experiment with children
⑤ Parenting vs. Instruction

[33-35] Read the following passage and answer the questions.

When Colorado's legislators debated gun control earlier this year the Centennial Gun Store, a firearms wonderland in the Denver suburbs, became a "complete zoo", says Paul Stanley, one of its managers. Gun fans who feared for their Second Amendment rights cleared a shop wall of assault rifles. Suburban types who had never owned a gun flocked to the shop because "they didn't want the government telling them what to do." Ladies' night at the firing range was Ⓐ<u>booked solid</u>.

In the end the Democratic-run legislature passed several gun laws, including a tightening of background checks and a ban on magazines that hold more than 15 rounds. That, in a libertarian-minded western state, generated more recoil than an antique Enfield. Outraged gun-lovers gathered signatures to recall four legislators who had backed Ⓑ<u>the new laws</u>. Two of the bids, against John Morse, the president of the state Senate, in Colorado Springs and Angela Giron in Pueblo, were successful, and on September 10th voters in those districts will be asked if they want to boot their state senators from office.

It was a dramatic move. Recalls are generally reserved for officials perceived to have abused their power, not simply those who pass laws that some people object to. Like most of the 19 states that allow voters to recall state legislators, Colorado has never actually tried it before. According to National Conference of State Legislatures only 36 such votes have been held in American history. In a year's time Mr Morse will be term-limited out of office anyway.

(*Second Amendment rights: rights to own arms to protect themselves)

33 **The underlined Ⓐ"<u>booked solid</u>" means that the firing range was '______'.** 2점

① built firmly
② fully surrounded
③ completely filled out
④ delicately designed
⑤ well protected

34 **The underlined Ⓑ"<u>the new laws</u>" state that '______'.** 2점

① the store can't carry the gun with more than 15 bullets
② anybody over 15 can buy a machine gun anywhere in Colorado
③ every US citizen has a right to defend themselves with a gun
④ you shouldn't carry a gun when you go out in the western states
⑤ the government can tell the people what to do when necessary

35 **According to the above passage, John Morse, the state senator, might be recalled because he ______.** 2점

① abused his power for his own interest
② fought for the Second Amendment rights
③ didn't get the voters' support
④ passed the laws that control the use of gun
⑤ is supposed to retire pretty soon

[36-38] Read the following passage and answer the questions.

It is not surprising that the nationwide costs of climate change should conceal losses in some places and gains in others; that is how averages work. But the distribution of losses matters. The study shows that the pain of climate change will fall more heavily on America's poorest bits than on its richest areas. Falling crop yields and labour productivity, and rising mortality and crime, are expected to be especially pronounced in America's hot southern counties, where incomes are below the national average. In richer New England and the Pacific north-west, in contrast, winters will be milder and less deadly, and agricultural yields may rise. The aggregate economic cost of climate change is reduced because <u>the burden disproportionately falls on those with low incomes</u>, hardly the ideal way to slash the cost of warming.

Climate change is costly in part because its effects are uncertain, impairing investments and other actions which might mitigate its harms. Thus people would be willing to pay some money to know with greater certainty what higher temperatures will mean in future. Uncertainty around economic projections is highest in the poorest counties. For some of these places the worst outcomes could mean Gross Domestic product (GOP) losses of 40% or more.

Though focused on America, the analysis also describes the world's climate problem. The costs of global climate change will again be unevenly (and uncertainly) distributed, but harm will often be smaller for richer, temperate countries. As a result the estimated economic loss from global warming is almost certainly understated, because the nastiest effects are concentrated in places where incomes are lowest: and, correspondingly, where tumbling incomes have the smallest effect on global GOP.

36 **The best theme of the passage would be '______.'** 2점

① Unequal distribution of the costs of climate change
② A sense of insulation from the costs of global warming
③ Local counties are not affected by the climate change
④ Global temperature affects local weather conditions
⑤ How to prevent rising mortality by adjusting for the uncertainty of climate change

37 **The underlined part "the burden disproportionately falls on those with low incomes" may suggest ______.** 2점

① calculating the economic effects of climate change is a transparent matter
② the climate change exacerbates inequality problem in the United States
③ people with low incomes may pay higher tax than the rich
④ the burden is appropriate for those who are poor
⑤ inequality issue is often emphasized

38 **According to the passage, which of the following is correct?** 2점

① The costs associated with global climate change are uniformly distributed.
② New England region is known for extreme winters.
③ The analysis about the world's climate problem is not confined to the American situation.
④ The harm related to the costs of global climate change will be larger for wealthy countries.
⑤ The effects of climate change are not obscure.

[39-41] Read the following passage and answer the questions.

A Geopolitics is not simply a pretentious way of saying "international relations." It is a method for thinking about the world and forecasting what will happen down the road. Economists talk about an invisible hand, in which the self-interested, short-term activities of people lead to what Adam Smith called "the wealth of nations." Geopolitics applies the concept of the invisible hand to the behavior of nations and other international actors. The pursuit of short-term self-interest by nations and by their leaders leads, if not to the wealth of nations, then at least to predictable behavior and, therefore, the ability to forecast the shape of the future international system.

B Nations behave the same way. The millions or hundreds of millions of people who make up a nation are constrained by reality. They generate leaders who would not become leaders if they were irrational. Climbing to the top of millions of people is not something fools often do. Leaders understand their menu of next moves and execute them, if not flawlessly, then at least pretty well. An occasional master will come along with a stunningly unexpected and successful move, but for the most part, the act of governance is simply executing the necessary and logical next step. When politicians run a country's foreign policy, they operate the same way. If a leader dies and is replaced, another emerges and more likely than not continues what the first one was doing.

C Geopolitics and economics both assume that the players are rational, at least in the sense of knowing their own short-term interest. As rational actors, reality provides them with limited choices. It is assumed that, on the whole, people and nations will pursue their self-interest, if not flawlessly, then at least not randomly. Think of a chess game. On the surface, it appears that each player has twenty potential opening moves. In fact, there are many fewer because most of these moves are so bad that they quickly lead to defeat. The better you are at chess, the more clearly you see your options, and the fewer moves there actually are available. The better the player, the more predictable the moves. The grandmaster plays with absolute predictable precision — until that one brilliant, unexpected stroke.

39 **The most appropriate ordering of the paragraph would be ______.** 2.1점

① A — C — B
② B — C — A
③ B — A — C
④ C — A — B
⑤ C — B — A

40 **The future of a nation is predictable because ______.** 2.1점

① the history repeats itself
② leaders know how to play chess
③ it is implemented by the rational leaders
④ people always pursue their long-term interest
⑤ the survival-of-the-fittest principle always works

41 **In the above reading, the grandmaster of chess and an occasional master of a nation are similar in that ______.** 2.1점

① they are selected out of millions of people
② they work very hard to achieve their goal
③ they are good at manipulating others
④ they are born with a gifted talent in their field
⑤ they do something unexpected but successful

[42-43] Read the following passage and answer the questions.

Gregory is my beautiful gray Persian cat. He walks with pride and grace, performing a dance of disdain as he slowly lifts and lowers each paw with the delicacy of a ballet dancer. His pride, however, does not extend to his appearance, for he spends most of his time indoors watching television and growing fat. He enjoys TV commercials, especially those for Meow Mix and 9 Lives. His familiarity with cat food commercials has led him to reject generic brands of cat food in favor of only the most expensive brands. Gregory is as finicky about visitors as he is about what he eats, befriending some and repelling others. He may snuggle up against your ankle, begging to be petted, or he may imitate a skunk and stain your favorite trousers. Gregory does not do this to establish his territory, as many cat experts think, but to humiliate me because he is jealous of my friends. After my guests have fled, I look at the old fleabag snoozing and smiling to himself in front of the television set, and I have to forgive him for <u>his obnoxious, but endearing, habits</u>.

42 **The style of above writing is ______.** 2.1점

① comparative
② chronological
③ descriptive
④ logical
⑤ persuasive

43 **The underlined "<u>his obnoxious, but endearing, habits</u>" refer to '______'.** 2.1점

① begging for the petting
② spoiling the owner's clothes
③ watching TV all day long
④ leaving a territory mark
⑤ not eating the common cat food

[44-45] Read the following passage and answer the questions.

The notion that cloning might help conserve endangered species has been bandied around for years. Very little such bandying, though, is done by professional conservationists or conservation biologists. One lion biologist gave me a pointed response to the idea: "<u>Bunkum</u>." He and many others who study imperiled species and beleaguered ecosystem view cloning as irrelevant to their main concerns. Worse, it might be a costly distraction — diverting money, diverting energy, allowing the public to feel some bogus reassurance that all mistakes and choices are reversible and that any lost species can be re-created using biological engineering. The reality is that when a species becomes endangered its troubles are generally twofold: not enough habitat and, as the population drops, not enough diversity left in its shrunken gene pool. What can cloning contribute toward easing these troubles? As for habitat, nothing. As for genetic diversity, little or nothing — except under very particular circumstances. Cloning is copying, and you don't increase diversity by making copies.

44 **The meaning of the underlined "<u>Bunkum</u>" is '______'.** 2점

① miracle ② nonsense ③ belief
④ concern ⑤ money

45 **The author argues that cloning ______.** 2점

① will change human life in the future
② can diversify the species in many ways
③ will lengthen the life expectancy of animals
④ cannot be a solution for endangered species
⑤ will result in lots of similar species on earth

[46-47] Read the following passage and answer the questions.

Ask people how they feel about getting older, and they will probably reply in the same vein as Maurice Chevalier: "Old age isn't so bad when you consider the alternative." Stiffening joints, weakening muscles, fading eyesight and the clouding of memory, coupled with the modern world's careless contempt for the old, seem a fearful prospect — better than death, perhaps, but not much. Yet mankind is wrong to dread ageing. Life is not a long slow decline from sunlit uplands towards the valley of death. It is, rather, a U-bend.

When people start out on adult life, they are, on average, pretty cheerful. Things go downhill from youth to middle age until they reach a nadir commonly known as the mid-life crisis. So far, so familiar. The surprising part happens after that. Although as people move towards old age they lose things they treasure — vitality, mental sharpness and looks — they also gain what people spend their lives pursuing: ______.

This curious finding has emerged from a new branch of economics that seeks a more satisfactory measure than money of human well-being. Conventional economics uses money as a proxy for utility — the dismal way in which the discipline talks about happiness. But some economists, unconvinced that there is a direct relationship between money and well-being, have decided to go to the nub of the matter and measure happiness itself.

46 **The most appropriate expression for the blank would be ______.** 2.1점

① happiness ② reputation ③ career
④ success ⑤ wealth

47 **The proverb that relates to the above passage would be '______'.** 2.1점

① If it ain't broke, don't fix it
② Don't count your eggs before they hatch
③ One apple a day keeps the doctor a way
④ Don't put all your eggs in one basket
⑤ There is always a tradeoff

[48-50] Read the following passage and answer the questions.

Election data show it is true that the candidate who spends more money in a campaign usually wins. But is money the cause of the victory? It might seem logical to think so, much as it might have seemed logical that a booming 1990s economy helped reduce crime. But just because two things are correlated does not mean that one causes the other. A correlation simply means that a relationship exists between two factors — let's call them X and Y — but it tells you nothing about the direction of their relationship. It's possible that X causes Y; it's also possible that Y causes X; and it may be that X and Y are both being caused by some other factor, Z.

Consider this scenario: cities with a lot of murders also tend to have a lot of police officers. Let's now look at the police/murder correlation in a pair of real cities. Denver and Washington, D.C. have about the same population — but Washington has nearly three times as many police as Denver, and it also has eight times the number of murders. Unless you have more information, however, it's hard to say what's causing what. Someone who didn't know better might contemplate these figures and conclude that it is all those extra police in Washington who are causing the extra murders. Such thinking, which has a long history, generally provokes a/an ______ response. Consider the folktale of the czar who learned that the most disease-ridden province in his empire was also the province with the most doctors. His solution? He promptly ordered all the doctors shot dead.

48 **The most appropriate expression for the blank is ______.** 2.1점

① docile ② logical ③ predictable
④ wayward ⑤ invulnerable

49 **The main idea of the passage would be '______'.** 2.1점

① Police causes crime
② There is no solution to the crime
③ Correlation does not necessarily mean causality
④ The government must hire more police to reduce crime
⑤ The increases in police and crime are both caused by the people's needs

50 **Which one is NOT true of the above passage?** 2.1점

① Denver has a lower crime rate than Washington, D.C.
② The czar in the folktale believed that doctors caused disease.
③ Candidates who spend more money tend to win the election.
④ It is impossible that Y causes X when X and Y are correlated.
⑤ Correlation between police and crime may imply a causal relationship between them.

SUNGKYUNKWAN UNIVERSITY

성균관대학교

2022학년도 자연계
▸▸ 영어 25문항, 수학 20문항·90분

[01-02] Choose one that is either ungrammatical or unacceptable.

01 Back ①then, I assumed that in ②making the selections for this book and writing ③its introduction, I would be ④grappled, like my predecessors, with the questions ⑤implicit in the project. 1.9점

02 ①What makes parenting in a pandemic so difficult is not, first and ②foremost, the ③increased time commitment. It is not even the close-up view of your children's suffering — watching them become ④withdrawn, struggle to cheer ⑤them up, and lose weight. 1.9점

[03-05] Choose one that is closest in meaning to the underlined expression.

03 Verstappan claims maiden title after victory in Abu Dhabi season finale. 1.9점

① most ② final ③ first
④ worthy ⑤ influential

04 The administration is in a race to outpace the corona virus as it seeks to <u>replenish</u> the country's national supply stockpile. 1.9점

① hoax ② truncate ③ restock
④ rebuke ⑤ attest

05 Unchecked, <u>disgruntled</u> workers can shape colleagues' views of the workplace negatively, creating an environment in which even more workers may hate their jobs. 1.9점

① dull ② rustic ③ incoherent
④ indigent ⑤ discontented

[06-08] Choose one that is most appropriate for the blank.

06 The pandemic proved that the United States' overreliance on Asia for medical supplies is very high risk. The success of American glove producers depends on how much they can automate and whether they are flexible enough to ramp production up or down to match demand. The US government needs to be courageous and step up and ______ to punish those who produce counterfeit items, including medical gloves, and allow American competitors to compete on a level playing field. 2점

① become untenable
② produce genuine goods
③ serve as a benevolent officer
④ institute the necessary tariffs
⑤ mull over the injustices prevalent in the industry

07 In 2018, more Americans — of all races — said they skipped medical care or prescriptions in the past year because of costs. The highest rates were among low-income black and white adults, with one-fifth to one-quarter saying they'd forgone medical care. Even when people have insurance, the monthly premiums, co-payments and other cost-sharing can be a financial ______. As for people's health ratings, racial disparities remained stubbornly persistent over time. 2점

① counterpart ② strain ③ heap
④ surfeit ⑤ access

08 After a year in which flights came to a near-complete standstill, many countries closed their borders and those that still allowed visitors imposed onerous restrictions. Even the slightest loosening will be a welcome improvement. The signs are ______. By September 2020, 115 of the 217 destinations tracked by the UN World Tourism Organization had loosened their travel restrictions. Global hotel-occupancy rates more than doubled from a low of 22% in April to 47% in August. 2점

① deceiving ② encouraging ③ pessimistic
④ obscure ⑤ troublesome

[09-10] Read the following passage and answer the questions.

> One of the bees' problems of survival is to store honey and so through evolution they produced a space pattern that stores a maximum of honey using the least possible wax. Their three-dimensional system of space packing is a very efficient way of storing fluid.
> Economy and survival are the two key words in nature. Examined out of context, the neck of the giraffe seems uneconomically long, but it is economical in view of the fact that most of giraffe's food is high on the tree. If the absorption of light is essential to survival, then large, seemingly uneconomical leaves are developed to absorb it. Economy and survival are interacting forces. Beauty as we understand it, and as we admire it in nature, is ______. It is a by-product of this complex interaction: the color and shape of flowers directly relate to their ability to attract insects; the color and formation of insects relate to their ability to camouflage themselves against the background of flowers.

09 The most appropriate expression for the blank is ______. 2점

① never arbitrary
② often randomly determined
③ not defined by what they do
④ often predictable by its appearance
⑤ constantly shifting and growing throughout life

10 **The main idea of the passage would be '______'.** 2점

① Beauty is in the eye of the beholder
② Survival is not an economical way of maintaining nature
③ Forms and patterns in nature are related to the needs of survival
④ Plants and insects develop a form that has little to do with survival
⑤ Long neck of the giraffe is the result of the survival of the fittest

[11-13] Read the following passage and answer the questions.

Real estate booms seem just as mysterious as stock market booms. When they happen, there are always popular explanations for them — explanations that are not necessarily correct. A number of glib explanations have been offered for the run-up in prices in many places since the late 1990s. One such explanation is that population pressures have built up to the point that we have run out of land, and that home prices have shot up as a result. But we did not just run out of land since the late 1990s: population growth has been steady and gradual. Another theory is that the things that go into houses — the labor, the lumber, the concrete, the steel — are in such heavy demand that they have become very expensive. But construction costs are ______ their long-term trends. Another glib explanation is that the boom is due to the interest rate cuts implemented in many countries in an effort to deal with a weak global economy. But while low interest rates are certainly a contributing factor, central banks have cut interest rates many times in history, and such actions never produced such concerted booms.

Many people are worrying that the boom in home prices in many parts of the world will end as badly as the dramatic 1980s boom in urban land prices in Japan, with prices declining in real terms for well over a decade after the peak. But understanding any such price movements, and what they might portend, is a difficult problem.

11 **The most appropriate expression for the blank is ______.** 2점

① not compatible with
② not affected by
③ not in line with
④ not consistent with
⑤ not out of line with

12 According to the passage, ______ is NOT a popular explanation for real estate booms. 2점

① land shortage
② population growth
③ low interest rate
④ declining urban land price
⑤ high construction cost

13 The main idea of the passage would be '______'. 2점

① Real estate booms and stock market booms are the same
② Popular explanations for real estate booms are often incorrect
③ The recent real estate boom is similar to the 1980s boom in urban land prices in Japan
④ Recent real estate booms in many parts of the world are worrisome
⑤ Low interest rate is the main cause of the run-up in real estate prices

[14-16] Read the following passage and answer the questions.

The places that now consider themselves to be democracies are with a handful of exceptions run by the process generally known as representative democracy. That qualifying adjective should make you sit up and think. The starting point of modern democracy is the belief that every sane adult is entitled to an equal say in the conduct of public affairs. Some people are richer than others, some are more intelligent, and nobody's interests are quite the same as anybody else's: but all are entitled to an equal voice in deciding how they should be governed. There is therefore something odd in the fact that in most democracies this voice is heard only once every few years, in elections in which voters choose a president or send their representatives to an elected parliament: and that between those elections, for periods of anything up to seven years, it is the presidents and parliamentarians who do all the deciding, while the rest of the democracy is expected to stand more or less quietly on one side, either nodding its head in irrelevant approval or growling in frustrated disagreement. This is part-time democracy.

There exists in a few places a different way of doing it, called direct democracy. In this straightforward version, the elected representatives are not <u>left to their own devices</u> in the periods between elections. The rest of the people can at any time call them to order, by cancelling some decision of the representatives with which most of the people do not agree or, sometimes, by insisting that the representatives do something they had no wish to do, or perhaps had never even thought about. The machinery by which this is done is the referendum, a vote of the whole people.

14 **The best title of the passage would be '______'.** 2점

① Why democracy does not work
② How modern democracy failed
③ Democracies in the 21st century
④ How to turn autocracy into democracy
⑤ Two different processes of running democracy

15 **In this passage, the author argues that representative democracy is part-time democracy because ______.** 2점

① most representatives work part-time
② some people are not allowed to vote
③ people's voice is heard only in elections
④ all people are entitled to an equal say in public affairs
⑤ people can cancel some decisions of the representatives at any time

16 **The underlined part "left to their own devices" means '______'.** 2점

① allowed to remain unchanged
② allowed to resist changes
③ allowed to do as they wish
④ allowed to hold their status
⑤ allowed to stay in power

[17-18] Read the following passage and answer the questions.

In general, statements about the world come in two types. One type is positive. Positive statements are descriptive. They make a claim about how the world is. A second type of statement is normative. Normative statements are prescriptive. They make a claim about how the world ought to be. A key difference between positive and normative statements is how we judge their validity. We can, in principle, confirm or refute positive statements by examining evidence. By contrast, evaluating normative statements involves values as well as facts. Deciding what is good or bad policy is not just a matter of science. It also involves our views on ethics, religion, and political philosophy.

Positive and normative statements are fundamentally different, but within a person's set of belief, they are often intertwined. In particular, positive views about how the world works affect normative views about what policies are desirable. For instance, a claim that the minimum wage causes unemployment, if true, might lead one to reject the conclusion that the government should raise the minimum wage. Yet normative statements cannot come from positive analysis alone; they involve ______ as well.

17 The most appropriate expression for the blank is ______. 2점

① facts and opinions
② value judgements
③ a testable hypothesis
④ a matter of science
⑤ objective views of the world

18 According to the passage, positive statements ______. 2점

① are prescriptive
② are subjective statements of opinion
③ are not different from normative statements
④ are influenced by our views on culture and society
⑤ can be tested, amended or rejected by examining evidence

[19-20] Read the following passage and answer the questions.

> Ken Griffin, the boss of Citadel, a hedge fund, warns young people not to work from home: "It's incredibly difficult to have the managerial experiences and interpersonal experiences that you need to have to take your career forward in a work-remotely environment." Virtual work risks <u>entrenching silos</u>: people are more likely to spend time with colleagues they already know. Corporate culture can be easier to absorb in three dimensions. Deep relationships are harder to form with a laggy internet connection. A study from 2010 found that physical ______ between co-authors was a good predictor of the impact of scientific papers: the greater the distance between them, the less likely they were to be cited. Even evangelists for remote work make time for physical gathering: "Digital first does not mean never in person."

19 The underlined part "<u>entrenching silos</u>" means '______'. 2점

① establishing new boundaries
② cooperating with people from other organizations
③ supporting communication in large organizations
④ supporting cooperation among people who interact infrequently
⑤ establishing an isolated group that functions apart from others

20 The most appropriate expression for the blank is ______. 2점

① property ② proximity ③ openness
④ posture ⑤ acrimony

[21-23] Read the following passage and answer the questions.

Carbon dioxide (CO_2) absorbs infrared radiation. It is by emitting infrared radiation that the surface of Earth cools itself down. More CO_2 in the atmosphere makes this process harder, so it means ______. The increase in CO_2 since the mid-19th century has, in concert with industrial and agricultural production and the release of other greenhouse gases such as methane, nitrous oxide and industrial gases like CFCs and HCFCS, increased the planet's average surface temperature by between 1.1℃ and 1.2℃.

This has already had an adverse effect on crop yields which outstrips any of the benefits from a higher level of CO_2. It is increasing the frequency, intensity and duration of droughts and heat waves. It has made large tracts of permafrost impermanent, gobbled up mountain glaciers and reduced the area of multiyear ice on the Arctic Ocean by 90%. It is destabilizing the great ice sheets of Greenland and western Antarctica and making it easier for mid-sized hurricanes to intensify into the most powerful of storms. It is also making it harder for nutrients at depth to get to the living things that depend on them close to the surface and reducing oxygen levels. Sea levels are rising by a centimeter every three years or so. There is no doubt that the change in the CO_2 level was brought about by humankind — mainly through the burning of fossil fuels, but also through conversion of forests and other natural ecosystems to farmland. As long as <u>these activities</u> continue in their current form, the CO_2 level will continue to rise, and the world will move further and more damagingly away from its historical state.

21 **The most appropriate expression for the blank is ______.** 2.1점

① more air pollution
② a warmer Earth
③ a habitable Earth
④ more industrialized nations
⑤ destruction of ecosystem

22 **According to the passage, ______ is NOT the consequence of an increase in CO_2 level.** 2.1점

① rising sea level
② increase in the Earth's surface temperature
③ release of greenhouse gases such as methane
④ destabilization of the great ice sheets of Greenland
⑤ increase in the frequency of droughts and heat waves

23 One example of the underlined part "these activities" would be '______'. 2.1점

① deforestation
② reducing CO_2 level
③ increasing crop yields
④ limiting the use of fossil fuels
⑤ understanding the source of global warming

[24-25] Read the following passage and answer the questions.

The fundamentals of poker are simple: players conceal their cards until the final showdown, when the player with the best cards wins the pot, full of all the accumulated bets. Each player has to keep betting to stay in the game, but some will give up along the way, preferring to forfeit a little money rather than risk losing much more in the showdown. If all other players give up, you can win the pot without ever showing your cards.

If you were playing poker, your basic challenge would be to work out whether it was worth paying to stay in the game. Probability theory won't get you very far. It is not enough to calculate the odds that the hand you hold is better than the other hands hidden around the table. You need to analyze your opponents' moves. Is a small bet a sign of weakness, or a trick to tempt you to raise the stakes against hidden strength? And do big bets mean a big hand — or a bluff? At the same time you must recognize that your opponents will be trying to interpret your own bets, and you must be careful not to be ______.

24 The most appropriate expression for the blank is ______.

① gullible ② predictable ③ poker-faced
④ tempted ⑤ bluffed

25 What is NOT true of the above passage?

① Big bets mean either a big hand or a bluff.
② Small bets mean that the player has a weak hand.
③ Players show their hands after the final showdown.
④ A player loses all the bets if he/she gives up before the showdown.
⑤ The player with the best hand at the showdown wins all the accumulated bets.

자신을 태우지 않고 빛나는 별은 없다!

이○설
성균관대학교 영어영문학과
편입구분: 학사편입

어휘 학습법

기초 강의를 수강하며 어휘 기본기를 쌓고, 저만의 어휘 암기법을 찾았습니다. 상반기 목표 어휘 암기를 마무리하고, 하반기에도 어휘 암기 시간을 줄이지 않고 꾸준히 어휘를 암기했습니다.

문법 학습법

편입 영어에서 문법의 비중은 적지만, 단 한 문제가 합격을 결정짓기 때문에 절대 소홀히 해서는 안 되는 과목입니다. 정병권 교수님 강의를 통해 시험에 나오는 문법 범위를 정확하게 확인하고, 반복 회독하며 이해도를 높여갔습니다. 어느 정도 교재의 문법 내용을 파악하면 제가 그 내용을 스스로 정리하여 문법 정리 노트를 만들었습니다. 만들다 보면 스스로 부족한 문법 포인트를 알게 되고, 바쁜 기출 풀이 시즌에는 정리 노트만 회독하며 시간을 아낄 수 있습니다.

논리 학습법

사실 논리는 절반 이상이 어휘라고 할 수 있습니다. 어휘만 제대로 잘 갖춰져 있다면 1초 만에 문제를 풀 수 있는 어렵지 않은 과목이기 때문입니다. 어휘가 다 갖춰졌다는 가정하에서는 만능 무기인 정확한 논리력으로 문제를 풀면 됩니다. 저는 정답의 근거를 치밀하게 분석하여 정확성을 잡는 풀이를 열심히 연습했습니다. 이분법이라는 단단한 풀이 방법을 바탕으로 연습하다 보면 논리 문제 푸는 것이 재미있게 느껴지실 것입니다.

독해 학습법

독해는 편입 영어에서 가장 많은 부분을 차지하고 있는 만큼 중요한 과목입니다. 독해 공부 초반에는 지문의 흐름이 어떤지 로직 트리를 열심히 그리며 전체적인 틀을 볼 수 있도록 노력했습니다. 그 후엔 독해 지문 첫 부분인 1/3 부분에 목숨을 걸고 이분법을 찾아내는 연습을 하고, 2/3 부분에서는 나열을 통해 이분법의 의미를 확장해 나가는 연습을 했습니다. 글의 복잡한 내용이 아닌 이분법에만 집중하여 어려운 독해가 아닌 색칠 놀이를 해보세요.

성균관대학교 | 2021학년도 인문계 A형 | 50문항 · 90분

어휘

▶▶ 동의어 유형으로 commensurate with(=proportionate to), see red(=become angry), officially declare(=promulgate), caliber (=capability), facilities(=ability), adversity(=difficulties)가 출제됐다. 변별력을 높인 2번, 5번 문제를 살펴보면, 2번의 see red는 문장을 통해 관용어의 뜻을 유추하기도 어려웠고, 선택지 또한 제시된 문장과 의미적으로 호응하는 보기들로 구성되어 있어 정확한 의미를 모르고 있던 수험생은 정답을 고르기 어려웠다. 그리고 5번의 제시어 facility는 '설비', '편리함', '쉬움', '능력' 등의 의미를 가지고 있는 다의어인데, 선택지에 facility의 다양한 뜻이 제시되어 문맥을 제대로 파악하고 문제를 풀어야 정답을 고를 수 있었다.

문법

▶▶ 밑줄 친 보기 중 틀린 것을 고르는 Written Expression 유형이 5문제 출제됐다. 현재분사로 사용된 scattering을 상태를 나타내는 과거분사인 scattered로 고치는 문제, ascribe A to B(A를 B의 것으로 여기다)에 맞도록 전치사 with를 전치사 to로 고치는 문제, 주절의 주어인 I와 일치하도록 과거분사 Looked를 현재분사인 Looking으로 고치는 문제, 부사의 비교급 앞에 정관사 the를 삭제하는 문제, have access to(~에 접근하다)에 맞도록 전치사 with를 전치사 to로 고치는 문제 등 관용적인 표현을 물어보는 문제가 출제됐다. ascribe A to B, 부사의 비교급 앞에 사용되지 않는 정관사 the, access to와 같은 문제의 출제 비중이 높았다.

논리완성

▶▶ 논리완성에서는 총 10문제가 출제됐다. 역접의 접속사 but이 제시되어 상반된 내용인 impunity(처벌받지 않음)와 retribution (인과응보)을 고르는 문제, 인과관계를 나타내는 접속사 because를 활용해 원인과 결과에 해당하는 untrodden(가보지 않은)과 apprehension(걱정)을 고르는 문제, 빈칸을 부연 설명한 portents(징조)를 이용해 premonition(사전경고)을 고르는 문제, 입사지원서의 목적이 고용주의 관심을 끄는 것이라는 내용을 통해, '회사에 어떤 이익을 줄 수 있는지'를 고르는 문제, siesta(낮잠)가 사라지는 것에 대한 부정적인 내용을 고르는 문제, 정체성의 형성과 성장이 사춘기에만 국한되지 않는다는 내용을 통해 정체성은 '평생 변화하며 성장한다'를 고르는 문제, 왕족과 정치인뿐 아니라 훨씬 더 많은 이들이 역사와 연관되어 있다는 내용을 통해, '많은 이들이 역사에 기록될 권리가 있음'을 고르는 문제 등이 출제되었다.

독해

▶▶ 성균관대는 『Rolling Stone』, 『The New York Times』 등과 같이 시사적인 내용을 다루는 대중매체에서부터 『50 Successful Ivy League Application Essays』, 『English in Context』, 등의 전문서적에서 빈칸완성, 내용일치, 글의 요지 및 제목, 문맥상 적절하지 않은 단어[문장] 고르기, 단락 나누기 등이 출제됐다. 출제된 지문의 내용을 살펴보면, 비영어권 노래에 대한 글로벌한 안목의 필요성, 말을 이용해 당신의 생각을 표현하기, 싱가포르는 어떻게 가장 세계화된 나라가 되었는가, 인구 감소와 해결책, COVID-19가 인간관계에 위기를 초래하는 이유, 이슬람교 서적에 대한 기독교 근본주의자들의 항의, 교육의 역할과 교육자의 도전과제, 화석연료를 대체할 새로운 에너지원의 중요성, 미국독립선언문의 탄생배경 등 다양한 내용이 지문으로 출제됐다.

SUNGKYUNKWAN UNIVERSITY

성균관대학교

2021학년도 인문계 A형
▶▶ 50문항·90분

[01-06] Choose one that is closest in meaning to the underlined expression.

01 The punishment was not <u>commensurate with</u> the seriousness of the crime. 2점

① greater than ② influenced by ③ proportionate to
④ unreasonable for ⑤ lesser than

02 The mere thought of Patrick with Mary made her <u>see red</u>. 1.9점

① become jealous ② become angry ③ be prejudiced
④ be sensitive ⑤ be enamored

03 As soon as the board of election <u>officially declares</u> the list of candidates, we will give you a complete report. 1.9점

① makes ② determines ③ investigates
④ promulgates ⑤ distributes

04 In musical play, she is a very famous actress for her <u>caliber</u> of acting, not for her singing. 1.9점

① range ② popularity ③ capability
④ style ⑤ method

05 Their facilities to connect the unconnected enables geniuses to see thing others miss. 1.9점

① ability ② convenience ③ imagination
④ ease ⑤ option

06 He is a stoic. He bears his pain or sorrow without complaint, and meets adversity with unflinching fortitude. 1.9점

① chance ② failure ③ opposition
④ adventure ⑤ difficulties

[07-11] Choose one that is either ungrammatical or unacceptable.

07 English, the native language of ①over 400 million people ②scattering across every ③continent, is used in some way by one ④out of seven human beings around the globe, making it ⑤the most widely spoken language in history. 1.9점

08 The ①continued popularity of his novels suggests that the subjects ②which they repeatedly consider and the values ③which they ascribe ④with them are also repeatedly contemplated and ⑤found congenial by their many readers. 1.9점

09 ①Looked back now at what I wrote in my middle ②forties, I am struck by the confidence ③with which I pronounced largely on such matters ④as the nature of civilization and the way ⑤in which culture develops. 1.9점

10 ①Getting your heart rate up ②during exercise helps your body ③circulate blood and oxygen ④to your muscles and organs ⑤the more efficiently. 1.9점

11 In modern practice, social justice, which asserts that all people should have equal access ①with wealth, health, and opportunity, revolves around ②favoring or punishing different groups of the population, ③regardless of any given individual's choices or actions, ④based on value judgements ⑤regarding historical events, current conditions, and group relations. 1.9점

[12-21] Choose one that is most appropriate for the blank.

12 It is common knowledge that ability to do a particular job and performance on the job do not always go hand in hand. Persons with great potential abilities sometimes fall down on the job because of laziness or lack of interest in the job, while persons with mediocre talents have often achieve excellent results through their industry and their loyalty to the interests of their employers. It is clear, therefore, that the final test of any employee is his/her performance on the job. And an employee's efficiency is best determined by an ______. 2점

① appraisal of his/her interest in his/her work
② appraisal of his/her loyalty to his/her employer
③ evaluation of the work performed by him/her
④ evaluation of his/her potential ability to perform his/her work
⑤ evaluation of his/her personality and ability

13 For years he performed his evil deeds with ______, but eventually ______ overtook him. 2점

① bitterness — atonement
② impunity — retribution
③ ignorance — enthusiasm
④ validity — attrition
⑤ efficiency — punishment

14 Because the scout took a(n) ______ route to get back to his platoon, the men felt considerable ______ about his fate. 2점

① designed — revulsion
② postulated — agitation
③ untrodden — apprehension
④ validated — bewilderment
⑤ detour — concern

15 In general fiction, foreshadowing refers to the writer's trick of sowing small hints into the furrows of a plot later. But in fantasy literature there is a more powerful tool: ______. These are ominous, sometimes blood-chilling portents of triumph or disaster ahead. They are direct glimpses of the future, although seen in a mirror, darkly. 2점

① the disaster
② the unpleasant happenings
③ the accident
④ the premonition
⑤ the supernatural beings

16 A letter of application is a sales letter in which you are both salesperson and product, for the purpose of an application is to attract an employer's attention and persuade him or her to grant you an interview. To do this, the letter should present ______. 2점

① what you want from the job
② what your financial situation is
③ what you can offer the employer
④ your attitude to the job
⑤ your interest in the job

17 Advertisers use weasel words to appear to be making a claim for a product when in fact they are making no claim at all. Weasel words get their name from the way weasels eat the eggs they find in the nests of other animals. A weasel will make a small hole in the egg, suck out the insides, then place the egg back in the nest. Only when the egg is examined closely is it found to be hollow. That's the way it is with weasel words in advertising: Examine weasel words closely and you'll find that they're as hollow as any egg sucked by a weasel. Weasel words ______. 2점

① should be used carefully as an advertising means
② say one thing when in fact they say the opposite, or nothing at all
③ are the most difficult advertising tools
④ are indifferent to the interest of advertisers
⑤ are instrumental in determining consumer's society

18 A study of human history shows that there has been a wonderful development of ethics and of religion. There is no satisfactory evidence that these were handed down from heaven in perfect form, but there is abundant evidence that they have been evolving and that this process has not yet come to an end. Some of the ethical codes and religious practices current today will probably be considered ______ in times to come. 2점

① unsatisfactory ② precursory ③ civilized
④ barbarous ⑤ unpleasant

19 Siesta is the Spanish word for a nap or a short period of sleep in the middle of the day. Many people in Spain and Latin America take a siesta in the afternoon following their lunch. In the past, almost everyone in Spain took a siesta every day. While this tradition is still popular, fewer people stop for a siesta nowadays. Especially in large cities like Madrid and Barcelona, many professional people work from 9:00 to 5:00 with only a short break for lunch. Some people think ______ when companies don't allow their employees to enjoy a long lunch and siesta in the middle of the day. Other people, however, think that this kind of change is necessary for Spain's economic growth. 2점

① Spain is following the trend of the world
② Spain is losing part of its rich culture
③ Spanish people become more diligent
④ Spanish way of life becomes outmoded
⑤ Spanish tradition should be changed

20 While developing a sense of identity is an important part of the teenage years, Erikson did not believe that the formation and growth of identity were just confined to adolescence. Instead, identity ______ as people confront new challenges and tackle different experiences. 2점

① is determined by the environment
② is defined by what they do
③ is revealed by their personality
④ shifts and grows throughout life
⑤ shapes our view of life

21 Most history books tell you a lot about the kings and queens and leaders. For many years British historians thought the only point of reading history was to find about how the British constitution developed, so they concentrated on parliaments and laws and pretty much ignored everything else. More recently, historians have pointed out that history involves a lot more than royals and politicians, and there are all sorts of people ______. 2점

① whose social status is elevated
② who also participated in the parliaments
③ whose history has a right to be heard
④ whose life is determined by the historical movement
⑤ who also have contributed to the development of the British constitution

[22-23] Choose the one that is NOT appropriate for the whole context.

22 Despite the record-shattering success of BTS, radio remains largely Ⓐhesitant about putting K-pop into rotation. Alpha Media's Becker says his radio company is hard at work researching where — and how — to Ⓑchange that. "People often Ⓒdismiss things because they're not primarily in English," he says. "The challenge I present back is, if last year's most-played song was 'Despacito,' why can't we play more songs not in English?" Still, the U.S. is not the genre's only target, as the K-pop/Latin crossover Ⓓsuccess of Super Junior proved. "Listeners are beginning to really expect us to look globally," says Whittle. "We, as programmers, are becoming more aware of the fact that the world is a much Ⓔlarger place than it used to be." 2점

① Ⓐ ② Ⓑ ③ Ⓒ
④ Ⓓ ⑤ Ⓔ

23 I love the location of my new house. For one thing, ①its neighbourhood is safe, so I enjoy going for a walk in the night. And most people in my neighbourhood don't lock their doors even during the night. ②My new house is so roomy that I think I had better purchase more furniture. Besides, ③the neighbourhood is in a convenient location. Lots of stores and restaurants are nearby. ④Within a few miles, there is also a library, health and fitness centre. Most of all, I like the people who live in this neighbourhood. ⑤They are friendly and want to keep our community safe and clean. 2점

24 What is the main idea of the passage? 2점

Speak. Do not simply record your thoughts on paper. But use your words as a conduit for expressing yourself. While the resume and questionnaire may be unique in the sense that no one has the exact skillsets or range of experiences that you have, the language is dry and static. The essay, on the other hand, is a dynamic narrative that has the potential to explicate a personality. Your essay should capture some facet of your character, perhaps through an experience or a philosophy on some issue or event.

① Do not get carried away with the topic.
② Suggest your perspective on the issue clearly.
③ Express your ideas with objective language.
④ Write about the range of experiences you have.
⑤ Communicate your personal voice.

25 As a captain, the narrator feels ______. 2점

My second mate was a silent young man, grave beyond his years, I thought; but as our eyes happened to meet, I detected a slight quiver on his lips. Though I was a captain of the ship, I looked down at once. It was not my part to encourage sneering on board my ship. It must be said, too, that I knew very little of my officers, because I had been appointed to the command only a fortnight before. Neither did I know much of the hands forward. All these people had been together for 18 months, and my position was that of the only stranger on board.

① disappointed ② diffident ③ angry
④ distracted ⑤ indifferent

[26-28] Read the following passage and answer the questions.

Two features of the Singapore context are worth noting in this discussion of globalization and education. The first is that as a small island with no natural resources except a strategic location, Singapore's survival has always depended on its usefulness to major powers. It attracted colonial interest because it provided a well-placed base for economic penetration of the region; and the colonial experience, 1819 - 1963, served to deepen Singapore's integration into Britain's economic empire. Although there was political contestation in the 1950s over culture, languages and political issues, there was also early recognition of the value of English, the colonial language as an economic resource. Early planning for transforming Singapore's economy from an entrepot to an industrial economy in the late 1950s recognised the need for foreign capital, technology and markets. Singapore thus eschewed the ideology of economic nationalism that characterizes many postcolonial states. This clear grasp of the need for economic openness to global economic forces still characterizes planning in Singapore even though the country is now considered a developed economy with a per capita annual income of more than US $20,000. External trade is a major component of Singapore's economy, and Singapore's leaders are fond of making international comparisons as a way of benchmarking achievements. Singapore is perhaps unique in the world economy in that it relies very heavily on trade and therefore Ⓐ______.

26 **What is the best title of the passage?** 2.1점

① The colonial era of Singapore
② The importance of Singapore's strategic location
③ Singapore as the world's most globalized nation
④ The colonial language as an economic resource
⑤ Singapore's integration into Britain's economic empire

27 **What is most appropriate for the blank Ⓐ?** 2.1점

① has to be dominated by external forces
② has had to have an open economy
③ has accelerated the resilience of education systems
④ has to emphasize the value of the civilization
⑤ has strengthened her cultural identity as an Asian state

28 **Which one is NOT true of the above passage?** 2.1점

① Singapore's strategic location contributed to its economic growth.
② Singapore recognized the value of English for economic development.
③ Singapore relied on foreign capital as it has no natural resources.
④ Singapore maintains economic nationalism until present.
⑤ External trade is an important feature that describes Singapore's economy.

[29-31] Read the following passage and the questions.

South Korea's population reached 51,829,023 as of Dec. 31, down 20,838 from the previous year, according to the Ministry of Interior and Safety. This represents the first statistical Ⓐdecline in the population since the country introduced the resident registration system in 1962. What is also serious is the Ⓑrapid graying of the population. A quarter of the population are in their 60s or older, along with a steady decline in the number of young people. The number of young and elderly people living alone continued to Ⓒincrease significantly, pushing the entire number of single households to reach 9 million which accounted for 39.2 percent of the total. As seen in industrialized Western countries and Japan, falling childbirths and an aging society may lead to a Ⓓsurplus in the workforce and a consumption decline, causing dwindling production and a depletion of the state budget. It is high time for the government to tackle negative factors related to marriage and births. And it needs to drastically Ⓔincrease financial support for childcare, education and housing. We must have a future-oriented mindset to embrace diverse family types including multicultural families. A continued population decline will hamper economic vitality and growth potential, thus weakening the national capacity overall. The government should focus on improving the people's livelihoods instead of taking expedient steps to boost childbirth and slow population aging. It also needs to take drastic steps to create more jobs and expand the supply of houses led by the private sector for young people.

29 **Choose the one that is NOT appropriate for the whole context of the passage.** 2.1점

① Ⓐ　　② Ⓑ　　③ Ⓒ
④ Ⓓ　　⑤ Ⓔ

30 **What is the main argument of the passage?** 2.1점

① The government must increase taxes for single households.
② The government must develop a stronger resident registration system.
③ The government must give a financial support to promote marriage and childbirth.
④ The government must take radical steps to improve people's livelihoods to solve the population decline.
⑤ The government must follow the model adopted by Western countries and Japan.

31 **Which one is NOT true of the above passage?** 2.1점

① The number of aging population is increasing.
② We should embrace diverse family types.
③ The number of single households is increasing remarkably.
④ The population decline will damage economic vitality.
⑤ The government should take temporary steps to create more jobs.

[32-34] Read the following passage and answer the questions.

It's old news that the pandemic is affecting many of our core relationships. Lawyers, therapists and academics are starting to get a clearer understanding of the multiple factors feeding into the Covid-19 break-up boom and why it looks set to continue into 2021. Relationship experts believe that even strong couples who weren't facing problems before the pandemic, and avoided major shifts in household health or dynamics may also be Ⓐ______ to break-ups. This is because the pandemic has taken away "well-established routines that offered comfort, stability and rhythm", explains Ronen Stilman, a psychotherapist and spokesperson for the UK Council for Psychotherapy. Without Ⓑthese, this leaves partners with limited opportunities to "seek other forms of support or stimulation" beyond their relationship, which can put them under strain. Stilman says, "More people are finding themselves trapped in a situation where they are struggling to cope with what is going on for them as well as what is going on between them. Like a pressure cooker that does not let any pressure out, the lid can eventually pop and the relationship breaks down."

32 **What is most appropriate for the blank Ⓐ?** 2.1점

① susceptible ② antagonistic ③ resistant
④ impervious ⑤ invulnerable

33 **What is the main idea of the passage?** 2.1점

① How to cope with the pandemic situation
② How to maintain your mental health during pandemic
③ What is the impact of pandemic on UK households
④ Why the pandemic brings about the crisis in human relationships
⑤ What are the factors affecting positive relationships of at-risk couples

34 **The underlined Ⓑthese refers to ______.** 2.1점

① core relationships
② household health
③ well-established routines
④ problems before the pandemic
⑤ clear understanding of the multiple factors related to break-up boom

[35-36] Read the following passage and answer the questions.

Every summer for the past three years, the University of North Carolina at Chapel Hill has asked incoming freshmen to read a single book and be prepared to discuss it during their orientation week. Previous books have included works on the Civil War and poverty in Chicago housing projects. This year with the anniversary of Sept. 11 approaching, it selected "Approaching the Quran: The Early Revelations," by Michael Sells, a professor of religion at Haveford College. The Ⓐ______ this produced in some Christian fundamentalists and ham-handed legislators was such that you would have thought the students had been assigned a work of pornography.

The protesters, some of whom have sued the university, said that assigning a religious book in a public university violated the Constitution's separation of church and state. What they really oppose is the effort to study Islam objectively, without presuming at the outset that it is inherently evil.

35 **In this passage, the author ______ Christian fundamentalists.** 2점

① condemns ② glorifies ③ commends
④ upholds ⑤ appeases

36 **What is most appropriate for the blank Ⓐ?** 2.1점

① sensation ② crime ③ courtesy
④ blame ⑤ outrage

[37-38] Read the following passage and answer the questions.

Every Sunday morning, the local Starbucks plays host to what my mom likes to call "mother-son bonding time." This Sunday is no different. My mom and I sit down with our regular Chai Latte and Caramel Frappuccino, and absorb the aroma of the coffee beans and the gentle rays of the winter sun. "So Alex, what are we going to do for dad's 50th birthday?" When my mom asks a question about upcoming plans, she doesn't expect an answer; she already has something in mind. Many years ago, my mom started a family tradition of making gifts personal: poems, songs, skits. At first I didn't understand why we were wasting so much time when we could just buy a gift card from the local mall. But my outlook changed when I turned twelve. For my birthday, my parents gave me a poster, a product of their many hours on Photoshop. With long hair, sideburns, and a slim suit, I had become the fifth member of the Beatles crossing Abbey Road. Every morning when I wake up, this poster opposite my bed is the first thing I see, and I start off the day with a smile. Since then, I have needed little Ⓐ______ to start working on the next gift project.

37 **What is the best title of the passage?** 2점

① A family tradition of making gifts personal
② A bonding time with parents
③ Making Beatles poster with Photoshop
④ A gift card for dad's birthday
⑤ Making of a gift project

38 **What is most appropriate for the blank Ⓐ?** 2점

① excuse ② effort ③ persuasion
④ choice ⑤ talent

[39-40] Read the following passage and answer the questions.

When people are grouped into societies, they face different kinds of trade-offs. One classic trade-off is between "guns and butter." The more a society spends on national defense(guns) to protect its shores from foreign aggressors, the less it can spend on consumer goods(butter) to raise the standard of living at home. Also important in modern society is the trade-off between a clean environment and a high level of income. Laws that require firms to reduce pollution regulations raise the cost of producing goods and services. Because of these higher costs, the firms end up earning smaller profits, paying lower wages, charging higher prices, or some combination of these three. Thus, while pollution regulations yield the benefit of a cleaner environment and the improved health that comes with it, they come at the cost of reducing the incomes of the regulated firms' owners, workers, and customers. Another trade-off society faces is between efficiency and equality. Efficiency means that society is getting the maximum benefits from its scarce resources. Equality means that those benefits are distributed uniformly among society's members. In other words, efficiency refers to the size of the economic pie, and equality refers to Ⓐ______.

39 **What is the best title of the passage?** 2점

① The nature of trade-offs
② The benefit of trade-offs
③ The effect of regulating trade-offs
④ The importance of efficiency and equality
⑤ The importance of a clean environment

40 **What is most appropriate for the blank Ⓐ?** 2점

① how to make a balance between efficiency and equality
② how the members of society make the same contribution
③ how to ensure the same quality of the economic pie
④ how the pie is divided into individual slices
⑤ how to maintain the same cost of the pie

[41-42] Read the following passage and answer the questions.

Education is both an uplifting and integrating force. It uplifts, as people acquire the skills and knowledge to lead dignified lives, fulfil their aspirations and contribute to society. It is also an integrating force, because as people improve their lives through education, we have better chances of narrowing the gaps of inequality. The uplifting and integrating forces strengthen each other. Both objectives are being Ⓐ______ today. Rapid technological advancements put a shorter expiry date on the skills and knowledge we acquired in schools and higher education, and globalization has widened social inequality. Recently, I have spoken extensively in Parliament on what we have done and will be doing to strengthen the integrative aspect of education. Today, I will not talk about inequality. Today, I will talk about the changes we need to make to ensure that education continues to uplift lives and prepare our young for the future. This is the central question every educator in the world is asking — how to prepare our young for the future?

41 **The targeted audiences of the speech are ______.** 2점

① congressmen ② news reporters ③ educators
④ diplomats ⑤ parents

42 **What is most appropriate for the blank Ⓐ?** 2점

① maintained ② achieved ③ pursued
④ challenged ⑤ promoted

[43-45] Read the following passage and answer the questions.

The modern novelist is born when that publicly shared principle of selection and significance is no longer felt to exist, can no longer Ⓐ______. The reasons for this breakdown of the public background of belief are related to new ideas in ethics, psychology, and many other matters as well as to social and economic factors. The relative stability of the Victorian world gave way to something much more confused and uncertain, and the shock to all established ideas provided by the First World War and the revelation of its horrors and futility helped to carry alive into the heart the sense of this breakdown. Of course, most ordinary people went on living their lives in accordance with the traditional morality and conventions of their fathers. It was only the sensitive *avant garde* who responded to this new feeling and who believed that they could no longer take it for granted that their impressions Ⓑheld good for others.

43 **According to the passage, the modernist novels are born by the ______.** 2점

① radical change of human relationship
② collapse of the common belief
③ futility of the First World War
④ breakdown of the conventional knowledge
⑤ new awareness of the importance of impression

44 **What is most appropriate for the blank Ⓐ?** 2점

① be based on morality
② support the human morality
③ explain the human nature
④ be depended on
⑤ give consolation

45 **Which of the following can replace the underlined part Ⓑheld good?** 2점

① remained unprejudiced
② were pleasing
③ did justice
④ were comfortable
⑤ remained valid

[46-48] Read the following passage and answer the questions.

> All of us have come to expect that reliable sources of energy will be available forever. We drive our cars wherever and whenever we want. When the gas tank gets low, we simply pull into the nearest gas station. [A] At home, whenever we need to change the temperature, prepare food, we simply turn on the nearest appliance. [B] What is the source of all this energy that we use so carelessly? In most of the world, energy is created by burning fossil fuels — coal, natural gas, and oil. The problem is that these resources are Ⓐ______. At our current rate of use, by the year 2080, the world's supply of oil will be almost gone. [C] The best solution to this worldwide problem is to find alternative sources of energy to meet our future needs. The current leading alternatives to fossil fuels are fusion and solar energy. [D] Fusion is a nuclear reaction that results in an enormous release of energy. It is practically pollution-free and is probably our best long-range option. Unfortunately, it will not be available for at least twenty years. [E] The other possible energy source, solar power, is the source of all energy, except nuclear, on Earth. When people think of solar energy, they generally think of the many ways that individual homeowners can utilize the power of the sun for heating water and buildings. But solar energy can also be utilized to generate electricity and to purify fuels for automobiles. [F] It is clear that for us to have sufficient energy sources for the 21th century, it will be necessary to pursue the development and encourage the use of alternative energy sources worldwide. If we ignore this problem, what will become of our children? What will life be like for them in the year 2050?

46 **When the above passage can be divided into three paragraphs, which would be the best boundary?** 2점

① [B] and [C]　② [B] and [D]　③ [B] and [E]
④ [C] and [E]　⑤ [C] and [F]

47 **What is most appropriate for the blank Ⓐ?** 2점

① artificial　② finite　③ polluted
④ dangerous　⑤ ineffective

48 **What is the main idea of the passage?** 2점

① necessity of finding pollution-free energy
② importance of the energy-saving plan
③ necessity of increasing the efficiency of appliances and vehicles
④ importance of finding new energy sources
⑤ potentiality of solar energy

[49-50] Read the following passage and answer the questions.

The Declaration of Independence was the instrument by which the thirteen colonies declared their independence from Great Britain. It was written by Thomas Jefferson, one of a special committee of five assigned by the Continental Congress to draw up a form of declaration. When the declaration was originally brought before Congress on June 28, 1776, the delegates from Pennsylvania and South Carolina refused to approve it until it carried an amendment. That amendment was then written into the declaration, which was finally approved on July 4. Originally only the president and secretary of the Continental Congress affixed their signatures: the delegates added their signatures as their individual states confirmed the action of Congress.

49 **What is NOT true of the above passage?** 2점

① The declaration of Independence was approved on July 4, 1776.
② The committee members to draw up a form of declaration consisted of five people.
③ The delegates wrote their signatures after having debate with other members of the special committee.
④ Pennsylvania and South Carolina did not approve the Declaration of Independence because it did not carry an amendment.
⑤ The Declaration of Independence was the way the colonies declared their independence from Great Britain.

50 What is the main theme of the passage? 2점

① birth of The Declaration of Independence
② importance of the signatures in The Declaration of Independence
③ importance of the amendment in The Declaration of Independence
④ disagreement about the details of The Declaration of Independence
⑤ role of the special committee in drawing up a form of declaration

SUNGKYUNKWAN UNIVERSITY

성균관대학교

2021학년도 자연계 A형
▶▶ 영어 25문항, 수학 20문항 · 90분

[01-03] Choose one that is closest in meaning to the underlined expression.

01 Every physician treats some patients from whom he expects no <u>pecuniary</u> reward. 1.9점

① small ② financial ③ good
④ sufficient ⑤ special

02 The money which the legislature appropriated for charitable uses has not yet been <u>allocated</u>. 1.9점

① raised ② recognized ③ spent
④ requested ⑤ allotted

03 Sigmund Freud's analytical methods were designed to find details that didn't fit traditional paradigms in order to <u>come up with</u> a completely new point of view. 1.9점

① supply ② understand ③ follow
④ refute ⑤ create

[04-05] Choose one that is either ungrammatical or unacceptable.

04 In trying to discover the truth and ①find the right path, we should exercise our utmost humility and discretion and ②in putting the truth into practice not a shred of selfish interest ③either desire ④should be allowed to intervene, ⑤as the ancient sages teach us. 1.9점

05 In the present age, ①in which science has made amazing inventions and discoveries but morality has not developed ②so much, the future of human beings ③would be dark unless the young people ④were not fully trained not only in intelligence ⑤but in morality. 1.9점

[06-12] Choose one that is most appropriate for the blank.

06 Criticism is not fault-finding, it is a balanced opinion. No statement must be made without a reason and an explanation being given. This is necessary if it is to have a guiding influence, as it should. To condemn without pointing the way to improvement helps nobody. Therefore, all criticism should be ______. 2점

① careful ② logical ③ retrospective
④ constructive ⑤ generous

07 We currently use animals from bacteria to primates in many different ways — for food, clothing, entertainment in circuses and zoos, and medical experiments. Some would argue that all of these uses of animals are wrong and that they should never be used as a means to a human end. Other would take the ______ view that it is right and natural for us to use other species for our own benefit and that this is indeed the key to our continuing evolutionary success. 2점

① convenient ② optimistic ③ opposite
④ contradictory ⑤ right

08 Language is part of the different ways that men and women think about friendship. Most North American men believe that friendship means doing things together such as camping or playing tennis. Talking is not an important part of friendship for most of them. American women, ______, usually identify their best friend as someone with whom they talk frequently. For women, talking with friends and agreeing with them is very important. 2점

① on the other hand ② thus ③ likewise
④ in this way ⑤ in the similar vein

09 The few remaining outposts of smoking in public indoor spaces in New York City, such as small restaurants and bars, will be smoke-free — if Mayor Michael Bloomberg has his way, and it seems that he will. While most of the workers in these establishments and their nonsmoking customers breathe a sigh of relief, smokers find their universe shrinking yet again. The law, if passed by the City Council, will put the city as the nation's most ______ places for smoking. 2점

① comfortable ② narrow ③ adequate
④ crowded ⑤ unaccommodating

10 Last summer, I attended a panel at an education conference where the moderator asked a group of panelists, "How do you define blended learning?" The moderator's question came from a realistic vantage point: with a wide range of educational terms, including project-based learning, blended learning, personalized learning, and online learning, it can be difficult to ______ what blended learning is. 2점

① demand ② define ③ ask
④ approve ⑤ assimilate

성균관대학교 | 자연계 A형

11 Using an appropriate research method for inquiry is critical to successful research. Grounded theory and qualitative content analysis ______. Both are based on naturalistic inquiry that entails identifying themes and patterns and involves rigorous coding. 2점

① narrow the discrepancy
② share similarities
③ clarify ambiguities
④ develop a theory
⑤ provide knowledge

12 In an effort to ______ its operations, the corporation announced it was acquiring a ______ company in a different type of manufacturing. 2점

① multiply — monopolizing
② intensify — peculiar
③ diversify — subsidiary
④ facilitate — sequential
⑤ smooth — major

13 Choose the sentence that is NOT appropriate for the whole context. 2점

My roommate and I are not very compatible. We have different sleeping habits. He likes to stay up late watching TV or listening to music, ①but I usually go to bed early. In addition, he is a very neat person. He likes the room neat and clean at all times. On the other hand, I am very messy. ②I always have my books and papers scattered all over the room. Finally, while my roommate is very social, I am quite private. ③He wants to invite his friends to our room, thus converting our room to the party place. ④Luckily, we both like the same kind of music. On the contrary, ⑤I want my privacy, thinking of my room as my own space where I can be myself.

[14-16] Read the following passage and answer the questions.

Artificial intelligence technology restores the voices of deceased musicians to sing contemporary songs. A game company airs a song competition show for the soundtrack of its title game. The local music scene Ⓐcontinues to evolve, with the convergence of media, technology and industries.

South Korean game company Nexon adopted a TV competition show format to best fit Dungeon and Fighter, an arcade-style action game. The five-episode series, available on YouTube channel Dingo Music, has garnered more than 2 million views as of Thursday, the company said. It is not the first time that Nexon has sought Ⓑa conventional collaboration with the music industry. The company has previously collaborated with a wide range of musicians, from the Czech National Symphony Orchestra to popular singer-songwriter Yozoh. The company has also been arranging concerts featuring both classical and popular music.

The increased use of artificial intelligence is Ⓒinvigorating the local popular music scene. Music channel Mnet recently presented AI music project "Once More Time," featuring deceased artists through holograms and AI voice covers. South Korean broadcaster SBS also aired a competition between AI and human experts in which they sought to re-create legendary singer Kim Kwang-suk, who died in 1996 at the age of 31. "If the previous music competition programs focused on the contest, recent music programs are taking more diverse approaches Ⓓby applying new technologies and Ⓔintroducing different types of music, like game soundtracks. Such novel attempts are expected to continue making an impact," said a local music critic.

14 **What is NOT appropriate for the whole context?** 2점

① Ⓐ ② Ⓑ ③ Ⓒ
④ Ⓓ ⑤ Ⓔ

15 **What is the author's view on artificial intelligence technology?** 2점

① ambiguous ② suspicious ③ hostile
④ uncertain ⑤ promising

16 **What is the main idea of the passage?** 2점

① Collaboration of AI and music industry
② Revival of the voices of deceased musicians
③ Combination of classical and popular music
④ Recreation of old popular songs
⑤ Competition between AI and human experts

[17-19] Read the following passage and answer the questions.

European and U.S. astronomers Thursday announced the discovery of two solar systems with planets in orbits similar to our own, a finding that boosts the odds that they house extraterrestrial life. In all, astronomers announced they had found 27 previously unknown planets, bringing the number of known planets orbiting nearby stars to more than 100.

One group led by Geoffrey Marcy of the University of California-Berkeley and Paul Butler of the Carnegie Institution of Washington, D.C., released details of 15 planets. A European team led by Swiss astronomer Michael Mayor of the University of Geneva unveiled details of 12 more, several days ahead of a planned announcement at a science meeting.

"There must be billions of planetary systems like our own within our Milky Way galaxy," Marcy says. His team found that the star 55 Cancri hosts a Jupiter-like planet occupying a near-circular orbit, much like Jupiter's. The planet, a giant ball of gas, takes about 14 years to circle 55 Cancri, a star 41 light-years away in the constellation Cancer.

Marcy's team calculates that a planet like Earth could safely orbit 55 Cancri without disturbance from planets orbiting the star. The European team also reports on a different solar system with a planet that resembles Jupiter in size and its circular orbit.

Astrobiologists say solar systems whose outlying gas giants follow near-circular orbits might be more likely to have planets with life. In theory, the Jupiter-like objects would screen smaller, Earth-like planets closer into their star from comet impacts, as Jupiter apparently has done over the history of our own solar system. Plus, a planet with a circular orbit has less chance of disturbing the orbital stability of other planets. Astrophysicist David Spergel of Princeton University says, "Now we have the first report that suddenly our solar system ______."

17 **What is the topic of the passage?** 2점

① Calculation of the circular orbit of an unknown planet
② The distance among planets in star systems
③ An announcement of a science meeting
④ Star systems similar to ours found
⑤ A planet resembling Jupiter found

18 **Which one is true of the passage?** 2점

① The planet which 55 Cancri hosts takes about 41 years to circle 55 Cancri.
② A different solar system which European team of astronomers found has a planet resembling Jupiter.
③ The number of previously unknown planets which the astronomers found is more than 100.
④ Theoretically, Jupiter-like objects are believed to screen greater planets.
⑤ A planet with a circular orbit has less chance of promoting other planet's orbital stability.

19 **What is most appropriate for the blank?** 2점

① is not important
② is in danger
③ is much like Jupiter
④ is too far from 55 Cancri
⑤ is not special

[20-22] Read the following passage and answer the questions.

> The internet has enabled us to connect with family and friends across the world in a matter of second. Online classrooms and instant messaging allow us to meet people, form acquaintance and friendships, and even initiate romance. It would seem that the internet has fostered community and allows people to formulate deeper connections. But a study has discovered a surprising and somewhat disturbing fact: people who spend a great deal of time online actually feel more isolated and lonely than their non-networked peers.
>
> The internet has the effect of replacing the strong social ties of family and close friends with the weak ones of acquaintanceship. As a researcher says, we cannot ask someone we met in a chat room to baby-sit our baby. Personal exchanges on the internet, no matter how heartfelt, have the ______ quality of all digital data: unattached to a voice or a face, they appear in an instant and then vanish, lacking even the substance of a postcard. People come and go from a chat room, or they pop up again, cloaked in a new screen name. There is nothing so futile as trying to send e-mail to a nonexistent internet address.

20 **What is the main idea of the passage?** 2점

① The futile relationship formed by the internet
② The harm brought about by the internet
③ The internet as a means of overcoming the isolation
④ The difficulty in formulating deeper connections between people
⑤ The convenience of the internet in the formation of friendship

21 **What is most appropriate for the blank?** 2.1점

① spontaneous ② intimate ③ irritating
④ evanescent ⑤ detached

22 **What is NOT true of the above passage?** 2.1점

① The internet users can use new screen names.
② By using the internet, the online class has achieved many revolutionary changes.
③ By using the internet, we can immediately connect with other people in the world.
④ The internet produces the weak ties of acquaintanceship or friendship.
⑤ People who rely on the internet as a means of forming acquaintance feel more isolated than their non-networked peers.

[23-25] Read the following passage and answer the questions.

Assumptions about the nature of the family abound in social sciences. The disciplines of anthropology, sociology, and psychology all have particular orientations to the institution of the family that define their theoretical positions and research agendas. Among sociologists and anthropologists, a starting premise about the family has been that it is one of the central organizing institutions of society. Its centrality comes from having the capacity to organize social life quite effectively by regulating sexuality, controlling reproduction, and ensuring the socialization of children who are born within the family unit. Many social science disciplines start with the question "how is society possible?", and they recognize that ______ is a very effective means of providing social regulation and continuity. Through the institution of the family, individuals are joined together and given the social and legal <u>sanction</u> to perpetuate their name and traditions through their offsprings. Whole societies are replenished with future generations of leaders and workers.

23 **What is most appropriate for the blank?** 2.1점

① the common belief shared by the members of the society
② the establishment of perpetual family name
③ the regulation and control of sexuality
④ the socialization of the children
⑤ the organization of individuals into family units

24 **What is the main theme of the passage?** 2.1점

① importance of the discipline of sociology
② function of the social regulation in the formation of the society
③ family as the central organizing institution of the society
④ significance of the perpetuation of the family name
⑤ family as the means of ensuring future generations

25 **Which of the following can replace the underlined word "<u>sanction</u>"?** 2.1점

① approval ② sacredness ③ privilege
④ penalty ⑤ petition

6개월의 도전, 6관왕의 기쁨

신O연
성균관대학교 경영학과
편입구분: 일반편입

어휘 학습법

처음 단어 암기를 시작할 때는 1일치를 3시간씩 암기하며 한 번 회독할 때 최대한 꼼꼼히 외우려고 했습니다. 하지만, 기본적으로 하루에 100개 이상의 단어를 외우다 보니 투자한 시간과 노력에 비해 암기한 단어들을 쉽게 잊어버렸습니다. 그래서 방법을 바꾸어 반복 회독을 통해 단어에 익숙해지는 것으로 계획을 다시 세웠습니다. 학원의 데일리 테스트를 적극적으로 활용하여 당일 오전에 틀렸던 단어는 당일 오후, 다음날, 그 주의 주말까지 반복하여 암기하였습니다.

문법 학습법

개념을 반복하여 암기한 뒤 문제 풀이를 시작하는 것이 매우 중요하다고 생각합니다. 개념에 대한 이해가 있어야 문제 풀이를 하면서 빈출 개념이 어떻게 출제되는지를 파악할 수 있기 때문입니다. 저는 문법 수업을 들은 뒤, 노트에 교수님께서 강조하셨던 부분과 생소하거나 헷갈렸던 부분을 표시해 두었습니다. 이후 표시해 둔 부분은 깜지를 쓰며 완벽하게 외우도록 노력했습니다. '오답' 문제 확인은 모든 영역에서 가장 중요한 요소라고 생각합니다. 저는 "한 번 틀린 문제는 시험장에서 절대 안 틀린다."라는 마인드를 가지고 어휘, 문법, 논리, 독해 전 영역의 오답을 꼼꼼히 확인하였습니다.

논리 학습법

논리는 제가 오답을 고른 이유를 명확히 파악하고자 했습니다. 주관이 개입된 경우나 단어를 몰라서 오답을 선택한 경우가 많았기 때문에, 문제 풀이 사고를 바꾸고 어휘를 정리하기 위해 해설지를 적극적으로 활용하였습니다.

독해 학습법

각 지문의 내용을 세부적으로 분석하기보다는 논리와 같이 오답의 원인, 학교별 출제 패턴, 지문 주제 한 줄 요약 등을 통해 실전 감각을 기르고자 하였습니다. 특히 저는 9-10월에 제목, 주제 문제 오답률이 굉장히 높았습니다. 하지만 오답을 반복해서 분석하다 보니, 파이널 기간에 오답률이 눈에 띄게 줄었습니다.

성균관대학교 | 2020학년도 인문계 A형 | 50문항 · 90분

어휘

▶▶ 문장의 밑줄 친 부분과 가장 가까운 의미를 지닌 것을 고르는 동의어 유형 5문제가 출제됐다. 출제된 단어 모두 편입영어 시험에서 출제 빈도가 높은 기출어휘였다. 따라서 상위권 대학교를 목표로 어휘 암기를 한 수험생은 쉽게 정답을 고를 수 있었다. 출제된 어휘에는 play down(=understate), undermine(=damage), vibrant(=alive), devised(=invented), cater to(=indulge)가 있었다.

문법

▶▶ 밑줄 친 보기 중 틀린 것을 고르는 Written Expression 유형 5문제가 출제됐다. 수동태로 사용된 자동사 climb을 능동태로 고치는 문제, 주어와 대동사의 수일치, despite of로 사용할 수 없는 양보의 전치사 despite, 명사절을 이끄는 종속접속사 that, 주어와 동사의 수일치가 출제됐다. 특히 편입 시험에서는 거의 출제되지 않지만, 기초 영문법에서 중요하게 다루는 despite of를 비롯해, 주어와 동사의 수일치 문제는 문장의 구조가 복잡하지 않아 편입 문법을 꾸준히 준비해 왔던 수험생이라면 어렵지 않게 정답을 고를 수 있었다.

논리완성

▶▶ 출제된 문제를 살펴보면, 양보의 부사절을 이끄는 접속사 though가 제시되어 주절과 다른 의미의 문장을 만드는 문제, 빈칸을 전후로 내용이 반대되는 내용을 소개한 뒤 빈칸에 의미상 적절한 접속사를 고르는 문제, 문제의 주제문에 빈칸을 제시한 후, 이어지는 내용을 통해 빈칸의 주제를 고르는 문제, 부연 설명할 때 사용하는 문장 부호 대시(—)를 통해 빈칸을 완성하는 문제 등이 출제됐다. 문제의 내용을 살펴보면 직장에서 중요한 기술로 인정받는 공감 능력, 규제를 거의 받지 않지만 큰 피해를 끼치는 알코올, 미디어에 대한 불신, 본성 대 양육 논쟁, 지구 온난화를 막을 수 있는 방법 등이 나왔다. 편입 시험에서 자주 출제되는 내용의 주제가 문제로 출제되어 문맥을 이해하고 빈칸을 추론하기 어렵지 않았다고 판단된다.

독해

▶▶ 성균관대는 2020년 독해 시험도 작년과 비슷하게 The New York Times, The Guardian, The American Spectator, The Economist 등의 다양한 매체의 글을 활용하여 지문으로 출제했다. 위 매체들은 뉴스 및 정치, 경제 등의 시사적인 내용을 다루면서도, 문화, 서평, 건강, 철학 등 다양한 분야의 글을 독자에게 제공한다. 따라서 온라인에서 소개되는 내용이 광범위한 만큼 다양한 분야의 글이 독해에 출제됐다. 평가 내용을 살펴보면 지문의 중심 주제 또는 특정 키워드와 관련한 지시대상의 이해 문제가 주를 이루었다. 독해의 비중이 높고, 읽어야 할 지문의 수가 많아 빠르게 지문의 내용을 파악하고 문제를 풀지 못했으면 시간이 부족했을 것으로 보인다

SUNGKYUNKWAN UNIVERSITY

성균관대학교

2020학년도 인문계 A형
▸▸ 50문항·90분

자연계
▸▸ 영어 25문항, 수학 20문항·90분

인문·자연계 공통 영어문제 별도 * 표시

[01-05] Choose one that is closest in meaning to the underlined expression.

01 The politician <u>plays down</u> chance of losing seat in humiliation.

① manipulates ② maximizes ③ eliminates
④ understates ⑤ exaggerates

02 Efforts to prevent small companies being abused by large customers are being <u>undermined</u> by a lack of resources and the indifference of the officials.

① damaged ② backed ③ rewarded
④ delayed ⑤ paid off

03 Stripped of its dull layers of varnish and its countless clumsy alterations, this medieval masterpiece has never looked so <u>vibrant</u>.

① expensive ② tedious ③ genuine
④ modern ⑤ alive

04 Through context we guess at the meanings of <u>devised</u> words, encountering magical and mysterious characters and creatures far removed from the world we are familiar with.

① difficult ② invented ③ foreign
④ ancient ⑤ incomprehensible

05 'Star Wars: The Last Jedi' director Rian Johnson has said that solely catering to fans is "a mistake."

① blaming ② challenging ③ indulging
④ preaching ⑤ cheating

[06-10] Choose one that is either ungrammatical or unacceptable.

06* Life expectancy, which was ①under fifty in 1900, ②was climbed to more than sixty ③by the 1930s, ④as improvements in nutrition, sanitation, and medical care ⑤took hold.

07* Surveys in some African cities are finding ①that half of the elderly ②over eighty years old now die in the hospital and ③even higher percentages of those ④less than eighty years old ⑤does.

08* ①Despite of decades of ②tirelessly scouring some of the most ③familiar and remote places on Earth, biodiversity scientists ④estimate that more than 90% of nature's species ⑤remain unknown.

09* ①What I did not realize was ②that it is often possible to guess the meaning of rare words from ③their context and ④what they have in any case little impact on the overall intelligibility of ⑤what one is reading.

10* ①Back in 1996 when the summer Olympic Games ②were held in the American city of Atlanta, a local TV station ③reported that all the hotels ④there was fully booked — ⑤with one exception.

[11-19] Choose one that is most appropriate for the blank.

11* Though the business world has traditionally sidelined ______ in favour of factors like confidence and the ability to make important decisions, in recent years it has been more widely regarded as an important skill. According to a 2016 study by the human resources consulting firm Development Dimensions International, the leaders who engage with the unique experiences of colleagues and employees tend to outperform others by 40%.

① shyness ② aggressiveness ③ empathy
④ outspokenness ⑤ indecisiveness

12* The British actor Martin Clunes has built a devoted audience for the grumpy and condescending village doctor he's played through nine seasons of "Doc Martin." His character in "Manhunt" — a police detective investigating the killing of a French college student in a London suburb — could be seen as a departure. ______ the police detective in "Manhunt" has a lot in common with the doctor: He's awkward, argumentative, touchy and very good at his job.

① And ② Otherwise ③ Moreover
④ But ⑤ Thus

13* Of all the substances people intoxicate themselves with, alcohol is ______. Many illegal drugs are more dangerous to those who use them, but are relatively hard to obtain, which limits their impact. In contrast, alcohol is omnipresent, so far more people suffer from its adverse effects. In 2010 a group of drug experts scored the total harm in Britain caused by 20 common intoxicants and concluded that alcohol inflicted the greatest cost, mostly because of the damage it does to non-consumers such as the victims of drunk drivers.

① the most restricted and causes the least harm
② the most restricted but causes the most harm
③ the least restricted and causes the most harm
④ the least restricted but causes the least harm
⑤ not harmful for non-consumers

14* The world's new, digital, and highly competitive media environment has created fundamental problems in the business models that journalism relies on. Print products are in terminal decline; television audiences are plummeting. Advertising around news is no longer attractive when internet giants like Google, Facebook, and Amazon offer far more effective ways to target consumers. These new financial realities have led many news organizations to adopt problematic techniques for survival: prioritizing quantity over quality and running so-called clickbait headlines. Each of these developments, combined with a lack of transparency within news organizations and the increased use of unfiltered social media platforms as news sources, contributes to ______.

① distrust of the media
② dependence on digital media
③ a revival of traditional media
④ the decline in online advertising industry
⑤ an unfair competitive environment

15* In ancient Greece, early philosophers, such as Aristotle and Plato, debated psychological issues. Was how a person thought and acted inborn — ______, did thinking and behavior result from a person's biological nature? or were thinking and behavior acquired through education, experience, and culture — for example, did they result from how a person was nurtured?

① in other words
② as usual
③ in conclusion
④ on the one hand
⑤ on the other hand

16 It can be hard to pay complete attention for an entire class period even with the most exciting teachers. For this reason, many of our teachers try to include active participation during class. The rise of laptop computers and smartphones in the classroom over the last decade had increased the difficulty for teachers to hold students' attention. Ideally, such technology allows students to take notes, access online materials, or participate in classroom exercises. ______, students can also tune out during class by checking Facebook or email.

① Luckily ② Accidentally ③ Otherwise
④ Unfortunately ⑤ Moreover

17 In the last few decades, people all over the world were told that humankind is on the path to ______, and that globalization and new technologies will help us get there sooner. In reality, the twenty-first century might create the most unequal societies in history. Though globalization and the Internet bridge the gap between countries, they threaten to enlarge the rift between classes, and just as humankind seems about to achieve global unification, the species itself might divide into different biological castes.

① peace ② demolition ③ equality
④ capitalism ⑤ civilization

18 Wondering how ______? Reduce your own carbon footprint by following a few easy steps. Make conserving energy a part of your daily routine and your decisions as a consumer. When you shop for new appliances like refrigerators, washers, and dryers, look for products with the government's Energy Star label; they meet a higher standard for energy efficiency than the minimum federal requirements. When you buy a car, look for one with the highest gas mileage and lowest emissions. You can also reduce your emissions by taking public transportation or carpooling when possible.

① to lower the cost of living
② to produce clean energy
③ to save for the rainy day
④ to buy less than usual
⑤ to stop global warming

19 Once we form stereotypes, we tend to ______. For instance, we might perceive a behavior in a way that is consistent with a stereotype we hold. A lawyer described as aggressive and a construction worker described as aggressive bring to mind very different images. Thus we might attribute a white man's success to hard work and determination and a black man's success to outside factors, such as luck or affirmative action. When we encounter someone who does not fit a stereotype, we may put that person in a special category rather than change the stereotype.

① forget about them
② ignore them
③ change our thought
④ share them with others
⑤ maintain them

20* Choose the one that is NOT appropriate for the whole context.

Autonomous weapons are artificial intelligence systems that are programmed to kill. In the hands of the Ⓐ<u>wrong</u> person, these weapons could Ⓑ<u>easily</u> cause mass casualties. Moreover, an AI arms race could Ⓒ<u>inadvertently</u> lead to an AI war that also results in mass casualties. To avoid being thwarted by the enemy, these weapons would be designed to be extremely difficult to simply "turn Ⓓ<u>on</u>," so humans could plausibly lose control of such a situation. This risk is one that's present even with weak AI, but grows as levels of AI intelligence and autonomy Ⓔ<u>increase</u>.

① Ⓐ ② Ⓑ ③ Ⓒ
④ Ⓓ ⑤ Ⓔ

21* The underlined "this impossible mission" refers to '______'.

Terrorists undertake an impossible mission: to change the political balance of power through violence, despite having no army. To achieve their aim, terrorists present the state with an impossible challenge of their own: to prove that it can protect all its citizens from political violence, anywhere, any time. The terrorists hope that when the state tries to fulfill this impossible mission, it will reshuffle the political cards, and hand them some unforeseen ace.

① persuading the citizens not to surrender to the terrorists
② protecting the citizens from terrorists
③ providing the citizens with enough food and jobs
④ wiping out all the criminals in the nation
⑤ making the citizens not fight each other

22* As a doctor, the author of the following is likely to feel ______.

Even though I have been taught, and I believe, that the role of a doctor goes far beyond simple biomedical diagnosis and cure, even though I know that internists rarely solve but often manage problems, and that as much of therapy is in words as in medications, still I am dumbfounded at the simple finality of an untreatable, rapidly fatal disease. He is going to die. There is nothing I can do to change that. I have nothing to offer this man — nothing but pain medication and whatever powers of comfort I may possess.

① confident ② proud ③ helpless
④ lonely ⑤ interested

23* The tone of the following is ______.

Our ambitions, our decisions, our responses, are shaped by what we hold to be true. Beyond the easy labels of party and ideology are the deeply held convictions that shape those labels. But too often, adherence to conservative or progressive, to liberal or moderate, to Democrat or Republican or Independent, to being pro-this or anti-that becomes an excuse for lazy thinking. It becomes an excuse for hostile action. And for today, at least, I urge you to set aside your labels and explore what your principles say about the world you wish to serve. Because beliefs are our anchors. If they aren't, we run the risk of opportunism, making choices because others do so, not because we should.

① admonishing ② indifferent ③ satirical
④ apologetic ⑤ nostalgic

24* The following is a brief review of a ______.

To verify the authenticity of the find, the White House calls upon the skills of intelligence analyst Rachel Brown. Accompanied by a team of experts, including the charismatic scholar Michael Timberland, Rachel travels to the Arctic and uncovers the unthinkable evidence of scientific trickery — a bold deception that threatens to plunge the world into controversy. But before she can warn the President, Rachel and Michael are ambushed by a team of assassins. Fleeing for their lives across a desolate and lethal landscape, their only hope for survival is to discover who is behind this masterful plot. The truth, they will learn, is the most shocking deception of all.

① romance ② biography ③ fantasy
④ science fiction ⑤ thriller

[25-50] Read the following passages and answer the questions.

25-26

Around five in the morning is the most lethal time on China's motorways. The peril comes from long-distance lorry drivers, whose vehicles may have been rolling for days, pausing only for fuel. [A] Such drivers are like ticking bombs because you don't know if they are awake or asleep. [B] If that makes drivers sound a bit unloved, the reality is sadder. China's lorry drivers are vital but invisible. Their toil helped the country become a manufacturing juggernaut. [C] It is now feeding a consumer-spending boom, as middle-class Chinese order anything from a sofa to a selfie-stick with a tap on a smartphone, for express delivery at cut-price rates. This explosion in mobility has brought Chinese truckers neither fame nor respect. [D] When America and western Europe experienced similar transport booms in the 20th century, popular culture made folk heroes of long-distance drivers — brawny, taciturn types who prefer to brave blizzards than obey a foreman on a factory floor. [E] Hollywood made films about wisecracking, heartbreaking truckers outsmarting policemen and other authority figures. Soon after becoming president Donald Trump invited truckers to the White House, climbed into a big rig and blasted its air horn, burnishing his blue-collar rebel credentials. [F] In contrast, China's rulers are wary of authority-flouting loners. Greeting scooter-riding delivery workers in Beijing before the Chinese new year, President Xi Jinping offered them a thoroughly collective compliment, beaming that they were "busy as bees."

25* When the above passage can be divided into three paragraphs, which would be the best boundary?

① [A] and [C] ② [B] and [D] ③ [B] and [E]
④ [C] and [E] ⑤ [C] and [F]

26* According to the passage, China's long-distance lorry drivers ______.

① are unsung heroes of China's economy
② are paid less than their western counterparts
③ have been criticized for being lazy and ill-disciplined
④ have become a persistent theme in recent Hollywood films
⑤ have advanced rapidly in wealth and fame

27-28

When the egg had been heated in vinegar Mark carried it on a spoon to the counter and got an empty bottle from the back room. He was angry because his guest did not watch him as he began to do his trick, but nevertheless went cheerfully to work. For a long time he struggled, trying to get the egg to go through the neck of the bottle. He put the pan of vinegar back on the stove, intending to reheat the egg, then picked it up and burned his fingers. After a second bath in the hot vinegar the shell of the egg had been softened a little but not enough for his purpose. He worked and worked and a spirit of desperate determination took possession of him. When he thought that at last the trick was about to be completed, the taxi arrived at the front door of the restaurant and the guest hurriedly went out. Mark made a last desperate effort to conquer the egg and make it do the things that would establish his reputation as one who knew how to entertain guests who came into his restaurant. He worried the egg. He attempted to be somewhat rough with it. He swore and the sweat stood out on his forehead. The egg broke under his hand and the contents spurted over his clothes.

27* **The underlined his purpose was to ______.**

① boil an egg
② make the dishes with an egg
③ put the egg in the bottle
④ have more guests
⑤ be a professional magician

28* **According to the passage, Mark wanted to do his trick in order to ______.**

① entertain his guests
② get more tip
③ make a good cook
④ change his career
⑤ get a job

29-30

The last time I went to a dinner party in the States, in Boston as it happens, I was blown over by its ______. For a start, there was only one bottle of wine for eight of us — the bottle my wife and I had brought with us — which worked out to about a thimble per guest. And then, to my considerable shock, the host asked for silence before we started eating and said grace. Being a Brit, I wondered if this was some kind of weird, ritualistic joke. It certainly would be in the UK. It's awful, but I audibly sniggered. Then, as I saw everyone else bow their heads and thank the Lord for the food we were about to eat, I realized that this was no laughing matter. Before then, I hadn't thought it possible to enjoy a dinner party with only half a glass of wine. But you know what? It was one of the most enjoyable dinners I've ever been to. I mean, why should dinner parties always descend into silliness owing to alcohol? I remember the subject matter at that Boston dinner party to this day — it was about whether or not you should eat roadkill. The consensus was that we would. Or at least there was no logical reason why we shouldn't. Okay, it wasn't a bundle of laughs, but it was enlightening, and I had a crystal-clear head the following morning, which made a pleasant change.

29* **Which of the following is most appropriate for the blank?**

① formality
② shallowness
③ stinginess
④ openness
⑤ wholesomeness

30* **According to the passage, the author finally appreciated the value of ______ at the Boston dinner party.**

① religious belief
② non-offensive humor
③ serious conversation
④ white lies
⑤ punctuality

31-32

Everyone has that app. The one that mocks you from your home screen. The app that lures you to the folder where you've tried to hide it. The app you've signed out of and deleted — only to download again the next morning. The app you can't quite quit.

For Corey Lewis, it was Instagram, "I found myself constantly scrolling through it for no reason, all the time," the 43-year-old Seattle-based tech marketing consultant said. "Every slight pause in my brain had resulted in a pretty much subconscious reaction to open the app and start thumbing through my feed."

Making things worse were some new and unwelcome feelings. "I actually found myself getting angry and just having weird, not-very-me emotions about posts that had zero bearing on my life," he said. Lately, even as his toddler explored the world around him, Mr Lewis found himself exploring feeds on his phone.

"I found myself jamming Instagram into every single one of those times, no matter how small, which is totally selfish and the opposite of being an involved, open and present parent which I very much hope to be," he said. It was time to do something.

31* **The best theme of the passage would be ______.**

① how to be a good parent
② social media addiction
③ the advantage of being connected
④ how to evaluate the app
⑤ the danger of modern technology

32* **One example of the underlined 'to do something' would be to ______.**

① develop a new app
② upload the latest app
③ purchase a new app
④ spend more time with the app
⑤ sign out of and delete the app

33-34

According to Nielsen Book Research, women outbuy men in all categories of novel except fantasy, science fiction and horror. And when men do read fiction, they don't tend to read fiction by women, while women read and admire male novelists, rarely making value judgments. Women are not only keener buyers of fiction — surveys show they account for 80% of sales in the UK, US and Canadian fiction markets — far more women than men are literary festival-goers, library members, audio book readers, literary bloggers, and members of literary societies and evening classes. It is also for the most part women who teach children to read, both at school and at home. _______. From the 18th century, the novel itself was aimed at a new class of leisured women, who didn't receive formal education in science or politics. The male writers and critics who wrote and appraised the first novels legitimized the form, but they were quickly overtaken by women writers of sensation and romance fiction. Women took to it as a way of learning about other lives, fantasizing about their own relationships and narratives that allowed them to challenge their own subordinate position to men. While for many, reading fiction was an intensely personal activity it was also an activity that women shared with other women. The contemporary book group can trace a lineage back to 18th-century Parisian salons as well as progressive suffrage groups where women gathered together to self-educate.

33* **Which of the following is most appropriate for the blank?**

① The idea that fiction is a female domain was often misleading
② The history of fiction has always been a history of female readers
③ Histories of women's reading have been written by men
④ Women have faced all forms of obstacles throughout history
⑤ Women writers have been overlooked by educators and critics

34* **Which one is NOT true of the above passage?**

① Male readers prefer horror or fantasy.
② Women buy more novels than men.
③ Men rarely read female writers.
④ Reading fiction has been a collective activity for women.
⑤ The early novels were targeted largely for uneducated working-class women.

35-36

Recent visitors to the Louvre report that tourists can now spend only a minute in front of the Mona Lisa before being asked to move on. Much of that time, for some of them, is spent taking photographs not even of the painting but of themselves with the painting in the background. One view is that we have democratized tourism and gallery-going so much that we have made it effectively impossible to appreciate what we've travelled to see. In this oversubscribed society, experience becomes a commodity like any other. There are queues to climb Everest as well as to see famous paintings. Leisure, thus conceived, is hard labour, and returning to work becomes a well-earned break from the ordeal. What gets lost in this industrialized haste is the quality of looking. Consider an extreme example, the late philosopher Richard Wollheim. When he visited the Louvre he could spend as much as four hours sitting before a painting. The first hour, he claimed, was necessary for misperceptions to be eliminated. It was only then that the picture would begin to disclose itself. This seems unthinkable today, but it is still possible to organize. Even in the busiest museums there are many rooms and many pictures worth hours of contemplation which the crowds largely ignore. Sometimes the largest throngs are partly the products of bad management; the Mona Lisa is such a hurried experience today partly because the museum is being reorganized, so it is in a temporary room. The Uffizi in Florence, another site of cultural pilgrimage, has cut its entry queues down to seven minutes.

35 **The best title of the passage would be '______.'**

① Popular Culture vs High Culture
② Art in a Culture of Inattention
③ Democratization of Art
④ Recent Decline of Public Museums
⑤ Marketing Museums in a Digital Era

36 **The author suggests that the quality of looking in the museum could be improved with ______.**

① better crowd control
② ban on all photography
③ increase in entrance fee
④ better lighting systems
⑤ gallery etiquette

37-38

Religion can inspire people to altruism or ruthless cruelty, and can have both effects at different times. Dissecting this paradox should come naturally to Karen Armstrong. British-born and a former Roman Catholic nun, she has written more than a dozen books on religious history at its broadest, expounding her view that faith is a legitimate part of human experience, whether or not its claims are true. In her latest work, "Fields of Blood," Ms Armstrong does not add to the many existing theories on offer. Instead she presents a vast overview of religious and world history, sketching the early evolution of all global faiths. Then, with giant strokes and plenty of (not totally accurate) detail, she studies the influence of the Christian West on the world over the past 500 years. It is not obvious how all this coheres, until you realize which demons she is fighting. Ms Armstrong is not trying to prove anything; more to disprove several things. First, the idea that religion is a gratuitous cause of violence, whose elimination would promote peace. And second, the view that Islam is an egregious case of a religion that inspires violence. Her third bogeyman combines the first two: the idea that because the "Christian" West has shed more religious baggage than the Muslim world has, it must restrain an incorrigibly violent Islam.

37 **Ms Armstrong argues in her books that ______.**

① religion is fundamentally authoritarian
② religion has acted as a powerful tool for eliminating human violence
③ the dark side of religion has been exaggerated
④ a religious belief is meaningful only if its claims are proven right
⑤ faith is necessary to human life regardless of its basis in truth

38 **The underlined part implies that ______.**

① Islam is a religion of peace
② Christianity brings out the worst in people
③ the Christian West is more religious than the Muslim world
④ the Christian West is a more benign global force
⑤ the Christian West can learn from the Muslim world

39-40

Over the past decade behavioral scientists have come up with some intriguing insights. In one landmark experiment, conducted in an upmarket grocery store in California, researchers set up a sampling table with a display of jams. In the first test they offered a tempting array of 24 different jams to taste; on a different day they displayed just six. Shoppers who took part in the sampling were rewarded with a discount voucher to buy any jam of the same brand in the store. It turned out that more shoppers stopped at the display when there were 24 jams. But when it came to buying afterwards, fully 30% of those who stopped at the six-jam table went on to purchase a pot, against merely 3% of those who were faced with the selection of 24.

As options multiply, there may be a point at which the effort required to obtain enough information to be able to distinguish sensibly between alternatives outweighs the benefit to the consumer of the extra choice. At this point, choice no longer liberates, but tyrannizes. In other words, the fact that some choice is good doesn't necessarily mean that more choice is better. Consumers find too many options debilitating because of the risk of misperception and miscalculation, of misunderstanding the available alternatives, of misreading one's own tastes, of yielding to a moment's whim and regretting it afterwards, combined with the stress of information acquisition.

39 **The best title of the passage would be '______.'**

① Choice and Liberal Democracy
② The Paradox of Choice
③ Free Choice and Economic Growth
④ Information and Human Behavior
⑤ Being Human in a Consumer Society

40 **The experiment with the shoppers in the Californian grocery store reveals that ______.**

① people believe the perfect choice exists
② shoppers are not put off by more choice
③ too much choice is demotivating
④ if you can have everything in 24 varieties, making decisions becomes easy work
⑤ the more expensive an item is, the more daunting the decision becomes

41-42

A team of researchers led by Norman Pace of the University of Colorado at Boulder reports in Proceedings of the National Academy of Sciences that ______. They took samples of the biofilm that builds up inside showerheads from 45 sites in nine American cities and analyzed the genetic material which it contained. Strikingly, in some of the samples they found high concentrations of a microbe known as Mycobacterium avium (a relative of the one that causes tuberculosis) which can cause respiratory illnesses. This is found in tap water but remains harmless unless turned into an aerosol and inhaled — precisely what happens when bug-laden water is forced at high pressure through a showerhead. As the tiny particles are inhaled, they get into the lung and can start an infection. Is this cause for alarm? Not for healthy people, insists Dr Pace, but those with a compromised immune system or who are at risk of pulmonary diseases — the elderly, say — may want to take precautions. Cleaning shower-heads with bleach will not do since the microbes will simply return with a fresh flow of water. Replacing bug-prone plastic showerheads with metal ones is a good idea. So too, says Dr Pace, is letting the water flow for a bit to get rid of some of the gunk in the showerhead. But that would still leave one exposed to the aerosols formed by the fresh flow of water. The safest option for those at high risk might simply be to have a bath instead.

41 **Which of the following is most appropriate for the blank?**

① taking a shower helps to wash down all sorts of bugs
② showerheads make a perfect home for bugs
③ nasty bugs live in tap water
④ people are exposed to microbes constantly
⑤ a respiratory infection is nothing to do with taking a shower

42 **The study recommends you to ______ if you want to avoid the showerhead problem.**

① increase water pressure in your showerhead
② use a plastic showerhead
③ have a bath
④ clean the showerhead with chemicals
⑤ keep your showerhead flowing long enough

43-44

In the 19th century America had grown to dislike hanging, the usual method of executing condemned prisoners. Hangings often took place in public, frequently leading to riots and other unseemly behaviour among spectators. Hangings also were often botched, resulting in slow strangulation or decapitation. Opponents of the death penalty gained adherents by arguing that hanging was cruel and barbaric. To restore respectability to executions, supporters of the death penalty came up with the idea of electrocution. Electricity was a new and glamorous technology. It was, above all, modern. At the same time, it made people nervous. America was just beginning to wire up its major cities, and although the benefits of electric light were obvious to everyone, no one was quite sure how safe it was. After surveying execution methods from the guillotine (too bloody) to morphine overdoses (too pleasant), a commission appointed by the New York state legislature recommended in 1888 the use of electrocution, which it promised would be instantaneous and painless and devoid of all barbarism. The man who had persuaded the commission of this was Thomas Edison, America's most famous inventor. Edison's primary interest in recommending electrocution was to discredit his chief rival in the race to wire America, George Westinghouse. Edison's company used direct current. Westinghouse's firm used alternating current. Edison not only argued that electrocution would be the best new way to kill condemned prisoners, but that Westinghouse's alternating current would be better at it than his own direct current. In other words, his support for electrocution was ______. Edison hoped that using alternating current for executions would indelibly associate it with death in the public mind, and give him an edge in the competitive industry.

43 **According to the passage, which of the following is NOT a reason for the adoption of electrocution as the method of execution?**

① it is humane ② it is quick ③ it is cheap
④ it is modern ⑤ it is clean

44 **Which of the following is most appropriate for the blank?**

① a religious decision
② a scientific reasoning
③ a political protest
④ a marketing strategy
⑤ a moral dilemma

45-47

While the mind-body problem has been around for a long time, it is no less compelling for philosophers today. This is not to say that we are in the same place with regard to understanding it as the philosophers of bygone ages. Ⓐ______, there has been impressive progress. This progress has been due to great advances in the scientific understanding of the workings of the brain, and to the continual refinement of our philosophical concepts and of the questions we ask about the mind. For these reasons, can we now say that the mind-body problem is nearing a solution, and probably won't be among the open-ended puzzles of 21st century philosophy?

Judging from the remarkably hot and rather unexpected wave of controversy concerning consciousness in the last decade of the 20th century, the mind-body problem seems to be very much alive and kicking. The term 'mind-body problem' actually covers a whole cluster of philosophical issues, such as the unity of self, the intentionality of mental states, and the rationality of and agency of human beings. However, it is the problem of explaining our conscious experiences — how it is that we experience sights, colors, thoughts, emotions, as we do — that sits at the heart of this cluster, and that has generated the most vigorous controversy in recent years.

In fact, the renewed interest in the question of consciousness has brought the mind-body problem into the focus of not just philosophical but also scientific debates. Searching for the 'neural correlates of consciousness' — the types of brain activity corresponding to particular mental experiences — is now on the scientific agenda of many psychologists and neuroscientists. Philosophers, Ⓑ______, are busy questioning the nature of the relationship between neural states and mental states, above and beyond a mere correlation.

45 The main theme of the passage would be '______.'

① philosophers vs scientists
② the huge progress of modern science
③ the greatness of classic philosophers
④ how science solves the philosophical issues
⑤ where we are now with the mind-body problem

46 **The most appropriate expression for the blanks Ⓐ and Ⓑ would be ______.**

① In fact — therefore
② On the contrary — meanwhile
③ Therefore — likewise
④ On the one hand — meanwhile
⑤ However — therefore

47 **According to the passage, the mind-body problem ______.**

① now belongs to the area of science
② has already been solved by philosophers
③ is not a major concern of the philosophers
④ has seen much progress due to brain scientists
⑤ is unlikely to be understood by the modern scholars

48-50

Controversy over the soccer star Alex Morgan's tea-drinking victory dance during a World Cup game has died down, but it has reignited debate among readers of *The Times of London*, Britain's second-starchiest broadsheet, over a matter that has long troubled the British people: When pouring tea into a teacup, what should be poured first? The tea? Or the milk?

The dueling letters to the editor began on July 4, when Bob Maddams, of Brighton, mused aloud about whether Ms Morgan, the American soccer player, pours her milk in first. This inspired a response from Tom Howe, from Surrey, which was printed on July 5:

"Sir, Bob Maddams' letter (July 4) on Alex Morgan's tea celebration at the Women's World Cup suggests that it is correct to put the milk in first. I was always led to believe that the milk first or second question was originally a signal of social standing. Cheap porcelain cracked when hot tea was poured into it, so the milk was poured in first to lower the temperature and avoid such a disaster."

Mr Howe's letter really set them off. On July 6, *The Times* printed not one but four responses. Peter Sergeant wrote from Leicestershire to point out that "tea stains porcelain, so putting the milk in first mitigates this." The second response, sent from Oxfordshire, argued that tea must be poured first so as to determine how much milk is necessary. The third referred to the Boston Tea Party. And the fourth, from Catherine Money, of Surrey, provided important cultural context of social class, as well as an acronym for "milk-in-first."

"Sir," she wrote. "Tom Howe is correct in his recollection of the message given by pouring milk into a cup before the tea. Describing someone as 'rather MIF' told one all one needed to know."

The letters pages of Britain's newspapers are a sensitive instrument, which can be used to detect waves of dismay emanating from the heartland. This spring, for example, the editor of a weekly newspaper in Oxfordshire decided to phase out "Sir" as the form of address for letters to the editor, and was so inundated with angry letters that he promptly reversed <u>the decision</u>.

48 **According to the passage, ______ claims that 'milk-in-first' is NOT right.**

① Bob Maddams
② Tom Howe
③ the second response
④ the forth response
⑤ Peter Sergent

49 **What does the underlined the decision mean?**

① to pour the milk first
② not to use the expression "Sir"
③ to remove the letters-to-the-editor section
④ not to take sides with one of the writers
⑤ not to respond to the letters to the editor

50 **According to Catherine Money, the so-called MIF refers to ______.**

① the upper class who knew the manners
② the rich who could afford the tea culture
③ the royal family who used the chinese porcelain
④ the poor people who used the cheap teacup
⑤ the middle class who drank more tea than milk

합격을 완성할 단 하나의 선택

김영편입 영어 2025 성균관대학교 기출문제 해설집

해설편

2024 성균관대학교(인문계)

01 ①	02 ④	03 ②	04 ③	05 ⑤	06 ④	07 ②	08 ①	09 ⑤	10 ②
11 ③	12 ②	13 ③	14 ①	15 ④	16 ①	17 ④	18 ①	19 ⑤	20 ④
21 ⑤	22 ②	23 ⑤	24 ⑤	25 ③	26 ①	27 ⑤	28 ③	29 ②	30 ③
31 ①	32 ③	33 ④	34 ②	35 ⑤	36 ②	37 ①	38 ①	39 ⑤	40 ①
41 ⑤	42 ④	43 ②	44 ①	45 ④	46 ③	47 ②	48 ④	49 ③	50 ②

01 동의어 ①

stay fit 건강을 유지하다 sedentary a. 앉은 채 있는, 늘 (책상에) 앉아 있는(= desk-bound) lustful a. 정욕의 innocent a. 무고한; 순진한 hypnotizing a. 최면의, 매혹적인 bewitching a. 매혹적인

건강한 라이프스타일을 선택하면 e스포츠 선수는 건강을 유지하고 늘 앉아 있는 라이프스타일을 갖게 될 위험을 줄일 수 있다.

02 동의어 ④

skimp on 절약하다, 줄이다(= cut back on) feast n. 연회 reinforce v. 강화하다 grumble v. 불평하다 skip v. 빠뜨리다, 건너뛰다 pile up 축적하다

일부 우버(Uber) 운전자들은 2024년에 생계를 잃을까 두려워 돈을 아끼기 위해 새해 잔치를 줄일지도 모른다고 말했다.

03 동의어 ②

decommission v. 해체하다(= deactivate) structure n. 구조물 soil remediation 토양 정화 introduce v. 도입하다, 소개하다 free of charge 무료로 gratuitous a. 무료의, 불필요한 purposeless a. 무의미한, 무익한

나나이모(Nanaimo) 벙커는 1990년대에 해체되었지만, 국방부는 토양 정화 후에 벙커 구조물 자체를 어떻게 처리할지 아직 결정하지 않았다.

04 동의어 ③

minister n. 장관 show off 과시하다 thriftiness n. 절약(= frugality) iron v. 다림질하다 wrapping paper 포장지 rationality n. 합리성 indiscretion n. 무분별한 행동 generosity n. 너그러움

언젠가 독일 환경부 장관은 곧 재사용될 포장지를 다림질하는 모습이 사진으로 찍힘으로써 주부로서의 절약 정신을 과시하는 기회로 크리스마스를 이용한 적이 있다.

05 동의어 ⑤

trenchant a. 정곡을 찌르는, 신랄한(= incisive) dominant a. 지배적인 dull a. (날이) 무딘; 지루한 fallible a. 틀리기 쉬운 nebulous a. 모호한

고(故) 로버트 하이네켄(Robert Heinecken)은 40여 년 동안 사회 정치에 대한 예리한 관찰자였다.

06 수동태 ④

had 이하는 if it had been ~에서 if를 생략하고 주어와 had를 도치시킨 형태이다. apply는 '적용하다'는 뜻의 타동사이므로 '적용되다'는 의미로는 수동태여야 한다. 따라서 ④를 과거분사 applied로 고쳐야 한다. ③ all of this는 단수이므로 it이다. ⑤ a certain의 뜻의 some이다.

tolerable a. 참을 수 있는 apply v. 적용하다 consistency n. 일관성

이 모든 것이 어느 정도 일관성을 가지고 적용되었더라면 더 견딜 만했을 것이다.

07 명사의 수 ②

앞에 부정관사가 있으므로 ②에 쓰인 numbers를 number로 고쳐야 한다.

specialist n. 전문가 general reading public 일반 독자

로버트 브라운(Robert Brown)은 전문가들에게도 일반 독자들에게도 효과적으로 글을 쓸 수 있는 소수의 사회과학자 중 하나이다.

08 관계대명사 ①

①은 다음에 나오는 happen은 물론 has been의 주어도 되어야 한다. 따라서 선행사가 포함된 관계대명사 what으로 고쳐야 한다.

dismissively ad. 멸시하는 듯이 colonization n. 식민지화

20세기 후반에 일어난 것은 세계의 콜라 식민지화라고 다소 경멸적으로 기술되어 왔다.

09 대명사의 수일치 ⑤

⑤는 앞에 나온 명사 baseball을 가리키므로 단수 대명사 its로 고쳐야 한다.

recreation n. 오락 shape up 발전하다, 잘 되어 가다, 열심히 일하다 unquestioned a. 의심할 수 없는 preeminence n. 걸출, 탁월, 발군

야구가 신사들의 오락에서 국민 스포츠로 발전하는 오랜 기간 동안 또 다른 스포츠가 의문의 여지가 없는 그것의 우월성에 도전하기 위해 잘 되어가고 있었다.

10 전치사의 목적어 ②

②는 전치사 다음이므로 명사 significance로 고쳐야 한다. 앞의 of와 합쳐 of significance로 바꿔야 significant의 의미가 된다.

odd a. 이상한 anthropological a. 인류학적인 native a. 원주민의 informant n. 정보원

제2차 세계대전 당시 많은 이상한 언어들이 군사적으로 중요했기 때문에, 인류언어학자는 원어민 정보원과 직접 작업하는 자신의 방법을 소개할 기회를 가졌다.

11 논리완성 ③

산업을 구축하기 위해서는 외국인 투자를 받아야 하므로 빈칸에는 ③ court(= seek to gain)가 적절하다.

pursue v. 추구하다 strategy n. 전략 rescue v. 구하다 construct v. 구축하다 textile n. 직물 evolve v. 발전하다 obstruct v. 방해하다 occlude v. 막다 court v. 받고자 하다, 구애하다 arraign v. 기소하다 denounce v. 비난하다

지난 반세기에 걸쳐 동아시아 및 동남아시아의 많은 지역에서, 국가 지도자들은 수출 지향 산업을 구축하기 위한 외국인 투자를 받으려고 하면서 수억 명의 사람들을 빈곤에서 구제한 개발 전략을 추구해왔다. 농부들은 공장 노동을 통해 더 많은 소득을 얻었고, 직물이나 의류와 같은 기본 상품을 만든 후, 전자제품, 컴퓨터 칩, 자동차 등으로 발전해갔다.

12 논리완성 ②

소련 엔지니어들은 탄소와 수소가 상호작용하여 석유를 만든다고 보았으므로 수소가 석유가 있음을 숨길 수 없이 보여주는 신호라고 생각했을 것이다. 따라서 빈칸에는 ②가 적절하다.

hydrogen n. 수소 petroleum n. 석유 inorganic matter 무기물 crunch v. 부러뜨리다 hydrocarbon n. 탄화수소 chief component 주성분 make sense 합리적이다 restrict v. 제한하다 telltale a. 숨길 수 없는 sensitive a. 민감한 spurious a. 거짓된 underhand a. 비밀의

소련 엔지니어들은 수소를 원해서가 아니라 석유가 어떻게 생성되는지에 대한 다른 이론을 가지고 있었기 때문에 수소를 발견한 경우가 많았다. 그들은 수소가 부서진 공룡 뼈가 아니라 무기물에서 생성되었다고 믿었다. 이 견해에 따르면 지구 맨틀에 있는 탄소가 지하 깊은 곳에서 수소와 상호작용하여 탄화수소(석유의 주성분)를 생성한다. 따라서 석유의 숨길 수 없는 신호로서 수소를 찾는 것이 합리적이었다.

13 논리완성 ③

앞에서는 탈출이 성공한 내용이고, 뒤에는 문제가 있어 다시 잡혔다는 내용이다. 역접의 부사나 부정적인 의미의 연결사가 필요하다.

press on 서두르다 hurl v. 던지다 aboard ad. 탑승한 burrow in 굴을 파다 stuff v. 속에 집어넣다 dummy n. 인형 book v. 예약하다 cancel v. 취소하다 notice v. 알아채다 hefty a. 많은 unfortunately ad. 불행하게도 fortuitously ad. 우연히 gracefully ad. 우아하게

잭(Jack)은 서둘러서 철로에 다다랐고 기차를 기다렸다. 기차가 오자 그는 기차에 몸을 던져 빈 석탄 포대 사이로 몸을 숨겼다. 그가 탈출한 후 동료 죄수들이 그의 담요 아래에 인형을 넣어 그가 잠든 것처럼 보이게 만들어 그를 은폐해 주었다. 불행하게도, 잭은 보어(Boer)족 이발사에게 이발과 면도를 다음 날 아침으로 예약해두었는데 그것을 취소할 것을 잊어버렸다. 그의 부재는 이발사에게 들통이 났다. 나중에 이발사는 잭을 다시 체포한 대가로 거액의 포상금을 받았다.

14 논리완성 

임금-물가 스파이럴을 말하고 있다. 다음 문장에서 생계비가 늘어나는, 다시 말해 실질 소득이 감소하는 이유로 에너지 가격 상승을 말하고 있으므로 빈칸에는 ①이 적절하다.

dubious a. 의심스러운 zero-sum jockeying 제로섬 경쟁(서로의 이익 없이 서로 경쟁하는 것) attribute A to B A를 B의 탓으로 돌리다 inevitable a. 불가피한 real income 실질 소득(인플레이션을 반영한 실제 구매력) brought on largely by 주로 ~에 의해 야기된 price hike 가격 인상 wage demand 임금 인상 요구 wage-price spiral 임금-물가 스파이럴(노동조합의 임금 인상 요구 → 기업의 가격 인상 → 노동조합의 추가적인 임금 인상 요구라는 악순환) surging a. 급등하는 offset v. 상쇄하다 loss n. 손실 reflect v. 반영하다 labor costs 노동 비용 off we go 여기부터 시작

필(Pill)의 이야기에서 더욱 의심스러운 점은 이러한 일자리를 위한 제로섬 경쟁을 대체로 에너지 가격 상승으로 인해 발생하는 불가피한 실질 소득 감소를 피하기 위한 노력 탓으로 돌리고 있다는 점이다. 그는 기업의 가격 인상과 노동조합의 임금 인상 요구 모두를 논의에 포함시키는 데 신중했지만, 이는 여전히 기본적으로는 고전적 임금-물가 스파이럴(악순환적 상승) 이야기이다. 이 이야기에서 노동자들은 이를 테면 에너지 가격 급등으로 인한 생활비 상승을 경험하고, 이러한 손실을 상쇄하기 위해 임금 인상을 요구한다. 하지만 기업들은 더 높아진 노동 비용을 반영하여 가격을 올리게 되고, 이 순환은 계속된다.

① 에너지 가격 상승
② 회사의 번영
③ 민간 부문 보호
④ 비타협적인 협상
⑤ 문화적 변화

15 논리완성 ④

to neither 앞의 comma는 일종의 부연 설명을 위한 콤마이다. '상에 적절한 중요성을 부여하는 것'을 부연 설명해야 한다. 'mistake A for B'는 'A가 B한다고 잘못 생각하다'라는 의미이므로 ④가 '상이 너무 많은 것을 의미한다고도 너무 적은 것을 의미한다고도 잘못 생각하지 않다'는 의미로 빈칸에 적절하다.

grim a. 더 암울한 prizewinner n. 수상자 announce v. 발표하다 celebrate v. 찬양하다 dedicate v. 헌신하다 tension n. 긴장, 노력 unrecognized a. 인정받지 못한 assign v. 부여하다 weight n. 중요성, 가치 commitment n. 헌신 momentarily ad. 일시적으로 officially ad. 공식적으로 nominate v. 지명하다 collaborative work 공동 작업

그럼에도 불구하고, 발표할 수상자가 없다면, 고귀하거나 아름다운 목표를 추구하는 데 자신의 인생을 바친 사람들을 찬양할 시간을 우리가 가지지 않는다면, 세상이 얼마나 더 암울해질지 생각해 보라. 하지만 수상하지 못하는 사람들은 어떤가? 훨씬 더 많은 이 사람들은, 모두가 모차르트인 것은 아니지만, 수상의 본질적인 의미와 긴장을 시사한다. 모든 수상자 각 한 명마다 훨씬 더 많은 수의 인정받지 못한 사람들이 있다. 우리는 상에 그 상의 적절한 중요성(가치)을 신중하게 부여하여, 그 상이 너무 많은 의미를 갖고 있다고도 너무 적은 의미를 갖고 있다고도 잘못 생각하지 말아야 한다. 상은 훌륭한 것이지만, 중요한 것은 작품과 예술가가 작품에 쏟는 헌신이다.

① 그들을 순간적으로도 영구적으로도 기억하지 않다
② 그들을 공식적으로도 은밀하게도 찬양하지 않다
③ 그들을 헌신에 기초해서도 행운에 기초해서도 수상자로 지명하지 않다
④ 그것들이 너무 많은 것을 의미한다고도 너무 적은 것을 의미한다고도 잘못 생각하지 않다
⑤ 그것들을 협업적 노력 때문에도 행운 때문에도 가치 있게 여기지 않다

16 논리완성 ①

BTS가 모두 군에 입대한다는 발표는 소문에 따라 면제를 기대했던 팬들로서도 어쩔 수 없이 받아들여야 했다. 군 입대는 어쩔 수 없는 일이라 해도 진이 최전방에 배치된다는 보도에 팬들은 놀랐다는 것이므로 빈칸에는 '그렇다 해도'라는 의미의 ①이 적절하다.

rumor v. 소문을 내다 skip v. 빼먹다 military service 군 복무 on the basis ~을 근거로 carry on doing so 계속해서 그렇게 하다 enlist v. 징집에 응하다, 입대하다 the front line 최전선 even so 그럼에도 불구하고 as usual 늘 그렇듯이

몇 달 동안 정부가 BTS 멤버들의 군 복무를 면제해줄지도 모른다는 소문이 돌았다. 그것은 그들이 이미 국가에 수십억 달러를 벌어다줌으로써 국가에 이바지했으며, 그들이 계속해서 그렇게 하도록 허용하는 것이 국가에 더 이익이 될 것이라는 것에 근거한 소문이었다. 하지만 10월, BTS 멤버들은 모두 군에 입대할 계획이라고 발표했으며, 맏형인 진이 먼저 가게 되었다. 그렇다 해도, 진이 최전방에 배치된다는 보도는 일부 팬들을 놀라게 했는데, 그들은 진이 덜 위험한 역할을 맡을 것이라고 생각했었다.

17 논리완성 ④

빈칸 다음에서 이 낱말은 이런 의미로도 쓰이고 저런 의미로도 쓰이는 낱말이라고 하였다. 따라서 '다의미적인', '모호한'이라는 뜻의 ④가 빈칸에 적절하다.

admiration n. 존경 evolutionist n. 진화론자 ethologist n. 동물행동학자 go astray 잘못된 길로 가다 sheer a. 순전한 semantic a. 의미적인 species n. 종(種), 종류 conceive v. 생각하다 pronoun n. 대명사 cannot avoid ~ing ~할 수밖에 없다 impartial a. 공정한 ambiguous a. 모호한, 여러 가지 뜻으로 해석되는 admirable a. 감탄[칭찬]할 만한

나는 대체로 과학자들, 특히 진화론자들과 동물행동학자들을 상당히 존경한다. 그리고 그들이 때로는 엉뚱한 길로 빠지기도 한다고 생각하지만, 그것은 순전히 편견 때문인 것은 아니었다. 부분적으로 그것은 순전한 의미적인 사건, 즉 'man'이라는 단어가 다의미적이라는 사실 때문이다. 이 단어는 사람 종(種)을 의미하기도 하고, 또한 사람 종의 수컷을 의미하기도 한다. 만약 '사람'에 대한 책을 쓰거나 '사람'에 대한 이론을 고안한다면, 이 단어를 사용하지 않을 수 없다. 또한 'man'이라는 단어 대신에 대명사 'he'를 사용할 수밖에 없다.

18 논리완성 ①

다음 문장에서 아시아의 대부분 지역과 아프리카와 북미의 미발견 국가들이 선/악 이원론으로 대조된다고 하였다. 이는 선/악 이원론이 대륙에 적용된 예라고 할 수 있으므로 ①이 정답이다.

secular a. 세속적인 demand n. 수요 dualism n. 이원론(두 가지 근본적인 원리가 서로 대립한다는 철학적 사상) arbitrary a. 자의적인 social order 사회 질서 project v. 투사하다 cast v. 캐스팅하다, (역을) 맡기다 convenient a. 이롭고 유리한 ripe a. 이용할 준비가 되어 있는 exploitation n. 착취

오늘날 세속 세계는 사탄이 필요하지 않다. 하지만 선과 악은 여전히 수요가 크다. 오래된 이란의 선 대 악이라는 이원론은 완전히 자의적인 것이지만, 사회 질서를 유지하는 데는 효과적이다. 미국 역사에서 선/악의 이원론은 대륙 자체에 투사되었다. 아프리카와 북미 대륙의 미발견 국가들은 비기독교 국가이고 17세기 아시아 대부분의 지역과 달리 탐험과 착취에 알맞았으므로 편리하게도 악의 역할을 맡게 되었다.

① 대륙 자체
② 미국의 신비로운 역사
③ 사회의 분리
④ 미국의 사회경제적 구조
⑤ 인종 차별

19 논리완성 ⑤

한 나라는 하나의 민족이나 종교를 가진 사람들로 이루어질 필요가 없으며, 모두가 같은 권리를 공유해야 한다는 말 다음에 올 수 있는 표현으로는 ⑤(모두가 환영 받는다)가 적절하다.

immigrant n. 이민자 tribute n. 찬사 participant n. 참가자, 참여자 metaphor n. 은유 far from 결코 ~이 아니다 contradiction n. 모순 hypocrisy n. 위선 ethnicity n. 민족성 consist of ~로 구성되다, 이루어지다 lurch forward 흔들리면서 앞으로 나아가다 stumble v. 비틀거리다 right n. 권리

인도계 미국인 이민자 라크쉬미(Lakshmi)는 회의 참가자들에게 찬사를 보내며 연설을 마무리했다. 참가자들이 "오늘날 현재 모습의 미국을 이루는 진정한 모자이크를 만들고 있습니다. 우리나라는 완벽하지 못하며 정책상 모순과 위선으로 가득 차 있지만, 여전히 세계에 한 국가가 같은 민족성이나 종교를 가진 사람들로만 구성될 필요가 없다는 것을 보여줄 수 있습니다."라고 그녀는 말했다. "그 국가는 가능한 최고의 미국을 바라보고 미국이 흔들리면서도 앞으로 나아가도록 도와주는 우리 모두가 도중에 종종 비틀거리면서도, 같은 권리를 공유하고 바라건대 모든 사람이 환영받는 미래를 향해 나아가는 가운데 세워질 수 있습니다."

① 미국이 가장 먼저다
② 완벽한 사람은 없다
③ 우리에게 더 많은 자원봉사자가 필요하다
④ 더 이상 외국인 근로자는 없어야 한다
⑤ 모두가 환영 받는다

20 논리완성 

다음 문장에서 또 다른 사람을 죽이려고 골목길에 숨어 기다리는 괴물이라고 한 것은 연쇄 살인범을 의미하고, FBI의 말도 연쇄 살인범에 대한 말이고, 마지막에서도 저질적인 실화 범죄 소설이라고 하여 이 글 전체가 연쇄 살인범에 대한 내용임을 알 수 있다. 그리고 과장된 보도, 과장된 FBI의 발표, 실화 범죄 소설이 형편없이 조사되고 많은 경우 날조되었음, 의심스러운 가설 및 이론 등은 실제와 다른 '신화, 허구'임을 말하고 있다. 따라서 빈칸에는 ④가 적절하다.

collective a. 집단적인 fuel v. 부채질하다 enforcement n. 집행 grip v. 꽉 붙잡다 myth n. 신화, 허구의 이야기 hype n. 과대광고 monster n. 괴물 lurking a. 숨어 기다리는, 잠복하는 serial killer 연쇄 살인범 loose a. 풀려 있는, 자유로운 expert n. 전문가 come out of the woodstock 예상치 못한 곳에서 나타나다 ride the wave 수혜를 입다 hysteria n. 과잉 반응 fabricated a. 조작된 quickie a. 빠른, 저질의 dubious a. 의심스러운

1980년대 중반, 법 집행 기관과 언론 매체에 의해 시작되고 부채질된 집단적인 공포가 세계를 휩쓸면서 연쇄 살인범 신화가 탄생했다. 과장된 보도를 모두 믿는다면, 모든 골목길마다 괴물이 숨어서 또 다른 사람의 생명을 빼앗으려고 기다리고 있었다. FBI는 자신들의 통계수치로 보면 미국에서는 어느 때든 500명의 연쇄 살인범이 돌아다니고 있다고 말하기까지 했다(실제 숫자는 아마 50명에 훨씬 더 가까울 것이다). 전문가와 저자로 추정되는 사람들이 난데없이 나타나 이 히스테리 물결을 타고, 형편없이 조사되고 (많은 경우 날조된) 저질적인 실화 범죄 소설과 의심스러운 가설 및 이론을 쏟아냈다.

① 사람들이 스릴러물을 더 많이 시청하기 시작했다
② 종말에 대한 이야기가 퍼지고 있었다
③ 미신이 과학적 믿음을 대체했다
④ 연쇄 살인범 신화가 탄생했다
⑤ 사람들은 더 엄격한 법 집행을 원했다

21 문맥상 적절하지 않은 단어 고르기 ⑤

부자들에 대한 세금 인하는 원했던 '낙수효과' 대신, 부자들은 더 부자가 되고 가난한 사람은 더 가난해지는 결과를 낳는다. 그렇다면 소득 불평등은 '감소'가 아니라 '악화'된다. 따라서 Ⓔ reduce를 exacerbate로 바꿔야 한다.

tax cut 세금 인하 conservative lawmaker 보수 국회의원 trickle down 부유층에서 서민층으로 흘러가다 boost v. 촉진하다 income n. 소득, 수입 per capita gross domestic product 1인당 국내총생산 unemployment rate 실업률 income inequality 소득 불평등

부자들을 위한 세금 인하는 오랫동안 보수적인 입법자들과 경제학자들로부터 지지를 받아왔는데, 이들은 이러한 조치가 '낙수효과'를 일으켜, 결국 다른 모든 사람의 일자리와 소득을 촉진할 것이라고 주장한다. 그러나 새로운 연구에 따르면, 50년 동안의 이와 같은 부자들을 위한 세금 인하는 오직 한 집단, 즉 부자들에게만 도움이 되었다. 이 새로운 논문은 호주에서부터 미국에 이르는 18개의 선진국을 1965년부터 2015년까지 50년간 조사했다. 연구는 로날드 레이건 대통령이 부자들에 대한 세금을 대폭 인하한 1982년의 미국처럼 특정 연도에 부자들을 위한 세금 감면을 통과시킨 나라들을 그렇지 않은 나라들과 비교한 다음, 그들의 경제 결과를 조사했다. 연구 결과, 부자들에 대한 세금을 인하한 국가와 그렇지 않은 국가의 5년 후 1인당 국내총생산과 실업률은 거의 같았다. 그러나 분석 결과, 하나의 커다란 변화를 발견했는데, 부자들의 소득이 세율이 낮아진 국가에서 훨씬 더 빨리 증가한 것이었다. 부자들을 위한 세금 인하는 중산층으로까지 그 효과가 내려가지 않고, 부자들이 더 많은 부를 보존하도록 도와주고 소득 불평등을 <감소시키는> 정도의 성과밖에 내지 못할지 모른다는 것을 연구는 보여준다.

22 문맥상 적절하지 않은 단어 고르기 ②

세계 영어에 가장 강력한 영향을 미치고 있는 나라는 미국이라고 하고, 다음 문장은 '그러나'라고 시작했다. 앞에서 가장 강력하다고 했으므로 '그러나' 다음에는 그 강력함이 줄어들 수 있다고 해야 하고, 그러려면 영향력이 도전을 점점 더 크게 받을 것이라고 해야 한다. 따라서 Ⓑ decreasingly를 increasingly로 바꿔야 한다.

immediate future 가까운 미래 be likely to ~할 가능성이 높다 sardonic a. 조롱하는, 냉소적인 rumor n. 소문 native speaker 원어민, 모국어 사용자 circulate v. 회자하다, 떠돌다 grossly exaggerated 지나치게 과장된 claim n. 주장 heading n. 제목 topple v. 비틀거리다, 와해하다, 흔들리다 automatically ad. 자동적으로 defer v. (의견에) 따르다, (의견·판단을) 맡기다 determine v. 결정하다

가까운 미래, 그리고 아마도 그보다 더 오랜 기간, 세계 영어에 가장 강력한 영향을 미칠 나라는 미국일 가능성이 크다. 그러나 이러한 영향력은 시간이 지남에 따라 <점점 덜> 도전받을 수도 있다. 1985년 캐나다에서 토마스 파이크데이(Thomas Paikeday)가 『원어민은 죽었다』라는 제목의 책을 출판한 이후로, '원어민은 죽었다'라는 냉소적인 소문이 떠돌았다. 그러나 우리는 그러한 보고를 지나치게 '과장된' 것으로 간주해야 한다. 원어민이 언어를 '소유한다'는 주장을 고려해보면, 더 적절한 제목은 '원어민의 흔들림'일 것이다. 미래에는 원어민이 비원어민들이 그 언어에서 무엇이 옳은지 결정할 때 판단을 맡기는 권위자로 자동적으로 간주되지는 않을지도 모른다.

23 글의 요지 ⑤

AI는 과거의 기술보다 접근성이 좋다는 장점을 이야기한 후, 아직은 이 기술에 대한 우려가 많다고 이야기하고 있으므로 ⑤가 글의 요지로 적절하다.

generative AI 생성형 인공지능 access v. 접근하다 advent n. 도래, 출현 e-commerce n. 전자 상거래 retailer n. 소매상인 set up 세우다, 설립하다 physical a. 물리적인 infrastructure n. 기간시설, 사회적 생산기반 storefront n. 상점 enthusiastic a. 열렬한 adopter n. 채택자 do away with 제거하다 drudgery n. 힘들고 단조로운 일 survey n. 설문조사 consultancy n. 자문회사 frontline worker 최전선 노동자 manager n. 관리자 union n. 노동조합 Writers' guild 작가 협회 be on strike 파업하다 in part 부분적으로는 impulse n. 충동 be prone to ~하는 경향이 있다 hallucination n. 환각 fake news 가짜 뉴스

많은 생성형 인공지능(AI) 도구가 이전 기술보다 쉽게 접근할 수 있게 될 것이다. 이는 고용주가 많은 하드웨어를 구매해야 했던 개인용 컴퓨터나 스마트폰의 출현, 또는 심지어 소매업체가 온라인 상점을 열기 전에 물리적 인프라를 구축해야 했던 전자 상거래의 출현과도 같지 않다. 그러나 모든 기업이 열렬하게 받아들이지는 않을 것이다. 이 기술이 힘들고 지겨운 업무를 없애주겠다고 약속하지만, 일부 사람들은 결국 인공지능이 자신들을 대체할 수 있다고 걱정한다. 컨설팅 회사의 조사에 따르면, 최전선 노동자들이 관리자나 리더보다 인공지능에 대해 더 우려하고, 낙관적이지 않다. 어떤 경우에는 노조가 이 기술의 도입 속도를 늦추기 위해 노력할 수도 있는데, 일부 노조는 인공지능이 일자리에 미칠 영향에 대한 우려를 부분적인 이유로 하여 2023년에 장기간 동안 파업을 벌였던 할리우드 작가 조합만큼이나 심한 행동을 보일지도 모른다.

글의 요지로 적절한 것은?

① 공공 부문의 관리자는 혁신 충동을 느끼지 못할 수 있다.
② 인공지능 이용은 이전의 접근 가능한 기술보다 가치가 떨어진다.
③ 인공지능은 환상이나 가짜 뉴스를 만들어내기 쉽다.
④ 많은 기업이 인공지능을 사용하여 부유한 관리자를 돕는 도구를 만들고 있다.
⑤ 인공지능은 비즈니스에 많은 가능성을 가지고 있지만 하루아침에 도입될 것으로 기대해서는 안 된다.

24 내용파악 ⑤

나머지는 모두 ChatGPT의 장점을 말하고 있지만, Ⓔ는 단점을 이야기하고 있다.

assignment n. 과제 responses n. 답변 alternative n. 대안 sight impairment 시각 장애 learning disability 학습 장애 academic performance 학업 성취 multiple a. 다양한 comprehensive a. 포괄적인 access n. 접근 cheating n. 부정행위 plagiarism n. 표절 brainstorm v. 브레인스토밍하다

다음 중 다른 것과 다른 의견에 해당하는 것은?

Ⓐ 학생이 ChatGPT에 과제에 관한 질문을 입력하면 ChatGPT는 설명과 예시로 응답한다. 그것은 학생들에게 과제 질문에 답하는 대안적인 방법을 제공한다.
Ⓑ 시각 장애가 있는 학생들을 위해 ChatGPT는 응답을 큰소리로 말해줄 수 있다. 그것은 학습 장애가 있는 학생들을 위해 강좌의 주제나 개념을 요약할 수도 있다.
Ⓒ ChatGPT는 학생들의 학습 스타일을 이해하고 개인별 최적 학습 경험을 제공할 수 있다. 그것은 학생의 학업 성적을 분석하고 강좌를 학생의 요구 사항에 맞게 구성할 수도 있다.
Ⓓ ChatGPT를 대학 교육에서 사용하는 것은 다양한 방식으로 교수들을 도울 수 있다. 예를 들어, 그것은 강좌를 위한 포괄적인 수업 계획을 개발할 수 있다. 그것은 또한 강좌를 위한 추가적인 교육 자료를 포함한 링크에 접근을 제공할 수도 있다.
Ⓔ 글쓰기 과제에 ChatGPT를 사용하는 것은 부정행위와 표절을 촉진할 뿐일 것이다. ChatGPT는 빠르게 응답을 생성하기 때문에, 그것은 학생들이 고민하고 비판적으로 사고하며 창의적인 답변을 제시하는 능력을 감소시킬 것이다.

25 지시대상 ③

셋째 문장의 '징후'가 보여주는 바가 중국에 대한 외부의 평가인데, 패권국가(hegemon)와 가장 가까운 낱말은 super power이다.

call for 요구하다 hegemonism n. 패권주의 codeword n. 암호 recruit v. 모집하다 specifically ad. 명확히 put an end to 종식시키다 gunboat diplomacy 포함선 외교(군사력을 배경으로 다른 국가에 압력을 행사하여 자국의 요구를 관철시키는 외교 정책) neo-colonialism n. 신식민주의(정치적 지배는 없지만 경제적 힘을 이용하여 다른 국가를 지배하는 정책) unnamed a. 이름이 밝혀지지 않은 rival a. 경쟁자의

중국은 이러한 평가에 동의하지 않는다. 중국은 단일 강대국이 세계를 지배하는 것을 의미하는 중국과 러시아의 암호인 '패권주의'의 종식을 요구하고 있다. 그러나 모든 징후는 중국이 차세대 패권국으로 자리매김하고 있다는 것을 보여준다. 중국은 남미, 중동, 아시아의 국가들을 중국이 "새로운 세계 질서"가 될 것이라고 그들 각국에 명확히 일러준 그 세계 질서를 위해 불러 모으고 있는데, 이것은 이름을 말하지 않은 라이벌 강대국의 '총칼 외교', '신식민주의', '패권주의'를 종식시킬 '세계 질서'이다. 그 이름을 말하지 않은 강대국이란 미국이다.

밑줄 친 'this evaluation'이 가리키는 것은?

① 중국의 미래는 밝지 않다.
② 중국은 기술적 도전에 직면할 것이다.
③ 중국은 차세대 초강대국이 될 것이다.
④ 중국은 한 자녀 정책을 포기할 것이다.
⑤ 중국은 결코 미국과 동등하게 되지 못할 것이다.

26 글의 제목 ①

AI는 맞춤형 메시지를 자동으로 구성하여 해커가 몸소 해야 하는 수고를 덜어줄 수 있으므로 해커의 전술을 향상시켜주는 셈이다.

arsenal n. 무기고 tailored a. 맞춤형의 suspicion n. 의심 labor intensive 노동 집약적인 would-be a. ~이 되고자 하는 manually ad. 수동으로, 몸소 detailed research 상세한 연구 automatically ad. 자동적으로 construct v. 구축하다 personalized a. 개인 맞춤형의 obtain v. 획득하다 browsing history 검색 기록

해커의 무기고에서 가장 효과적인 무기는 아마도 '스피어 피싱'일 것이다. 스피어 피싱이란 의도된 공격대상에 대해 수집한 개인 정보를 사용하여 개별적으로 맞춤화된 메시지를 보내는 것이다. 친구가 작성한 것처럼 보이는 이메일이나 공격대상의 취미와 관련된 링크는 의심을 피할 가능성이 크다. 이 방법은 현재 상당히 노동 집약적이다. 해커 지망자가 의도한 각각의 공격대상에 대한 상세한 조사를 몸소 행해야 하기 때문이다. 하지만 검색 기록, 이메일, 트윗에서 얻은 데이터를 사용하여 많은 사람을 위한 맞춤형 메시지를 자동으로 구성하는 데 챗봇과 유사한 인공지능이 사용될 수 있다.

글의 제목으로 가장 적절한 것은?
① AI로 해커 전술 강화하기
② 스팸 메일 식별 방법
③ 해커의 공격대상이 되길 피하기
④ 이메일은 위험할 수 있다
⑤ AI가 생성하는 개인 맞춤형 메시지

27 내용일치 

토끼가 갑자기 죽는 것처럼 보여도 사실은 오랫동안 아파 왔다는 내용이다. 그러므로 토끼가 갑자기 죽는다 해도 사실은 아파 왔다는 것을 아니까 놀라운 일이 아닌 게 된다. ③ 포식자 앞에서 죽은 척하는 것은 주머니쥐(possum)이다. 토끼는 건강한 척한다.

pretend v. ~인 척하다, 가장하다 inverse a. 반대의, 역(逆)의 possum n. 주머니쥐 playing possum 죽은 체하기 namely ad. 즉, 다시 말하자면 deflect v. 방향을 바꾸다[바꾸게 하다]; (관심·비판 등을) 피하다[모면하다] attention n. 주의 predator n. 포식자 pickings n. 먹잇감 playacting n. 연기

대부분의 토끼는 상당히 아픈데도 건강한 척할 수 있는 능력을 하나의 (생존)기술로 갖고 있다. 이는 죽은 체하기의 반대 개념이지만, 같은 목적을 위해, 즉 아픈 토끼를 쉬운 먹잇감으로 생각하는 포식자의 관심을 다른 데로 돌리기 위해 행해진다. 이러한 연기의 결과, 토끼는 실제로는 오랫동안 아파 왔는데도, 갑자기, 혹은 갑자기인 것처럼, 죽는 경우가 많다.

다음 중 사실에 부합하는 것은?
① 토끼는 아프지 않고 죽을 수도 있다.
② 토끼를 반려동물로 키우는 것은 쉽지 않다.
③ 토끼는 포식자 앞에서 죽은 척한다.
④ 사실 토끼는 주머니쥐보다 더 똑똑하다.
⑤ 토끼가 갑자기 죽는 것은 놀라운 일이 아니다.

28-30

아주 어릴 때, 미성숙한 자신을 인도하는 세상 지도는 마치 어린아이가 그린 집 그림처럼 발달되지 못했다는 것을 생각해보라. 그림 속의 집은 항상 똑바르고 중앙에 위치하며, 앞면만 표현되고, 항상 한 개의 문과 두 개의 창, 사각형의 외벽과 삼각형의 지붕, 그리고 굴뚝과 연기가 그려져 있다. 이것은 집에 대한 매우 저해상도의 표현이다. 이는 그림이라기보다는 상형문자에 가깝다. 그것은 일반적으로 "house"나 "home"이라는 단어들처럼 집이나 어쩌면 가정의 개념을 표현하는 것이다. 하지만 거의 언제나 그것으로 충분하다. 그림을 그린 아이는 그것이 집이라는 것을 알고, 그림을 보는 다른 아이들과 어른들도 그것이 집이라는 것을 안다. 그것은 충분히 좋은 지도이다. 하지만 너무도 자주 끔찍한 일들이 집 안에서 일어난다. 이러한 일들은 표현하기가 쉽지 않다. 몇 개의 사각형, 삼각형, 약간의 꽃, 그리고 자비로운 태양만 가지고는 그러한 집을 특징짓는 공포를 충분히 표현할 수 없다. 아마 집 안에서 일어나는 일은 이해할 수 없을지도 모른다. 그러나 끔찍한 것이 어떻게 견딜 수 없고 이해할 수 없는 것일 수 있는가? 트라우마(정신적 충격)는 어떻게 이해 없이 존재할 수조차 있는가? 이것들은 큰 미스터리이다. 하지만 모든 것이 같은 수준의 개념으로 경험되지는 않는다. 모순처럼 들리는 말이지만, 우리는 모두 미지의 것에 겁에 질린 적이 있다. 그러나 몸은 마음이 이해하지 못하는 것을 알고 있다. 그리고 몸은 기억한다. 그리고 몸은 이해가 이루어지도록 요구한다. 그리고 그 요구는 결코 피할 수 없다.

immature a. 성숙하지 않은, 치기 어린 correspondingly ad. 따라서 underdeveloped a. 발달하지 못한 straight a. 똑바른 resolution n. 해상도 representation n. 재현, 표현 hieroglyph n. 상형문자 generically ad. 일반적으로 adequate a. 적당한, 충분한 appalling a. 끔찍한 smattering n. 조금 benevolent a. 자애로운 orb n. 구체 inadequate a. 불충분한 tolerability n. 견딜 수 있는 정도 trauma n. 트라우마, 정신적 외상(外傷) comprehension n. 이해 petrify v. 망연자실하게 하다 contradiction n. 모순 grasp v. 이해하다, 파악하다 biased a. 편향적인 impartial a. 공정한

28 부분이해 

'more ~ than' 구문으로 그림보다는 상형문자에 가깝다는 말인데, 상형문자는 house나 home 같은 단어들처럼 집이나 가정 같은 사물의 개념을 표현하는 것이다. 따라서 ③이 정답이다.

밑줄 친 Ⓐ"It is more hieroglyph than drawing"은 무슨 의미인가?
① 확증적이라기보다 모순적이다
② 공정하다기보다 편향적이다
③ 사실적이라기보다 관념적이다
④ 평화롭다기보다 끔찍하다
⑤ 일시적이라기보다 확립된 것이다

29 부분이해 

아이들의 그림은 그것으로 충분하다는 말이다. 다음에는 그림을 그린 아이는 그것이 집이라는 것을 알고, 그림을 보는 다른 아이들과 어른들도 그것이 집이라는 것을 안다는 내용이 펼쳐진다. 따라서 그 그림은 그 그림이 가진 목적을 성취하고 있다고 보아야 한다.

밑줄 친 Ⓑ"It is a good-enough map"은 아이들의 그림에 대해 무엇을 시사하고 있는가?
① 정확한 장소의 위치를 가리킨다
② 그것의 목적을 달성한다
③ 끔찍한 순간을 특징짓는다
④ 그림보다 더 생생하다
⑤ 실제로 매우 창의적이지만 논란의 여지가 있다

30 내용파악 

집안에서 일어나는 끔찍한 일은 아마도 이해할 수 없을지도 모른다고

한 다음, 그러나 끔찍한 것이 어떻게 이해할 수 없는 것일 수 있는가? 트라우마는 어떻게 이해 없이 존재할 수조차 있는가?라고 의문을 던지는데, 이것은 과거 기억 속의 끔찍한 일에 대한 이해가 먼저 있어야 그 끔찍한 일이 가져다준 공포와 트라우마를 경험할 수 있는 것이 아닌가 하는 저자의 생각을 보여주는 것이다. 따라서 ③이 정답이다.

위 글에 의하면, 저자는 옛 기억에 대한 이해는 어떤 의미에서 '_____'이라고 생각한다.
① 현실에 대한 과장된 표현
② 변함없는 사실
③ 경험 그 자체를 위한 전제 조건
④ 현실의 모순
⑤ 자비로운 태양

31-33

디우프(Diouf) 씨는 운이 좋은 사람 중 하나였다. 그는 카나리아 제도에 살아서 도착했다. 하지만 그 모든 경험은 끔찍했다고 그는 말했다. 그는 투옥되었고 그러고 나서는 세네갈로 추방되었다. 귀국 후 그는 다른 두 명의 송환자와 함께 세네갈 젊은이들이 세네갈에 남도록 설득하는 비영리 단체인 젊은 송환자 협회(AJRAP)를 설립했다. 노력하는 중에 디우프 씨는 유명 인사들의 도움을 구했다. 예를 들어, 세네갈 대통령 마키 살(Macky Sall)에게도 편지를 썼지만 답장을 받지는 못했다. 심지어 그는 유럽연합 당국과 이야기를 나누기 위해 브뤼셀로 가려고까지 했지만, 비자를 거부당했다. 그래도 그는 꺾이지 않았다. 젊은 송환자 협회는 자금이 생기면 제빵, 가금류 사육, 전기, 경영 등 직업 훈련을 조직하여, 작은 배를 타고 세네갈을 떠나는 것에 대한 대안을 제시한다. 또한 디우프 씨는 유럽에 성공적으로 건너간 사람들에 의해 종종 그려진 유럽에 대한 지나친 장밋빛 그림을 바로잡으려고 현지 학교에서 젊은이들에게 연설한다. 하지만 그는 자신의 한계를 고통스럽게 인식하고 있다. "유럽연합이 세네갈에 일자리 창출을 위해 자금을 지원했다는 것은 알고 있습니다."라고 그는 조용히 체념한 듯한 목소리로 말했다. "하지만 우리는 이 돈을 전혀 보지 못했습니다." 대서양을 건너려는 사람들의 수는 2006~2007년에 정점을 찍은 후 몇 년 동안 감소했다. 그러나 최근에는 특히 일자리를 찾기 위해 애쓰는 젊은 이들과 어획량 감소로 어려움을 겪는 어부들 사이에서 이 항로의 인기가 다시 살아나고 있다.

make it to ~에 도달하는 데 성공하다 dreadful a. 끔찍한 imprisoned a. 투옥된 deported a. 강제 퇴거된 repatriate n. 본국으로 송환된 사람 quest n. 추구 high-profile a. 유명한 ally n. 동맹 authority n. 당국, 관헌 vocational training 직업 훈련 poultry n. 가금류 entrepreneurship n. 경영 alternative n. 대안 embark on 착수하다 pirogue n. 피로게, 통나무배 rectify v. 정정하다 overly ad. 과도하게 rosy a. 장밋빛의, 낙관적인 resignation n. 포기 resurgence n. 부활 struggling a. 어려움을 겪고 있는 shrinking a. 수축하는 uphill a. 힘겨운 accomplice n. 공범

31 부분이해 ①

디우프는 세네갈을 좋은 나라로 만들어 사람들이 유럽으로 불법 이주하지 않아도 되는 나라로 만들고 싶었다. 하지만 그의 노력에도 불구하고, 최근 대서양을 건너 유럽으로 가는 항로가 다시 인기를 얻고 있다고 했으므로, 그가 한계를 인식하고 있다는 것은 ①을 암시한다고 보아야 한다.

밑줄 친 부분 "he is painfully aware of his limitations"가 암시하고 있는 것은?
① 세네갈 사람 대부분은 어쨌든 이주를 선택한다.
② 세네갈은 아프리카에서 가장 안전한 국가이다.
③ 유럽은 살기에 너무 위험하다.
④ 젊은 당국자만이 위험을 인식하고 있다.
⑤ 저소득층이 부유층보다 더 높은 세금을 낼 수도 있다.

32 내용파악 ③

디우프 씨가 세네갈을 유럽으로의 불법 이민을 감행하지 않아도 되는 나라로 만들려고 노력하지만, 한계를 절감하고 있다는 것은 그가 ③의 '어려운 싸움을 벌이고 있다'는 의미이다.

위 글에 따르면, 디우프 씨는 _____.
① 바다에서 비참한 항해를 경험하지 않았다
② 자신의 주장을 펼치는 것이 점점 더 쉬워지고 있음을 인정한다
③ 이민에 맞서 힘겨운 싸움을 벌이고 있다
④ 동료의 죽음에 공범이 되었다
⑤ 세네갈에는 유럽에 부족한 다양한 종류의 직업이 있다고 생각한다

33 태도 ④

디우프 씨는 자신의 한계를 절감하고 체념 섞인 말도 하지만, 여러 가지 난관에 꺾이지 않고 세네갈을 젊은이들에게 좋은 나라로 만들기 위해 여전히 최선을 다하고 있다. 따라서 그의 태도는 '단호하다'라고 보아야 한다.

디우프 씨는 어떤 태도를 가지고 있는가?
① 낙관적인
② 자신에 찬
③ 무관심한
④ 단호한
⑤ 유연한

34-35

우리보다 앞서 살았던 많은 호미닌 종(種)들은 모두 눈썹 뼈가 도드라져 있었지만, 우리 호모 사피엔스는 작고 활동적인 눈썹을 위해 이 융기된 눈썹 뼈를 포기했다. 그 이유를 말하기는 쉽지 않다. 눈썹은 눈에 땀이 들어가지 못하게 하기 위해 거기 있다는 설(說)도 있지만, 눈썹이 정말 잘하는 일은 감정 전달이다. "믿기 어렵네요."에서 "발밑을 조심하세요."에 이르기까지 얼마나 많은 메시지를 아치형으로 구부린 눈썹 하나로 전달할 수 있는지 생각해보라. 모나리자가 신비롭게 보이는 이유 중 하나는 눈썹이 없기 때문이다. 한 흥미로운 실험에서 피실험자들에게 디지털로 조작된 유명인의 사진 두 세트(눈썹을 제거한 사진, 눈 자체를 제거한 사진)를 보여주었다. 놀랍지만 압도적으로 많은 지원자가 눈썹이 없는 유명인을 눈이 없는 유명인보다 식별하기를 더 어려워했다.

hominid n. 호미닌 precede v. 선행하다 browridge n. 눈썹 뼈 enigmatic a. 수수께끼 같은 subject n. 피실험자, 실험 대상 digitally doctored photograph 디지털 조작 사진 overwhelmingly ad. 압도적으로 celebrity n. 유명 인사 volunteer n. 지원자

34 빈칸완성 ②

다음 문장을 보면 '한 가지 이론은 ~이다'라고 한 다음 but으로 이어져서 그 이론이 신빙성이 없음을 암시하므로 앞에 언급한 문제가 설명하기 어려운 문제임을 알 수 있다. 따라서 빈칸에는 ②가 적절하다.

빈칸에 들어가기에 가장 적절한 표현은?
① 그것은 이치에 맞다
② 이유를 말하기가 쉽지 않다
③ 그것은 불가능하다
④ 예외 없는 규칙은 없다
⑤ 백문이 불여일견이다

35 내용파악 ⑤

마지막 문장에서 눈썹을 없앤 유명인들을 사람들은 알아보기 더 어려워했다고 했으므로, 변장을 잘하는 방법은 눈썹을 가리는 것이다.

실험에 의하면, 변장을 가장 잘하는 방법은?
① 풀 메이크업하기
② 입을 숨기기
③ 선글라스 착용하기
④ 머리 염색하기
⑤ 눈썹을 가리기

36-38

'사생활 침해'는 이제 예측가능한 사회적 불평등의 한 차원이지만, 그 자체로 홀로 존재하는 것은 아니다. 그것은 감시 자본주의가 알고, 결정하고, 누가 결정하는지를 결정하는 사회의 '병리적인' 학습 분업화의 체계적 결과이다. 감시 자본가들로부터 사생활을 요구하거나 인터넷에서의 상업적 감시를 중단하도록 로비를 벌이는 것은 헨리 포드(Henry Ford)에게 각각의 모델 T 자동차를 손으로 만들라고 요구하는 것과 같다. 문제의 관건은 이렇다. 감시 자본주의는 대단히 반민주적이지만, 그 놀라운 힘은 역사적으로 그래온 것처럼 국가에서 비롯되지는 않는다. 그 효과는 기술이나 나쁜 사람들의 나쁜 의도로 환원되거나 설명될 수 없으며, 그 효과는 내부적으로 일관되고 성공적인 축적 논리의 일관되고 예측가능한 결과이다. 감시 자본주의는 상대적 무법 상태였던 미국에서 등장하여 지배적인 지위를 획득했다. 이후 유럽으로 퍼져나가고 전 세계 모든 지역으로 계속해서 침투하고 있다.
구글을 시작으로 감시 자본주의 기업들은 정보의 축적과 처리를 지배하고 있다. 그들은 우리에 대해 많은 것을 알고 있지만, 그들의 지식에 우리가 접근하는 일은 극히 드물다. 사용자가 볼 수 없는 텍스트에 숨겨져 있고 새로운 사제(성역의 관리자)인, 기업의 사장과 기계만이 읽을 수 있다. 전례 없는 지식의 집중은 마찬가지로 전례 없는 권력의 집중을 낳는다. 이 비대칭성은 사회에서 학습 분업의 무단 사유화로 이해해야 한다. 이는 한 세기 전에 산업 자본의 강력한 힘에 의해 노동 분업이 전복될 것을 뒤르켐(Durkheim)이 경고했던 것처럼, 강력한 사적 세력이 우리 시대 사회 질서의 결정적인 원칙을 지배하고 있다는 것을 의미한다.

invasion of privacy 개인정보[사생활] 침해 dimension n. 차원 social inequality 사회적 불평등 pathological a. 병리학의, 병리상의; 병적인 surveillance capitalism 감시 자본주의(기업들이 개인 정보를 수집하고 분석하여 이를 이용하여 이윤을 창출하는 경제 시스템) what is at stake 관건 profoundly ad. 깊이; 엄청나게 antidemocratic a. 비민주적인 reduce v. 환원하다 consistent a. 일관성 있는 accumulation n. 축적 lawlessness n. 불법 inroad n. 침투 sparse a. 드문 shadow text 사용자가 볼 수 없는 텍스트 concentration of power 권력 집중 asymmetry n. 비대칭 privatization n. 사유화(공공 부문이나 공공 자산이 개인이나 민간 기업에 의해 소유되고 운영되는 것) private interest 사적 이해 subversion n. 파괴 division of labor 노동 분업 hijack v. 강탈하다, 납치하다 detrimental a. 해로운

36 내용파악 

두 번째 단락의 빈칸이 있는 문장에서 '사회에서 학습 분업의 무단 사유화로 이해해야 한다'고 했는데, 이것은 감시 자본주의가 학습의 분업을 무단으로 강탈하여 사유화하고 있음을 의미한다.

저자는 어떻게 믿고 있는가?
① 감시 자본주의는 우리의 지식 자체로는 설명할 수 없다.
② 사회에서의 학습 분업이 감시 자본주의에 의해 강탈당했다.
③ 정보 처리가 감시 자본주의 기업에 해롭다.
④ 회사의 상사가 정보 축적을 인식하지 못한다.
⑤ 산업 자본의 강력한 세력에 속하는 사람들은 감시 자본주의의 영향을 덜 받는다.

37 내용파악 

인터넷에서 상업적 감시를 종식시키기 위한 로비 활동은 자동 대량생산으로 유명한 포드에게 자동차를 모두 손으로 만들라는 말과 같다고 하였다. 이것은 상상할 수 없는 일이다.

저자에 따르면, 인터넷에서 상업적 감시를 종식시키기 위한 로비 활동은?
① 상상할 수 없는
② 기밀의
③ 순차적인
④ 설득력 있는
⑤ 달성할 수 있는

38 빈칸완성 

앞에서 모든 정보와 권력이 감시 자본주의 기업에 의해 독점되고 있다고 했으므로, 소수만 권력과 정보를 가지고 다수인 소비자들은 소외된다. 이를 비대칭성이라고 한다.

빈칸에 들어가기에 가장 적절한 표현은?
① 비대칭성
② 평등권
③ 법률
④ 필요조건
⑤ 환각

39-40

자본과 정치의 강한 결합은 신용 시장에 광범위한 영향을 미쳤다. 한 경제 국가에서의 신용의 정도는 새로운 유전의 발견이나 새로운 기계의 발명과 같은 순수한 경제적 요인뿐만 아니라 정권 교체나 야심에 찬 외교 정책과 같은 정치적 사건에 의해서도 결정된다. 나바리노(Navarino) 전투 이후 영국 자본가들은 위험한 해외 거래에 더욱 기꺼이 돈을 투자했다. 그들은 외국 채무자가 대출금 상환을 거부하면 영국군이 그들의 돈을 돌려받아줄 것이라고 알고 있었던 것이었다. 이것이 오늘날 한 나라의 경제적 안녕에 신용등급이 천연지원보다 훨씬 더 중요한 이유이다. 신용등급은 한 국가가 빚을 갚을 확률을 가리킨다. 신용등급은 순전히 경제적인 데이터 외에도 정치적, 사회적, 심지어 문화적 요인까지 고려한다. 독재 정부, 빈번한 지역 내 전쟁, 부패한 사법 시스템으로 저주받은 석유 부국은 대개 낮은 신용등급을 받을 것이다. 그 결과 그 나라는 석유의 풍요로움을 최대한 활용하는 데 필요한 자본을 조달할 수 없기에 상대적으로 빈곤한 상태를 유지할 가능성이 크다. 천연자원은 없지만, 평화, 공정한 사법 시스템, 자유로운 정부를 누리는 국가는 높은 신용등급을 받을 가능성이 크다. 그러한 국가로서, 그 국가는 훌륭한 교육 시스템을 지원하고, 번창하는 첨단 기술 산업을 육성하기에 충분한 저렴한 자본을 조달할 수 있을 것이다.

bear hug 힘찬 포옹 capital n. 자본 far-reaching a. 광범위한 implication n. 영향 credit market 신용 시장 oil field 유전 regime change 정권 교체 foreign policy 외교 정책 be willing to 기꺼이 ~하다 loan n. 대출 credit rating 신용등급 natural resources 천연자원 probability n. 개연성 take ~ into account ~을 고려하다 cursed a. 저주받은 despotic a. 독재적인 endemic a. 풍토병의 corruption n. 부패 judicial system 사법제도 high-tech industry 첨단 산업 raise capital 자금을 조성하다 bounty n. 풍부함 devoid of ~이 결여된 flourishing a. 번창하는 indigenous a. 토착의 dictatorial a. 독재의

39 내용파악 ⑤

나머지는 모두 신용등급에 부정적인 영향을 미치는 요소이고, ⑤만 긍정적인 영향을 미치는 요소이다.

위 글에 의하면, 다음 중 다른 것들과 관련이 없는 것은?
① 정치적 불안정성
② 토착적인 지역 내 전쟁
③ 독재 정부
④ 부정직한 사법 시스템
⑤ 조화로운 사회

40 빈칸완성 ①

빈칸 Ⓐ 이하에서 '천연자원은 풍부한데, 정치, 사회, 문화적인 측면에서 부정적인 요소를 갖고 있는 나라와 그 반대의 나라'를 비교하고 있으므로, 빈칸에는 natural resources가 적절하다. Ⓑ의 경우, 앞 문장에서 '높은 신용등급을 받을 가능성이 크다'고 했고 이하에서는 신용등급이 높은 국가로서 할 수 있는 일을 설명하므로 '그러한 국가로서'라는 의미가 되게 As such가 적절하다.

빈칸 Ⓐ와 Ⓑ에 들어가기에 가장 적절한 단어는?
① 천연자원 — 그러한 것(사람)으로서
② 자유로운 정부 시스템 — 반대로
③ 사법 시스템 — 결국
④ 해외 거래 — 결론적으로
⑤ 교육 시스템 — 그러나

41-42

화실과 화랑으로서의 동굴의 매력은 동굴이 화가들에게 편리했다는 사실에서 비롯되지 않는다. 사실, 벽화가 그려진 동굴에는 사람이 지속적으로 거주했다는 증거가 없으며, 가장 멋진 동물 그림만을 위한 가장 깊고 접근하기 어려운 틈새 동굴에도 그런 증거는 없다. 동굴 화가를 '동굴 주거인'과 혼동해서는 안 된다.
동굴에 특별한 애착을 가질 필요도 없다. 동굴에 담긴 예술은 단순한 자연선택 과정을 통해 우리에게 전해졌기 때문이다. 조각상이나 그림이 그려진 바위 같은 야외 예술은 비바람에 노출되어 수만 년 동안 지속될 가능성이 적다. 구석기시대의 사람들은 동굴 벽에 사용했던 것과 같은 종류의 황토로 자기 몸과 얼굴뿐만 아니라 동물 가죽을 비롯한 온갖 종류의 표면에 그림을 그렸던 것으로 보인다. 다른 점이 있다면 동굴 벽화 그림이 비바람의 기후 변화로부터 충분히 잘 보호되어 수만 년 동안 살아남을 수 있었다는 점이다. 동굴에 특별한 점이 있다면 동굴이 이상적인 보관함이라는 점이다.

stem from 비롯되다 cranny n. 구멍, 틈 spectacular a. 장관을 이루는 caveman n. 원시인 posit v. 가정하다 affinity n. 친근감 natural selection 자연선택 figurine n. 작은 입상(立像), 피규어 exposed a. 노출된 the elements 자연력; 비바람 paleolithic a. 구석기시대의 ochre n. 황토 climate change 기후 변화 accident fallacy 우연의 오류(fallacy of accident, 일반적인 원리나 규칙을 그것이 적용되지 않는 특수한 경우에 잘못 적용하여 저지르는 오류)

41 빈칸완성 ⑤

빈칸 이하에서 '야외 예술은 비바람에 노출되어 오래 지속되지 못한 반면, 동굴 예술은 비바람으로부터 보호되어 오래 살아남을 수 있었다'고 했으므로 빈칸에는 '자연선택'이 적절하다.

빈칸에 들어가기에 가장 적절한 표현은?
① 보이지 않는 손
② 황금 비율
③ 우연의 오류
④ 악순환
⑤ 자연선택

42 내용일치 ④

두 번째 문장에서 사람들이 거주한 증거가 없는 틈새 동굴에서 가장 멋진 동물 그림이 발견된다고 하였다. ① 동굴 화가들과 동굴 주거인들을 혼동해서는 안 된다. 위대한 예술성을 보여준 것은 동굴 화가들이었다. ② 동굴 주거인들은 그림과 관계없고 그림을 전시 목적으로 그렸다는 말도 찾아볼 수 없다. ③ 구석기시대 사람들은 동물 가죽에 그림을 그렸다고 했지, 사냥한 동물 그림을 그렸다는 말은 없다. ⑤ 다양한 색을 사용했다는 말도 없다. 오로지 황토만 나와 있다.

다음 중 위 글에 부합하는 것은?
① 동굴 주거인들은 위대한 예술성을 보여주었다.
② 동굴 주거인들은 예술 전시를 위해 동굴을 이용했다.
③ 구석기시대 사람들은 사냥한 동물 그림을 그렸다.
④ 사람이 살 수 없는 동굴에서도 동굴 벽화가 발견된다.
⑤ 구석기시대 화가들은 인체에 다양한 색을 사용했다.

43-45

가벼운 발걸음의 암사슴 한 마리가 숲 가장자리 밖으로 불쑥 고개를 내밀고 멈추어 나를 바라보았다. 암사슴은 약 15피트 정도 떨어져 있었다. 나는 얼어붙었다. 죽이기를 의식적으로 반대해서는 아니었다. 우리 둘 모두 어떻게 대응해야 할지 알아내려 애쓰며 그곳에 서 있던 그 묘한 상호성의 한순간에도 죽이기를 반대할 생각은 들지 않았다. 그저 어떻게 해야 할지 몰랐을 뿐이었다. 그런 다음 암사슴은 가버렸다. 아버지께 어떻게 설명했는지 기억이 나지 않는다. 차를 몰고 집으로 돌아오는 길의 침묵만 기억난다.

A 나는 형편없는 사슴 사냥꾼인데다가 위험하기까지 했다. 지루하고 추울 때 내가 총을 만지작거리다가 실수로 총을 쏜 적이 여러 해에 있었다. 나중에 부모님의 지하실에서 장전된 권총을 가지고 놀다가, 똑같은 일을 저지르지 않았더라면, 숲에서 예상치 못한 고성능의 라이플총이 내던 소리가 내가 들어 본 소리 중에 가장 큰 소리일 것이다.

C 나는 항상 그 이유에 대해 거짓말을 했다. "총이 우연히 발사되었다."라는 말은 사냥 이야기로는 그럴듯하지 않았다. "큰 수사슴을 보고 조준했지만 빗나갔다."라는 말도 마찬가지였다. 그래서 나는 들개로 결정했다. 숲에서 돌아와 개를 쐈다고 이야기한 일이 세 해에 있었다. 어느 해에는 다람쥐 털인 것 같은 털 뭉치를 발견했는데, 그것을 나는 내가 다람쥐에게 풀을 뜯어 먹게 했다는 증거로 사람들에게 돌렸다. 또 다른 해에는 다른 그룹이 숲을 관통해 우리 쪽으로 사슴을 몰아온 동안, 나는 들판 가장자리에 길게 늘어선 사냥꾼 대열에 서서 입에 떨어지는 눈송이를 잡으려다가 총이 발사되었다.

light-footed a. 가볍게 발을 내딛는 doe n. 암사슴 peak v. 우뚝 솟다 edge n. 가장자리 mutuality n. 상호성 beat n. (심장) 박동, 박자, 한 번 흔들기 single beat 한 순간 figure out 이해하다 fiddle v. 만지작거리다 accidentally ad. 우연히 buck n. 수사슴 squeeze off a shot 총을 쏘다 basement n. 지하실 unanticipated a. 예상치 못한 take aim 겨냥하다 graze v. 방목하다, 풀을 뜯어 먹게 하다 tuft n. 솜털 snowflake n. 눈송이

43 빈칸완성 ②

빈칸 이하에서 '총을 만지작거리다가 실수로 총을 쏘았다', '장전된 권총을 가지고 놀다가, 똑같은 일을 저질렀다', '총이 우연히 발사되었다', '입에 떨어지는 눈송이를 잡으려다가 총이 발사되었다' 등의 언급을 보면 저자가 부주의로 총을 발사하는 위험한 인물임을 알 수 있다.

빈칸에 들어가기에 가장 적절한 표현은?
① 전염성의
② 위험한
③ 미성숙한
④ 용감한
⑤ 호기심 많은

44 단락 나누기 ①

A 앞의 이야기는 사슴을 놓친 에피소드이고, A에서 C까지의 이야기는 자기가 총을 잘 못 다루는 사람, 따라서 위험한 사람이었다는 설명이다. C 다음은 사고를 내고 저자가 늘어놓은 변명의 리스트이다. 개와 다람쥐 모두가 변명거리였다.

45 내용파악 ④

저자는 이 글에서만 벌써 세 번의 총기사고를 언급하고 있다. 따라서 총기 사용에 서툴렀다고 할 수 있다. ① 동물 살해를 의식적으로 반대하지는 않는다고 했다. ② 고의로가 아니라 어쩔 줄 모르다가 목표물을 놓쳤다. ③ 변명으로 거짓말을 계속하고 있다. ⑤ '부모님의 지하실에서 장전된 권총을 가지고 놀다가, 똑같은 일을 저지르지 않았더라면'이라고 가정법 과거완료로 말한 것은 사실은 같은 실수를 반복했다는 말이다.

저자는 어떤 사람이었던 것 같은가?
① 동물을 죽이기를 원하지 않았다.
② 고의로 표적을 놓쳤다.
③ 거짓말을 하는 방법을 몰랐다.
④ 총기 사용에 서툴렀다.
⑤ 다시는 같은 실수를 반복하지 않았다.

46-48

1929년 천문학자 에드윈 허블(Edwin Hubble)은 은하의 빛 스펙트럼을 연구하던 중 관측 결과 많은 은하가 적색편이를 보여주고 있다고 발표했다. 은하들은 실제로 우리에게서 멀어지고 있었다. 그러나 그가 실제로 발견한 것은 우주의 팽창이었다. 은하들이 혼자서 멀어지기보다는 시공간의 구조 자체가 바깥쪽으로 팽창하고 있었던 것이다. 그는 이를 팽창의 증거라고 믿지 않았다. 과학자들이 우주가 팽창하고 있을 뿐만 아니라 그 팽창 속도가 빨라지고 있다는 사실을 깨닫기까지는 70년이 더 걸렸다. 허블이 망원경을 사용하기 거의 10년 전에 알베르트 아인슈타인(Albert Einstein)은 일반 상대성 이론과 함께 우주 상수라는 이론을 제안했다. 우주는 정적인 공간이며 밀도는 일정하게 유지된다는 것이었다. 아인슈타인은 허블의 은하 적색편이 뉴스를 보고 자신의 이론을 버렸으나, 다만 이해하기 힘들지만 아인슈타인도 다소 옳은 면이 있었다. 우주는 정적인 공간이 아니다. 우주는 빠르게 팽창하고 있지만 우주의 밀도는 여전히 일정하게 유지되고 있다는 것을 우리는 알고 있다. 이렇게 생각해 보라. 거실에 테이블과 TV, 책 몇 권과 커피 한 잔이 놓여 있다고 상상해 보라. 이제 그 방이 풍선처럼 팽창하기 시작하여 점점 더 커진다고 상상해 보라. 거실에 있는 물건들의 밀도는 높아지지 않는다. 그대로 있을 것이다. 우리 우주도 마찬가지이다. 팽창해도 밀도는 똑같이 유지된다. 따라서 여러분의 커피 한 잔이 우주 상수이다.

astronomer n. 천문학자 light spectra 빛 스펙트럼 galaxy n. 은하 redshifting n. 적색편이(천체가 우리와 멀어지면서 빛이 빨갛게 편이되는 현상) expansion n. 확장 on one's own 혼자서 speed up 가속하다 cosmological constant 우주상수(아인슈타인이 제안한 우주의 정적인 상태와 밀도가 일정하게 유지되는 이론적 개념) in tandem with ~와 나란히 general relativity 일반 상대성 이론 static a. 정적인 density n. 밀도 go figure 이해가 안 된다 balloon v. (풍선처럼) 부풀다

46 내용파악 ③

허블은 처음에는 적색편이를 우주 팽창의 증거라고 깨닫지 못했다고 했다. ④ 아인슈타인이 허블보다 앞선 세대이다. 허블이 아인슈타인에게 영감을 주었다는 말은 없다. ⑤ 일반 상대성 이론이 아니라 우주가 팽창하지 않는 정적인 공간이라는 이론을 포기하게 했다.

에드윈 허블은 _____.
① 우주가 팽창하고 있다고 생각했다
② 알베르트 아인슈타인의 이론을 입증하고 싶었다
③ 자신의 발견이 우주의 팽창을 보여준다는 것을 깨닫지 못했다
④ 아인슈타인에게 영감을 줘서 우주 상수 이론에 대해 생각하게 된 계기가 되었다
⑤ 아인슈타인이 일반 상대성 이론을 포기하게 만든 무언가를 발견했다

47 부분이해 ②

sort of는 '다소, 조금은' 정도의 의미이다. 우주가 팽창하지 않는 정적인 공간이라는 생각은 틀렸지만, 밀도와 우주 상수가 일정하게 유지된다는 생각은 옳았다. 우주가 팽창하는데도 그 안의 물체의 밀도가 변함이 없다는 것은 이해하기 힘들다고 했다.

밑줄 친 "Einstein was sort of right"가 의미하는 것은?
① 아인슈타인도 틀릴 수 있다.
② 아인슈타인의 생각은 부분적으로 옳았다.
③ 아인슈타인의 이론은 너무 모호하다.
④ 아인슈타인은 마침내 모든 것을 증명할 수 있다는 것을 알았다.
⑤ 아인슈타인은 자신이 틀렸다는 것을 인정한 것이 현명했다.

48 내용파악 ④

우주를 거실에 비유하고, 거실이 팽창한다고 하였다. 나머지는 모두 거실 안의 물건들이다.

위 글에서 우주는 _____에 비유되고 있다.
① TV 세트
② 일부 책
③ 테이블
④ 거실
⑤ 커피 한 잔

49-50

분석가들은 커피 전문점이 베이징과 상하이를 넘어 젊은 직장인들이 커피를 즐기는 수십 개의 중소 도시로 확장되면서 중국의 커피에 대한 늘어나는 갈증이 향후 원두 수요의 주요 동력이 될 것으로 예상한다. 중국의 커피 수요 증가는 중국에 막대한 투자를 하는 스타벅스나 팀 호튼스 같은 해외 체인점에게는 기회이지만, 이들은 또 빠르게 확장하는 현지 브랜드의 가파른 도전에 직면해 있다. 국제 커피 기구가 로이터 통신에 보낸 데이터에 따르면 중국의 커피 소비량은 지난 9월까지 1년 동안 전년 같은 기간 대비 15% 증가한 308만 봉지를 기록했다. "중국 소비자는 점차 더 서구적인 라이프스타일을 받아들이고 있으며 커피는 명백히 그런 라이프스타일을 대표하는 음료 중 하나입니다."라고 시장 조사 회사의 전무이사는 말했다.
커피 체인점의 성장을 추적하는 회사인 알레그라 그룹(Alegra Group)에 따르면, 중국의 브랜드 커피숍 수는 지난 12개월 동안 무려 58% 성장하여 49,691개의 매장을 기록했다. 유로모니터의 음료 분석가인 매튜 배리(Matthew Barry)는 현지 체인점과 해외 체인점 간에 치열한 경쟁이 벌어지고 있다고 말했다. 각 업체는 성장하는 시장에서 최대한 많은 점유율을 차지하려고 노력하고 있다고 그는 말했다. 알레그라 그룹에 따르면, 중국의 루킨 커피는 지난 12개월 동안 5,059개의 매장을 추가했고, 또 다른 중국 체인점인 코티 커피는 같은 기간 동안 6,004개의 매장을 열었다. 배리는 "기회의 규모가 워낙 크기 때문에 (현지 및 해외 체인점) 모두 매우 공격적으로 상대방에 맞서야 할 것이며, 이로 인해 향후 몇 년 동안 매우 역동적인 시장이 될 것이라고 생각합니다."라고 말했다. 중국의 커피 소비량은 연간 2천만 봉지 이상을 소비하는 주요 소비국인 미국과 브라질에 비하면 여전히 미미한 수준이다. 하지만 이러한 수요 증가는 중국이 일본과 한국 등, 차를 좋아하는 다른 아시아 국가와 비슷한 문화적 변화를 겪고 있다는 신호이다.

thirst n. 갈증 demand n. 수요 bean n. 커피 원두 beverage n. 음료 steep a. 가파른 managing director 경영 이사 branded a. 브랜드화된 market research firm 시장 조사 기업 staggering a. 충격적인 track v. 추적하다 aggressive a. 공격적인; 적극적인 face off 대결할 준비를 하다 ensure v. 보장하다 pale v. 창백해지다

49 내용일치 ③

실제로는 글의 요지를 묻는 문제이다. 첫 번째 문장에서 커피에 대한 갈증이 커지며, 커피 전문점이 늘어나고 있다고 하였다. 이는 경쟁 심화를 의미한다. 따라서 ③이 본문의 내용에 부합한다.

다음 중 위 글에 부합하는 것은?
① 중국 커피숍은 결국 베이징을 넘어서는 확장이 불가능하다.
② 중국에서 커피 수요는 더 이상 증가하지 않을 것이다.
③ 커피에 대한 중국의 새로운 갈증이 치열한 카페 경쟁을 부추기고 있다.
④ 중국의 커피 소비량은 일본과 한국을 능가한다.
⑤ 커피 전문점 측면에서 현지 체인점과 해외 체인점 간의 경쟁이 없다.

50 부분이해 ②

face off는 '적과 대결하다'라는 의미인데 이것은 경쟁을 말한다.

밑줄 친 "facing off against the other"가 의미하는 것은?
① 역동적인 문화 변화를 만남
② 서로 경쟁함
③ 일부러 저렴한 커피를 구매함
④ 새로운 커피 체인점의 성장을 적당히 추적함
⑤ 현지 체인점보다 스타벅스와 같은 해외 체인점을 더 중시함

2024 성균관대학교(자연계)

01 ⑤	02 ②	03 ②	04 ④	05 ②	06 ⑤	07 ①	08 ③	09 ④	10 ④
11 ③	12 ④	13 ⑤	14 ①	15 ③	16 ①	17 ⑤	18 ②	19 ⑤	20 ④
21 ②	22 ⑤	23 ③	24 ①	25 ②					

01 현재분사 ⑤

⑤는 지각동사 watch의 목적격 보어의 자리인데, appear는 자동사이므로 수동을 나타내는 과거분사로 쓸 수 없다. 그러므로 ⑤는 능동을 나타내는 원형동사나 현재분사여야 한다. ⑤를 appear나 appearing으로 고친다.

seductive a. 유혹하는 passage n. (책의) 구절; (음악의) 악절

워드프로세서의 클릭과 흐름은 유혹적일 수 있어서, 당신은 단지 키보드 위에서 손가락을 굴려 자신이 입력한 단어가 화면에 나타나는 것을 보는 즐거움을 경험하는 것만을 위해서도 불필요한 단어 몇 개나 심지어는 한 구절 전체를 추가하게 될지 모른다.

02 문의 구성 

②는 접속사 and 이하에 이어진 절의 정동사여야 하므로 과거시제 동사 climbed가 되어야 한다. ③과 ④는 주절에 이어지는 두 개의 분사구문이다.

patrol n. 순찰대, 정찰대 emerge v. 나오다, 나타나다, 모습을 드러내다 marine n. 해병대 slope n. 경사면, 비탈 fire support base 화력지원기지 bent a. 굽은, 구부러진, 뒤틀린 pick one's way 발 디딜 곳을 찾으며 조심스럽게 천천히 걸어가다 shatter v. 산산이 부수다, 박살내다 stump n. 그루터기 shelter n. 은신처, 피난 장소

정찰대는 철조망으로부터 모습을 드러냈고, 젊은 해병들은 피로로 인해 굽어진 몸으로 새로운 화력지원기지의 비탈길을 천천히 올라가면서, 몸을 피할 곳 없는 산산조각 난 그루터기와 죽은 나무들 주위로 길을 더듬어 나아갔다.

03 동의어 ②

windfall n. 우발적인 소득, 뜻밖의 횡재(= bonanza) loyal a. 충성스러운 loss n. 손실, 손해 shortfall n. 부족; 적자 disaster n. 재해, 재난 disadvantage n. 불리, 불이익

푸틴은 서방의 주요 기업들이 떠난 것을 러시아의 충성스러운 엘리트들과 국가 자체의 횡재로 바꾸어 놓았다.

04 동의어 ④

exchange n. 교환, 주고받기 artillery n. 포, 대포 militia n. 의용군, 민병대 ally v. 동맹[결연, 제휴]하게 하다 presage v. 전조가 되다, 예언하다(= foretell) front n. <군사> 전선(前線), 전선(戰線) explain v. 설명하다 prevent v. 막다, 방해하다 escalate v. 단계적으로 확대[증대, 강화, 상승]시키다 follow v. 따라가다; 따르다

이란과 동맹을 맺은 레바논 시아파 민병대인 헤즈볼라와 이스라엘 사이에 미사일과 포화가 오간 것은 제2의 전선이 형성될 가능성을 예고하고 있다.

05 동의어 

subject n. (논의 등의) 주제[대상, 화제], (다뤄지고 있는) 문제[사안] in utero 자궁 안에 있는, 아직 태어나지 않은(= unborn) significantly ad. 상당히, 현저히 active a. 활동적인; 활동 중인 refugee n. 난민

한 조사연구에 따르면, 한국전쟁(1950-1953)이라는 최악의 시기에 어머니 뱃속에 있었던 연구대상들의 노동시장 성과는 1990년에 현저히 더 낮았다.

06 논리완성 ⑤

'얇은 벽, 평평한 지붕, 비어 있는 벽 등, 밖으로 드러나는 것에 거의 꾸밈이 없다'는 것은 그 장소가 매우 수수하고 소박한 건물임을 알려주고 있다.

pavilion n. 큰 천막, 임시건물 austere a. 엄한; 꾸미지 않은, 간소한 subtle a. 미묘한 sensual a. (특히 육체적인 쾌락과 관련하여) 감각적인; 관능적인 celebration n. 축하; 의식 transient a. 일시적인; 순간적인

차를 마시는 임시건물 — 벽은 얇고, 지붕은 평평하고, 벽은 비어 있어서 외관상 거의 꾸밈이 없는 지극히 소박한 건물 — 은 음료를 준비하여 주인과 손님들이 함께 마시는 정성스런 관행을 위한 배경일 뿐이다. 미묘하고 감각적인 경험에 집중하는 것은 사물의 일시적인 아름다움과 정성스러운 몸짓을 칭찬하는 의식이다.

① 만석의 공간
② 호화로운 건물
③ 가장 인상적인 건물
④ 예쁘고 호화로운 아파트
⑤ 지극히 소박한 건물

07 논리완성 ①

백인이 대다수였던 카운티가 다양성을 갖게 된 것은 흑인들이 대규모로 그곳에 들어왔기 때문일 것이다.

anecdote n. 일화 diverse a. 다양한, 가지각색의 ceiling n. 천장; 상한선, 한계 property tax 소득세 binding a. 속박하는, 구속력 있는 constraint n. 강제, 압박; 억제 revenue n. 소득, 수입; 재원 financing n. 자금 조달 influx n. 유입(流入); (사람·사물의) 도래(到來), 쇄도 induction n. 끌어들임, 유도, 도입 emigration n. (타국으로의) 이주, 이민 protest n. 항의, 항변 prosperity n. 번영, 성공

여기 한 편의 일화가 있다. 프린스 조지(PG) 카운티는 워싱턴 DC 옆 메릴랜드 주에 위치한 카운티로, 백인이 대다수를 차지하고 있었다. 흑인 중산층이 대거 유입되면서 그 카운티가 훨씬 다양성을 갖게 된 후에 (백인들이 여전히 다수를 차지하고 있었지만), PG 유권자들은 1978년에 TRIM이라 불리는 법을 통과시켰다. TRIM은 재산세율에 법적 상한선을 두는데, 이는 학교에 자금을 조달하는 주요 재원에 대해 구속력 있는 제약을 가하는 것이다.

08 논리완성 ③

가상 회의는 실제로 직접 대면해서 하는 것이 아니므로, 눈맞춤과 제스처와 같은 신호들은 굳이 신경 쓰지 않아도 되는 것이 되어 사라지게 될 것이다.

diversity n. 다양성 post-pandemic a. 팬데믹 이후의 coordination n. 조정, 일치 virtually ad. 사실상, 실질적으로 impose v. 부과하다; 강제하다 management overhead 간접비 관리 patchy a. 누덕누덕 기운; 뒤죽박죽인 unmute v. 소리를 (껐다가) 켜다 virtual a. 가상의 allow v. 허락하다 let out (울음소리·신음소리 등을) 내다 strip out 완전히 제거하다 promote v. 홍보하다

다양성과 마찬가지로, 팬데믹 이후 원격 근무의 확산은 업무조정 비용을 높이는 한편 여러 가지 이점을 가져다준다. 가상(假想)의 방식으로 인력을 운영하는 것은 관리구조 학자들이 말하는 "간접비 관리"를 강제한다. 네트워크 연결이 부실하지 않고 사람들이 스스로 소리 내는 것을 잊지 않을 때에도, 가상 회의는 눈맞춤과 제스처와 같은 많은 신호들을 완전히 제거한다.

09 논리완성 ④

뒤에 나오는 동사 grab과 반대되는 의미를 가진 표현이 들어가야 하겠는데, grab(움켜잡다)이 재난으로 물자가 부족한 상황에서 자기만을 위하는 이기적인 태도를 나타내므로, (재난 극복에) '협력하다, 동참하다'라는 의미의 ④가 빈칸에 들어가기에 적절하다.

disaster n. 재해, 재난 policymaker n. 정책입안자 object to ~에 반대하다 hike n. (임금·가격) 인상 argue v. 주장하다 crisis n. 위기 grab v. 움켜잡다 throw in 던져 넣다, 덤으로 주다 take out 꺼내다; 데리고[가지고] 나가다; 취득하다 pull over (정차하거나 다른 차가 지나가도록) 길 한쪽으로 빠지다[차를 대다] pitch in 기여하다, 협력하다, 동참하다 persevere v. 참다, 견디다

허리케인과 같은 재난이 한 지역을 강타할 때, 많은 상품들은 수요의 증가 또는 공급의 감소를 겪게 되어, 가격 상승의 압박이 가해진다. 정책입안자들은 종종 이러한 가격 인상에 반대한다. 그들은 기업과 경제학자들이 우리의 공유된 사회적 가치에 더 많은 관심을 기울여야 한다고 주장한다. "위기의 시기 동안에는, 우리 모두가 협력해야 할 때이며, 움켜잡고 있어야 할 때가 아닙니다."

10 논리완성 ④

새천년의 시작은 매우 의미 있는 사건이라고 할 수 있으므로 빈칸에는 ④가 들어가는 것이 자연스럽다.

millennium n. 천년간, 천년기 astonishing a. 놀랄 만한, 놀라운 phenomenon n. 현상 infirm a. 허약한, 쇠약한 dawning n. 새벽, 여명; (새 시대 등의) 출현, 시작 apparently ad. 명백히; 외관상으로는 motivate v. ~에게 동기를 부여하다, 자극하다 trivial a. 하찮은; 사소한 obscure a. 불명료한 mundane a. 현세의, 세속적인 momentous a. 중요한 insignificant a. 무의미한, 하찮은

2000년 1월 15일, 『뉴욕타임스』는 지역 병원들이 새천년 첫 주에 1999년 마지막 주에 비해 놀랍게도 50.8% 더 많은 사망자를 기록했다고 전했다. 『타임스』는 이러한 현상이 새로운 시대의 시작을 목격할 수 있을 만큼 충분히 오래 생존하기를 원하는 병든 사람들 때문이라는 의견을 제시했다. 분명히 중대한 사건들에 대한 기대는 사람들에게 더 오래 살고자 하는 동기를 부여할 수 있다.

11-12

언론은 종종 최상급의 말을 즐기는 것 같고, 그들의 청중인 우리는 최근 주식시장에서 목격한 주가상승이 그렇게 이례적인 것인지에 대해 헷갈려한다. 우리가 어떤 신기록을 세우고 있다는 (혹은 적어도 신기록에 가까이 있다는) 것을 암시하는 자료들은 언론에서 주기적으로 강조되며, 만약 기자들이 충분히 다른 방식으로 자료를 본다면, 그들은 그 어떤 특정한 날에라도 기록을 세우는 것에 가까운 무언가를 발견할 때가 많을 것이다. 주식시장을 보도할 때, 많은 기자들은 "기록적인 1일 가격 변동"을 언급하는데, 이것은 퍼센트가 아닌 다우존스 포인트로 측정한 것이어서 그것이 기록일 가능성이 훨씬 더 높아진다. 비록 최근 몇 년 동안 언론이 다우존스 포인트로 보도하는 것에 대해 점점 더 깨우쳐졌지만, 그 같은 관행은 일부 기자들 사이에서 여전히 지속되고 있다.
이러한 기록 과부하 — 새롭고 중요한 기록들이 끊임없이 세워지고 있다는 인상 — 는 사람들이 경제에 대해 가지고 있는 혼란을 가중시킬 뿐이다. 이것은 사람들로 하여금 진정으로 중요하고 새로운 것이 진짜로 일어나고 있는 때를 인식하기 어렵게 만든다. 서로 다른 지표들이 넘쳐나게 되면서, 또한 그것은 양적 자료에 대한 개인적인 평가를 회피하고 전문가들이 우리에게 해석해 준 자료를 보는 것을 선호하도록 조장한다.

thrive on 즐기다, 성공하다, 잘 해내다 superlative n. 최상급, 최상급의 말 stress v. 강조하다 persist v. 지속하다, 존속하다 overload n. 과부하 impression n. 인상, 감명 significant a. 중요한; 의미심장한 recognize v. 인식하다; 인지하다 deluge n. 대홍수, 호우, 범람; 쇄도 indicator n. 지표 assessment n. 평가, 판단 quantitative a. 양에 관한, 양적인 preference n. 선호 interpret v. 해석하다, 번역하다

11 빈칸완성 ③

Although가 이끄는 종속절과 주절의 내용이 대조를 이루어야 한다. 주절에서 '그 같은 관행이 일부 기자들 사이에서 여전히 지속되고 있다.'고 했으므로, 종속절에서는 '그러한 보도 관행이 잘못된 것임을 점점 더 깨우쳐가고 있다'라는 의미의 문장을 만드는 ③이 가장 적절하다.

빈칸에 가장 적절한 것은?
① 무모한
② 고집하는
③ 깨우친
④ 조장된
⑤ 열성적인

12 내용일치 ④

마지막 문장에서 "기록 과부하는 양적 자료에 대한 개인적인 평가를 회피하고 전문가들이 우리에게 해석해 준 자료를 보는 것을 선호하도록 조장한다."라고 했으므로, ④가 옳지 않은 진술이다.

위 글에 관해 옳지 않은 것은?
① 언론은 종종 기록 과부하로 사람들을 혼란스럽게 한다.
② 기록 과부하로 인해 새로운 것이 인식되지 못한 채 지나가게 된다.
③ 언론은 종종 우리가 주식시장에서 새로운 기록을 세우고 있다는 의견을 제시한다.
④ 기록 과부하는 사람들이 전문가의 의견을 무시하도록 부추긴다.
⑤ 주가 변화를 퍼센트가 아닌 포인트로 측정하면 새로운 기록 수립의 가능성이 높아진다.

13-15

빈대로 인한 건강상의 위험은 경미하다. 물린 후에 가려운 것, 알레르기와 이차 감염이 발생할 위험이 적게나마 있는 것 정도다. 모기는 말라리아와 뎅기열과 황열병을 퍼뜨린다. 그러나 빈대를 매개체로 사용하는 인간 병원체는 없는 것으로 알려져 있다. 현재의 공포감이 시사하듯이, (빈대의) 더 큰 영향은 심리적인 것인 경향이 있다. 모기, 거머리, 그리고 다른 기생충들은 불쾌하긴 해도, 여러분의 집에서 자리를 잡고 대량으로 서식하지는 않는다. 만일 여행자가 휴가를 갔다가 빈대를 데려온다면 빈대는 집에서 들끓기 시작할 수 있으며, 이 상황은 바꾸기 매우 힘들 수도 있다.
그 벌레들은 숨을 수 있는 어두운 장소가 많은 따뜻한 환경에서 잘 자란다. 도시, 그리고 사람들로 붐비는 아파트 건물들이 이상적이다. 그 벌레들은 가구의 틈새, 매트리스 솔기 혹은 벽의 갈라진 틈에 숨어 있다가 밤에 먹기 위해 밖으로 나온다. 따뜻한 중앙난방 방식의 집들은 기후온난화와 마찬가지로 그들의 수명 주기를 더 빠르게 만들어 문제를 더 악화시킨다.
2차 세계대전 직후에 DDT와 같은 살충제가 도입되어 광범위하게 사용됨으로써, 대부분의 부유한 국가 가정에서는 그 벌레들이 거의 제거되기에 이르렀다. 그러나 그러한 화학적 공격은 그 벌레들에게 강력한 진화적 압력을 가했고, 그 결과 그 벌레들은 독에 대해 저항력을 갖게 되었다. 박테리아가 한때 자신들을 죽이곤 했던 많은 항생제에 대해 저항력을 진화시켰듯이, 현대의 빈대는 적어도 일부 살충제에는 거의 취약하지 않다. 그 벌레들에게 퍼부을 수 있는 화학물질의 비축량이 감소함에 따라 저항력은 더 커지게 되었다. 시안화수소, 이산화황, 그리고 DDT 자체와 같은 살충용 훈증제는 이제 대부분의 곳에서 사용하기에 독성이 지나치게 강한 것으로 간주되고 있다. 상업적으로 이용 가능한 많은 살충제 스프레이의 특효 성분인 피레트로이드는 더 안전하지만, 해마다 효과가 줄어든다.

bedbug n. 빈대 itchy a. 가려운 infection n. 감염, 전염 dengue fever 뎅기열 yellow fever 황열병 pathogen n. 병원균, 병원체 vector n. (병균의) 매개동물 leech n. 거머리 parasite n. 기생충, 기생생물 colonize v. 식민지로 만들다; 대량 서식하다 infestation n. 떼지어 해를 끼침, 들끓음, 횡행 thrive v. 번창하다 flat n. 아파트 shelter v. 숨다, 피난하다 cranny n. 벌어진[갈라진] 틈 crack n. 갈라진 틈, 균열 insecticide n. 살충제 aftermath n. (전쟁·재해 따위의) 결과, 여파, 영향; (전쟁 따위의) 직후의 시기 eliminate v. 제거하다 assault n. 습격, 강습, 공격 exert v. (힘·지력 따위를) 발휘하다, 쓰다 evolutionary a. 발전의; 진화의 resistance n. 저항력 antibiotic n. 항생물질, 항생제 invulnerable a. 상처 입지 않는, 공격에 견디는 deplete v. (세력·자원 따위를) 고갈[소모]시키다 arsenal n. 무기고; (일반적인) 축적, 재고 hurl v. 집어 던지다, 퍼붓다 fumigant n. (소독·살충용) 훈증약(燻蒸藥) hydrogen cyanide 시안화수소 sulphur dioxide 이산화황 toxic a. 유독한; 중독성의 pyrethroid n. 피레드로이드 active a. (약이) 특효 있는 ingredient n. 성분, 원료

13 내용파악 

'빈대로 인한 건강상의 위험은 경미하다. 모기는 말라리아와 뎅기열과 황열병을 퍼뜨린다. 그러나 빈대를 매개체로 사용하는 인간 병원체는 없는 것으로 알려져 있다.'라는 내용을 통해 ⑤가 정답으로 적절함을 알 수 있다.

빈대의 건강상의 위험은 다른 벌레들에 비해 상대적으로 낮은데, 왜냐하면 빈대가 ______ 때문이다.
① 온난한 기후에서만 잘 자라기
② 당신의 집에서 대량으로 서식하지 않기
③ 밤에만 먹으러 나오기
④ 비교적 죽이기 쉽기
⑤ 질병을 옮기지 않기

14 내용파악 

빈대가 확산되기 쉬운 환경에 대해 두 번째 문단에서 이야기하고 있는데, 불량한 위생 상태에 대해서는 언급하고 있지 않다.

위 글에 의하면, ______은 빈대 확산의 이유가 아니다.
① 위생 불량
② 지구 온난화
③ 잦은 여행
④ 효과가 없는 살충제
⑤ 중앙난방 방식의 집들

15 내용파악 ③

'시안화수소, 이산화황, 그리고 DDT 자체와 같은 살충용 훈증제는 이제 대부분의 곳에서 사용하기에 독성이 지나치게 강한 것으로 간주되고 있다.'는 내용을 통해 ③이 정답임을 알 수 있다.

시안화수소, 이산화황, DDT와 같은 훈증제는 더 이상 빈대를 죽이는 데 사용되지 않는데, 왜냐하면 ______ 때문이다.
① 훈증제의 효과가 떨어졌기
② 빈대는 대부분의 훈증제에 취약하기
③ 훈증제는 인체에도 해롭기
④ 상업적으로 구할 수 있는 살충제는 피레트로이드를 사용하기
⑤ DDT와 같은 훈증제는 너무 비싸서 사용할 수 없기

16-17

세계는 개혁하는 방법을 잊어버렸다. 우리는 자유시장 싱크탱크인 프레이저(Fraser) 연구소의 자료를 분석했는데, 이 연구소는 "경제적 자유"를 10점 척도로 측정하고 있다. 우리는 한 국가가 10년 안에 스위스와 베네수엘라의 격차의 1/4인 1.5점 이상 개선되는 경우들을 고려했는데, 이는 대담한 자유화의 개혁이 이루어졌음을 나타낸다. 1980년대와 1990년대에는, 여러 국가들이 소련을 떠났고, 가나와 페루와 같이 개혁이 불가능한 것으로 여겨졌던 많은 국가들이 실제로는 개혁이 가능한 것으로 입증됐기 때문에 이러한 "저돌적인 경제"가 일반적이었다. 정치인들은 대외무역 규정을 바꾸고, 중앙은행을 강화했으며, 예산 적자를 줄였으며, 국영기업을 매각했다. 최근 몇 년 동안에는, 그리스와 우크라이나를 비롯한 소수의 국가들만이 개혁을 시행했다. 2010년대 무렵에는 개혁이 완전히 멈췄다.
저돌적인 경제의 인기가 떨어진 것은 그것에 대한 필요성이 줄어든 이유도 일부 있다. 최근 몇 년 동안 경제가 덜 자유로워졌지만, 오늘날의 평균적인 경제는 1980년대에 비해 30퍼센트 더 자유롭다. 국영기업의 수는 더 적어졌고 관세는 더 낮아졌다. 하지만 저돌적인 경제의 쇠퇴는 또한 자유화가 실패했다는 널리 퍼져있는 믿음을 반영하기도 한다. 대중의 상상 속에서는, "구조조정 계획"이나 "충격 요법"과 같은 용어들은 아프리카의 빈곤, 러시아와 우크라이나의 마피아 국가 탄생, 칠레의 인권유린에 대한 이미지를 불러일으킨다. 조셉 스티글리츠(Joseph Stiglitz)의 『세계화와 그 불만들』과 같은 책들은 자유 시장을 추구하는 미국의 일치된 의견에 대한 반대 의견을 부추겼다. 라틴 아메리카에서 "신자유주의"는 이제 비난의 용어가 되었고, 다른 곳에서는 이 용어가 보증으로 거의 사용되지 않는다.

analyze v. 분석하다 indicate v. 가리키다, 보이다, 나타내다 bold a. 대담한 liberalize v. ~의 제약을 풀다; 자유주의화하다 reform n. 개혁 undertake v. 떠맡다; 착수하다 daredevil a. 무모한, 저돌적인 deem v. ~을 생각하다[간주하다] fortify v. 강화하다 budget n. 예산 deficit n. 적자 firm n. 회사 implement v. 이행하다, 실행하다 grind to a halt 완전히 멈춰서다 tariff n. 관세 structural-adjustment 구조조정 shock therapy 충격요법 conjure up 상기시키다 abuse n. 오용; 학대; 욕설 discontent n. 불평, 불만 foment v. (반란·불화 등을) 빚다, 조장하다 consensus n. 일치; 합의; 여론 endorsement n. 보증, 승인

16 빈칸완성 ①

첫 문단의 끝에서 '최근 몇 년 동안에는, 그리스와 우크라이나를 비롯한 소수의 국가들만이 개혁을 시행했다. 2010년대 무렵에는 개혁이 완전히 멈췄다.'라고 했으므로 빈칸에는 '개혁하는 방법'이라는 의미의 ①이 적절하다.

빈칸에 가장 적절한 것은?
① 개혁하는 방법
② 불평등을 극복하는 방법
③ 중앙은행을 운영하는 방법
④ 인권을 보호하는 방법
⑤ 자유 시장에 반대하는 방법

17 내용파악 ⑤

첫 번째 문단 후반부에서 저돌적인 경제의 결과물에 대해 이야기하고 있는데, '국영기업을 매각했다'고 했으므로, ⑤가 정답이다.

위 글에 따르면, 다음 중 "저돌적인 경제"와 관련이 없는 것은?
① 자유 시장을 촉진하는 것
② 수입세를 인하하는 것
③ 경제적 자유를 증진하는 것
④ 시장 자유화를 추구하는 것
⑤ 국영기업을 늘리는 것

18-20

미국 흑인들에게 적극적으로 판매되어 온 민트향 제품들인 멘톨 담배를 금지하는 것은 오랫동안 공중보건 규제기관들에게 도달하기 어려운 목표가 되어 왔다. 그러나 코로나 19와 '흑인의 생명도 소중하다' 운동은 의회와 백악관에 대해 인종 간의 건강 불균형을 줄여야 한다는 새로운 압박을 가했다. 게다가 이보다 더 두드러진 예는 거의 없는데, 바로 흑인 흡연자들은 담배를 덜 피우면서도, 백인 흡연자들보다 더 높은 비율로 심장마비, 뇌졸중, 그리고 그 밖의 담배 사용과 연관된 원인들로 인해 사망하고 있다는 것이다. 흑인 흡연자들 중 약 85퍼센트가 보통 담배보다 중독되기는 더 쉬우면서도 끊기는 더 어려운 *Newport*, *Kool*, 그리고 기타 멘톨 브랜드를 이용하고 있다.
멘톨은 박하에서 발견되는 물질로, 실험실에서도 합성이 가능하다. 멘톨은 담배 제품에서 시원한 느낌을 만들어내어 연기의 불쾌함을 가려주기 때문에, 연기를 더 참을 수 있게끔 한다. 일부 연구에서는 멘톨이 가벼운 마취제의 역할도 한다는 것을 보여주었다. 멘톨이 널리 사용되지 않았던 1953년에는, 필립모리스의 조사 결과, 백인 흡연자의 2퍼센트가 멘톨 브랜드를 선호한 반면 흑인 흡연자의 경우는 5퍼센트가 멘톨 브랜드를 선호했다. 어린이 금연 캠페인(Campaign for Tobacco-Free Kids)의 매튜 L. 마이어스 회장은 "담배업계는 그걸 보고 '우리가 기회를 놓치고 있다'고 말했고, 아프리카계 미국인 사회를 의식적으로 겨냥했다."고 말했다.
담배 회사들은 수십 년 동안 멘톨 담배로 흑인 사회를 겨냥해 왔다. 그들은 무료 샘플을 배포하고, 할인을 제공했으며, 수많은 콘서트와 특별 행사들을 후원했는데, 이 중에는 그 유명한 쿨 재즈 페스티벌(Kool Jazz Festival)도 포함돼 있다. 담배 회사들은 또한 흑인 독자층을 대상으로 한 신문과 잡지에 광고를 하고, 시민 권리 단체에 돈을 기부함으로써 호의를 얻었다. 그 회사들은 또한 흑인 정치 후보자들에게 자주 기부를 해왔다.

ban v. 금지하다 aggressively ad. 공격적으로, 적극적으로 elusive a. (교묘히) 도피하는; 달성하기 어려운 regulator n. 조정자, 단속자 racial a. 인종의, 민족의 disparity n. 불균형, 불일치 stark a. 뚜렷한, 두드러진 stroke n. 뇌졸중 addicted a. 중독된 plain a. 보통의, 평범한 substance n. 물질 synthesize v. 종합하다; <화학> 합성하다 tolerable a. 참을 수 있는 anesthetic a. 마취의; 무감각한 survey n. 조사, 검사 reveal v. 드러내다, 알리다 distribute v. 분배하다, 배포

하다 countless a. 무수한, 셀 수 없을 정도로 많은 gear v. (계획·요구 따위에) 맞게 하다, 조정하다 readership n. 독자 donate v. 기부하다 candidate n. 후보

18 빈칸완성 ②

뒤에 이어진 분사구문에서 '담배연기를 더 참을 수 있게 해준다'고 했는데, 이런 결과가 되려면 담배연기의 불쾌함이 덜 느껴져야 할 것이므로 '가리다'라는 뜻의 ②가 정답이 된다.

빈칸에 가장 적절한 것은?
① 행동하다
② 가리다
③ 드러내다
④ 강조하다
⑤ 따로 챙겨두다

19 내용파악 ⑤

마지막 문단에서 관련 내용을 다루고 있는데, '흑인 흡연자들을 위한 담뱃세 인하'는 언급하고 있지 않다.

위 글에 의하면, 다음 중 담배회사들이 멘톨 담배로 흑인 흡연자들을 겨냥하여 사용하는 전술이 아닌 것은?
① 가격 할인 제공
② 무료 샘플 배포
③ 흑색 신문에 광고하는 것
④ 민권 단체에 기부하는 것
⑤ 흑인 흡연자들을 위한 담뱃세 인하

20 내용파악 ④

인종 간의 건강 불균형의 예로 흑인 흡연자들이 백인보다 담배를 덜 피우면서도 더 많은 주요 질환을 겪고 있는 것을 들고 있는데, 이에 대한 원인을 많은 흑인 흡연자들이 보통 담배보다 중독되기 쉽고 끊기 어려운 멘톨 담배를 이용하고 있기 때문으로 보고 있다. 따라서 멘톨 담배를 금지시키면 흑인들이 주요 질환을 덜 겪게 될 것이고, 이는 나아가 건강 불균형이 해소되는 결과를 가져올 것이다.

위 글에 의하면, 멘톨 담배를 금지하는 것은 _______ 것이다.
① 담배 업계를 파산시킬
② 백인 흡연자들로 하여금 멘톨 담배를 더 많이 소비하게 할
③ 멘톨 담배에 대한 수요를 증가시킬
④ 인종 간의 건강 불균형을 감소시킬
⑤ 멘톨 담배의 품질을 떨어뜨릴

21-22

특정 집단에 대한 반감을 넘어, 통계적 차별이라고 불리는 또 다른 차별의 원인이 존재할 수 있다. 이는 고용주가 직원이 될 수 있는 사람들에 대해 불완전한 정보를 가지고 있다는 가정에 기초한다. 만약 관련이 있지만 관찰할 수는 없는 직원의 어떤 특성이 다른 식으로는 관련이 없지만 관찰할 수는 있는 특성과 우연히 상관관계가 있다면, 고용주는 고용 결정을 내릴 때 아마도 관찰할 수 있는 특성에 의존할 것이다.

예를 들어, 일부 고용주들은 전과가 있는 근로자들을 고용하지 않는 편을 선호한다. 그렇게 하는 것을 피할 수 있는 가장 간단한 방법은 구직자들에게 전과가 있는지를 물어보는 것이고, 많은 고용주들은 그렇게 하고 있다. 그러나 미국의 일부 주(州)들은 고용주들이 (전과 여부를) 물어보는 것을 금지하는 "확인란 금지"법을 통과시켰다. ("확인란"이란 어떤 사람이 전과가 없음을 알려주기 위해 체크할 수 있는 구직 신청서 상의 공간을 가리킨다.) 이 법들의 목적은 전과자들이 직업을 구하고 그럼으로써 법을 준수하는 시민으로서 사회에 다시 진출하는 것을 돕는 것이다.

이 법들의 고귀한 의도에도 불구하고, 한 가지 의도하지 않은 결과는 이 법들이 통계적 차별을 조장한다는 것이다. 통계에 따르면 흑인 남성이 백인 남성보다 교도소에서 복역했을 가능성이 더 높다. 고용주가 이러한 사실을 알고 있다면, 전과에 관심이 있지만 전과에 대해 묻는 것이 금지된 사람들은 흑인 남성을 고용하는 것을 피하려 할지도 모른다. 결과적으로, 전과 기록이 없는 흑인 남성은 자신이 속한 집단의 평균적인 특성 때문에 차별을 겪을 것이다. 일부 연구에서 "확인란 금지" 정책이 있는 주와 없는 주를 비교한 결과, 이 법이 대학 학위가 없는 젊은 흑인 남성의 고용을 상당히 감소시킨다는 사실을 발견했다. 이러한 결과는 정책입안자들이 부주의로 인한 통계적 차별을 조장하지 않는 방법을 찾아서 전과자들을 도와주어야 한다는 것을 시사한다.

animosity n. 반감, 적대감 discrimination n. 구별; 차별, 차별대우 statistical a. 통계의 assumption n. 가정, 억측, 가설 relevant a. 관련된, 적절한 unobservable a. 관찰할 수 없는 characteristic n. 특질, 특색 correlate v. 서로 관련시키다 applicant n. 응모자, 지원자 prohibit v. 금지하다 application n. 지원, 지원서 ex-offender n. 전과자 law-abiding a. 법을 준수하는, 준법의 intent n. 의향, 의도 unintended a. 의도하지 않은, 고의가 아닌 consequence n. 결과; 중요성 foster v. 조장하다, 조성하다 significantly ad. 상당히, 크게 inadvertently ad. 무심코, 부주의로

21 내용파악 ②

"특정 집단에 대한 반감을 넘어, 통계적 차별이라고 불리는 또 다른 차별의 원인이 존재할 수 있는데, 이는 고용주가 직원이 될 수 있는 사람들에 대해 불완전한 정보를 가지고 있다는 가정에 기초한다."라는 내용을 통해 ②가 정답임을 알 수 있다.

고용주들이 고용 결정을 하는 데 있어서 통계적 차별을 이용하는 것은 그들이 _______ 때문이다.
① 통계에 정통하기
② 지원자에 대한 충분한 정보를 가지고 있지 않기
③ 간단히 구직자들에게 범죄 기록에 대해 물어볼 수 있기
④ 그들의 고객의 수요를 만족시키고 싶기
⑤ 고용 결정을 내릴 때 관찰 가능한 특성을 사용하지 않기

22 내용파악 ⑤

"확인란 금지" 법은 고용주들이 구직자들에게 전과 여부를 물어보는 것을 금지하는 법인데, 이는 전과자들이 직업을 구하고 그럼으로써 법을 준수하는 시민으로서 사회에 다시 진출하는 것을 돕는 것, 즉 전과자라는 이유로 취업 시장에서 차별을 받는 일이 없도록 하기 위한 것이다.

"확인란 금지" 법의 목적은 ______이다.
① 특정 신념을 가진 직원들의 고용을 금지하는 것
② 취업 시장에서 지원자들의 부담을 줄이는 것
③ 고용주가 가능한 한 최고의 구직자를 고용하도록 돕는 것
④ 전과가 있는 구직 지원자를 더 잘 선별하는 것
⑤ 전과자들이 취업 시장에서 차별을 받지 않도록 보호하는 것

23-25

15년 전에, 이스털리(Easterly)와 레빈(Levine)은 아프리카의 성장의 실망스러운 성과와 그것이 가난한 사람들에게 끼친 피해를 강조하는 『아프리카의 성장 비극』을 출판했다. 그 이후, 성장은 회복되어 연평균 5~6%를 기록했고 빈곤은 1년에 약 1퍼센트 포인트씩 감소하고 있다. 통계적인 비극은 우리가 이것이 사실이라는 것을 확신할 수 없다는 것이다. GDP의 성장으로 측정되는 경제 성장을 예로 들어보자. GDP는 결국 국민계정으로 측정된다. 약간의 진전이 있었지만, 오늘날 아프리카 인구의 35%만이 1993년의 UN 국민계정체계를 사용하는 국가에 살고 있고, 나머지는 1960년대로 거슬러 올라가는 초기 체계를 이용하고 있다.
통계자료에 문제가 발생하는 가장 직접적인 원인은 데이터를 수집, 관리 및 배포할 수 있는 국가의 역량 부족, 자금 부족, 책임의 분산, 그리고 많은 데이터 수집 노력이 분산된 데 따른 분열 등이다. 그러나 나는 근본적인 원인은 통계자료가 본질적으로 정치적이기 때문이라고 말하고 싶다. 빈곤 추정치를 예로 들어보자. 그 추정치는 현재 사람들이 5년 전보다 더 잘 살고 있는지를 평가한다. 만약 추정하는 작업이 선거가 있는 해에 실시된다면, 그 결과를 비밀로 유지하려는 경향이 강하다. 더 심각한 문제는 조사를 완료하는 데 시간을 끄는 경향이 있다는 것이다. 그리고 가계조사의 미가공 데이터는 공개적으로 이용하는 것이 거의 불가능하다. (따라서 이 데이터를 복제할 수 있을 가능성은 거의 없다.)
그 통계적인 비극에는 또 다른 측면이 있다. 나쁜 일을 많이 겪고 난 후에, 국제 사회는 아프리카 국가들이 그들만의 국가통계 개발전략(NSDS)을 개발해야 하고, 모든 통계 활동이 NSDS와 일치해야 한다고 판단했다. 비극은 세계은행을 비롯한 기부자들이 그것이 확실히 NSDS와 일치하도록 하지 않은 채 통계활동을 시작한다는 것이다. 이유가 무엇일까? 왜냐하면 그들은 그들만의 목적을 위해 — 보고서를 발표하기 위해 — 데이터가 필요하기 때문이고, 이것은 그 국가들의 통계능력을 강화할 시간을 거의 주지 않은 채 데이터를 더 빨리 얻는 것을 의미한다.

take a toll (~에게) 큰 피해를[타격을] 주다, 희생자를 내다 pick up 회복되다[개선되다], 더 강해지다 statistical a. 통계의 tragedy n. 비극 proximate a. (시간·순서 따위가) (~에) 가장 가까운; (공간적으로) (~에) 아주 가까운, 인접한; (원인 따위가) 직접적인 statistics n. 통계, 통계자료 disseminate v. 널리 퍼뜨리다, 유포하다 inadequate a. 부적당한, 불충분한 diffuse a. 널리 퍼진, 분산된; 장황한 fragmentation n. 분열, 붕괴 submit v. 제출하다; 복종시키다; 공손히 아뢰다, 의견으로서 진술하다 underlying a. 기초가 되는, 근원적인 fundamentally ad. 근본적으로, 본질적으로 estimate n. 추정치, 추산 assess v. 평가하다 keep ~ under wraps 비밀로 해두다, 공개하지 않고 두다 drag one's feet 꾸물거리다 survey n. 조사, 검사 replicate v. 복제하다 aspect n. 양상; 국면; 견지 consistent a. 일치하는, 조화된 donor n. 기부자, 기증자 undertake v. 시작하다, 착수하다 ensure v. 책임지다, 보장하다, 보증하다

23 빈칸완성 ③

"빈곤 추정치를 추정하는 작업이 선거가 있는 해에 실시된다면, 그 결과를 비밀로 유지하려는 경향이 강하며, 더 심각한 문제는 조사를 완료하는 데 시간을 끄는 경향이 있다"는 것은 정치적인 입김이 작용한다는 것이므로, 빈칸에는 '본질적으로 정치적인'이라는 의미의 ③이 적절하다.

빈칸에 가장 적절한 것은?
① 본질적으로 불투명한
② 본질적으로 공평한
③ 본질적으로 정치적인
④ 경제적으로 효율적인
⑤ 터무니없이 오해의 소지가 있는

24 글의 제목 ①

아프리카의 통계를 신뢰할 수 없는 이유와 그 배경에 대해 이야기하고 있는 내용이므로, ①이 제목으로 적절하다. ② 빈곤 데이터는 예로 든 것이다.

위 글의 제목으로 가장 적절한 것은?
① 아프리카의 통계적 비극
② 아프리카의 신뢰할 수 없는 빈곤 데이터
③ 아프리카의 실망스러운 성장 성과
④ 아프리카 국가통계 개발전략(NSDS)
⑤ 국제기구를 위한 아프리카의 데이터 수집 관행에 대한 가이드라인

25 내용파악 ②

선거를 앞두고 통계자료를 숨기는 것이 잘못일 뿐, 선거 제도 자체는 문제가 되지 않는다.

아프리카 통계자료의 문제점이 아닌 것은?
① 자금 부족
② 아프리카의 선거 제도
③ 흩어져 있는 자료 수집 노력
④ 낮은 데이터 수집 및 관리 능력
⑤ NSDS와 기증자의 통계 활동 간의 불일치

2023 성균관대학교(인문계)

01 ⑤	02 ④	03 ②	04 ④	05 ②	06 ⑤	07 ②	08 ①	09 ③	10 ④
11 ①	12 ④	13 ①	14 ⑤	15 ③	16 ①	17 ④	18 ①	19 ①	20 ③
21 ②	22 ④	23 ②	24 ④	25 ③	26 ①	27 ⑤	28 ②	29 ③	30 ①
31 ④	32 ②	33 ⑤	34 ①	35 ④	36 ②	37 ①	38 ③	39 ③	40 ⑤
41 ②	42 ⑤	43 ②	44 ④	45 ③	46 ⑤	47 ⑤	48 ④	49 ②	50 ③

01 문장의 구조 ⑤

"often joking that"에서 that은 접속사다. 그리고 "no matter when you ask"는 양보의 의미를 갖는 부사절로서, 삽입절이다. 그러므로 ⑤ its는 주어가 들어갈 자리다. 그런데 소유격은 주어가 될 수 없으므로 ⑤ its를 it is(주어+동사)나 축약형인 it's로 고쳐야 한다.

atomic a. 원자의; 원자력의 rarely ad. 거의 ~하지 않다 estimate v. 추정하다 fusion energy 핵융합 에너지

원자력 전문가들은 당신이 언제 묻는다고 하더라도 그것은 항상 30년 후가 될 것이라고 종종 농담하면서, 핵융합 에너지가 언제쯤 널리 이용가능할지를 추정하는 것을 좀체 좋아하지 않는다.

02 동사와 준동사의 구분 ④

이 문장은 가정법을 이끄는 접속사 If가 생략되고 주어와 동사가 도치된 가정법 과거 표현이다. 그런데 이 문장 주절의 동사구 would seem indeed have는 비문법적인 표현이다. 그 이유는 동사(seem) 다음에 또 다른 동사(have)가 왔기 때문이다. 영어 문장에서는 동사 다음에 동사가 다시 와서는 안 된다. 이런 경우 동사가 아니라 준동사가 와야 한다. seem 동사는 2형식 동사로 to부정사를 주격보어로 취하므로 ④ indeed have를 indeed to have로 고쳐야 한다.

in terms of ~라는 관점에서 have an effect upon ~에 영향을 미치다 revolutionary a. 혁명적인

만일 역사적 현상들을 통계학적 관점에서 설명할 수 있다면, 이것은 인간의 사고에 정말로 혁명적인 영향을 미칠 것으로 여겨질 것이다.

03 수동태와 능동태의 구별 ②

represent는 3형식 구문에서 주로 쓰이는 대표적인 타동사다. 3형식 문장을 수동문으로 고치면 목적어가 주어 자리로 나가고 동사는 'be+pp' 형태로 바뀐다. 즉 수동문에서는 목적어가 없게 된다. 그런데 ②의 다음에는 목적어가 나와 있다. 그러므로 ② is represented를 능동태인 represents로 고쳐야 한다.

extinct a. 멸종된 subspecies n. 아종(亞種), 변종(變種) bucardo goat 뿔이 아주 긴 야생 염소 represent v. 대표하다, 나타내다, 보여주다 clone v. 복제하다 properly ad. 적절하게 preserve v. 유지하다, 보존하다

멸종된 종들과 아종들 가운데, 부카도 염소는 그 멸종 시기가 매우 최근이고 세포 샘플이 제대로 보존되었기 때문에 복제를 위한 밝은 전망을 보여준다.

04 형용사(과거분사) 주격보어 ④

seem은 2형식 동사로서 주격보어를 취한다. 주격보어 자리에는 명사 상당어구(동격)나 형용사 상당어구(수식)가 와야 한다. 그런데 이 문장에서는 seem 다음에 원형동사인 sweep(휩쓸다)가 왔다. 그러므로 ④ sweep을 형용사 상당어구인 과거분사 swept(휩쓸린)로 고쳐야 한다.

when it comes to ~에 관한 한 nature n. 본질 be at a loss 당혹해하다 current n. 흐름; 해류, 조류

시간의 본질에 관해서라면, 물리학자들도 시간의 흐름에 따라 무력하게 휩쓸려 가는 것 같은 나머지 사람들만큼이나 매우 당혹스러워한다.

05 관계사 what과 접속사 that의 구별 ②

관계사 what은 그 자체로 선행사를 품고 있기 때문에 what 다음에는 불완전한 절이어야 한다. 반면에 접속사 that 다음은 완전한 절이 온다. 그런데, 주어진 문장에서는 what 다음에 완전한 절이 왔으므로, ② is what를 is that으로 고쳐야 한다. 이 문장은 접속사 that이 이끄는 절이 주격보어 역할을 하는 2형식 구문이다.

savant n. 서번트(정상인보다 지적 능력이 떨어지나 특정 분야에 대해서만은 비범한 능력을 보이는 사람) autistic n. 자폐아 cognitive a. 인지의 domain n. 영역 coherent a. 일관성 있는

대부분의 서번트들은 자폐증을 앓고 있으며, 그러한 사람들의 인지 방식의 중요한 일면은 그들이 각 영역의 개별 요소들에 집중하고 그 요소들을 일관된 전체로 통합하는 데는 일반적으로 실패한다는 것이다.

06 동의어 ⑤

coalition n. 연정, 연합(= alliance) overthrow v. 전복하다; 타도하다 detachment n. 무심함; 객관성; 파견대 notoriety n. 악명, 악평 dispersal n. 해산, 분산 disbanding n. 해산, 해체

2003년, 미국은 이라크 정부를 전복하기 위해 국제적인 연합을 주도했다.

07 동의어 ②

legislature n. 입법부, 국회 convene v. 소집되다, 모이다(= gather) bill n. 법안 draft v. 초안을 작성하다 intervene v. 개입하다, 끼어들다 dissemble v. 숨기다; ~인 체하다 adjourn v. 중단하다, 휴정하다

입법부(국회)는 빨라도 1월까지는 소집되지 않을 것이기 때문에, 얼마나 많은 법안이 어느 주제에 대하여 초안 작성되고 있는지는 불분명하다.

08 동의어 ①

diverting a. 재미나는, 즐거운(= entertaining) platitudinous a. 평범한, 하찮은 prosaic a. 평범한, 산문의 tiresome a. 성가신, 짜증스러운 diehard a. 끝까지 버티는, 완고한

이러한 프로그램을 발견하는 것은 프로그래머들에게 즐거운 퍼즐이었다.

09 동의어 ③

incriminating a. 유죄를 입증하는, 죄를 씌우는(= accusatory); 연루시키는 overlooked a. 간과하는 exculpating a. 무죄를 입증하는, 죄를 벗어나게 하는 flattering a. 아부하는 ignorant a. 무지한

상대에게 죄를 씌우는 대화가 선거 전날에 발생했다.

10 동의어 ④

horizontal a. 수평의 escalation n. 확대, 상승, 고조(= rise) scope n. 범위 conflict n. 분쟁, 갈등 peril n. 위험 strategy n. 전략

수평적 확전은 분쟁의 지리적 범위가 확대되는 경우이다.

11 논리완성 ①

빈칸 앞에 있는 문장들은 프랑스 팀이 세 번째 월드컵 우승을 할 수 있는 절호의 기회를 잡았음에도 형편없는 경기를 보여주었다는 내용을 담고 있다. 반면, 빈칸 다음의 문장들은 음바페가 세 번째 동점골을 터트리면서 우승후보다운 면모를 보여주었다는 내용을 담고 있다. 즉, 빈칸 앞에 있는 문장들과 빈칸 뒤에 있는 문장들의 관계는 역접이다. 그러므로 빈칸에는 역접의 의미를 갖는 ①이 와야 한다.

anonymous a. 익명의, 무명의; 특징이 없는 ill-served a. 도움을 받지 못하는 unfathomably ad. 헤아릴 수 없이, 불가해하게 put in (일을) 행하다 substitution n. 교체선수 revive v. 활기를 되찾다 timid a. 소심한, 기가 죽은 put ~ back in front ~를 다시 앞서게 하다

프랑스가 이해할 수 없을 정도로 형편없는 경기를 보여주는 가운데 동료의 도움을 받지 못한 음바페(Mbappe)는 처음 80분 동안 팀의 대부분의 선수들과 마찬가지로 두드러지지 않았다. 그들은 60년 전에 브라질이 (연속) 우승한 이후 처음으로, 그리고 1934년과 1938년에 이탈리아가 우승한 이후, 세 번째로 우승 트로피를 들어 올린 팀이 되고자함에도 불구하고 그런 경기를 했던 것이다. Didier Deschamps 감독은 심지어 하프타임 전에 Olivier Giroud와 Dembele를 Marcus Thuram와 Randal Kolo Muani로 교체하여 두 번 선수 교체를 했다. 그러나 격정적인 짧은 순간에 프랑스를 소생시켜 기가 죽은 패배자처럼 보였던 팀에서 잠재적인 우승팀으로 바꾼 다음, 메시가 아르헨티나를 다시 앞서게 한 바로 직후, 세 번째 골을 터뜨린 것은 음바페였다.

① 그러나
② 여느 때처럼
③ 그러한 것으로서
④ 그래서
⑤ 때문에

12 논리완성 ④

주말에 있을 결혼식은 그녀의 가장 친한 친구의 결혼식이고 그 결혼식에 참여하기 위해 무엇이든 할 의향이 있다고 말하고 있다. 본문의 단서들로부터 빈칸에 ④ not to miss(놓치지 않다)가 와야 함을 추론할 수 있다.

perspective n. 관점, 시각 uppermost in a person's mind 가장 중요한 것 desperate a. 필사적인 bridesmaid n. 신부 들러리

그녀는 기껏해야 일주일을 살 수 있을 것 같았다. 하지만 시간에 대한 그녀의 관점이 바뀌면서, 그녀는 현재와 가장 가까운 사람들에게 집중하게 되었다. 그녀는 그녀의 마음속에 있는 가장 중요한 것이 그녀가 필사적으로 놓치지 않고 싶어 하는 주말의 결혼식이라고 나에게 말했다. "아서의 동생이 제 가장 친한 친구와 결혼해요."라고 그녀는 말했다. 그녀는 두 사람의 첫 데이트를 주선했었다. 이제 결혼식이 이틀 앞으로 다가왔고, 결혼식 시간은 토요일 오후 1시였다. "그건 정말 최고의 일이에요."라고 그녀는 말했다. 그녀의 남편이 결혼반지를 전달하기로 되어 있었다. 그녀는 신부 들러리가 되기로 되어있었다. 그녀는 그 자리에 있기 위해 무엇이든 할 의향이 있다고 말했다.

① 연기하다
② 기억하다
③ 피하다
④ 놓치지 않다
⑤ 참석하지 않다

13 논리완성 ①

빈칸 앞에 오는 문장들의 주된 내용은 지난 세기 동안 미국과 전 세계의 거의 모든 나라들에서 평균수명이 거의 3분의 2만큼 늘어났다는 것이다. 그리고 유엔은 전 지구 차원에서 평균수명이 2050년까지 10년

더 늘어날 것이라고 예상하고 있다. 이상의 단서들로부터 추론할 수 있는 것은 평균 수명이 증가하는 추세가 적어도 2050년까지는 멈추지 않을 것이란 점이다. 그러므로 빈칸에는 ① no sign of stopping이 와야 한다.

life expectancy 평균 수명 tremendous a. 엄청난, 거대한, 터무니없는 maximum lifespan 최대 수명

지난 세기 동안 미국의 기대 수명은 47세에서 77세로 거의 3분의 2만큼 증가했다. 거의 모든 나라에서 기대 수명의 비슷한 증가가 있었다. 그리고 이런 과정은 멈출 기미를 보이지 않는다. 유엔에 따르면 2050년까지 세계의 기대수명은 앞으로 10년 더 늘어날 것이다. 하지만, 이 엄청난 증가는 평균 기대 수명, 즉 대부분의 사람들이 사는 연수(年數)에서의 증가였다. 사람이 지구를 걸을 수 있는 연수인 최대 수명은 거의 증가하지 않았으며, 현재 약 120세로 추정된다.

① 멈출 기미가 없음
② 약의 부작용
③ 이야기의 다른 면
④ 인간이 처한 딜레마의 또 다른 측면
⑤ 최대 수명의 증가

14 논리완성 ⑤

이 문제를 푸는 결정적인 단서는 빈칸 바로 앞에 있는 문장, 즉 "그렇다면 미국은 투자자를 유치하기 위해 금리를 인상해야 할 것이고, 이는 성장률을 더욱 저하시킬 것이다."이다. 달리 말해, 성장률을 유지하기 위해서는 금리를 계속 인상해야 하고, 금리를 계속 인상하게 되면 성장률은 계속 떨어질 것이란 것인데, 이는 곧 '악순환'을 의미하므로 ⑤가 정답으로 적절하다.

finance v. 자금을 대다 budget deficit 재정 적자 US Treasury bonds 미국 재무부 장기 채권 longevity n. 장수 treatment n. 치료 grinding a. 힘 드는, 괴롭히는, 매우 아픈 economic slowdown 불경기 Uncle Sam 미국 interest rate 금리

지난 30년 동안 미국은 다른 부유한 나라, 특히 일본과 중국에서, 미국 재무부 장기 채권(일종의 국채)을 사도록 외국인을 설득하여 재정 적자를 충당해 왔다. 하지만 미국으로서는 안타깝게도, 그 다른 나라들도 그들 나름으로 장수에 따른 위기를 향해 나아가고 있다. 그들도 역시 젊고 생산성이 높은 노동자의 수가 줄어들 것이다. 그들도 역시 노인을 위한 장수 치료비용을 지불하게 될 것이다. 그들도 역시 극심한 경기 침체에 직면하게 될 것이다. 이러한 모든 이유들로 인해, 그들은 우리 정부에 자금을 공급할 의지가 줄어들 수 있다. 그렇다면 미국은 투자자를 유치하기 위해 금리를 인상해야 할 것이고, 이는 성장을 더욱 저하시킬 것인데, 이것은 악순환이다.

① 보이지 않는 손(시장에서 수요와 공급을 결정하는)
② 황금 비율
③ 우연의 오류(사물의 본질적 속성과 우연적 속성을 혼동해서 생기는 오류)
④ 정치적 예산 순환(선거에서 이기기 위해 예산을 확장하는 것)
⑤ 악순환

15 논리완성 ③

빈칸 앞에 오는 문장들의 내용을 요약하면, 우리 신체와 분리되는 비물질적인 정신의 존재를 믿는 과학자들이 없다는 것이다. 과학자들 대부분은 정신이 뇌(신체)의 산물이라고 여긴다. 즉, 정신과 신체의 분리를 주장한 데카르트의 이원론을 지지할 만한 증거가 없다는 것이다. 이런 단서들로부터 빈칸에 '정신은 뇌가 하는 일'이란 표현이 와야 함을 추론할 수 있다.

potentially ad. 잠재적으로 separable a. 분리할 수 있는 starkly ad. 완전히 neuroscientist n. 신경과학자 will n. 의지 neural a. 신경의 overstate v. 과장하다 consensus n. 합의, 의견의 일치; 여론 skeptical a. 회의적인 Cartesian dualism 데카르트의 이원론 posit v. 상정하다

육체와 잠재적으로 분리될 수 있는 비물질적 정신이라는 이 개념은 과학적 견해와 극명하게 충돌한다. 심리학자들과 신경과학자들에게 뇌는 정신적 생명의 원천이며, 우리의 의식, 감정, 그리고 의지는 신경 과정의 산물이다. 때때로 주장되듯이, 정신은 뇌가 하는 일이다. 나는 여기서 합의를 과장하고 싶지는 않다. 정확히 어떻게 이런 일이 일어나는지에 대한 정설은 없으며, 일부 학자들은 그러한 이론을 개발할 수 있을지에 대해 회의적이다. 그러나 사고에 뇌가 관여할 필요가 없다는 데카르트적 이원론을 진지하게 받아들이는 과학자는 없다. 이에 반하는 증거가 너무 많기 때문이다.

① 자유의지 같은 것은 없다
② 언어는 현실을 반영한다
③ 정신은 뇌가 하는 일이다
④ 건강한 정신은 건강한 신체에 깃든다
⑤ 오직 인간만이 그들 자신의 독특한 문화를 가지고 있다

16 논리완성 ①

미국의 신조를 거짓으로 만드는 것이 불평등의 고착화이므로 미국의 신조를 말하는 빈칸에는 불평등의 고착화가 가져오는 결과와 반대되는 것이 들어가야 한다. 불평등이 고착화되면 불리한 여건에 있는 약자는 아무리 노력해도 성공하기 어려울 것이다. 따라서 빈칸에는 ①이 적절하다. ④ 불평등이 고착화된 결과는 아무리 노력해도 승자가 될 수 없는 불평등으로 인한 피해이고, 불평등을 시정할 수 있고 없고는 그다음의 문제이므로 부적절하다.

odds n. 가능성, 역경 stack v. 싸이다, 채우다 stalled a. 오도 가도 못하는 social mobility 사회 이동성 entrenched a. 견고한, 확립된 credo n. 신조 brew n. 혼합 polarization n. 분극화

우리는 승산이 이미 운이 좋은 사람들에게 유리하게 쌓여가는 승자들과 패자들의 시대에 살고 있다. 사회적 이동성이 정체되고 불평등이 고착화되면서 "노력하면 성공할 수 있다"는 미국의 신조가 거짓임을 보여준다. 그 결과는 분노와 좌절의 뒤섞임인데, 이는 포퓰리즘 시위와 극단적인 양극화를 부추기고 정부와 동료 시민들 모두의 깊은 불신을 낳았으며, 그로 인해 우리는 우리 시대의 중대한 도전에 맞설 도덕적인 준비가 되어있지 않다.

① 노력하면 성공할 수 있다
② 패배자가 진짜 패배자인 것은 아니다
③ 타인들에게 자비를 베풀지 마라
④ 불평등을 뿌리 뽑는 것은 가능하다
⑤ 광범위한 불공정이 우리 사회에 퍼져 있다

17 논리완성 ④

뇌의 지각 담당 부위가 기억을 떠올릴 때도 활성화된다는 것은 기억이 뇌의 기억작용이 아니라 지각작용의 결과일 수도 있다는 말이다. 빈칸 이하의 '이전에 그것을 볼 수 있게 해준'은 눈으로 들어오는 시각적 자극에 반응하는 뇌의 지각 부위의 신경활동을 말하고 이것이 기억 부위의 작용 없이 기억을 만들어내는 재창조를 한 것이 아닌가 하는 의문을 말한다. 따라서 ④가 적절하다.

perception n. 지각 entirely ad. 완전하게 distinct a. 별개의; 독특한 confident a. 확신하는 neuroimaging n. 신경 영상 raise a question 의문을 제기하다 representation n. 표상, 재현 glade n. 작은 빈터

기억과 지각은 완전히 별개의 경험처럼 보이고, 신경과학자들은 뇌도 또한 기억과 지각을 다르게 생성한다고 확신했었다. 하지만 1990년대 신경영상 연구를 통해, 감각을 지각할 때만 활성화된다고 생각했던 뇌의 부위들이 기억을 떠올릴 때도 활성화된다는 사실이 밝혀졌다. "그것(이런 사실)은 기억 표상이 실제로 지각 표상과 전혀 다른 것인지에 대한 의문을 제기하기 시작했습니다."라고 샘은 말했다. 예를 들면, 아름다운 숲속 빈터에 대한 기억은 단지 이전에 그것을 볼 수 있게 해준 신경활동이 재창조한 것뿐일 수 있을까? 하는 의문이다.

① 공간의 흐릿함
② 새로운 수준의 복잡함
③ 학습 및 (신경)가소성 단위
④ 신경활동의 재창조
⑤ 우리가 보는 것의 뒤섞인 왜곡

18 논리완성 ①

이 글은 우크라이나 전쟁과 미국과 중국 사이에 벌어지고 있는 패권 경쟁에도 불구하고, 과학 분야의 국제 협력은 여전히 진행되고 있다는 사실에 대해 기술하고 있다. 이러한 협력은 적대국 간의 긴장 완화에 도움을 줄 것이므로 빈칸에는 ①이 적절하다.

fusion reactor 핵융합로 under construction 공사 중인 launch crew (로켓)발사 요원 the International Space Station 국제 우주 정거장 resume v. 재개하다 paused a. 멈춘

초강대국 지도자들은 여전히 최소한의 과학적 협력에는 열려 있는 것으로 보인다. 우크라이나 전쟁에도 불구하고 러시아는 프랑스에서 건설 중인 ITER 핵융합로에 계속 기여하고 있으며, 국제우주정거장에 발사요원과 물자를 공급하고 있다. 그리고 11월, 긴장을 완화하기 위한 긴 회의 끝에, 미국과 중국 지도자들은 기후 및 기타 이슈들과 관련된 중단된 작업을 재개할 것이라고 발표했다. 양측은 이러한 협력이 세계 전체의 이익에 부합한다고 말했다.

① 긴장 완화
② 양의 감소
③ 공동작업 프로젝트의 일시 중단
④ 재정이 지원된 연구의 결실 훔치기
⑤ 자금에 대해 새로운 제한을 설정하기

19 논리완성 ①

이 문제를 푸는 결정적인 단서는 빈칸 앞 문장, 즉 "대부분의 팝 그룹들은 수명이 제한되어 있다"이다. 이 문장과 빈칸이 들어 있는 문장은 콜론(:)으로 이어져 있다. 달리 말해 빈칸이 들어 있는 문장은 앞 문장에 대한 부연설명이라는 것이다. 수명이 제한되어 있다는 것은 오래 가지 못하고 사라진다는 의미다. 그러므로 빈칸에는 '사라지다'는 의미의 ①(불타서 정지하다)이 적절하다.

life span 수명 precisely ad. 정확하게 right n. 권리 sum n. 총합

대부분의 팝 그룹들은 수명이 제한되어 있다. 그들은 불타고 사라지거나 한 멤버가 위로 치고 올라가는 것을 본다(잘 나가는 한 멤버만 살아남는다는 의미). 그러나 블랙핑크는 멤버 각자가 솔로 스타가 될 수 있게 함으로써 세계에서 가장 잘 나가는 걸그룹이 되었다. 그룹은 파트(멤버)의 합보다 클 수 있지만 (블랙핑크의) 각 파트(멤버)는 대부분의 다른 팝 그룹의 결합된 노력보다 더 크다.

① 불타서 정지하다
② 성공하다
③ 번영하다
④ 통합하다
⑤ 동화되다

20 문장삽입 ③

주어진 문장 즉 "시간은 그에게 친절하지 않았다."는 비유적인 표현으로, 세월이 흘러 할아버지의 외모가 더 늙었다는 뜻이다. 그러므로 주어진 문장은 늙어버린 할아버지의 외모를 묘사하는 문장들 앞에 위치해야 한다. Ⓒ를 기점으로 흐르는 시간 속에서 노쇠해버린 할아버지의 외모를 묘사하는 문장들이 이어진다.

barely ad. 거의 ~하지 않다 wrinkle n. 주름살 conquer v. 정복하다 spine n. 척추 sluggish a. 느릿느릿 움직이는 drag n. 질질 끌기

우주선에 대한 생각이 얼마나 어리석었는지를 깨달은 후에도 과학에 대한 나의 관심은 계속되었지만 할아버지와의 관계는 예전 같지 않았다. 내가 쿠바를 떠난 후, 우리는 10년이 넘도록 거의 대화를 나누지 못했다. 몇 년 전, 할아버지와 할머니가 마이애미에 있는 우리 가족을 방문했다. <시간은 그에게 친절하지 않았다.> 주름이 그의 얼굴 전체를 정복했다. 그의 의안(義眼)은 두개골 깊숙이 가라앉아 있었다. 그의 척추는 앞으로 굽어졌고 걸음걸이는 느렸고 발을 끌며 걸었다. 첫 포옹에 이어, 거리가 멀어져 낯선 사람으로 변한 사람들 사이의 일반적인 대화를 나눈 후, 그는 나에게 물어볼 중요한 것이 있다고 말했다.

21 문맥상 적절하지 않은 단어 고르기 ②

헤르손으로 가는 고속도로 상에 있는 다리가 폭파되었다고 했다. 폭파된 다리를 건널 수는 없을 것이므로, Ⓑ passable(통과할 수 있는)을 impassable(통과할 수 없는)으로 고쳐야 한다.

rig v. 설치하다 trip wire 트립 와이어(걸림선) saboteur n. 파괴 공작원 ambush v. 매복습격하다 convoy n. 호송대 assassinate v. 암살하다 hostage n. 인질 liberation n. 해방 artillery n. 대포, 포병대

러시아군은 도시의 기반 시설을 파괴하여 물, 전력, 난방이 공급되지 않는 도시를 만들었다. 도시 외곽은 지뢰로 뒤덮였다. 정부 건물은 트립 와이어(걸림선)가 설치되어 있었다. 헤르손으로 향하는 고속도로에서는 폭발로 인해 다리가 파괴되어 <통행이 가능하게 되었다>. 러시아군들은 또한 도주하면서 젤렌스키 대통령을 암살하거나, 인질로 잡기 위해 대통령 호송대를 매복 공격할 요원들과 파괴 공작원들을 남겨둔 것으로 의심받았다. 도시의 해방을 경축하기 위해 군중이 모인 중앙 광장은 러시아 포대의 사정거리 안에 있기 때문에, 젤렌스키의 안전을 보장할 방법은 없었다.

22 문맥상 적절하지 않은 단어 고르기 ④

본문에는 이 문제를 푸는 두 가지 단서가 제시되어 있다. 하나는 중국 정부 당국이 현장에서 여성들의 권리에 대해 신경을 쓰지 않는다는 것이다. 다른 하나는 "활동가들은 단순히 자신에게 일어난 일에 관련된 '민감한 단어'를 단순히 게시하거나 재게시했다는 이유로 인해 구금되지는 않더라도 경찰에게 조사를 받을 수 있다."라는 마지막 문장이다. 이들 단서로부터 여성들의 소셜 미디어 계정이 언제든지 폐쇄되어 사라질 수 있다는 사실을 추론할 수 있다. 그러므로 Ⓓ flourish(번성하다)를 vanish(사라지다)로 고쳐야 한다.

fade v. 흐려지다, 사라지다 authorities n. 정부당국 incident n. 사건 perpetrator n. 가해자 public outcry 대중적인 항의 on the ground 현장에서 flourish v. 번성하다 detain v. 구금되다

중국 여성들은 남성과 동등하다는 말을 오랫동안 들어왔고 과거에는 비교적 안전하다고 느꼈다. 그러나 이제는 이러한 느낌이 사라지고 있다. 여성들은 자신에 대한 신체적 폭력뿐만 아니라 정부당국이 이러한 사건을 다루는 방식에 대해서도 분노하고 있다. 정부 관리들이 결국에는 가해자에게 대응할 수도 있지만, 이는 대중의 엄청난 항의가 먼저 있고 난 후에라야 가능하다. 그들은 현장에서 여성의 일상적인 권리를 지원하는 데 거의 도움이 되지 않는다. 여성들의 소셜 미디어 계정은 언제든지 <번성할 수> 있다. 활동가들은 단순히 자신들에게 일어난 일과 관련된 "민감한 단어"를 단순히 게시하거나 재게시했다는 이유로 인해 구금까지 되지는 않더라도 경찰에게 조사를 받을 수 있다.

23 문맥상 적절하지 않은 단어 고르기 ②

Ⓑ 이하에서 "서번트들은 자신의 특별한 능력을 이렇게 표현함으로써 주목받는다"고 했고, "재능의 조기 발견과 세심한 격려는 재능을 개발하는 데 중요한 기여 요인이 될 수 있다"고 했는데, 이것은 능력의 표현이 중요하다는 것을 의미하므로 Ⓑ overestimated(과대평가해서는)을 underestimated(과소평가해서는)으로 고쳐야 한다.

savant syndrome 서번트 증후군(자폐증이나 지적장애를 지닌 이들이 특정 분야에서 천재적 재능을 보이는 현상을 뜻함) savant n. 서번트(특별한 능력을 지닌 지적 장애자), 학자 operation n. 작업 means n. 수단, 방법 overestimate v. 과대평가하다 prodigious a. 뛰어난, 비범한, 놀라운 contributory factor 기여 요인 socialization n. 사회화 self-esteem n. 자존감

서번트 증후군에는 두 가지 필수 구성 요소가 있다. (i) 세부 사항을 암기하고 기억하거나 어떤 작업을 끝없이 효율적으로 반복하는 놀라운 능력과 (ii) 이러한 능력을 표현하는 수단이다. (ii)의 중요성을 <과대평가해서는> 안 된다. 서번트들은 자신의 특별한 능력을 이렇게 표현함으로써 주목받을 뿐만 아니라, 어떤 일을 하고 그 일을 반복해서 하는 것을 좋아한다. 눈에 띄지 않는 서번트가 얼마나 많은지는 아무도 모른다. 뛰어난 서번트들의 경우, (재능의) 조기 발견과 세심한 격려는 재능을 개발하는 데 중요한 기여 요인이 될 수 있다. 더 높은 수준의 일반적 기능을 달성하도록 서번트를 돕는 것은, 서번트만이 가진 특별한 능력들을 상실하게 할 수 있다는 의견이 제기되기도 한다. 그러나 이에 대한 증거는 거의 없으며, "재능을 훈련시키는 것"은 (서번트의) 사회화, 의사소통 그리고 자존감을 향상시키는 데 유용한 접근 방식이 될 수 있다.

24 내용파악 ④

Ⓓ를 제외한 나머지 보기들은 자율주행차량의 장점들에 대해서 언급하고 있다. Ⓓ만이 해킹과 사생활 침해와 같은 자율주행차량의 부정적인 면에 대해서 진술하고 있다.

automated driving system 자율 주행 시스템 prevent v. 예방하다 road rage 운전 중에 일어나는 분노 culprit n. 범인, 가해자 tailgate v. (다른 차의 뒤를) 바싹 따라 달리다 vulnerable a. 상처받기 쉬운 privacy concern 사생활침해에 대한 우려 destination n. 목적지

Ⓐ 자율 주행 시스템은 교통사고의 가장 큰 단일 원인인 인간에 의한 오류를 줄여 향후 10년간 4만 7,000건의 심각한 교통사고를 예방하고 3,900명의 생명을 구할 수 있다.
Ⓑ 우리 모두는 인생의 어느 시점에서 로드 레이지(운전 중에 일어나는 분노)를 경험한다. 당신이 가해자이든 피해자이든, 이제 그런 날은 사라질 것이다. 컴퓨터는 테일게이팅(앞 차에 바싹 붙어 주행하기)을 하지 않으며 가운데 손가락(욕을 할 때 사용하는 손가락)도 없다.
Ⓒ 무인 자동차는 장애인과 거동이 불편한 사람들을 더 쉽고 편안하게 이동할 수 있게 해준다. 무인 자동차는 더 많은 자유와 다른 사람이나 교통수단에 대한 의존도를 줄여준다.
Ⓓ 커넥티드 자동차가 더 많아진다는 것은 차량 제어권을 장악할 수 있는 해커의 위협에 더 취약하다는 것을 의미한다. 또한 차량이 추적되고, 자주 가는 목적지(예: 집)를 알 수 있다는 것에 사생활 침해에 대한 문제도 있다.
Ⓔ 무인 자동차들이 더 안전할 것으로 예측된다고 해서 그것들이 반드시 천천히 운전해야 한다는 의미는 아니다. 실상은 오히려 정반대인데, 무인 자동차들은 컴퓨터들이 인간이 하는 실수를 줄이면서 운전을 하기 때문에 도로에서 더 빠른 속도를 낼 수 있다.

25 글의 종류 ③

이 글은 문학상을 받은 작가(소설가)가 시상대에 서서 이 시상식에 참석한 젊은 예비 작가들을 상대로 하고 있는, 수상 소감을 포함한 연설의 일부이다.

agony n. 극도의 고통 material n. 재료, 자료, 내용 dedication n. 헌신, 전념 commensurate a. 상응하는, 어울리는 award n. 상, 수상 significance n. 중요성 acclaim n. 찬양 pinnacle n. 정점 anguish n. 비통, 괴로움 travail n. 고생, 고역

나는 이 상이 인간으로서 나에게 주어진 것이 아니라, 나의 작품 — 인간 정신의 고뇌와 땀 속에서, 영광(명예)과 무엇보다 이익을 위해서가 아니라,

이전에 존재하지 않았던 어떤 인간 정신의 자료(내용)를 창조하기 위해 만들어진 내 일생의 작품에 주어진 것이라고 느낍니다. 그래서 이 상은 내가 신뢰하는 유일한 상입니다. 돈 부분에 대한 전념이 그것의 기원의 목적과 중요성에 부합한다는 것을 알게 되기는 어렵지 않을 것입니다. 그러나 나는 또한 찬사를 받아도 이 순간을 정점으로 삼아 변함없이 해나가고 싶으며, 이 정점에서, 이미 같은 고뇌와 고난에 헌신하고 있는 남녀 젊은이들에게 내 말을 들려줄 것이며, 이 젊은이들 가운데는 이미, 지금 내가 서 있는 이 자리에 언젠가는 서게 될 젊은이도 있을 것입니다.

이 글은 ______의 일부분이다.
① 기사
② 학술지
③ 연설
④ 일기
⑤ (여행) 일정표

26 글의 어조 ①

바비는 충견으로, 주인이 죽은 후에도 주인의 곁을 떠나지 않고 달이 가고 해가 바뀌어도 주인의 무덤을 지킨다. 이 글로부터 우리가 얻을 수 있는 것은 '감동'이므로, 글의 어조로 적절한 것은 ① touching이다.

gateway n. 입구 contentedly ad. 만족스럽게 scone n. 스콘(작고 동그란 빵) lure away 유인해 꾀어내다 pour v. 비가 쏟아져 내리다 be drenched to the skin 흠뻑 젖다 shiver v. 덜덜 떨다 vigil n. 밤샘 경계

입구 표지판에는 "개 출입 금지"라고 적혀 있었다. 바비(개 이름)는 표지판을 무시하고 지나쳐 주인의 무덤으로 걸어갔다. 그는 그곳에 누워, 주인이 살아 있을 때처럼, 만족스럽게 스콘을 씹어 먹었다. 그를 유인해서 내보내려는 노력도, 그를 위한 집을 찾아주려는 노력도 모두 실패로 돌아갔다. 비가 쏟아지는 중에도 이 작은 개는 주인의 무덤가에 머물렀고, 온몸이 흠뻑 젖고 추위에 떨면서도 떠나기를 거부했다. 그를 불쌍히 여긴 교회 마당 관리인은 무덤 바로 옆에 작은 쉼터를 지어주었다. 바비는 그곳에 남아 머물렀다. 그는 수개월이 흐리고, 수년이 흐르는 동안 무덤을 지키는 외로운 밤샘 경계를 계속했다.

이 글의 분위기는 ______이다
① 감동적인
② 빈정대는, 비꼬는
③ 굴욕적인, 구차한
④ 낭만적인
⑤ 후회하는

27 내용파악 ⑤

마지막 문장에서 "Deep Blue의 승리 이후 인공지능 연구자들은 체스에 대한 관심을 잃었는데, 그것은 무차별 대입 방식이 지능의 본질을 밝히기에는 너무 조잡하고 기계적으로 보였기 때문이다."라고 했는데, 이것은 "컴퓨터의 계산적 우위를 최대한 활용"한 컴퓨터의 무차별적 대입 방식이 인간의 지능이 작동하는 방식과 무관하기 때문이라는 것이다. 그러면 인공지능 연구에서 인간의 지능에 대한 유용한 정보를 얻을 수 없을 것이므로 ⑤가 정답이다.

ape v. 흉내 내다 analogy n. 유사성, 비유 instructive a. 교훈적인 diaphanous a. 속이 비치는, 얇은 flap v. 펄럭거리다 be doomed to fail 실패하게 마련이다 paradigm n. 패러다임 computational a. 계산의 superiority n. 우월성 edge n. 우위; 가장자리 brute a. 맹목적인 crude a. 미가공의, 조야한 shed light on 해명하다

컴퓨터는 대부분의 인공지능 전문가들이 예상했던 것처럼 인간의 생각을 모방하는 것이 아니라, 기계처럼 플레이함으로써 체스에서 승리했다. 비행하는 법 배우기와의 유사성은 교훈적이다. 새를 모방하여 팔에 얇은 날개를 달고 미친 듯이 날갯짓을 하며 비행을 시도하는 한, 사람들은 실패할 수밖에 없었다. 익숙함이라는 패러다임에서 벗어나자 그들은 곧 새보다 더 빠르게 날아갈 수 있게 되었다. 하지만 여전히 뭔가 빠진 것처럼 보였다. 프로그래머들은 컴퓨터의 계산적 우위를 최대한 활용했지만, 많은 전문가들은 전략에서는 인간이 우위를 점하고 있다는 데 동의했다. Deep Blue의 승리 이후 인공지능 연구자들은 체스에 대한 관심을 잃었는데, 그것은 무차별 대입 방식이 지능의 본질을 밝히기에는 너무 조잡하고 기계적으로 보였기 때문이다.

AI 과학자들은 ______ 때문에 체스에 대한 흥미를 잃었다.
① 경기를 할 다른 사람이 없었기
② 아무도 인간과 인공지능의 경기에 관심을 갖지 않았기
③ AI 연구자들은 AI가 사용하는 전략을 이해할 수 없었기
④ 어떤 프로그래머도 체스 게임 개발에 관심이 없었기
⑤ 그들의 방법이 인간의 지능에 대한 어떤 정보도 제공하지 않는 것처럼 보였기

28-29

인플레이션은 9월에 거의 21%에 도달했는데, 이는 17년 만에 최고치였다. 그것을 낮추려면 금리 인상 조치가 필요할 것이다. 정부가 세금을 거의 걷지 않기 때문에, 빚(정부 부채)을 갚는 것은 걱정거리다. 심지어 장기적인 유가 호황도 도움이 되지 않을 수 있다. 그것은 성장을 다소 촉진하겠지만, 고유가는 국고에 타격을 준다. 아프리카 최대 석유 생산국인 나이지리아는 연료에 (정부)보조금을 지급한다. 그러나 그렇게 하는 데(정부보조금 지급에) 드는 비용이, 고유가로 인한 추가 수입보다 더 크기 때문에 순효과는 제로이거나 마이너스라고 Zainab Ahmed 재무장관은 말한다. 만연해 있는 절도(보조금)는 상황을 악화시킨다.
이 모든 상황들이 언젠가는 정부로 하여금 보조금을 버리고, 인프라와 교육과 같은 성장을 견인할 수 있는 더 나은 기회를 가진 것들에 돈을 쓰도록 하게 할지도 모른다. 석유의 중요성이 감소함에 따라, 나이지리아는 장기적으로 엘리트들이 시민들은 무시한 채 석유 자금을 두고 논쟁을 벌이는 현재의 모델에서 벗어날 수도 있을 것이다. 쉽게 벌어들이는 석유 자금이 없다면, 그들은 경제의 나머지 부분을 확장할 필요가 있을 것이다. 그러나 2023년은 기껏해야 이 모든 것을 향한 멈칫거리는 첫 몇 발자국 정도를 목격하게 될 것이다.

higher interest rates 고금리 service debt 채무를 변제하다 boom n. 호황 nudge up 소폭 상승하다 the public purse 국고 subsidy v. 정부 보조금을 지급하다 outweigh v. ~보다 크다, ~보다 중요하다 revenue n. 세입, 수입 rampant a. 만연한 ditch v. 버리다 boost v. 북돋우다 squabble v. 옥신각신하다 halting steps 멈칫거리는 첫 몇 발자국

28 빈칸완성 ②

빈칸 앞에서 "그러나 그렇게 하는 데(정부보조금 지급에) 드는 비용이, 고유가로 인한 추가 수입보다 더 크기 때문에~"라고 했는데, 이는 달리 말해, 정부보조금을 주어보아야, 그 과정에서 들어가는 비용 때문에 정부보조금의 효과가 없어진다는 말이다. 따라서 ②가 빈칸에 적절하다.

빈칸에 들어갈 가장 적절한 표현은 ______이 될 것이다.
① 전도유망한
② 제로 또는 마이너스인
③ 효과적인
④ 격려하는, 북돋우는
⑤ 완전한, 노골적인

29 글의 요지 

나이지리아는 아프리카 최대의 산유국임에도 불구하고 심각한 인플레이션을 겪고 있고, 석유 수출을 통해 벌어들인 돈의 대부분을 연료에 대한 정부보조금으로 국민에게 지급하고, 교육과 인프라 같은 기반 시설에 대한 투자는 거의 이루어지고 있지 않고 있다. 2023년에도 사정이 크게 나아지지 않을 것이라고 했으므로 이 글의 요지는 나이지리아가 아프리카 최대 산유국이지만 경제적으로 어려움을 겪고 있고 계속 겪을 것이라는 것이다.

이 글의 요지는 ______이 될 것이다.
① 오일 현금은 추구할 가치가 있다
② 나이지리아는 아프리카 최대 산유국이다
③ 나이지리아 경제는 계속 어려움을 겪을 것이다
④ 오일 머니 반대자들은 좌절될 위험이 있다
⑤ 나이지리아는 인프라에 오일 머니를 사용해 왔다

30-32

유명한 '중국의 방 사고실험'에서, 중국어를 사용하지 않는 사람이 여러 개의 규정집이 비치된 방안에 앉아 있다. 모두 합해, 이 규정집들은 (방 안으로) 들어오는 중국어 기호 시퀀스(즉 중국어 문장)를 취하는 방식은 물론 적절하게 대응하는 방식도 완벽하게 규정하고 있다. (방) 밖에 있는 사람은 중국어로 쓴 질문들을 문 아래로 밀어 넣는다. 안에 있는 사람은 규정집들을 참조한 후, 완벽하게 논리적인 답변을 중국어로 내보낸다. 이 사고 실험은 방 밖에서 보기에 어떻게 보이더라도, 방 안에 있는 사람이 중국어를 정말로 이해하고 있다고 말할 수는 없다고 주장하는 데 사용되었다.(중국어를 이해하지 못해도 규정집을 이용해 문장은 만들 수 있다는 의미) 그래도, (이 사고실험이 함축하고 있는) 이해의 모조품(유사 이해)조차도 자연어 처리(NLP)를 위한 충분히 좋은 목표가 되어 왔다.(중국의 방 사고 실험과 유사한 방식으로 인공지능에게 인간의 자연어를 가르치려 했다는 의미)
유일한 문제는 완벽한 규정집들이 존재하지 않는다는 것인데, 그 이유는 자연어가 너무 복잡하고 자의적이어서 일련의 융통성 없는 설명서(문법)로 축소될 수 없기 때문이다. 단어들이 무리 지어 의미 있는 문장으로 되는 방식을 정의하는 규칙들(과 경험 법칙들)인 구문론을 예를 들어보자. "무색인 녹색 아이디어가 격렬하게 잠잔다."라는 문구는 (문법적으로) 완벽한 구문을 가지고 있지만, 자연어 화자라면 누구나 이 문구가 말이 안 된다는 것을 안다. 어떤 미리 작성된 규정집이 자연어에 대한 이 '기록되지 않은' 사실, 또는 무수히 많은 다른 사실을 포착할 수 있을까?(인공지능의 자연어 처리의 규정집 같은 것으로는 이런 사실을 포착할 수 없다는 의미) NLP(자연어 처리) 연구자들은 신경망(또는 인공 지능)이 사전(事前) 학습이라는 과정을 통해 자체적으로 임시 규정집을 작성하도록 함으로써 이 해결이 불가능한 문제를 해결하려고 노력해 왔다. 2018년 이전에는 NLP의 주요 사전 학습 도구 중 하나는 사전(辭典)과 같은 것이었다. 워드 임베딩으로 알려진, 이 사전은 딥 뉴럴 네트워크(심층 신경망)가 입력으로 받아들일 수 있는 방식으로 단어 간의 연관성을 숫자로 코드화했는데, 이는 마치 중국의 방에 있는 사람에게 조잡한 어휘집을 주는 것과 유사하다. 하지만 워드 임베딩으로 사전 학습된 신경망에는 여전히 문제가 있다. "신경망은 '사람이 개를 물었다'와 '개가 사람을 물었다'를 완전히 같은 의미라고 생각할 수 있습니다."라고 컴퓨터 언어학자인 Tal Linzen은 말했다.

thought experiment 사고 실험 specify v. 명시하다 craft v. 강구하다 simulacrum n. 복제품, 모조품 rigid a. 경직된 specification n. 설명서 rules of thumb 어림수, 경험법 square the circle 불가능한 일을 시도하다 Word Embedding Word를 R차원의 Vector로 매핑시켜주는 것 deep neural network 심층 신경망 akin a. ~와 유사한 pretrain v. 미리 연습하다

30 빈칸완성 

일련의 융통성 없는 설명서는 곧 기계적인 규칙들의 집합을 말하는데, 일반적으로 원칙적인 것보다 예외적인 것이, 필연적인 것보다 우연적인 것이, 그리고 의도적인 것보다 임의적인 것이 규칙화하기 어려운 것이다. 따라서 빈칸에는 ①이 적절하다.

빈칸에 들어갈 가장 적절한 표현은 ______ 이다.
① 자의적인, 우연한
② 단일한, 균일한
③ 체계적인, 꼼꼼한
④ 신중한, 고의적인
⑤ 규칙화된, 합법화된

31 글의 제목 

이 글은 '중국의 방 사고실험'으로 시작해서 자연어의 특징에 대한 진술로 이어지고 있지만, 이 글의 주제는 자연어의 특징이 아니라 인공지능 언어의 특징과 인공지능이 문제를 해결하는 방식과 인간이 자연어를 통해서 문제를 해결하는 방식을 비교하는 것을 통해, 인공지능의 가능성과 한계를 설명하는 것이다. 따라서 이 글의 제목은 ④ "인공지능은 읽을 수는 있지만 이해하지 못할 수도 있다."가 적절하다.

이 글의 가장 적절한 제목은 '______'일 것이다.
① 누가 중국어 규정집을 사용하는가?
② 중국어로 된 신경망을 사용하는 방법
③ 인공지능에게 중국어를 가르치는 방법
④ 인공지능은 읽을 수는 있지만 이해하지 못할 수도 있다
⑤ 언어 기호의 순서를 이해하는 다양한 방법

32 부분이해 ②

여기서 문제란 워드 임베딩으로 사전 학습된 인공지능의 신경망은 인간이라면 누구나 쉽게 구별할 수 있는 두 문장, 즉 "사람이 개를 물었다"와 "개가 사람을 물었다"를 완전히 같은 의미라고 이해한다는 것이다. 즉 인공지능이 인간의 자연어의 의미를 제대로 이해하지 못한다는 것이다.

밑줄 친 "has problems"는 신경망이 "______"임을 의미한다.
① 중국어로 된 규정집을 많이 만들 수 없다는 것
② 여전히 문장 수준에서 단어의 의미를 파악하지 못한다는 것
③ 언어 학습을 위한 많은 지름길을 익힐 수 없다는 것
④ 인간이 실제로 어떻게 읽고 쓰는지에 대한 직관을 얻을 수 있다는 것
⑤ 언어 기술에 효율적인 테스트를 만드는 데 시간이 부족하다는 것

33-35

호주의 법은 안면 인식의 광범위한 사용을 염두에 두고 제정된 것이 아니다. 니콜라스 데이비스가 주도한 이 보고서는, 특히 프라이버시와 기타 인권에 대한 위협을 해결하기 위해 호주의 법을 현대화하기 위한 개혁을 권고한다. 안면 인식과 기타 원격 생체 인식 기술은 최근 몇 년 동안 기하급수적으로 성장해 왔으며, 기술 오류로 인해 겪는 프라이버시 침해, 대규모 감시, 특히 유색인종과 여성이 겪는 불공정성에 대한 우려가 제기되고 있다. 2022년 6월, 소비자 옹호 단체인 CHOICE의 조사에 따르면, 호주의 몇몇 대형 소매업체가 매장에 들어오는 고객을 식별하는 데 안면 인식을 사용하고 있는 것으로 드러나, 지역사회에서 상당한 우려와 함께 규제 개선을 요구하는 목소리가 커졌다. 안면 인식 관련 법률을 개정해야 한다는 요구는 호주뿐만 아니라 전 세계적으로도 광범위하게 제기되어 왔다. 이 새로운 보고서는 이러한 요구에 부응하고 있다. 이 보고서는 인간이 서로를 식별하고 상호작용할 때 서로의 얼굴에 크게 의존한다는 점에서, 우리 얼굴이 특별하다는 점을 인정한다. 이러한 의존성 때문에 이 기술이 오용되거나 남용될 경우, 인권 제한에 특히 취약해질 수 있다. "얼굴 인식 애플리케이션을 잘 설계하고 규제하면, 사람들을 효율적이면서도 대규모로 식별하는 데 도움이 되는 실질적인 이점을 얻을 수 있습니다. 이 기술은 시각 장애가 있거나 시각이 손상된 사람들이 널리 사용하고 있으며, 이들 그룹이 세상을 더 쉽게 이용할 수 있게 해줍니다."라고 산토우 교수는 말한다.
이 보고서는 안면 인식에 대한 위험 기반 모델 법을 제안한다. 그 출발점은 안면 인식이 사람들의 기본 인권을 옹호하는 방식으로 개발되고 사용되도록 하는 것이다. 현행법의 공백으로 인해 일종의 규제 시장 실패가 발생했다. 소비자를 제대로 보호하지 못한다는 이유로, 많은 존경받는 유명 기업들이 안면 인식 서비스 제공에서 손을 뗐다. 그럼에도 여전히 이 분야에서 서비스를 제공하는 기업들에게 이 기술의 영향을 받는 사람들의 기본권에 초점을 맞출 (법적) 의무가 있는 것은 아니다.

draft v. 법을 제정하다 facial recognition 안면인식 address v. 처리하다 biometric a. 생체 측정의, 생체 인식의 exponentially ad. 기하급수적으로 surveillance n. 감시 advocacy n. 지지, 옹호 identify v. 식별하다, 인식하다 regulation n. 규제, 통제 call n. 요구 overuse v. 남용하다 vulnerable a. 취약한, 상처받기 쉬운 uphold v. 유지하다

33 내용파악 ⑤

"안면 인식과 기타 원격 생체 인식 기술은 최근 몇 년 동안 기하급수적으로 성장해 왔으며, 기술 오류로 인해 겪는 프라이버시 침해, 대규모 감시, 특히 유색인종과 여성이 겪는 불공정성에 대한 우려가 제기되고 있다."라는 단서로부터 안면 인식 기술의 가장 큰 문제점이 '인권과 프라이버시 침해'임을 알 수 있다.

현재의 얼굴 인식 기술의 문제점은 무엇인가?
① 이것은 호주 거주자만 이용할 수 있었다.
② 이것은 유색인종과 여성을 식별할 수 없었다.
③ 이것은 기술의 효율성에 크게 의존했다.
④ 이것은 주로 시각 장애가 있는 환자에게만 사용되었다.
⑤ 이것은 오용될 때 인권과 프라이버시를 침해할 수 있다.

34 부분이해 ①

"소비자를 제대로 보호하지 못한다는 이유로, 많은 존경받는 유명 기업들이 안면 인식 서비스 제공에서 손을 뗐다."를 통해 ①이 정답이 됨을 알 수 있다.

밑줄 친 "Many respected companies"는 '______'.
① 얼굴 인식을 제공하는 것에서 물러났다
② 얼굴 인식 기술을 강화했다
③ 일련의 누적된 법적 요구 사항들 무시했다
④ 다양한 매장을 방문하는 고객을 식별하도록 권장했다
⑤ 특정 얼굴 인식 기술의 사용을 장려했다

35 내용파악 ④

"이 보고서는 안면 인식에 대한 위험 기반 모델 법을 제안한다. 그 출발점은 안면 인식이 사람들의 기본 인권을 옹호하는 방식으로 개발되고 사용되도록 하는 것이다."라는 단서로부터 보고서의 주된 내용이 '안면 인식 기술의 규제에 대한 청사진'을 제시하는 것이란 사실을 알 수 있다.

위 글에 따르면, 새 보고서는 ______를 제공한다.
① 고객을 식별하기 위한 기본 디지털 방식
② 디지털 상태로의 전환에 대한 여러 정당성
③ 현대 기술의 보편적인 사용이 야기한 부작용
④ 안면 인식 기술의 규제를 위한 청사진
⑤ 전통적인 애플리케이션 정책을 강화하기 위한 기술 사용

36-38

사무실에서 근무하는 일수를 누가 결정하는 것일까? 상사들은 점차 상사 자신이 아니라는 사실을 분명히 깨달아가고 있다. 진짜 결정권자는 누구일까? 그것은 모든 기업이 유치하기 위해 애쓰는, 찾기 힘든 '최고 인재'다. 경제학자 Raj Choudhury는 역사적으로 볼 때, 일자리의 형태를 결정짓는 것은 결국 가장 인기 있는 구직자들이라고 주장한다. 예를 들어, 90년대 초만 해도 휴대폰으로 이메일을 사용하는 것은 CEO들만의 배타적인 사치였다. 하지만 곧 기업의 최고 인재들이 이를 요구하기 시작했고, 그 결과, 이제 우리는 이메일을 피할 수 없게 되었다.
오늘날 Choudhury의 예리한 감각은 극도의 유연성에 대한 수요를 간파하고 있다. 최고의 인재들은 단순히 하이브리드 근무를 원하는 것이 아니라 자신들이 원하는 곳에서 근무하기를 원한다. "회사에는 두 가지 유형이 있습니다. 하나는 어디서나 일할 수 있는 환경을 수용하는 회사이고,

다른 하나는 이를 거부하는 회사로 — 나는 이런 회사들이 유능한 인재를 잃게 될 것이라고 생각합니다."라고 Choudhury는 설명한다. 그는 "시간에 역행하려는 기업들은 최고의 인재를 잃게 될 것이며, 이러한 역학 관계로 인해 이러한 기업들은 뒤늦게 따라잡을 수밖에 없을 것"이라고 주장한다.
이는 현재 직장에서 3/2의 하향식 모델을 경험하고 있는 근로자들에게는 계시(반가운 소식)일 수 있다. 팬데믹 기간 동안, 코로나 이후의 삶이 어떨지에 대해 처음 상상했을 때만 해도, 우리는 이 '3일 사내 근무, 2일 사외(재택)근무' 모델이 표준이 될 것으로 예상했다. 그러나 침실과 식탁에서 나온 이후(팬데믹이 끝났다는 의미), 우리는 우리가 이 이야기의 끝이 아니라, 여전히 이 이야기의 시작점에 서 있다는 것을 깨달았다. 스탠퍼드 대학 경제학자 Nick Bloom의 데이터는 이를 뒷받침한다. 2020년 6월, 대부분의 기업은 직원들이 일주일에 하루 반나절 정도 재택근무를 할 것으로 예상했다. 하지만 이후 2년 동안, 재택근무에 대한 기대치가 매달 상승해, 현재 대부분의 기업들은 직원들이 일주일의 거의 절반을 재택 근무할 것으로 예상하고 있다.
이러한 문화적 변화로 인해, 민첩한 스타트업 기업들은 유리한 고지를 점하고 있다. 실제로 2023년에, 우리는 스타트업 기업들이 원격 근무 쪽으로 먼저 이동하는 것을 보게 될 것이다. 반면에 기존 기업들은 값비싼 부동산과 느리게 발전하는 관리자를 붙잡고 있을 것인지, 아니면 새로운 트렌드를 쫓기 위해 서둘러야 할 것인지, 결정해야 하는 상황에 직면하게 될 것이다.

call the shots 지휘하다, 명령하다 dawn v. 분명해지다 elusive a. 붙잡기 힘든 exclusive a. 배타적인 spidey-sense n. 직감, 예리한 감각 tingle v. 어떤 감정이 일다 hybrid work 하이브리드 근무제(사내 출근과 원격 작업을 결합한 근무 형태) embrace v. 수용하다, 받아들이다 revelation n. 계시, 드러난 사실 norm n. 규범 successive a. 연속적인 nimble a. 민첩한 startup firm 창업회사 established firm 기존 회사 chase v. 뒤쫓다

36 글의 주제 ②

이 글은 코로나 팬데믹을 기점으로 달라지기 시작한 노동자들의 근무형태에 대해 기술하고 있는 설명문이다. 그 요체는 코로나 팬데믹을 전후로 노동자의 근무형태가 사내근무 중심에서 재택근무 중심으로 변하고 있다는 것이다.

이 글의 주제로 가장 적절한 것은 '______'일 것이다.
① 코로나 이후 경쟁이 치열한 취업 시장
② 어디서든 할 수 있는 근무(형태)의 시작
③ 재택근무 시의 외로움
④ 노동자를 사무실로 다시 끌어오기 위한 마지막 시도
⑤ 팬데믹으로 인해 유능한 노동자를 잃게 되는 불가피한 딜레마

37 부분이해 ①

"this cultural shift"란 바로 "하지만 이후 2년 동안, 재택근무에 대한 기대치가 매달 상승해, 현재 대부분의 기업들은 직원들이 일주일의 거의 절반을 재택 근무할 것으로 예상하고 있다."라는 현상을 가리킨다. 즉 "이 문화적 변화"를 한 마디로 요약하면, 재택근무의 확산이라고 할 수 있다.

밑줄 친 부분 "this cultural shift"는 ______를 암시할 수 있다.
① 더 많은 사람들이 집에서 일하는 것으로 눈을 돌리고 있다
② 대부분의 회사들은 노동자들이 근면하기를 기대한다
③ 대부분의 노동자들은 역동적인 고용 시장을 경험하기를 원한다
④ 소규모 회사들은 준비가 잘 된 후보자들을 찾는 경향이 있다
⑤ CEO들은 보다 더 생산적으로 일할 수 있는 사람들을 고용하기를 원한다

38 내용일치 ③

보고서들에 따르면, 최고의 인재들뿐만 아니라 대부분의 일반 노동자들 사이에서도 팬데믹 이후, "재택근무에 대한 기대치가 매달 상승해 일주일의 거의 절반을 재택 근무할 것으로 예상"하고 있다. 따라서 보기 중에서 본문의 내용과 일치하는 것은 ③ "노동자들은 그들이 원하는 곳에서 일하기를 원한다."이다.

다음 중 위 글의 내용과 일치하는 것은?
① 코로나 이후의 삶은 크게 변하지 않았다.
② 코로나의 경험은 사람들을 게으르게 만들었다.
③ 노동자들은 그들이 원하는 곳에서 일하기를 원한다.
④ 최근의 팬데믹은 노동자들을 일관되게 만들었다.
⑤ 유능한 근로자들은 스타트업에서만 일하기를 원한다.

39-40

솔직히 말해, 나는 친구가 내게 그가 웨이터로 일하는 곳에 바텐더 일자리가 있다고 말하기 전까지는 바텐더 일을 고려하지 않았다. 나는 내 인생에서 바텐더와 비슷한 일을 해본 적도 없었고, 음료 믹싱 수업을 수강해본 적도 없어서, 즉석에서 그 기묘한 곳에 고용되었다. 내 친구는 이틀에 한 번씩 오늘의 특별 요리로 미트로프가 나오는 예스러운 식당에서 일했다. 반면 나는 위층에 있는 바에서 일하게 되었는데, 이 바는 영국의 프라이비트 클럽을 모티브로 한 가짜 고급 바로, 가죽 안락의자, 겉보기에 좋아 보이는 양장본이 꽂혀 있는 가짜 책장, 우물 안의 항구(일종의 실내장식) 등을 갖추고 있었다. 주인은 천재적인 발상으로 이곳을 the Nineteenth Avenue Diner라고 명명했다.
신입 직원으로서 나는 가장 한가한 시간대인 주간 근무를 맡게 되었다. 처음에는 바에 손님이 많지 않았다. 옛날식의 햄버거와 감자튀김을 먹은 후, 셰리주 한 잔이나 아르마냑 한 잔을 원하는 식당 고객이 어디 있겠는가? 비록 돈을 많이 벌지는 못했지만, 일찍이 일하는 것이 나의 적성이 아니라는 것을 깨달았기 때문에, 그 상황은 내게 잘 맞았다. (근무를 시작하고) 한 시간이 채 지나기도 전에, 나는 내 기질에 맞는 이상적인 환경을 만들기 위해 (바 안의) 몇 가지를 바꿔야 한다는 것을 깨달았다. 근무 시간 내내는 고사하고, 단 10분도 서 있을 수 없었기 때문에, 나는 편안하게 앉아 독서와 축구 경기 시청이라는 나만의 두 가지 열정에 빠져들 수 있도록, 바의 스툴 의자 중 하나를 바 뒤쪽 한쪽 벽 옆으로 옮겼다.
나는 바 주인이, 고급 영국식 바에 왜 텔레비전 4대와 위성 시스템(영국 시대극을 보여주기 위해?)이 필요하다고 생각했는지는 모르겠지만, 내 입장에는 그저 고마울 따름이었다. 나는 내가 보고 싶은 모든 축구 경기를 찾아볼 수 있는 방법을 알아낼 수 있었다. 처음 한 달 가량 동안, 거의 비어 있는 것이나 다름없는 술집에서 일하는 것은 직장으로서는 가장 천국에 가까웠다.

*Armagnac: 화이트 와인 기반의 주류

want table 식사의 시중을 들다 plat du jour 오늘의 특별요리 faux a. 가짜의 upscale a. 상류층의 taproom n. (호텔의) 바 leather fauteuil 가죽 안락의자 in a stroke of genius 천재적인 솜씨로 baptize v. 세례를 주다, 명명하다 diner n. 식당 spot n. 소량 tumbler n. 한 잔 forte n. 강점 temperament n. 기질 indulge in 탐닉하다, 빠져들다 period drama 시대극 figure out 이해하다

39 내용파악 ③

신입 바텐더로서 저자는 손님이 거의 없는 주간 시간대에 일했다. "신입 직원으로서 나는 가장 한가한 시간대인 주간 근무를 맡게 되었다. 처음에는 바에 손님이 많지 않았다. 옛날식의 햄버거와 감자튀김을 먹은 후, 셰리주 한 잔이나 아르마냑 한 컵을 원하는 식당 고객이 어디 있겠는가?" 라는 단서로부터 음식을 먹으러 오는 식당 고객이 낮 시간에 술을 마시기를 원하지는 않았다는 것을 알 수 있다. 따라서 ③이 정답이다.

바는 그/그녀의 근무시간 동안 손님이 많지 않았다. 왜냐하면 ______ 때문이다.
① 음식이 너무 비쌌기
② 그곳은 가짜 물건들로 가득했기
③ 낮에 술을 마시는 사람이 많지 않았기
④ 바텐더는 경험이 많지 않았기
⑤ 주인들은 자신들의 사업에 신경 쓰지 않았기

40 내용파악 ⑤

저자는 기묘하고 낯선 바에서 바텐더 일을 하기 전까지 "바텐더 일을 고려" 한 적이 없고 "바텐더와 비슷한 일을 해본 적도 없었으며, 음료 믹싱 수업을 들어본 적도" 없었다.

이 글의 저자는 ______.
① 처음에는 직장 일을 즐기지 않았다
② 그의 일의 대가로 많은 보수를 받았다
③ 더 많은 고객을 원했다
④ 오랫동안 그 일에 대한 준비를 했다
⑤ 바텐더 일을 한 경험이 전혀 없었다

41-42

대부분의 미국인은 뉴스의 주요 소비자가 아니고 특별히 이념적이지도 않다. 뉴스가 스스로 세우는 교육적 기능을 제대로 수행한다면, 뉴스에 정통하고 정보에도 밝은 미국인들이 더 개방적이고 덜 이념적이 될 것이라고 기대할 수 있다. 연구들은 그 반대가 진실이라는 것을 보여준다. 즉 정보에 밝은 유권자일수록 당파적 성향이 강하고, 세상에 대해 덜 정확하고 더 이념적으로 왜곡된 생각을 갖고 있는 경우가 많다는 것이다. 이것이 반드시 뉴스의 잘못만은 아니다. 그럼에도 불구하고, 뉴스는 우리의 이념적 편향성을 상쇄하거나 완화하지 않고 부추기는 것 같다. 뉴스는 우리에게 신념을 묻는 도구가 아니라 분류하는 도구, 정책 선호를 개발하는 도구가 아니라 어떤 정책이 어느 정치적 정체성과 집단에 속하는지를 식별하는 도구를 제공한다. 인터넷 시대에, 뉴스는 우리에게 우리 자신이 얻은 정보를 꿰맞추어 자기만의 선의를 과시하고 남을 비난하고 묵살하는 말이나 가슴에 못을 박는 말을 내뱉기에 충분한 만큼만 제공해준다. 달리 말해, 다른 사람들의 전문지식의 단편들을 우리 자신의 정체성의 대용물로 속여 넘기기에 충분한 만큼만 제공한다는 것이다.

ideological a. 이념적인 savvy n. 지식, 상식 partisan a. 당파적인 skewed a. 왜곡된 counteract v. 상쇄하다 mitigate v. 감소시키다 abet v. 선동하다, 부추기다 interrogate v. 심문하다 taxonomize v. 분류하다 policy preference 정치적 선호 political identity 정치적 정체성 take n. (신문기사) 취재량 cobble something together 대충 꿰맞추다 wonkish a. 괴짜 같은 bona fides n. 선의, 진실성 unleash v. 촉발시키다 snarky a. 비난하는 dismissal n. 해고, 묵살, 기각 sick burn (듣는 사람의 가슴을 후벼 파지만 정곡을 찌르는) 언급, 팩트폭행 scrap n. 조각 expertise n. 전문지식 ersatz n. 대용품, 모조품

41 빈칸완성 ②

빈칸 앞에 있는 문장의 내용과 빈칸 뒤에 있는 문장의 내용은 정반대의 주장을 담고 있다. 그러므로 빈칸에는 역접을 나타내는 표현이 와야 한다.

빈칸에 들어갈 가장 좋은 표현은 ______일 것이다.
① 그것은 잘 작동한다
② 그 반대가 사실이다
③ 그것은 의심의 여지가 없다
④ 예외 없는 규칙은 없다
⑤ 백문이 불여일견이다

42 내용파악 ⑤

"정보에 밝은 유권자일수록 당파적 성향이 강하고, 세상에 대해 덜 정확하고 더 이념적으로 왜곡된 생각을 갖고 있는 경우가 많다는 것이다."라는 단서로부터 뉴스를 많이 보고 정보를 더 많이 알게 되면 사상적으로 편향적이 될 수 있다는 것을 알 수 있다.

저자에 따르면, 뉴스를 더 많이 읽을수록 당신은 더 ______.
① 열린 마음이 된다
② 당신의 인생에 대해 생각한다
③ 세상 물정을 안다
④ 다른 사람들과 자신을 비교한다
⑤ 사상적으로 편향된다

43-44

(나는: 아내) 이제 팀(코로나에 걸린 남편)에게 소박한 저녁 식사 — 그의 입장에서는 정말이지 냄새도 맡기 싫고 질식할 것만 같은 메스꺼운 작은 수프 한 그릇, 애피타이저 — 를 먹이고, 체온을 재고, 의사의 조언에 따라 친구가 약국에서 가져온 손가락 끝 맥박 산소 측정기로 산소 포화도를 모니터링하고, 차를 가져다주고, 먹을 약을 주고, 내 손을 계속 씻고, 의사에게 다시 (상태가) 악화되었다고 문자를 보내고, 가리개에 대고 기침을 하는 동안 옆에 서서 담요로 무릎을 문질러주느라고 앞뒤로 너무 바쁘게 움직이고 있는 중이다.

"(당신) 여기 있으면 안 돼."라고 그는 말한다. 그러나 밤이 다가올수록 그는 오랜 시간 동안 열이 나고, 땀이 나고, 떨리고, 심한 통증이 오는 것을 두려워하면서, 더 큰 공포에 사로잡힌다. "이 코로나 바이러스는 마치 분쇄기처럼 사람을 갈아 버리는 것 같아."라고 그는 말한다.
나는 의사에게 문자를 보내고 있다. 나는 팀의 다섯 남매에게 그룹 채팅으로 문자를 보내고, 내 부모님과 내 동생에게 문자를 보내고, 팀의 사업 파트너와 직원 그리고 그의 소중한 친구들과 나의 친구들에게도 하트와 감사하는 기도 손 이모티콘을 반복해서 보내고 있다. 그는 너무 지치고 쇠약해져서 하루 종일 날아오는 모든 메시지에 답장할 수조차 없다. "내 가족에게 가식적으로 말하진 마."라고 그는 나에게 말한다. 그는 (그의) 아버지가 살아계실 때 입었던 회색 스웨터를 달라고 했다. 그는 그 스웨터를 벗지 않을 것이다.

nausea n. 메스꺼움 choke down 질식하다 oxygen-saturation 산소포화 oximeter n. 산소측정기 dispense v. 투약하다 missive n. 편지 in loops and loops 반복해서 sugarcoat v. 보기 좋게 꾸미다 take off 벗다

43 부분이해 ②

팀이 그의 아내인 '나'에게 여기 있지 말라고 당부한 것은, 자신이 걸린 코로나를 전염시킬까봐 걱정했기 때문이다.

팀이 밑줄 친 "You shouldn't stay here"라고 아내에게 말했던 이유는 ______ 때문이다.
① 그는 더 이상 그녀를 사랑하지 않았기
② 그 질병은 전염성이 있었기
③ 그는 스스로 의사에게 전화하기를 원했기
④ 그녀의 존재가 그의 상태를 악화시켰기
⑤ 그는 그녀의 병이 그를 감염시킬까봐 걱정했기

44 부분이해 ④

아내인 '나'는 코로나에 걸려 쇠약해진 남편 팀을 대신해서 팀의 가족들과 직장 동료들이 보내온 안부 메시지에 답장을 보내고 있다. 이때 팀이 말한 "가식적으로 말하지 마"의 의미는 팀의 가족들을 안심시키기 위해 일부러 아무 일도 없는 것처럼 말하지 말고 현재 팀이 겪고 있는 상태를 사실대로 말해주라는 요구다.

밑줄 친 "Don't sugarcoat it"는 ______를 의미한다.
① 나는 설탕을 먹고 싶지 않다
② 나는 포기하지 않겠다
③ 답장하지 마라
④ 사실대로 말하라
⑤ 저는 진짜 코트가 필요하다

45-47

Ⓑ 1996년, 한 심리학 연구는 '거슬리지 않는 프라이밍' — 퀴즈에 무해한 특정 단어를 삽입하는 것 — 이 일관된 행동 변화를 일으킬 수 있다고 주장했다. 이 논문은 다른 과학자들에 의해 수천 번 인용되었지만, 수년 후 복제 실패로 인해, 이 연구와 그 이후의 많은 문헌들이 거의 연구자들이 소음 속 패턴을 쫓는 것과 마찬가지로 무의미하다는 사실이 밝혀졌다. 정치학자로서, 내가 개인적으로 가장 선호하는 것(과학적 실험)은, 여성들이 그들의 월경주기상의 특정 날짜에 Barack Obama를 대통령으로 지지할 가능성이 20%나 더 높다는 2012년 조사 결과다. 돌이켜보면 이 주장은 말이 안 되고, 데이터로 뒷받침되지도 않았다. 심지어 전향적으로 보아도, 그 실험은 작동(복제)될 개연성이 없었다. 연구 수행 방식, 효과 측정 시의 노이즈 — 이 경우에는 그 주기상의 서로 다른 일부 기간 동안의 정치적 태도에 있어서의 평균적 차이 — 가 현실적으로 가능한 신호(실제 결과)보다 훨씬 더 컸기 때문이다.
Ⓐ 우리는 항상 이런 현상을 본다. 컴퓨터 화면에 등장하는 잠재의식적으로 웃는 얼굴이 이민에 대한 태도에 큰 변화를 일으킬 수 있다는 주장을 기억하는가? 대학 풋볼 경기와 상어의 공격에 의해 선거가 결정된다는 주장도 기억하는가? 이러한 연구들은 진지한 저널에 발표되거나 진지한 뉴스 매체를 통해 홍보되었다. 과학자들은 이것이 문제라는 것을 알고 있다. 저명한 경제학자 및 심리학자들로 구성된 연구팀은 최근 『Nature Human Behaviour』 저널에 발표한 논문에서, 21개의 유명 실험을 복제(반복)하여 그 결과를 발표했다. 과학자에게 실험의 복제(반복)는 중요한데, 그 이유는 (어떤 실험이 이전 실험처럼 복제(되풀이)가 되어야) (그 어떤 실험의) 결과가 (과학적으로 입증된) 사실일 수 있다는 것을 의미하기 때문이다. 이 연구에 따르면, 많은 연구 결과들은 복제하는 데 실패했다. 평균적으로, (복제에 성공한) 결과들은 원래 발표된 주장의 절반 정도에 불과했다. 정말로 이상한 점은 여기에 있다. 복제 결여는 전문가 패널이 '예측 시장'을 사용하여 미리 예측했는데, 이 시장에서는 전문가들이 어느 실험이 사실일 개연성에 있는지 베팅할 수 있었다.
스포츠에서(행해지는) 베팅 라인의 움직임을 모방한, 유사한 예측 시장이 수년 동안 선거에 사용되어 왔다. 기본적으로 이 사례의 결과는 사정을 알고 있는 과학자들이 그들이 읽고 있는 내용이 사실이 아닐 것이라는 것을 처음부터 분명히 알고 있었다는 것을 나타낸다. 따라서 이것은 문제라고 할 수 있다. 이 문제를 해결하는 것에 대한 저항이 있었는데, 그 중 일부는 유수 대학의 저명한 연구자들로부터 나왔다. 그러나 대부분의 과학자는 아니더라도, 많은 과학자들이 복제 위기의 심각성을 인식하고 있으며, 과학에 대한 대중의 신뢰에 미치는 부정적 영향을 우려하고 있다.
Ⓒ 문제는 다음에 무엇을 할 것인가이다. 한 가지 잠재적인 해결책은 연구를 시작하는 연구자가 데이터를 수집하기 전에, 분석 계획을 공표하는 사전(事前) 등록이다. 사전 등록은 일종의 시간 역순 복제 — 첫 번째 아이디어가 잘 되어가지 않을 때 결과를 찾아보려는 성향인 '데이터 준설(훑기)'을 방지하는 방화벽 — 로 볼 수 있다. 하지만 그렇다고 해서 문제가 저절로 해결되지는 않는다. 과학계의 복제 위기는 종종 과학적 절차 또는 진실성의 문제로 제기된다. 하지만 신호(찾고 있는 패턴)가 작고 변이가(이 패턴을 설명할 수 있는 다른 것들인 모든 교란 요인들)가 크다면 아무리 신중한 절차와 정직성을 갖춘다 해도 아무런 도움이 되지 않을 것이다.

subliminal a. 잠재적인 paper n. 논문 high-profile a. 세간의 이목을 끄는 replication n. 사본, 응답 from the get-go 처음부터 corrosive a. 부식하는 unobtrusive a. 거슬리지 않는 priming n. 주입, 마중물 innocuous a. 무해한 subsequent a. 후속의 literature n. (연구)문헌 retrospect n. 회상, 회고 preregistration n. 사전(事前)등록 firewall n. 방화벽 data dredging 데이터 준설(훑는 것) pan out 잘 전개되다 procedure n. 절차 integrity n. 진실성 variation n. 변이 confounder n. 교란 요인

45 단락배열 ③

이 글은 Ⓑ 실험 복제를 통해 입증되지도 않는 일종의 사이비 연구 결과가 난무하고 있는 현실에 대한 문제제기에 이어, Ⓐ 그와 같은 나쁜 관행

이 과학계에 널리 퍼져 있어서 과학과 실험 자체에 대한 신뢰를 떨어뜨리고 있는 현실에 대해 고발, 그리고 마지막으로 Ⓒ 이에 대한 해결책으로 연구계획 사전등록제를 제시하고 있다.

46 부분이해 ⑤

이 글에서 "소음에서 패턴을 쫓는 것"의 의미는, 실험 복제를 통해 과학적으로 입증되지도 않는 가설을 추종하여, 이 가설이 마치 검증된 과학적 진실이라도 되는 양 믿고 따르는 일부 과학자의 행태를 비판하는 표현이다.

밑줄 친 "chasing patterns in noise"의 의미는 '______'이다.
① 높은 수준의 실험 수행하기
② 과학에 대한 대중의 신뢰와 지지를 얻기
③ 스포츠에서 우승자를 부정확하게 예측하기
④ 데이터 수집 후 분석 계획 공표를 거부하기
⑤ 무의미한 것으로 판명되는 것을 추구하기

47 내용일치 ⑤

"그러나 대부분의 과학자는 아니더라도, 많은 과학자들이 복제 위기의 심각성을 인식하고 있으며, 과학에 대한 대중의 신뢰에 미치는 부정적 영향을 우려하고 있다."라는 단서로부터 실패한 복제가 과학에 대한 대중의 신뢰를 저하시킨다는 사실을 알 수 있다.

위 지문에 대한 올바른 설명은 어느 것인가?
① 사전 등록은 과학에 부정적인 영향을 미친다.
② 많은 과학자들은 비현실적인 실험에 대해 알지 못한다.
③ 어떤 한 정치학자는 미래가 밝다고 생각한다.
④ 대부분의 실험은 복제에 실패하지 않는다.
⑤ 실패한 복제는 과학에 대한 대중의 신뢰에 해로운 영향을 초래한다.

48-50

1745년경 네덜란드의 한 대학 교수에 의해 발명된 라이덴 항아리는, 그것이 발명된 네덜란드의 한 마을 이름을 딴 것으로, 항아리에 물을 채우고 전선으로 발전 기계에 연결한 것이다. 이 연결 부품을 '도체'라고 불렀는데, 그 이유는 그것이 신비한 힘이 항아리 안에 담긴 물속으로 전달되어 저장되도록 했기 때문이다. 한 실험실 조교가 항아리와 도체 조각의 측면을 만졌을 때 그는 온몸에 전기가 통한다고 생각할 정도로 충격을 받았다. 이 실험에 대한 보고서는 센세이션을 불러일으켰고 라이덴 항아리는 선풍적인 인기를 끌었다. 10명의 (가톨릭)수도자가 손을 맞잡은 상태에서 첫 번째 수도자가 항아리와 도체 조각을 만졌을 때, (수도자) 모두가 동시에 전율을 느꼈다. 전기충격은 사람에서 사람으로 전달될 수 있는 것 같았다. 정확히 무슨 일이 있었던 것일까? 많은 가설이 난무했지만, 이 문제와 관련해 어느 정도 정리를 한 사람은 벤저민 프랭클린(1706~90)이었다. 당신은 그를 대영제국으로부터의 독립 선언서를 작성하는 데 도움을 준 미국의 초기 애국자로 알고 있을 것이다. 그는 '시간은 돈이다', '이 세상에는 죽음과 세금 외에는 확실한 것은 없다' 등처럼 재치 있고 소박한 지혜로 가득 찬 사람이었다. 다음에 당신이 흔들의자에 앉거나 이중초점 안경을 쓴 사람을 보게 되면, 그를 생각하라. 그가 이 두 가지 모두를 발명했던 것이다. 대부분 독학으로 공부한 프랭클린은 과학을 비롯한 다양한 분야에 대해 많은 것을 알고 있었다. 프랭클린은 프랑스, 영국, 미국 어디에서나 똑같이 편안함을 느꼈고, 그의 가장 유명한 번개 과학 실험을 할 때는 프랑스에 있었다. 1740년대와 1750년대의 많은 사람들과 마찬가지로, 프랭클린도 라이덴 항아리와 그것이 보여주는 현상에 대해 호기심을 가지고 있었다. 그의 손에 들어온 라이덴 항아리는 (그가) 생각했던 것보다 훨씬 더 많은 것을 (그에게) 보여주었다. 먼저, 그는(라이덴 항아리에 대한 연구를 통해) 배터리의 양쪽 끝에 '+'와 '-'가 표시된 것처럼, 사물 또한 양전하 혹은 음전하를 띨 수 있다는 사실을 깨달았다. 라이덴 항아리에서 연결된 전선과 항아리 내부의 물은 '양전하, 즉 플러스를 띠고 있는 반면, 외부 표면은 음전하를 띠고 있었다.'고 그는 말했다. 양전하와 음전하는 세기가 같았기 때문에 서로 상쇄되었다.

name after 이름을 따서 부르다 electricity-generating a. 전기를 만들어내는 conductor n. 도체 conducting piece 도체 물질 jolt rage 가슴이 철렁하는 분노 simultaneously ad. 동시에 fly about 소문이 퍼지다 homespun a. 소박한 bifocal a. 이중초점의 lightning n. 번개 charge n. 전하 cancel out 상쇄하다

48 빈칸완성 ④

"10명의 (가톨릭)수도자가 손을 맞잡은 채 첫 번째 수도자가 항아리와 도체 조각을 만졌을 때, (수도자) 모두가 동시에 전율을 느꼈다."라는 단서로부터 수도자들이 모두 감전되었다는 사실을 알 수 있다. 그러므로 빈칸에는 감전에 상응하는 표현이 와야 한다.

빈칸에 들어갈 가장 적절한 표현은 ______일 것이다.
① 자부심
② 촉감
③ 종교적 소속(입회)
④ 감전(전기충격)
⑤ 영적 각성

49 내용파악 ②

"당신은 그를 대영제국으로부터의 독립 선언서를 작성하는 데 도움을 준 미국의 초기 애국자로 알고 있을 것이다. 그는 '시간은 돈이다', '이 세상에는 죽음과 세금 외에는 확실한 것은 없다' 등과 같은 재치 있고 소박한 지혜로 가득 찬 사람이었다. 다음에 당신이 흔들의자에 앉거나 이중초점 안경을 쓴 사람을 보게 되면, 그를 생각하라. 그가 이 두 가지 모두를 발명했던 것이다."라는 단서로부터 벤저민 프랭클린이 '다재다능한' 사람임을 알 수 있다.

이 글에 따르면, 벤저민 프랭클린은 ______ 사람이다.
① 고집이 센
② 다재다능한
③ 운이 좋은
④ 꼼꼼한
⑤ 타산적인

50 뒷내용 추론 ③

이 글 다음에 올 글의 내용은 사실 이 글 안에 언급되어 있다. 그것은 "그의 가장 유명한 번개 과학 실험을 할 때는 프랑스에 있었다."란 문장 안에 있다. 즉 저자가 이 글에서 라이덴 항아리를 언급한 것은, 훗날 피뢰침의 발명으로 연결되는 벤저민 프랭클린의 유명한 번개 실험을 설명하기 위함이다.

이 글 다음에 오게 될 글은 ______일 것이다.
① 벤저민 프랭클린의 영국생활
② 벤저민 프랭클린의 발명품
③ 벤저민 프랭클린의 번개 실험
④ 벤저민 프랭클린이 과학에 흥미를 가지게 된 계기
⑤ 벤저민 프랭클린의 레이든 항아리 실험

2023 성균관대학교(자연계)

01 ②	02 ④	03 ⑤	04 ①	05 ②	06 ④	07 ①	08 ①	09 ③	10 ①
11 ⑤	12 ③	13 ②	14 ④	15 ③	16 ②	17 ⑤	18 ④	19 ⑤	20 ⑤
21 ③	22 ④	23 ④	24 ②	25 ①					

01 동의어 ②

genealogist n. 계보학자 traceable a. (기원·자취 등을) 추적할 수 있는 progenitor n. 조상, 선조(= forebear) root n. 근원 successor n. 상속자, 후계자 seed n. 씨앗, 자손 descendant n. 자손, 후예

칼라(Carla)는 뛰어난 아마추어 계보학자였으며, 그녀의 가문 전체가 적어도 1638년까지 거슬러 올라가는 그 책에 들어 있었는데, 그때는 그 가문의 추적 가능한 최초의 조상이 이름 모를 런던 사람들의 무리로부터 나온 때였다.

02 동의어 ④

opportunistic a. 기회주의적인, 편의주의적인 incumbent n. 재직자, 현직자 manipulate v. (시장 등을) 조작하다; (사람·여론 등을) (부정하게) 조종하다(= exploit) contract v. 계약하다; (병에) 걸리다; 수축시키다 expand v. 확장하다, 확대하다; 팽창시키다 overheat v. 과열시키다 leave alone 그냥 내버려두다

많은 기회주의적인 현직자들은 자신들의 재선(再選) 가능성에 도움이 되도록 경제 정책을 조종한다.

03 동의어 ⑤

incarceration n. 감금, 투옥(= imprisonment) property n. 재산, 자산 preference n. 편애, 선호 pardon n. 용서, 허용, 관대 abandonment n. 포기, 자포자기, 방종 acquittal n. 석방, 방면

우리의 재산이나 신체에 위해를 가하려는 사람들을 감금하는 것은 널리 공유된 선호이다.

04 분사구문의 태 ①

분사구문 ①의 의미상 주어는 주절의 주어인 Macbeth인데, 동사 encourage의 목적어가 주어져 있지 않은 점과 'by+행위자'의 표현이 온 점을 감안하면 수동의 분사구문이 되어야 함을 알 수 있다. 따라서 ①을 Having been encouraged로 고쳐야 한다. 이 경우 Having been을 생략해서 쓰는 것도 가능하다.

realize v. (소망·계획 따위를) 실현하다 prediction n. 예언, 예보 witch n. 마녀 murder v. 살해하다 in one's place ~의 대신에

아내에게서 용기를 얻은 맥베스(Macbeth)는 던컨(Duncan)을 살해하고 그를 대신하여 스코틀랜드의 왕이 됨으로써 자신의 야망을 이루고 마녀들의 예언을 실현했다.

05 the+형용사 = 복수 보통명사 ②

②는 글의 흐름상 '강한 사람들'을 의미해야 하므로 전후에 쓰인 the swift, the wise처럼 'the+형용사'의 형태여야 한다. 'the+형용사'는 복수보통명사의 의미이다. ②를 strong으로 고친다.

swift a. 날랜, 빠른 favor n. 호의, 친절; 은혜

내가 돌아와서 해 아래에서 보니, 빠른 사람들이 경주에서 이기는 것도 아니고, 강한 사람들이 전투에서 이기는 것도 아니며, 지혜로운 사람들이 먹을 것을 얻는 것도 아니고, 명철한 사람들이 재물을 얻는 것도 아니며, 기술을 가진 사람들이 은총을 누리는 것도 아니고, 시간과 기회는 그들 모두에게 있는 것이다.

06 논리완성 ④

신체적 기술이 지속되는 동안 고평가를 받는다는 것은 그 기술이 쇠함에 따라 가치도 줄어든다는 것이므로, 빈칸에는 assets와 함께 '감가자산'이라는 표현을 완성시키는 ④가 적절하다.

asset n. 자산, 재산 self-definition n. 자기규정, 자기(본질[실체])의 인식[확인] external a. 외부의, 외적인 last v. 지속하다, 존속하다 celebrity n. 명성, 유명인, 명사(名士) fondle v. 귀여워하다, 애지중지하다; 애무하다 excuse v. 용서하다, 너그러이 봐주다 identity n. 정체성; 본체, 신원 insufficient a. 불충분한 appreciative a. 감상할 줄 아는, 눈이 높은 appreciable a. 평가할 수 있는; 감지(感知)할 수 있을 정도의, 분명한 depressive a. 억압적인; 우울하게 하는; 불경기의 depreciable a. 가치를 떨어뜨리는, 감가상각의 대상이 되는 intangible a. 무형의, 실체가 없는

나는 구단주들이 아무리 친절하고, 우호적이고, 진심으로 관심을 가질지라도, 결국 대부분의 스포츠 선수들은 그들에게 거의 감가자산에 지나지 않는다는 것을 깨달았다. 자기규정은 안으로부터가 아니라 외적 요인으로부터 온다. 프로 운동선수들은 그들의 신체적 기술이 지속되는 동안은 유명인사이며 사람들은 그들을 애지중지하고, 용서하며, 칭찬하고, 신뢰한다. 스타들은 그들의 경력이 끝날 무렵에야, 그들은 자기 정체성 의식으로는 불충분하다는 것을 깨닫는다.

07 논리완성 ①

빈칸 바로 앞에서 언급한 '선거권'과 관련 있는 표현이 들어가는 것이 자연스러우므로 ①이 정답이 된다.

perceive v. 지각하다, 감지하다; 인식하다 uneasy a. 불안한; 불편한, 거북한 define v. (말의) 정의를 내리다, 뜻을 밝히다 in terms of ~의 관점에서 universal a. 보편적인, 일반적인 suffrage n. 선거권, 참정권 demand n. 수요; 요구 redistribution n. 재분배 adversarial a. 적대적인 consequence n. 영향, 결과

민주주의와 시장은 일반적으로 불편한 관계에 있는 것으로 인식된다. 민주주의가 보편적인 선거권의 관점에서 정의되는 경우에 특히 그러하다. 사람들이 투표를 할 수 있게 되면 정치제도는 재분배의 요구에 응하게 되며, 이것은 결국 시장의 기능에 악영향을 미친다.

① 투표가 허용되다
② 투자가 허용되다
③ 서로 협력하는 경향이 있다
④ 자유로운 시장 거래가 허용되다
⑤ 정부에 항의하는 것이 허용되다

08 논리완성 ①

'팬들은 부정행위를 한 선수에 대해 적어도 그 동기만큼은 높이 평가한다'는 흐름이므로 빈칸에는 '부정행위를 한 것'을 달리 나타내는 표현이 필요하다. 따라서 ①이 정답으로 적절하다.

go hand in hand 밀접하게 관련돼 있다 incentive n. 격려, 자극, 동기 condemn v. 비난하다 badly ad. 대단히, 몹시

스포츠와 부정행위가 밀접한 관련이 있다는 것은 사실이다. 그것은 부정행위가 모호한 동기보다는 명확한 동기(예를 들어, 승리와 패배가 나뉘는 경계선) 앞에서 더 흔하기 때문이다. 부정행위를 하다가 발각되는 운동선수는 대개 비난을 받지만, 대부분의 팬들은 적어도 그의 동기는 높이 평가한다. 그가 승리를 너무나도 원했기 때문에 규칙을 어긴 것이라는 것이다. 일찍이 야구선수 마크 그레이스(Mark Grace)는 다음과 같이 말한 바 있다. "만약 당신이 부정행위를 하고 있지 않다면, 당신은 노력을 하지 않고 있는 것이다."

① 규칙을 어겼다
② 법을 옹호했다
③ 기록을 깼다
④ 규칙을 지켰다
⑤ 규칙을 비난했다

09 논리완성 ③

첫 문장에서 '빈번하게 교류하는 사람들 사이의 협력을 지원하는 데 있어서보다 낯선 사람들 사이의 협력을 보장하는 데 있어서 신뢰가 더 필수적이다'라고 했으므로, 신뢰가 가장 필요한 대규모 조직은 구성원들 사이의 교류가 '부족함'을 추론할 수 있다. 그러므로 빈칸에는 '거의 ~하지 않다'라는 뜻의 ③이 들어가야 한다.

imply v. 함축하다, 암시하다; 의미하다 ensure v. 보장[보증]하다 cooperation n. 협력, 협동 interact v. 상호작용하다, 서로 영향을 주다 reputation n. 평판; 명성 ample a. 광대한, 넓은; 충분한, 풍부한 punishment n. 형벌, 처벌 rarely ad. 드물게, 좀처럼 ~하지 않는 in person 직접[몸소] in a large scale 대규모로

신뢰에 대한 이러한 견해는 낯선 사람들 사이의 협력을 보장하는 데 있어서는 신뢰가, 빈번하게 반복적으로 교류하는 사람들 사이의 협력을 지원하는 데 있어서보다 더 필수적이라는 것을 의미한다. 가족이나 파트너십과 같은 후자의 상황에서는 평판 때문에 그리고 앞으로 처벌받을 기회가 충분히 많기 때문에 신뢰 수준이 낮더라도 협력은 지탱될 것이다. 이것은 구성원들이 좀처럼 서로 교류하지 않는 대규모 조직에서는 협력을 지원하기 위해 신뢰가 가장 필요하다는 것을 의미한다.

10 논리완성 ①

빈칸 뒤에 이어지는 "나는 혼자 있는 것만큼 벗으로 삼기에 좋은 동반자를 결코 찾지 못했다."와 호응하는 표현이 필요하므로, ①이 정답으로 적절하다.

companion n. 동료, 벗 companionable a. 벗 삼기에 좋은, 친하기 좋은 abroad ad. 외국으로, 해외로 chamber n. 방, 침실 measure v. 재다, 측정하다 intervene v. 중재하다, 개입하다; (~의) 사이[가운데]에 들다[있다, 일어나다, 나타나다] hive n. 벌통; 와글와글하는 군중, 바쁜 사람들이 붐비는 곳 dervish n. 수도승, 데르비시(극도의 금욕 생활을 서약하는 이슬람교 집단의 일원)

나는 혼자 있는 것을 좋아한다. 나는 혼자 있는 것만큼 벗으로 삼기에 좋은 동반자를 결코 찾지 못했다. 우리는 대부분 방에 머물러 있을 때보다 사람들 사이에 끼어서 외국으로 갈 때 더 외롭다. 생각하고 있거나 일하고 있는 사람은 항상 혼자다. 고독은 사람과 그의 동료들 사이에 있는 공간의 거리로 측정되지 않는다. 케임브리지 대학의 붐비는 곳들 중 한 곳에 있는 매우 부지런한 학생은 사막의 이슬람 수도승만큼이나 외롭다.

*dervish: 무슬림 종교단체의 일원

① 나는 혼자 있는 것을 좋아한다
② 나는 교제를 좋아한다
③ 나는 해외여행을 좋아한다
④ 나는 열심히 공부하는 학생이다
⑤ 나는 다른 사람들과 협업하는 것을 좋아한다

11-13

전멸하거나 항복할 때까지 대립하는 두 세력이 정면으로 맞붙는 결전(決戰)이 서방의 전쟁 전략을 지배하고 있다. 이런 식으로 전개되는 전투에서 승리하려면 물러서지 않으려는 군인들이 충분히 많이 모여 있어야 한다. 그러나 역사를 통틀어, 군인들은 종종 탈영했고 그들의 상관들은 탈영을 막는 데 많은 관심을 쏟아야 했다.
무엇이 군인들로 하여금 물러서지 않게 만드는 동기를 부여하는가? 용병 부대는 보수가, 직업 부대는 진급이, 지원병과 징집병은 처벌이 동기를 부여했다. 헌병 혹은 심지어 병사들의 지휘관들도 그들이 도주하는 것을 막기 위해 뒤에 서 있었다. 제2차 세계대전 당시 스탈린의 군대에는 제2열을 형성하여 제1열의 병사들 중 도주하는 자를 향해 발포하는 특수파견대가 있었을 뿐만 아니라, 모든 탈영병들의 가족들 또한 체포되었다. 민주주의

국가는 그러한 처벌을 가할 수 없으며, 주요 전쟁에서 싸울 때도 보수에 관대한 적이 결코 없었다.
많은 사회학자들, 심리학자들, 군사 역사학자들은 제2차 세계대전에 참전한 미군들에게 실시한 설문조사에 일부 근거하여, 군인들이 싸우고자 하는 주된 동기는 소수의 전우들에 대한, 자기를 희생시킬 정도의, 강렬한 충성심이라고 주장했다. 군인들은 같은 병사들과 매우 오랫동안 지내기 때문에, 집단을 위험에 빠뜨리는 것은 개인적인 죄책감과 집단 내에서의 따돌림으로 이어진다. 남북전쟁에서 장교로 복무했던 올리버 웬델 홈스(Oliver Wendell Holmes)는 그의 연대가 남북전쟁의 그 어떤 교전에서보다 더 많은 병사들을 잃은 프레데릭스버그(Fredericksburg) 전투에서 자신의 전우들과 함께 할 수 없었던 것에 대해 애통해 했다.

decisive battle 결전(決戰, 승패를 결말지으려는 결정적인 전투) opposing a. 대립하는, 적대하는 annihilation n. 전멸 surrender n. 항복 dominate v. 지배하다, 위압하다 warfare n. 전투, 교전, 전쟁 amass v. 모으다, 축적하다 sufficient a. 충분한, 족한 desert v. 도망하다, 탈주하다 devote v. (노력·돈·시간 따위를) 바치다 desertion n. 도망, 탈주 mercenary a. 보수를 목적으로 하는; 고용된 n. (외국인) 용병 motivate v. ~에게 동기를 주다; 유발하다 promotion n. 승진, 진급 volunteer n. 지원병 draftee n. 징집병 punishment n. 처벌 commanding officer 지휘관 detachment n. 분리, 이탈; 파견대 flee v. 달아나다, 도망하다 deserter n. 탈영병 arrest v. 체포하다 inflict v. (타격·상처·고통 따위를) 주다, 입히다, 가하다 generous a. 관대한, 아량 있는 questionnaire n. 설문지, 질문사항 administer v. 주다, 공급하다 comrade n. 동료, 동지, 전우 endanger v. 위태롭게 하다, 위험에 빠트리다 serve v. 복무하다 the Civil War 남북전쟁 weep v. 눈물을 흐리다, 슬퍼하다 regiment n. <군사> 연대 engagement n. 싸움, 교전

11 빈칸완성 ⑤

오랫동안 같이 생활한 전우를 내버려두고 자신만 살자고 탈영하여 부대 전체를 위태롭게 한다면 그것은 개인적으로는 미안한 마음이 들게 할 것이고 집단의 관점에서는 그 사람을 배척하게 만들 것이다.

빈칸에 들어가기에 가장 적절한 것은?
① 민간인과의 충돌
② 부대의 해체
③ 적의 무리에 대한 허세
④ 전체 연대의 파괴
⑤ 개인적인 죄책감과 그 집단 내에서의 따돌림

12 내용파악 ③

'이념'에 대해서는 언급하지 않았다.

위 글에 따르면, ______은 전쟁에서 싸우려는 동기에 해당되지 않는다.
① 급여
② 충성심
③ 이념
④ 징벌
⑤ 진급

13 글의 요지 ②

군인들로 하여금 물러서지 않게 만드는 동기를 부여하는 것에는 보수, 진급, 처벌 등이 있지만, 가장 결정적인 것은 동료 전우들에 대한 '충성심'임을 이야기하고 있는 내용이다.

위 글의 요지는 무엇인가?
① 용병 부대는 큰 전쟁을 효과적으로 치를 수 없다.
② 충성심은 전투에서 싸우는 주된 동기이다.
③ 동기부여가 된 군인들은 전우들을 위해 자신을 희생하는 경우가 거의 없다.
④ 처벌은 종종 군인들이 결전에서 도망치는 것을 막는다.
⑤ 결전에서 승리하는 것은 물러서지 않으려는 군인의 수에 달려 있지 않다.

14-15

집을 떠나 혼자 있는 개미는 정신 속에 무엇이든 많은 것을 가지고 있는 것으로 여겨지지 않는다. 실제로, 불과 몇 개의 신경 세포만이 섬유조직에 의해 연결돼 있기 때문에, 그가 생각은 고사하고 정신을 가지고 있다고도 상상할 수 없다. 그는 다리를 가진 신경절에 가깝다. 네 마리 혹은 열 마리의 개미가 함께 길 위의 죽은 나방을 둘러싸면 하나의 생각에 더 가깝게 보이기 시작한다. 그들은 더듬고 밀면서 차츰 그 먹이를 개미탑 쪽으로 옮기지만, 전적으로 우연인 것처럼 보인다. 수천 마리의 개미들이 빽빽하게 개미탑 주위에 함께 몰려들어 땅을 어둡게 만드는 것을 보고 나서야 비로소 그 짐승의 전체를 보기 시작하고, 그 짐승이 생각하고, 계획하고, 계산하는 것을 관찰할 수 있다. 그것은 지능을 가진 존재고, 일종의 살아있는 컴퓨터이며, 기어 다니면서도 지혜를 가지고 있는 존재다.
(집의) 건설 공사의 한 단계에서는 일정한 크기의 잔가지가 필요하며, 따라서 모든 구성원들은 이 크기에 딱 맞은 잔가지를 강박적으로 찾는다. 나중에 외벽이 완성되고 지붕을 이을 때는, (필요한 잔가지의) 크기가 달라져야 하고, 마치 전화로 명령을 받은 것처럼 모든 일꾼개미들은 새로운 잔가지로 수색의 방향을 바꾼다. 만약 여러분이 개미탑의 일부의 배열을 휘저어 놓는다면, 수백 마리의 개미들이 그 배열을 흔들고 옮겨서 마침내 올바로 세워놓을 것이다. 먼 곳에 있는 먹이는 어떻게든 감지되고, 마치 촉수처럼 긴 줄이 땅을 덮고, 벽을 넘어, 바위 뒤까지 뻗어 그것을 들여오게 된다.

solitary a. 고독한, 외로운 afield ad. 밖으로, 집을 떠나, 길을 잃고 neuron n. 신경단위, 뉴런 fiber n. 섬유, 섬유조직 ganglion n. 신경절 encircle v. 에워싸다, 둘러싸다 moth n. 나방 fumble v. 더듬다, 더듬어 찾다 shove v. 밀다 dense a. 밀집한, 조밀한 blacken v. 검게 하다, 어둡게 하다 calculate v. 계산하다 crawl v. 기다, 포복하다 twig n. 잔가지, 가는 가지 forage v. 찾아다니다, 마구 뒤적여서 찾다 obsessively ad. 강박적으로 thatch v. (지붕을) 짚으로[풀로] 이다 arrangement n. 배열, 배치 tentacle n. (하등 동물의) 촉수 boulder n. 둥근 돌, 바위 fetch v. (가서) 가져오다

14 빈칸완성 ④

빈칸 전후의 '생각하고, 계획하고, 계산한다', '지혜를 가지고 있는 일종의 살아있는 컴퓨터다'와 호응하는 표현이 적절하므로, ④가 정답이 된다.

빈칸에 들어가기에 가장 적절한 것은?
① 그것은 실체다
② 그것은 기계다
③ 그것은 복잡한 존재다
④ 그것은 지능을 가지고 있는 존재다
⑤ 그것은 개미떼다

15 내용일치 

한 마리의 개미는 아무 생각 없이 행동하는 것처럼 보이지만 많은 수의 개미를 전체적으로 관찰하면 개미가 지능을 가지고 있으며 무언가 의도를 가지고 행동하고 있음을 알 수 있게 된다는 내용이다. 그러므로 ③은 본문의 내용과 무관한 진술이다.

위 글에 대해 옳지 않은 것은?
① 개미는 먼 곳에서도 먹을 것을 찾을 수 있다.
② 수백 마리의 개미들이 마치 명령을 받은 것처럼 함께 벽을 쌓는다.
③ 한 마리의 개미가 하나의 관념을 형성하는 반면 많은 개미들은 많은 생각을 형성한다.
④ 개미의 모든 구성원들은 특정한 크기의 잔가지들을 찾기 위해 함께 일한다.
⑤ 개미들이 어떻게 행동하는지 이해하기 위해서는 빽빽하게 모여 있는 수천 마리의 개미를 관찰해야 한다.

16-17

잉글랜드의 왕, 윌리엄 3세가 더 많은 돈을 조달할 필요가 있다고 판단했던 1696년에 일어난 사건들을 고려해 보라. 소득세는 개인의 자유를 침해하는 것으로 널리 간주되었기 때문에 그는 소득세를 이용할 수는 없었다. 대신에 그는 창문에 세금을 부과하는 것을 택했다. 더 부유한 사람들이 더 큰 집을 가지고 있고, 더 큰 집은 더 많은 창문을 가지고 있기 때문에, 이 세금은 잘사는 사람들을 대상으로 하는 경향이 있었다. 윌리엄 왕은 그 세금을 피할 수 있는 간단한 방법이 있음을 예상하지 못했을지도 모르는데, 그것은 바로 창문을 벽돌로 막아버리는 것이었다. 다른 기괴한 건축물들도 세금 회피의 산물이다. 예를 들어, 18세기에 브라질 정부는 완성된 교회에 세금을 부과했다. 세금을 피하기 위해, 당시의 일부 교회는 탑 하나가 없는 채로 세워졌다. 이와 마찬가지로, 집의 넓이에 따라 세금을 부과해서 집이 넓을수록 더 많은 세금을 내야 했던 17세기 네덜란드 법으로부터도 기묘한 결과물이 만들어졌다. 암스테르담 사람들은 이에 대응하여 높고 깊고 좁은 집들을 지었다.
이런 건축물들의 사례가 엉뚱하긴 하지만, 그들은 중요한 진실을 잘 설명해주고 있는데, 그것은 사람들이 징세에 수동적으로 반응하지 않는다는 것이다. 오히려 그들은 세금 부담을 피하거나 최소한 줄일 수 있는 방법을 창의적으로 찾는다. 예를 들어, 자동차를 수입하는 우크라이나 사람들은 때때로 자동차를 두 개의 분리된 조각으로 자른 후에 세관을 통해 들여온다. 무엇이 이런 기이한 행동을 설명할 수 있을까? 예비 부품은 자동차보다 더 적은 세금을 부과받는다.

transpire v. 증발하다; (일이) 일어나다, 발생하다 income tax 소득세 violation n. 침해, 위반 the well off 부자, 부유한 사람들 anticipate v. 기대하다, 예상하다 brick up 벽돌로 막다 architecture n. 건축술, 건축양식, 건축물 quirk n. 엉뚱한 행동; 뜻밖의 일 avoidance n. 회피, 기피 levy v. 거두어들이다, 할당하다, (세금 따위를) 과하다, 징수하다 missing a. (있어야 할 곳에) 없는, 보이지 않는; 분실한 consequence n. 결과, 결말 width n. 폭, 너비 whimsical a. 변덕스러운; 별난 illustrate v. 설명하다, 예증하다 react v. 반응하다 passively ad. 수동적으로 taxation n. 과세, 징세 burden n. 무거운 짐, 부담 customs n. 세관 account for ~을 설명하다

16 빈칸완성 

빈칸 뒤에 이어지는 "세금을 피하기 위해, 당시의 일부 교회는 탑 하나가 없는 채로 세워졌다"는 것은 세금을 내지 않기 위해 의도적으로 건물을 미완성인 채로 두었다는 것인데, 사람들이 이렇게 한 것을 세금 회피와 관련지어 생각하면 '완성된' 교회에 세금이 부과됐기 때문임을 추론할 수 있다.

빈칸에 들어가기에 가장 적절한 것은?
① 부유한
② 완성된
③ 미완성의
④ 사치스러운
⑤ 비잔틴 양식의

17 글의 요지 

사람들은 가능한 한 세금을 내지 않기 위해 적극적인 노력을 기울인다는 것을 여러 사례를 통해 이야기하고 있는 내용이므로 ⑤가 글의 요지로 가장 적절하다.

위 글의 요지는 무엇인가?
① 사람들은 세법의 작성에 영향을 미친다.
② 사람들은 세금 부담이 크면 특이한 행동을 보인다.
③ 불합리한 과세는 종종 의도하지 않은 결과를 초래한다.
④ 어색하게 생긴 여러 건축물들이 생겨난 것은 징세 때문이다.
⑤ 사람들은 세금을 피하거나 줄이는 것에 관한 한 창의적이다.

18-20

기존의 축구 강국들을 제외하면 극소수의 팀들만이 월드컵 4강까지 진출하는데, 이것은 월드컵 4강에 진출하는 것만도 의심할 여지없이 그 자체로 대단한 성취임을 말하고 있는 것이다. 그 어려운 일을 해낸 대단한 팀들은 대체로 쉽게 떠올릴 수 있는데, 2018년(그리고 1998년)의 크로아티아, 2010년의 우루과이, 2002년의 한국과 튀르키예, 1994년의 불가리아와 스웨덴이 여기에 해당한다. 하지만 결승전에 진출하는 팀은 훨씬 적다. 앞에 열거한 팀들 중, 크로아티아만이 4년 전에 마지막 단계인 결승전에 올랐다. 그 외의 모든 팀들의 경우, 준결승 단계에서 그만, 시계가 자정을 알리고, 백일몽이 끝났으며, 힘들고 냉엄한 현실이 다시 한번 지배하고 말았다.
거기에는 몇 가지 이유가 있다. 가장 직접적인 이유는 대회에서 앞으로 더 나아갈수록 상대 팀의 실력이 더 강해진다는 사실이다. 월드컵은 각 단계가 직전 단계보다 더 힘들도록 설계되어 있다. 결국, 한 번이라도 우승을 차지한 적이 있는 나라는 8개국뿐이다. 토너먼트의 구조 또한 특히, 전통적으로 우승을 놓고 경쟁한 팀들에게 그들이 가지고 있을지도 모를 결점을 해결하고 힘을 모을 수 있는 적어도 약간의 시간을 허락하기 쉽게 되어 있다. 하지만 아마도 가장 적절한 이유는 그 모든 것의 강도일 것이다.

프랑스와의 경기는 모로코가 22일 동안 치른 경기 중 6번째 경기였고, 프랑스의 경우는 23일 동안 치른 경기 중 6번째 경기였다. 많은 경기를 치르는 데 따른 부하(負荷)는 모로코의 자원을 가진 팀보다 프랑스의 자원을 가진 팀이 더 쉽게 처리하는데, 이는 대체로 프랑스의 경우는 주전과 후보의 실력 차이가 훨씬 적기 때문이다.
물론, 작은(자원이 부족한) 팀이 언젠가 주요 대회의 우승 트로피를 들어 올리는 것이 불가능한 일은 아니다. 크로아티아는 2018년 월드컵에서 거의 우승을 거머쥘 뻔했다. 그리스는 2004년에 유럽 선수권 대회에서 우승했는데, 끝까지 해낸 진정한 아웃사이더였다. 하지만, 대체로, 수년마다 축구에서 가장 성대한 무대를 밝게 비추는 팀들은, 의외의 팀들과 선전을 예상하지 못했던 팀들로, 더 오랫동안 (토너먼트에) 머물러 있을수록 시계 소리가 더 크고, 더 다급하게 느껴진다는 것을 알면서 그렇게 하는 것이다.

established a. 확실한, 확인[확증]된, 기정(既定)의 powerhouse n. 발전소; 최강자, <스포츠> 강팀 recall v. 상기하다, 떠올리다 reverie n. 공상, 환상, 백일몽 unforgiving a. 용서 없는, 관대하지 못한; (장소·상황 등이) (사람에게) 힘든 take hold 확고히 자리를 잡다, 장악하다 immediate a. 직접적인; 즉시의 contender n. (우승 따위를 다투는) 경쟁자 work out 이해하다; 해결하다; 생각하다, 계획하다 build up a head of steam 힘을 모으다 pertinent a. 타당한, 적절한 intensity n. 강렬, 격렬; 강도 workload n. (사람·기계의) 작업 부하(負荷) caliber n. (총알의) 직경; 재능, 재간 reserve n. 비축, 예비 genuine a. 진짜의; 진심에서 우러난 make it all the way 끝까지 해내다 illuminate v. 조명하다, 밝게 비추다 unheralded a. 무명의; 의외의, 예상 밖의 unfancied a. 승리하거나 성공할 것으로 예상되지 않은 urgent a. 긴급한, 절박한; 재촉하는 tick v. (시계 따위가) 똑딱거리다

18 글의 요지 ④

매번 축구 강국으로 여겨지는 국가들이 월드컵에서 4강 이상의 성적을 내고 나머지 국가들은 그렇게 하지 못하는 이유를 월드컵 토너먼트의 구조와 강도라는 면에서 설명하고 있는 내용이다. 그러므로 ④가 정답으로 적절하다.

위 글의 요지는 무엇인가?
① 작은 축구팀도 때때로 주요 토너먼트에서 우승할 수 있다.
② 주요 축구 대회에서 우승하는 것은 대부분의 팀들에게 거의 불가능한 업적이다.
③ 대회에 더 오래 남아 있는 팀일수록 우승 가능성이 더 낮아진다.
④ 토너먼트의 구조와 강도는 기존의 강팀들이 월드컵에서 우세한 이유를 설명한다.
⑤ 선전을 예상하지 못했던 팀들이 월드컵 준결승전에 진출하는 사례가 거의 없는 이유에 대한 그럴듯한 설명은 없다.

19 부분이해 ⑤

build up a head of steam 힘을[에너지를] 얻다(= gain energy needed to move forward) ① 남은 경기에서 이기다 ② 토너먼트에서 살아남다 ③ 대회에서 최선을 다하다 ④ 뜻밖의 패배에서 회복하다

20 내용파악 ⑤

"전통적으로 우승을 놓고 경쟁한 팀들에게 그들이 가지고 있을지도 모를 결점을 해결하고 힘을 모을 수 있도록 적어도 약간의 시간을 허락하기 쉽게 되어 있다."고 돼 있으므로, ⑤가 정평이 나 있는 팀들만이 월드컵 4강에 진출하는 이유에 해당되지 않는다.

위 글에 의하면, 다음 중 일반적으로 강팀으로 인정받고 있는 팀들만이 월드컵 4강에 진출하는 이유에 대한 설명이 아닌 것은?
① 일정이 빡빡하다.
② 대회의 각 단계는 더 어려워진다.
③ 소수의 국가만이 충분한 자원을 가지고 있다.
④ 기존의 강팀들의 후보 선수들이 더 뛰어난 자질을 가지고 있다.
⑤ 전통적으로 우승을 놓고 경쟁한 팀들은 전략을 세울 시간이 더 적다.

21-22

소아과의사들이 어린이들의 패혈성 인두염과 중이염을 치료하기 위해 오랫동안 의지해온 효과적인 항생제인 아목시실린(amoxicillin)이 최근 들어 부족해진 것은 긴급한 세계적 위협에 대해, 즉, 강력한 항생제의 재고 감소와 그것들을 개발할 동기 부족에 대해 이목을 집중시켰다. 60억 달러 규모의 법안인 파스퇴르법은 제약회사들에게 의약품에 대한 무제한적인 접근을 대가로 선불금을 제공할 구독 시스템과 같은 시스템을 만듦으로써, 항생제 수익을 매출액에 결부시키는 기존 모델을 뒤집을 것이다. 어떤 사람들은 그것을 항생제를 위한 넷플릭스 모델이라고 부른다.
그 법안은 골치 아픈 항생제 경제학을 해결하려고 한다. 유망한 신약 항생제들은 종종 약국 선반에서 먼지가 쌓이고 있는데, 의료서비스 제공자들이 기존의 항생제에 반응하지 않는 감염병을 가진 환자들에게 사용하기 위해 신약들을 아끼려 하기 때문이다. 항생제는 자주 사용할수록 표적이 되는 세균이 생존능력을 키우면서 치료 효과를 더 빨리 잃게 된다는 게 그 이유다. 새로운 항생제는 또한 가격이 비싼 경향이 있는데, 이는 병원에 기반을 두고 있는 처방자들의 의욕을 꺾게 만드는 것이고, 이들이 종종 더 싼 항생제로 눈을 돌리게 되어, 결국 제약 회사들이 초기 투자를 회수하는 것을 더욱 어렵게 만든다. 여전히 효과가 있는 약이 부족한 것뿐만 아니라 효과적인 항생제의 도구상자가 줄어들고 있는 것은 조용한 세계적 위기가 돼서 매년 거의 130만 명의 목숨을 앗아가고 있다.
(항생제) 수익을 매출액으로부터 분리함으로써, 그 법안의 지지자들은 기존 약물에 내성이 있는 환자들이 쓸 수 있도록 처방자들이 새로운 항생제를 아끼게 되길 바라고 있다. 전문가들에 따르면, 새로운 항생제의 사용을 제한하는 것은 진화적 압력으로 인해 이용 가능한 항생제에 거의 손상되지 않는 슈퍼박테리아가 생겨나기 전에 새로운 항생제의 수명을 연장하는 데 도움이 될 수 있다.

shortage n. 부족, 결핍 antibiotic n. 항생제 pediatrician n. 소아과 의사 strep throat 패혈성 인두염 ear infection 귀 감염증, 중이염 urgent a. 긴급한, 절박한 shrink v. (수량·가치 등이) 줄어들다 arsenal n. 무기고; 비축, 재고 potent a. 유력한; 효능 있는, (약 따위가) 잘 듣는 incentive n. 격려, 자극, 동기 upend v. (위아래를) 거꾸로 하다[뒤집다]; 패배시키다 conventional a. 전통적인, 관습적인 sales volume 판매량, 매출액 subscription n. 기부; 구독 pharmaceutical company 제약회사 upfront payment 선불 access n. 접근, 출입 measure n. 방책; 조처; 법안 address v. (문제를) 역점을 둬서 다루다 vexing a. 짜증나게 하는, 성가신 pharmacy n. 약국 shelf n. 선반 curative a. 치료용의 punch n. 힘, 세력; 효과 disincentive n. 활동을 방해[억제]하는 것,

의욕을 꺾는 것 prescriber n. 처방자 aside from ~은 차치하고; ~을 제외하고; ~뿐만 아니라 toolbox n. 도구상자, 연장통 antimicrobial n. 항균제(劑), 항균물질 claim v. (병·재해 등이 인명을) 빼앗다 resistant a. 저항하는; 내성(耐性)이 있는 extend v. 연장하다; 확장하다, 확대하다 evolutionary a. 발전의, 진화의 all but 거의

21 빈칸완성 ③

'슈퍼 박테리아(super bacteria)'는 그 정의가 '강력한 항생제로도 죽지 않는 박테리아'이므로, '항생제가 스며들지 않는다, 항생제에 손상되지 않는다'는 의미를 완성시키도록 빈칸에는 ③이 들어가야 한다.

빈칸에 들어가기에 가장 적절한 것은?
① 침입[침투]할 수 있는
② 침투성 있는
③ 손상되지 않는
④ 반응하는
⑤ 민감한

22 내용일치 ④

기존 모델은 항생제 수익을 매출액에 결부시킨다고 했으므로, ④가 옳지 않은 진술이다.

위 글에 대해 옳지 않은 것은?
① 항생제의 잦은 사용은 그것의 효능을 감소시킨다.
② 박테리아는 항생제에 대한 방어 메커니즘을 발달시킬 수 있다.
③ 처방자들은 새 항생제가 더 비싸기 때문에 오래된 항생제를 선호할 수 있다.
④ 기존 항생제 모델에서 수익은 매출액과 무관하다.
⑤ 항생제에 대한 넷플릭스 모델에서, 제약회사는 항생제에 대한 무제한 접근에 대해 선불금을 청구할 것이다.

23-25

일주일의 임기를 가진 독재자가 있다고 상상해 보자. 사실상, 그 도적은 떠도는 무리를 끌고 와서 원하는 대로 빼앗고 다시 떠난다. 그가 사악하지도 않고 인정이 많지도 않으며 순전히 자기 이익만을 챙기는 사람이라고 가정할 때, 그가 어떤 것이든 남겨둘 동기는 무엇일까? 이에 대한 답은 적어도 그가 내년에 다시 온다는 계획이 없으면 아무런 동기도 없다는 것이다.
그러나 그 떠돌이 도적이 어떤 지역의 기후가 맘에 들어서 정착을 하기로 마음먹었다고 상상해 보자. 그는 정착지를 건설하고 자신의 무리로 하여금 지역 주민들을 이용할 것을 독려한다. 매우 불공정하기는 하지만, 지역 주민들은 그 독재자가 정착하기로 결정했으므로 이제 형편이 더 나을 것이다. 순전히 자기 이익만을 생각하는 독재자는 만약 자신이 그 지역에 머무르기로 작정했다면 그 지역 경제를 완전히 파괴하고 주민들을 굶어 죽게 해서는 안 된다는 것을 깨달을 것이다. 왜냐하면 만약 그렇게 한다면 모든 자원을 소진시키기 되어 다음 해에는 훔칠 것이 없게 되기 때문이다. 따라서 새로운 약탈 대상자를 찾아서 끊임없이 옮겨 다니는 지도자보다는 어느 한 곳에서 땅의 소유권을 주장하는 독재자가 보다 바람직하다.
전혀 관련이 없어 보일 수도 있지만, 생물학은 비교하기에 유용한 원형(原型)을 제공한다. 바이러스와 박테리아는 시간이 지남에 따라 덜 유독하게 되는 경향이 있는데, 가장 극단적인 변종은 빠르게 멸종되기 때문이다. 매독이 지난 15세기에 유럽에서 처음 기록되었을 때, 그것은 엄청나게 공격적인 질병으로 묘사되었는데, 이는 매독이 환자를 빨리 죽게 만들었기 때문이다. 이것은 대단히 성공적인 전략이 아니다. 그 질병을 퍼트릴 수 있도록 환자가 적어도 꽤 오랫동안 살아 있을 수 있게 하는 바이러스가 되는 것이 훨씬 더 낫다. 그래서 사람들을 덜 빠르게 죽인 돌연변이 변종 매독은 더 유독한 변종보다 훨씬 더 성공적이고 오래 지속되는 것으로 드러났다.

dictator n. 독재자 tenure n. 재직기간, 임기 bandit n. 산적, 노상강도, 도둑 rove v. (정처 없이) 헤매다, 배회[유랑]하다 sweep v. 휩쓸다; 내몰아치다 assume v. 당연한 것으로 여기다; 추정하다 malevolent a. 악의 있는, 심술궂은 kindhearted a. 인정 많은 self-interested a. 자기 본위의, 이기적인 incentive n. 자극, 유인, 동기 roam v. 거닐다, 방랑하다 spot n. 장소, 지점, 현장 settle down 정착하다 avail oneself of ~을 이용하다 desperately ad. 필사적으로; 몹시, 지독하게 starve v. 굶기다 stick around (어떤 곳에) 가지 않고 있다[머무르다] exhaust v. 다 써버리다, 고갈시키다 lay claim to ~에 대한 권리를[소유권을] 주장하다, ~을 제 것이라고 주장하다 preferable a. 차라리 나은, 오히려 더 나은 victim n. (범죄·질병·사고 등의) 피해자[희생자, 환자] plunder v. 약탈하다, 수탈하다 unrelated a. 관계없는 archetype n. 원형(原型) strain n. 종족, 혈통; 변종 syphilis n. 매독 tremendously ad. 굉장하게, 무시무시하게; 대단히 aggressive a. 침략적인, 공격적인 mutant n. 돌연변이 virulent a. 유독한, 맹독의

23 빈칸완성 ④

극단적으로 치명적인 변종이 빠르게 멸종된다면, 그렇지 않은 변종이 살아남게 될 것이므로 빈칸에는 ④가 적절하다.

빈칸에 들어가기에 가장 적절한 것은?
① 더 심한
② 더 격렬한
③ 더 유해한
④ 덜 유독한
⑤ 잠복성이 덜한

24 내용파악 ②

토지에 대한 권리를 주장하는 독재자는 다음 해에도 약탈을 할 수 있도록 지역 경제를 완전히 파괴하지도 않고 주민들을 굶어 죽게 하지도 않는다. 이것을 '질병을 퍼트릴 수 있도록 환자가 오랫동안 살아 있을 수 있게 하는 바이러스'에 비유하고 있으므로, ②가 정답으로 적절하다.

위 글에 의하면, 토지에 대한 권리를 주장하는 독재자는 에 비유되고 있다.
① 더 공격적인 박테리아
② 사람들을 덜 빨리 죽이는 바이러스
③ 심술궂은 독재자
④ 휩쓸며 들어왔다가 다시 떠나는 도적
⑤ 유럽에서 처음으로 기록된 매독

25 내용일치 ①

공격적인 바이러스는 환자를 빨리 죽게 만들고, 환자가 죽으면 그 바이러스도 당연히 같이 죽게 된다. 그러므로 ①이 옳지 않은 진술이다.

위 글에 의하면, 다음 중 옳지 않은 것은?

① 공격적인 바이러스는 그 바이러스의 환자보다 더 오래 살아남는 경향이 있다.
② 독재자는 그가 머무를 예정이라면 경제를 파괴하지 않을 것이다.
③ 임기가 짧은 독재자는 사람들을 위해 무엇이든 남겨 놓을 동기가 거의 없다.
④ 바이러스는 질병을 더 효과적으로 퍼뜨리기 위해 환자들이 더 오래 살 수 있도록 한다.
⑤ 매독은 15세기에 처음 기록되었을 때에 비해 지금은 덜 공격적이다.

2022 성균관대학교(인문계)

01 ②	02 ②	03 ③	04 ④	05 ⑤	06 ⑤	07 ①	08 ③	09 ②	10 ④
11 ①	12 ②	13 ⑤	14 ①	15 ④	16 ②	17 ⑤	18 ②	19 ⑤	20 ④
21 ②	22 ④	23 ③	24 ⑤	25 ③	26 ⑤	27 ①	28 ③	29 ②	30 ③
31 ⑤	32 ①	33 ③	34 ①	35 ④	36 ①	37 ②	38 ③	39 ①	40 ③
41 ⑤	42 ③	43 ②	44 ②	45 ④	46 ①	47 ⑤	48 ④	49 ③	50 ④

01 접속사 that과 의문사 what의 차이 ②

②의 접속사 that절은 완결된 절이어야 하는데 need 다음에 목적어가 없어서 틀린 문장이다. 의문사 what이 이끄는 절은 understand의 목적어가 될 수 있으면서도 what이 need의 목적어이므로 what 다음이 불완전한 절이 되어 맞는 문장이 된다. 따라서 that을 what으로 고쳐야 한다.

empty out (그릇·물건 따위를) 텅 비게 하다, 몽땅 비워 내다; (그릇 따위가) 텅 비다 accomplishment n. 성취, 업적

간소한 삶을 사는 것은 내가 정말로 무엇을 필요로 하는지를 더 잘 이해할 수 있게 해주었고, 물건을 비우는 것에서 오는 성취감은 정신 건강에도 긍정적인 영향을 미친다.

02 부정대명사 

anything that은 '~하는 것은 무엇이든'이라는 무제한적 의미인데, 이 문장에서는 '~하는 어떤 것', 즉 잘 익은 과일처럼 입 안으로 떨어지는 어떤 것이라는 의미로 한정되어 있으므로 ②를 something으로 고쳐야 한다. Happiness is not anything that ~은 Happiness is nothing that ~과 마찬가지로 어색한 문장이다.

drop v. 떨어지다 ripe a. 익은, 숙성한 mere a. 단지 ~만의 fortunate a. 운 좋은

행복은 매우 드문 경우를 제외하고는 단순히 운이 좋은 상황에 의해 잘 익은 과일처럼 입 안으로 뚝 떨어지는 그런 것이 아니다.

03 between A and B 

between peace on earth 다음에 관계대명사 which절이 삽입되어 있고, or mutual destruction 다음에 관계대명사 which절이 삽입되어 있다. 앞에 between이 있으므로 ③의 or는 and가 되어야 한다.

beyond[within] one's grasp 손이 미치지 않는[미치는] 곳에, 이해할 수 없는[있는] mutual a. 서로의, 상호 관계가 있는 improbable a. 사실[있을 것] 같지 않은

선택은 인간이 이해할 수 없는 지구상의 평화와 이해할 수 있지만 가능성이 매우 낮은 상호파괴 사이에 있는 것이 아니라 폭력의 정도와 빈도가 더 큰 것과 더 낮은 것 사이에 있는 것이다.

04 수동태와 능동태의 구별 ④

부사절의 주어는 a senior Biden administration cyber official이고 executives가 목적어이다. 이 관리가 경영자들에게 경고를 하는 주체이므로 ④를 능동태 warned로 고쳐야 한다.

vulnerability n. 약점이 있음, 취약성 executive n. 경영[운영]진 take action ~에 대해 조치를 취하다 flaw n. 결점

바이든(Biden) 행정부의 한 사이버 담당 고위 관리가 월요일 미국의 주요 산업 경영진들에게 그녀가 공직 생활을 하며 보아온 "가장 심각한" 결함 중 하나를 해결하기 위해 조치를 취해야 한다고 경고했듯이, 전 세계의 수억 대의 기기가 새롭게 드러난 소프트웨어 취약성에 노출될 수 있을 것이다.

05 수동태와 능동태의 구별 

turn A into B는 'A를 B로 바꾸다'는 의미인데, as절에서 A인 the food we eat이 주어가 되어 앞으로 나갔으므로 목적어가 없다. 우리가 먹는 음식이 생명을 주고 신경에 영양을 공급하는 피로 바뀌게 되는 대상이 되므로 ⑤를 수동태 is turned into로 고쳐야 한다.

possess v. 소유하다 purse n. 지갑 life-giving a. 생명[생기]을 주는 nerve-nourishing a. 신경에 영양분을 공급하는

공부의 목적은 인간이 동전을 지갑에 지니고 있는 것처럼 지식을 소유하는 것이 아니라, 지식을 우리 자신의 일부분으로 만드는 것이다. 즉, 우리가 먹는 음식이 생명을 주고 신경에 영양분을 공급하는 피로 바뀌듯이, 지식을 사고로 바꾸는 것이다.

06 동의어 

rail at ~을 욕하다, 심하게 비난하다(= upbraid) referee n. 심판 linesman n. (운동 경기의) 선심 replay n. 다시 보기 give attention to ~에 주의하다 reject v. 거부[거절]하다 welcome v. 맞이하다 flatter v. 아첨하다 prove v. 입증하다, 증명하다

수년 동안 전직 선수들은 텔레비전의 다시보기 기능을 이용해 인간의 실수에 대해 모든 주의를 기울이면서, 오심에 대해 심판과 선심을 비난해왔다.

07 동의어 ①

watchtower n. 감시탑, 망루 fence n. 울타리 border n. 국경 frontier n. 국경, 변경 impregnable a. 난공불락의; 무적의, 확고한(= unyielding) imperceptible a. 눈에 보이지 않는, 지각[감지]할 수 없는 insatiable a. 만족할 줄 모르는 fugitive a. 도망을 다니는 conquerable a. 정복[극복]할 수 있는

미얀마와 방글라데시 사이의 국경에 있는 감시탑과 높은 보안 철책은 이 국경을 난공불락으로 보이게 한다.

08 동의어 ③

extinguish v. 끄다; 끝내다, 소멸시키다(= quench) exceptional a. 이례적일 정도로 우수한, 특출한 place a person on a pedestal 남을 숭배[존경]하다, 받들어 모시다 compensate v. 보상하다, 배상하다 perpetuate v. 영구화하다 disparage v. 폄하하다 depict v. 그리다, 묘사하다

우리는 언젠가는 우리가 특출한 존재로, 즉 한때 우리 부모가 훌륭하게 여겼던 인간으로, 인정받게 될 것이라는 희망을 소멸시킬 생각은 없다.

09 동의어 

bounce back (병·곤경에서) 다시 회복되다 patchy a. 부조화의, 고르지 못한 outbreak n. (전쟁·사고·질병 등의) 발생[발발](= breakout) clampdown n. 탄압, 엄중한 단속 come and go 오가다, 잠깐 있다가 없어지다 quarantine n. 격리 visitor n. 방문자, 내객 subsidence n. 침하, 침강 opposition n. 반대, 항의

경제가 전 세계적인 유행병에서 회복되면서 지역적인 발병과 단속(제한 조치)이 오락가락하기 때문에 그 회복은 고르지 못할 것이다.

10 동의어 ④

protester n. 시위자 encroach on (남의 시간·권리·생활 등을) 침해하다(= trespass) relinquish v. 포기하다 desert v. 버리다, 저버리다 appeal to ~에 호소하다 recognize v. 알아보다, 인정하다

시위자들은 이 법안으로 인해 중국이 그들에게 거의 없는 자유를 침해하게 될 것이라고 우려했다.

11 논리완성 ①

다른 사람에 대한 당신의 반응을 알아차리고 그에 대한 관점을 얻기 위해 노력하는 것은 다른 사람의 사정을 이해하고 안타깝게 여기는 '동정심'에 해당하므로 ①이 빈칸에 적절하다. 우리 뇌가 부정적인 요소로부터의 새로움과 자극도 추구하다 보니 기술이 제공하는 부정적인 새로움과 자극에 청소년들의 동정심 능력이 감퇴되므로 처음에 동정심이 생겼을 때 동정심에 대한 어떤 주관을 확고하게 갖는 것이 해결책이라는 내용이다.

adolescent n. 청소년 struggle v. 분투[고투]하다, 애쓰다 novelty n. 새로움, 참신함 stimulation n. 자극, 흥분; 고무 perspective n. 관점, 시각 push back 미루다, 원위치로 되돌리다 assault n. 폭행, 공격, 도전

2002년 "뇌와 인지(Brain and Cognition)"에 발표된 연구에서, 로버트 맥기번(Robert McGivern)과 동료들은 청소년들이 다른 사람의 감정을 인지하는 능력에 어려움을 겪는다는 것을 발견했다. 우리의 뇌는 항상 긍정적인 요소와 부정적인 요소 모두로부터의 새로움과 자극을 추구한다. 그러나 당신의 최초 반응을 알아차리고 그에 대한 어떤 관점을 얻기 위해 노력하는 것은 다른 사람들에게 동정심을 느끼는 우리 뇌의 능력에 대해 기술이 가해오는 공격을 물리치기 위한 하나의 전략이다.

① 다른 사람들에게 동정심을 느끼다
② 사교적이고 사회적인 느낌이 들다
③ 통제에서 벗어나다
④ 이타주의적인 동기에 의해 이끌리다
⑤ 비정함을 느끼다

12 논리완성 

멕시코 인구청은 유행병으로 인해 출산이 증가할 것이라고 경고했는데, 대시 뒤에서 이 출산 증가가 unwelcome reversal(반갑지 않은 반전)이라고 했으므로 멕시코 정부는 출산율을 억제하기 위해 오랫동안 노력해왔다고 볼 수 있다. 따라서 ②가 정답이다.

pandemic n. 전국[세계]적 유행병 swamp v. (처리가 힘들 정도의 일 등이) 쇄도하다, 넘쳐 나다 hunker down 쪼그리고 앉다; 태세를 갖추다 unplanned a. 미리 계획하지 않은 tame v. ~을 길들이다; 억제하다 fertility rate 출산율

모든 사람들은 전 세계적인 유행병이 죽음을 불러올 것이라는 것을 알고 있었다. 에디스 가르시아 디아즈(Edith García Díaz)는 이 유행병이 또한 많은 출산을 가져올 것이라고 생각했다. 의사들은 코로나 환자들로 인해 격무에 시달리고 있었다. 부부들은 외출하길 두려워하며 집에 웅크리고 있었다. 유행병의 초기에 멕시코의 인구청은 대유행병으로 인해 12만 명의 계획되지 않은 출산이 추가로 발생할 수 있다고 경고했는데, 이는 출산율을 억제하기 위한 오랜 싸움에서 반갑지 않은 반전이다.

① 더 많은 출산을 장려하다
② 출산율을 억제하다
③ 건강한 임신을 촉진하다
④ 산모에게 지속적인 지원을 제공하다
⑤ 정부의 엄격한 가족계획 규정을 완화하다

13 논리완성 ⑤

바로 앞 문장에서 소비자들은 똑같은 가치여도 가격할인보다 수량증가를 더 가치 있게 생각한다고 했다. 마지막 문장에서 than 앞이 수량증가에 해당하므로 than 다음의 빈칸에는 가격할인에 해당하는 ⑤가 적절하다. ③은 equivalent(똑같은 가치의)가 아니라 appropriate(적절한)이므로 부적절하다.

retailer n. 소매업자, 소매상 entice v. 유도[유인]하다 trick n. 비결, 요령, 묘책 useless a. 서툰, 무능한 fraction n. 부분, 일부; 분수 quantity n. 양, 수량 overwhelmingly ad. 압도적으로

소매업자는 고객을 꾀어 특정 제품을 구매하게 하고 싶을 때, 일반적으로 그 제품을 할인된 가격으로 제공한다. "Journal of Marketing"에 발표된 새로운 연구에 따르면, 그들은 한 가지 묘책을 놓치고 있다. 쇼핑객들은 더 저렴한 것을 사는 것보다 더 많은 것을 무료로 받는 것을 훨씬 더 선호한다. 주된 이유는 대부분의 사람들이 할인율에는 서툴기 때문이다. 예들 들어, 소비자들은 종종 50%의 수량 증가가 33%의 가격 할인과 같다는 것을 깨닫는 데 어려움을 느낀다. 그들은 압도적으로 전자(수량 증가)가 더 가치가 있다고 생각한다. 한 실험에서 연구자들은 핸드로션을 보너스 팩에 담아 제공했을 때 핸드로션에 동등한 가치의 할인을 적용했을 때보다 73% 더 많이 판매했다.

① 가치 없음
② 3개의 보너스 팩
③ 적정한 할인율
④ 수량의 감소
⑤ 동등한 가치의 할인

14 논리완성 ①

아이들이 학교로 다시 돌아갈 수 있다고 했고, 의료 및 물류 전문가에게 감사를 표한다고 했으므로, 이들이 백신 배포를 시행했음을 알 수 있다. ① roll out은 "대중에게 소개하다, 대중이 이용할 수 있게 하다"는 의미로 빈칸에 적절하다.

logistical a. 수송의, 물류의 roll out 펼치다, (신상품을) 출시하다; (새로운 정치 캠페인을) 시작하다 turn in ~을 제출하다 insulate v. 절연처리를 하다; ~을 보호[격리]하다 dilapidate v. (건물을) 헐어빠지게 하다; 낭비하다 recline v. 비스듬히 기대다

아이들이 마침내 전 세계적인 유행병에 대한 두려움을 느끼지 않고 학교로 돌아갈 수 있게 되었다. 우리 모두는 전례 없는 백신 배포를 전개한 의료 및 물류 전문가들에게 감사를 표한다. 그러나 우리가 위험을 통제했다고 하더라도, 미국은 K-12(미국의 의무교육 제도) 교육의 미래에 대한 중요한 질문들에 여전히 직면해있다.

15 논리완성 ④

연구자들은 고통을 줄이는 것이 즐거움을 증대하는 것보다 중요할지도 모른다고 했는데, 빈칸에는 그 이유가 들어가야 한다. because절은 이미 행복한 사람들의 삶을 향상시키는 것과 누군가의 고통을 없애는 것을 비교하고 있으므로 빈칸에는 'free ~ from(자유롭게 하다, (곤란 등에서) 구하다)'을 사용하여 가난한 사람을 고통으로부터 자유롭게 하다는 의미가 들어가야 한다.

unpick v. ~의 솔기를 뜯어서 풀다 gleeful a. 즐거운, 기쁜 miserable a. 비참한 check v. 확인하다 irritate v. 짜증나게 하다, 거슬리다 confine v. 국한시키다 free v. 자유롭게 하다 gather v. 모으다

가장 행복한 국가에서 가장 불행한 국가에 이르는 통상적인 국가의 행복 순위에 더하여, 그 연구는 또한 무엇이 사람들을 즐겁게 만드는지, 더욱 특이하게도 무엇이 사람들을 비참하게 만드는지 알아내기 위해 노력한다. 고통을 줄이는 것이 즐거움을 증대하는 것보다 더 중요할지 모른다고 연구자들은 주장한다. 왜냐하면 이미 행복한 사람의 삶을 향상시키는 것은 누군가를 고통으로부터 자유롭게 하는 것보다 전체 복지 면에서 더 적은 이득을 가져다 줄 것이기 때문이다.

16 논리완성 ②

인도네시아 신임 대통령은 인도네시아인들이 오랫동안 바다에 등을 돌렸다고 생각하며 과거의 조상들처럼 바다에서 위대해지고 싶다는 욕망을 드러냈다. 빈칸 다음부터는 이에 더 나아가 해양에서 인도네시아의 위치를 더욱 발전시킬 구체적인 내용을 언급하고 있으므로 ②가 정답이다.

archipelagic a. 군도의 turn backs on ~에게 등을 돌리다 inaugural a. 취임(식)의, 개회의 ancestor n. 조상, 선조 summit n. 정상회담 revive v. 소생하게 하다, 되살리다 maritime a. 바다의, 해양의 crack down on ~에 단호한 조치를 취하다 sovereignty n. 통치권, 자주권 axis n. 축, 중심축

13,000개가 넘는 섬이 있는 인도네시아는 단연코 세계에서 가장 큰 군도 국가로, 육지에 의해서만큼 주변을 둘러싼 바다에 의해서도 형성된 국가이다. 그러나 신임 대통령은 인도네시아인들이 너무 오랫동안 바다에 등을 돌렸다고 생각한다. 10월 취임사에서 대통령은 "과거 우리의 조상들처럼 바다에서 위대해지고 싶다"는 욕망을 표현했다. 몇 주 후, 미얀마에서 개최된 아시아 정상회담에서 그는 더 나아갔다. 인도네시아가 자국의 해양문화를 부흥시키고 어업을 발전시키며 더 좋은 연락선과 항구와 같은 것들을 통해 해양으로의 연결을 개선하고 불법 조업과 기타 주권 침해에 단호한 조치를 취해야 한다고 주장했다. 실제로 그는 인도네시아가 그야말로 인도양과 태평양을 잇는 '세계 해양의 축'이 되어야 한다고 말했다.

① 그는 완전히 달랐다
② 그는 더 나아갔다
③ 그는 다른 사람들에게 그와 함께 하자고 요청했다
④ 그는 다른 사람의 제안을 받아들이지 않았다
⑤ 그는 다른 사람들에게 거절당했다

17 논리완성 ⑤

20세기 초의 유럽과 100년이 지난 지금의 아시아 사이의 유사점은 무시하기에는 너무 많다고 했으며, 이를 통해 또 다른 세계적 대결의 가능성을 미루어 추측하는 것은 '역사적인 유추'에 해당하므로 빈칸에는 ⑤ historical analogy가 적절하다.

anniversary n. 기념일 chronological a. 발생[시간] 순서대로 된, 연대순의 sombre a. 칙칙한, 침울한, 엄숙한 commemoration n. (중요 인물·사건의) 기념[기념행사] worrisome a. 걱정스러운, 성가신 tension n. 긴장 상태 parallel n. 필적하는 것, 대등한 사람[것] haunt v. (오랫동안) 계속 문제가 되다[괴롭히다]

기념일은 연대기적인 사건에 불과한 것일지도 모르지만, 무시하기 어려울 수 있다. 2014년은 제1차 세계 대전이 발발한지 100년이 되는 해로, 그 전쟁으로 수백만 명이 목숨을 잃은 국가들에서 엄숙한 기념행사를 갖게 만들었다. 그것은 또한 몇몇 사람들로 하여금 그 원인을 오늘날의, 특히 아시아에서의, 우려되는 전략적 긴장과 비교하게 했다. 20세기 초의 유럽과 100년이 지난 지금의 아시아 사이의 유사점은 너무 많아서 무시할 수 없었다. 실제로 또 한 차례의 세계적 대결의 가능성에 대한 우려를 촉발시킬 만큼 충분히 계속 문제가 되고 있다. 유사점 만큼이나 차이점에도 관심을 기울일 수 있겠지만, 해가 바뀌었다고 해서 이러한 역사적 유추의 유행은 끝나지 않을 것이다. 하버드 대학교의 정치학자 조셉 나이(Joseph Nye)가 지적했듯이, "그것이 전쟁의 원인 중 하나가 될 수 있다는 믿음이 있지만 전쟁은 결코 피할 수 없는 것은 아니다."

① 우연한 불일치
② 세계적인 유행
③ 과학적 진보
④ 피할 수 없는 충돌
⑤ 역사적 유추

18 논리완성 ②

필자는 17살이었을 때 샤를마뉴 왕의 후손이라는 것을 알게 됐다고 했고, 찰스턴의 문화는 가족 역사와 관련된 자부심을 중심으로 이루어져 있다고 했다. 그리고 필자 또한 자신이 누구의 후손인지와 관련한 질문을 하면서 보냈다고 했으므로 이는 '족보 관계를 연구하는 것'과 관련된다. 따라서 빈칸에는 ②가 적절하다.

a handful of 소수의 unconscious a. 무의식의 descendant n. 자손, 후손 declaration n. 발표, 선언, 포고 bug v. 괴롭히다 genealogical a. 족보의, 계보의 third cousin 팔촌

내가 프랑크왕국의 국왕이자 신성로마제국의 황제였던 샤를마뉴(Charlemagne)의 (46대) 현손이라는 것을 알았을 때 나는 17살이었다. 내가 자란 곳에서 그런 것을 발견하는 것은 드문 일이 아니다. 사우스캐롤라이나 주 찰스턴의 문화는 소수의 가족 역사와 관련된 자부심을 중심으로 이루어져 있다. 시내에 사는 대부분의 내 친구들처럼 나도 어린 시절을 무의식적으로 족보를 탐구하며 보냈다. 내가 독립선언문에 서명한 사람의 후손일까? 아니면 로버트 리(Robert E. Lee)의 전령의 후손일까? 나는 (이런 문제로) 엄마와 이모와 삼촌을 괴롭혔다. 나는 과연 누구인가? 내 어릴 적 친구가 팔촌으로 드러날 수도 있을까? 찰스턴에서는 그런 일이 너무 평범하다.

① 기발한 상상력
② 족보 탐구
③ 성장통
④ 낭만적인 꿈꾸기
⑤ 지적 호기심

19 논리완성 ⑤

빈칸 앞에서 아름다움은 미묘하고 복잡한 이론을 필요로 하지 않는 인간 경험의 핵심이며, 분명하고 틀림없는 것이라고 했는데, 빈칸 다음에서는 철학 사상의 역사에서 아름다움의 현상은 항상 가장 큰 역설 중 하나인 것으로 증명되었다고 했다. 빈칸을 전후로 하여 아름다움의 현상에 대한 상반된 내용을 언급하고 있으므로 빈칸에는 역접의 접속부사 ⑤ Nevertheless가 적절하다.

unobscured a. 어둡게 되지 않은, 은폐되지 않은, 명백한 aura n. 기운, 분위기 secrecy n. 비밀, 은밀 stand in need of ~을 필요로 하다 part and parcel 본질, 요점, 핵심 palpable a. 감지할 수 있는, 뚜렷한

아름다움은 인간 현상들 중 가장 분명하게 알려진 것 중 하나인 것처럼 보인다. 그 어떤 비밀과 신비의 기운에도 가려지지 않은 아름다움의 특성과 본질은 설명을 위해 미묘하고 복잡한 형이상학 이론을 필요로 하지 않는다. 아름다움은 인간 경험의 핵심이다. 그것은 분명하고 틀림없다. 그럼에도 불구하고, 이런 철학 사상의 역사에서는 아름다움의 현상이 항상 가장 큰 역설 중 하나인 것으로 증명되었다.

20 논리완성 ④

30개국에서 8,000명 이상의 사람을 감염시킨 SARS의 발병 사례를 먼저 언급한 다음 MERS도 사스와 비슷한 일이 일어날 수 있다는 우려가 있다고 했는데, 빈칸 다음에서 미국 질병 통제 예방센터에 기록된 MERS의 사례는 불과 103건(only 103 cases)이라고 했으므로 아직 사스에 미치지 못한다고 볼 수 있다. 따라서 아직 사스와 같은 재난이 찾아온 것은 아니므로 ④가 빈칸에 적절하다.

break out 발발[발생]하다 redoubt n. (공격·위협으로부터 보호받을 수 있는) 보루(堡壘), 요새, 피난처 infect v. 감염시키다 over the course of ~동안 screeching a. 외마디 소리를 지르는, 끽 소리를 내는 halt n. 멈춤, 중단 fatal a. 죽음을 초래하는, 치명적인

사스(SARS)는 중국 남부의 은신처에서 발생하여 2001년과 2002년 사이 9개월이 넘는 동안 거의 30개국에서 8,000명 이상의 사람들을 감염시켰다. 사스는 감염된 사람들 중 10%를 사망케 했다. 사스는 또한 비행기 여행을 갑자기 정지시키지는 않았더라도 최소한 둔화되게는 했다. 알려진 바와 같이, 중동호흡기증후군(MERS)에서도 비슷한 일이 일어날 수 있다는 우려가 있었다. 지금까지는 재난이 실현되지 않았다. 전 세계의 새로운 질병을 감시하는 미국의 질병 통제 예방센터는 8개국에서 103건만 기록했다. 그러나 이 사례들 중 49건은 사망에 이르렀는데, 일부 경미한 메르스 발병 사례가 보고되지 않은 것을 감안한다면 이것은 무서운 사망률이다.

① 다시 예상된다
② 실현되었다
③ 전 세계로 옮겨간다
④ 실현되지 않았다
⑤ 아직 방지되지 않았다

21 문맥상 적절하지 않은 단어 고르기 ②

하마체크는 정상적인 완벽주의와 신경증적 완벽주의를 구분했으며, 정상적인 완벽주의자는 징벌적 자기비판에 빠지지 않고 스스로 높은 기준을 세울 수 있다고 했다. 하지만 후속 연구자들은 완벽에 대한 욕구가 결코 "정상적"일 수 없다고 주장했다고 했으므로, 정상적 완벽주의와 신경증적 완벽주의를 구분한 하마체크의 구분에 대해 이의를 제기했다고 볼 수 있다. 따라서 ⓑ는 문맥상 corroborated(확증했다)가 아니라 questioned가 적절하다.

perfectionism n. 완전[완벽]주의 pathological a. 병적인, 걷잡을 수 없는 draw a distinction between ~사이에 구별을 짓다 neurotic a. 신경증에 걸린 set a standard 기준을 설정하다 descend into (나쁜 상황 속으로) 서서히 빠져들다 punitive a. 처벌[징벌]을 위한; 가혹한 self-criticism n. 자기비판 strive for ~을 얻으려고 노력하다 subsequent a. 그[이] 다음의, 차후의 corroborate v. (소신·진술 따위를) 보강하다, 확증하다 yearning n. 갈망, 동경 intrinsically ad. 본질적으로 inadequacy n. 불충분함, 부적당함 corrode v. 부식시키다, 좀먹다 incursion n. 침입; 습격 zeal n. 열의, 열성

일부 심리학자들은 완벽주의가 병적일 필요는 없다고 주장한다. 1978년 미국의 심리학자인 D. E. 하마체크(D. E. Hamachek)는 정상적인 완벽주의와 신경증적인 완벽주의를 구분했다. 정상적인 완벽주의자는 징벌적 자기비판에 빠지지 않고 스스로 높은 기준을 세울 수 있다. 그들은 기꺼이 개선을 위한 노력을 할 수도 있다. 후속 연구자들은 완벽에 대한 욕구가 결코 "정상적"일 수 없다고 주장하면서 하마체크의 구분을 <확증했다>. 본질적으로 불가능한 어떤 것에 대한 갈망은 좌절과 부족함의 감정만 낳을 수 있다. 완벽주의자들과 함께 일하면서 나는 비슷한 결론에 이르게 되었다. 그러나 완벽주의가 우리의 자존감을 좀먹을 수 있지만, 우리 중에 개발하고 성장하려는 야망을 포기하고 싶은 사람은 거의 없을 것이다. 우리는 어떻게 완벽주의적 열성의 공격으로부터 이 열망을 보호할 수 있을까? 여기에 쉬운 해답은 없다.

22 문맥상 적절하지 않은 단어 고르기 ④

무인자동차 기술을 긍정적으로 평가한 글이다. 현재 도로 교통사고로 인해 매년 130만 명이 넘는 사람들이 사망하는 것으로 추정되는데, 자동화 기술의 도움으로 더 적은 사망자가 나올 수 있다고 하였으므로 ⓓ의 less가 삭제되어야 한다. "자동화 기술이 우리의 여행을 더 안전하게(safer) 만들어 줄 수 있다"라고 하면 뒤에 이어지는 내용과 자연스럽게 연결된다.

enticing a. 마음을 끄는, 유혹적인 potential n. 가능성, 잠재력 streamline v. (시스템·조직 등을) 간소화[능률화]하다 reliance n. 의존 redefine v. 재정립하다 carbon n. 탄소 emission n. 배출, 배기가스 pave the way 길을 닦다 sustainable a. (환경 파괴 없이) 지속 가능한 fatality n. 사망자; 치사율 automation n. 자동화

무인자동차 기술의 약속은 오랫동안 사람들의 마음을 끌어왔다. 이 기술은 통근 및 장거리 여행의 경험을 변화시키고, 사람들을 고위험 작업 환경에서 벗어나게 하고, 산업을 능률화시킬 잠재력을 가지고 있다. 그것은 우리가 자동차에 대한 의존도와 자동차와의 관계가 재정의되어 탄소배출량이 줄어들고 보다 지속 가능한 생활 방식의 길을 열어줄 미래 도시를 건설하는 데 도움을 주는 열쇠이다. 그리고 이것은 우리의 여행을 보다 <덜> 안전하게 만들어 줄 것이다. WHO는 도로 교통사고로 인해 매년 130만 명이 넘는 사람들이 사망하는 것으로 추정한다. "우리는 더 안전한 도로와 더 적은 사망자를 원합니다. 자동화는 궁극적으로 이를 제공할 수 있을 것입니다."라고 영국 교통 연구소의 자동화 운송 책임자인 카밀라 파울러(Camilla Fowler)는 말한다.

23 내용파악 ③

마이너스 금리는 은행의 수익률을 떨어뜨려, 은행들은 부족액을 메우기 위해 고객에게 수수료 인상과 같은 조치를 취하게 될 수 있다고 했다. 따라서 마이너스 금리로 인한 은행들의 수익률 부담은 고객에게 전가될 수 있으므로 ③이 정답이다. ② 마지막 문장에서 고객들이 추가 수수료를 감수해야 할지도 모른다고 했으므로 저항할 것이라고는 볼 수 없다.

profitability n. 수익성, 이윤율 be tempted to ~하고 싶어지다 hike v. 대폭 인상하다 fee n. 수수료 pass on (비용·불이익 따위를) ~에게 떠넘기다, 전가하다 withdraw v. 인출하다

모든 화폐가 전산화될 때, 마이너스 금리는 소비자에게 더 직접적인 영향을 미칠 수 있다. 덴마크, 일본, 스위스와 같은 나라들은 이미 마이너스 금리를 실험했다. 국제통화기금(IMF)에 따르면, 마이너스 금리는 은행의 수익률을 떨어뜨리고 은행들은 그 부족액을 메우기 위해 고객들에게 수수료를 인상하려고 할 수 있다. 2021년에 은행들은 이러한 비용을 전가할 수 있는 능력이 제한적인데, 고객들이 수수료를 원치 않으면 간단히 은행에서 현금을 인출해버릴 수 있기 때문이다. 앞으로 고객이 은행에서 현금을 인출할 수 없다면, 그들은 추가 수수료를 감수해야 할지도 모른다.

필자에 따르면, 마이너스 금리는 ____.

① 장래에 오를 수 있다
② 시민들의 저항에 직면할 수 있다
③ 고객들에게 전가될 수 있다
④ 현행 투자 시스템을 붕괴시킬 수 있다
⑤ 자본주의의 재앙이 될 수 있다

24 내용파악 ⑤

인공달팽이관을 이식받은 환자가 인공달팽이관의 작동 원리에 대해 설명하고 있으므로 이 글의 필자는 ⑤ '청각'과 관련된 문제를 가지고 있다고 볼 수 있다. ① 기본적인 ② 이의; 치과(용)의 ③ 눈[안구]의 ④ 신장, 콩팥

cochlear implant 달팽이관 이식, 인공달팽이관 pager n. 무선호출 수신기 processor n. (컴퓨터의) 프로세서[처리기] decode v. (부호화된 데이터 등을) 해독하다 headpiece n. 머리에 쓰는 것, 모자 cling v. 달라붙다, 달라붙어 안 떨어지다 magnetically ad. 자석으로, 자기로 implant n. (수술을 통해 인체에) 주입하는[심는] 물질 electrode n. 전극 curl v. 둥글게 감다 cochlea n. (귓속) 달팽이관 strobe v. 섬광을 발하다 auditory a. 청각의

2001년 10월 기술자들이 나의 인공달팽이관을 작동시켰을 때, 그들은 나에게 무선 호출기 크기의 처리기를 주었는데, 그것은 소리를 해독하여 피부 밑의 인공달팽이관에 자기적으로 고착되어있는 헤드피스로 보내는 것이었다. 헤드피스에는 처리기의 데이터를 초당 약 1메가바이트의 속도로 인공달팽이관으로 보내는 무선 송신기가 포함되어 있었다. 내 달팽이관 안쪽에 둥글게 감겨 있는 16개의 전극이 섬광을 점멸하여 청각 신경을 자극

했다. 처리기의 소프트웨어는 나에게 8개의 청각 해상도 채널을 제공했는데, 각각의 채널은 주파수의 범위를 나타냈다. 소프트웨어가 제공하는 채널이 많을수록, 사용자는 서로 다른 높이의 소리를 더 잘 구별할 수 있다.

25 내용파악 ③

워싱턴 주의 현지 시장에서 판매되는 사과의 상태가 좋지 않다고 불만스러워 하며, 최근 수확된 사과를 확인한 결과 현지 시장에서 팔리고 있는 사과들보다 크기가 크고 맛도 좋다고 했다. 그리고 이 맛있는 사과가 어디로 가는지 묻고 있으므로, 필자는 소비자로서 워싱턴 주의 사과의 상태에 대해 '언짢아하고' 있다고 볼 수 있다. 따라서 ③ irate(성난, 노한)가 정답이다. ① 만족하는 ② 조심스러운 ④ 산만해진 ⑤ 무관심한

dried-up a. 바싹 마른 stem n. (초목의) 줄기, 대 gather v. (열매 등을 넓은 지역에서) 따 모으다[채취하다] pick v. (과일 등을) 따다 delicious a. 아주 맛있는

워싱턴 주의 현지 시장에 있는 사과들은 왜 그렇게 작고 오래되어 보이는가? 바싹 마른 줄기는 작년에 수확된 일부를 냉장창고에서 꺼낸 것처럼 보일지도 모른다. 최근에, 사과를 수확한 친구들이 방금 딴 사과를 몇 개 가지고 왔는데, 그 사과들은 여기서 팔리고 있는 사과들의 크기보다 적어도 네 배는 컸다. 이렇게 크고 맛있는 사과들은 어디로 가는 것인가? 유럽이나 미 동부로 배송되는 것인가? 아니면 여기 시애틀에서 구입할 수 있는 것인가?

26 내용파악 ⑤

필자는 반 고흐 박물관을 방문하기 위해 암스테르담에 갔는데, 4월임에도 불구하고 빈방이 없었고 박물관의 표마저 매진되었다고 했으므로 ⑤ '낙담한(despondent)' 상황이었을 것이라고 볼 수 있다. ① 확신이 없는 ② 낙관적인 ③ 고요한 ④ 희망에 찬

trudge v. 터덜터덜 걷다 straggly a. 제멋대로 자란[늘어진] weary a. (몹시) 지친, 피곤한 queue n. (차례를 기다리는 사람이나 차의) 줄, 열 What on earth ~? 도대체 무엇 ~? exhibition n. 전시회

어디에도 묵을 방이 없었다. 결국, 나는 다시 역 광장, 주 관광청이 있는 VVV 사무실로 터벅터벅 걸어갔는데, 나는 그곳에서 방을 구하는 것이 가능할 것이라고 생각했다. 안으로 들어가 계단을 오르니 엘리스 섬이 생각나는 홀이 있었다. 지친 관광객들이 여덟 줄로 제멋대로 늘어서 있었고 각 줄에는 적어도 30명의 사람들이 있었다. VVV 직원들은 사람들을 하를렘, 델프트, 로테르담, 헤이그 등의 전 지역으로 보냈는데, 암스테르담에는 어떤 가격의 호텔 방도 전혀 남아 있지 않았기 때문이었다. 4월 밖에 안 된 시기였다. 7월에는 도대체 어떠할까? 사람들을 아이슬란드로 보내야 할 것이다. 벽에 있는 큰 표지판에는 "반 고흐 박물관 티켓이 없습니다. 매진되었습니다."라고 적혀있었다. 그것도 중요했다. 내가 이곳에 온 이유 중 하나가 전시회를 보기 위해서였던 것이다.

27 내용파악 ①

①은 백신여권이 사람들을 바이러스에 감염되지 않도록 보장하기 위한 합리적인 조치라고 생각하는 의견인 반면, ②, ③, ④, ⑤는 백신여권이 사람들의 권리를 제한하는 데 사용되고, 실직의 위험에 처하게 만든다는 등, 백신여권을 반대하는 의견이므로 ①이 정답이다.

implement v. 시행하다 reassurance n. 안심함[시킴], 안도 mingle v. 섞이다, 어우러지다 roll out (새로운 정치 캠페인을) 시작하다 scratch one's head (곤란해서) 머리를 긁다, 곤혹스러워 하다 justification n. 타당한[정당한] 이유 authoritarian a. 권위주의적인 divisive a. 분열을 초래하는 discriminatory a. 차별적인 impose v. 도입[시행]하다

다음 중 백신여권에 대해 생각이 다른 것은 무엇인가?

① 제대로 시행되는 "코로나 패스"는 대중들, 특히 (질병에) 취약한 사람들에게 그들이 함께 어울리는 사람들이 바이러스에 감염되지 않았다는 것을 보장하기 위한 모든 합리적인 조치가 취해졌음을 확신시켜 줄 수 있다.
② 우리는 정부가 영국 시민들에게 어떠한 전자 백신접종 상태/면역 여권도 시행하지 않길 바란다. 그러한 여권은 코로나19 백신을 거부한 사람들의 권리를 제한하는 데 사용될 수 있으며, 이는 받아들일 수 없는 것이다.
③ 우리가 증명서를 제시할 수 없으면 서로를 두려워해야 하는 사회에 이르게 된다면, 당혹하여 머리를 긁적이며 "이것이 우리가 가고자 하는 방향인가?"라고 자문해야 한다.
④ 심야의 산업, 행사 또는 회의에 참석하는 수백만 명의 사람들은 개인 의료 선택에 대한 질문을 받고, 많은 사람들은 백신접종을 거부하거나 연기하면 실직할 위험에 놓이게 된다.
⑤ 몇 달 동안 나이트클럽과 대규모 행사를 모든 사람들에게 개방한 후, 백신 ID를 강요하려는 이러한 권위주의적이고, 분열적이며, 차별적인 조치는 전혀 정당화될 수 없다.

28-29

인공지능(AI)은 몇몇 형태의 이러한 디지털 노동을 제거할 것이다. 소프트웨어는 음성을 문자로 기록하는 데 더 능숙해졌다. 그러나 인공지능은 또한 다른 유형의 디지털 작업에 대한 수요를 창출할 것이다. 그 기술은 많은 연산력과 복잡한 수학을 사용할 수 있지만, 인간이 뽑아주는 데이터에도 의존한다. 도로 표지판과 보행자를 인식하는 자율주행차의 경우, 알고리즘은 도로 표지판과 보행자 모두를 보여주는 많은 동영상을 자율주행차에게 제공함으로써 훈련되어야 한다. 그 동영상에는 수작업으로 "태그되어야" 하며, 이는 도로 표지판과 보행자가 그렇게 표시되어야 한다는 것을 의미한다. 이러한 태그 작업은 이미 수천 명의 사람들을 바쁘게 만들고 있다. 일단 알고리즘이 작동하게 되면, 인간은 그것이 잘 작동하는지 확인하고 그것을 개선시키기 위해 피드백을 제공해야 한다.
마이크로 태스크 신설기업인 크라우드플라워(CrowdFlower)가 제공하는 서비스는 "휴먼인더루프(인간참여형: 신뢰도 높은 학습 모델을 도출하기 위해 인공지능 시스템 등에 사람이 개입하여 시스템과 사람이 상호작용하는 학습 구조)"라고 하는 것의 예이다. 디지털 근로자는 소비자들로부터 받은 이메일 질문들을 내용별로, 감정별로, 그리고 또 다른 기준에 따라 분류한다. 이러한 데이터들은 대부분의 질문을 처리할 수 있는 알고리즘을 통해 제공된다. 그러나 간단하게 답을 할 수 없는 질문은 인간을 통해 다시 전송된다.

eliminate v. 제거하다, 배제하다 transcribe v. 기록하다, (데이터를 다른 기록 형태로) 바꾸다 distill v. ~의 정수(精粹)를 빼내다, 추출하다 pedestrian n. 보행자 footage n. 장면, 화면 manually ad. 수동으로 put to work 일을 시키다 in the loop 핵심의 일원인 query n. 질문, 물음; <컴퓨터> 쿼리, 데이터 베이스에서 일정 조건부 검사 route v. 보내다[전송하다]

28 빈칸완성 ③

인공지능과 관련하여 도로 표지판과 보행자를 인식하는 것은 '자율주행차'이므로 빈칸에는 ③ autonomous(자율[자주]적인)가 적절하다. ① 입수 가능한; (가격이) 알맞은 ② 웅장한 ④ 세련되지 못한; 단순한 ⑤ 의존적인

29 글의 요지 ②

인공지능은 다른 유형의 디지털 작업에 대한 수요를 창출할 것이라고 한 다음, 자율주행차와 마이크로 태스크 신설기업인 크라우드플라워의 서비스를 예로 들며, 알고리즘을 훈련시키기 위해 인간이 검색 자료를 제공하고, 피드백을 주는 등 새로운 일에 대한 수요가 창출되었다고 했다. 따라서 이 글의 주제로 가장 적절한 것은 ②이다.

이 글의 요지는 ______이다.
① 사람들은 기술을 사용할 때 조심해야 한다
② 기술은 새로운 종류의 일에 대한 수요를 창출하고 있다
③ 우리는 디지털 노동에 의해 생성된 데이터를 조작해서는 안 된다
④ 알고리즘이 개선됨에 따라 인간은 배제될 것이다
⑤ 온라인 작업을 위한 플랫폼은 새로운 수입원을 제공한다

30-32

최근의 한 실험에서, 존스홉킨스대학의 에이미 스탈(Aimee E. Stahl)과 리사 페이겐슨(Lisa Feigenson)은 11개월 된 아기에게 일종의 마술을 보여주었다. 공이 단단한 벽을 통과하는 것처럼 보이거나 장난감 자동차가 선반 끝으로 굴러 떨어져 허공에 매달려 있는 것처럼 보이게 했다. 아기들은 이러한 기이한 사건들에 놀라고 관심을 기울일 만큼 일상 물리학에 대해 충분히 알고 있었다. 그리고 나서 연구원들은 아기들에게 가지고 놀 장난감을 주었다. 공이 벽을 뚫고 사라지는 것을 본 아기들은 공을 두드렸고, 차가 허공에 매달려 있는 것을 본 아기들은 계속 차를 떨어뜨렸다. 그것은 마치 공이 정말로 단단한지 혹은 장난감 자동차가 중력을 거스르는지 알아보기 위해 실험하는 것과 같았다.
이것은 어린아이들이 배우기 위해 가르침을 받을 필요가 없다는 것은 아니다. 최근 연구는 학교수업과 "자녀양육"에 수반되는 그런 종류의 가르침인 명시적 교육이 제한적일 수 있음을 보여준다. 아이들은 자신들이 가르침을 받고 있다고 생각할 때, 그들은 새로운 것을 만들어내는 대신 어른들이 하는 것을 단순히 재현할 가능성이 훨씬 더 높다.
내 연구실은 복잡한 장난감으로 다른 버전의 실험을 했다. 하지만 이번에는 실험자가 선생님처럼 행동했다. 그녀는 "이 장난감이 어떻게 움직이는지 궁금해요." 대신 "내 장난감이 어떻게 작동하는지 보여줄게요."라고 말했다. 아이들은 그녀가 한 것을 정확히 따라했고, 그들만의 해결책을 떠올리지 못했다. 아이들은 아주 합리적으로, 선생님이 아이들에게 무언가를 하는 어떤 특정한 방법을 보여준다면, 그것은 올바른 방법임에 틀림없으며 새로운 것을 시도하는 것은 의미가 없다고 생각하는 것처럼 보인다. 그러나 결과적으로 학교와 "자녀양육"에 수반되는 그런 종류의 교육은 아이들을 모방으로 몰아넣고 혁신에서 멀어지게 한다.

solid a. 단단한, 고체의 roll off 굴러 떨어지다 physics n. 물리학 vanish v. 사라지다 bang v. 탁 치다; 쿵 울리다; 쾅 쏘다 hover v. (허공을) 맴돌다 defy v. (사물을) 무시하다, 문제시하지 않다 gravity n. 중력 explicit a. 분명한, 명백한 instruction n. 설명, 교육 reproduce v. 다시 만들어 내다, 재생[재현]하다 imitate v. 모방하다, 흉내내다 come up with (해답·돈 등을) 찾아내다[내놓다] solution n. 해법, 해결책 rationally ad. 합리적으로, 이성적으로 innovation n. 혁신, 쇄신

30 빈칸완성 ③

빈칸 다음 문장에서 아이들은 자신들이 가르침을 받고 있다고 생각할 때 어른들이 하는 것을 단순히 재현할 가능성이 높다고 했으므로, 학교수업과 자녀양육에 수반되는 명시적 교육은 새로운 것을 만들어내는 것이 아니라 어른들을 모방하는 것일 수 있다. 따라서 명시적 교육은 '제한적'이라고 볼 수 있으므로 ③이 빈칸에 적절하다. ① 풍부한 ② 불필요한 ④ 보상의 ⑤ 피하는

31 내용파악 ⑤

첫 번째 단락에서 스탈과 페이겐슨은 아이들에게 공이 단단한 벽을 통과하는 것처럼 보이거나 장난감 자동차가 선반 끝으로 굴러 떨어져 허공에 매달려 있는 것처럼 보이는 실험을 했다고 했다. 그러고 나서 이들은 아기들에게 가지고 놀 장난감을 주었는데, 공이 벽을 뚫고 사라지는 것을 본 아기들은 공을 두드렸고, 차가 허공에 매달려 있는 것을 본 아기들은 계속 차를 떨어뜨렸다고 했다. 그것은 마치 공이 정말 단단한지 아니면 장난감 자동차가 중력을 거스르는지 알아보기 위해 실험하는 것과 같았다고 했는데, 이는 아기들이 생각하기에 일어나기 어려운 것을 시험해 보기 위한 행동이었으므로 ⑤가 정답이다.

스탈과 페이겐슨이 수행한 실험에 따르면, 아기들은 ______.
① 마술을 믿지 않았다
② 실험이 시작되자마자 잠에 들었다
③ 연구원들이 무엇을 했는지 지켜볼 뿐이었다
④ 장난감에 관심을 보이지 않았다
⑤ 믿기 어려운 것을 시험해 보고 싶어 했다

32 글의 제목 ①

아이들은 가르침을 받고 있다고 생각할 때, 새로운 것을 만들어내는 대신 어른들이 하는 것을 단순히 재현할 가능성이 훨씬 더 높으며, 학교와 "자녀양육"에 수반되는 명시적 교육은 아이들을 모방으로 몰아넣고 혁신에서 멀어지게 한다고 했다. 이 글은 '아이들이 스스로 배울 수 있는 환경의 중요성'에 대해 설명하고 있으므로 ①이 제목으로 적절하다.

이 글의 가장 적절한 제목은 ______이다.
① 아이들이 스스로 배우도록 하라
② 아기가 가장 좋아하는 마술 쇼
③ 아기들의 가장 좋은 장난감
④ 아이들과 실험하는 방법
⑤ 자녀양육 대 교육

33-35

콜로라도 주의 주의회 의원들이 올해 초 총기 규제에 대해 논의했을 때, 덴버 교외에서 신기한 총기로 가득 찬 센테니얼 건 스토어(Centennial Gun Store)가 "완전한 북새통"이 되었다고 스토어 관리자 중 한 명인 폴 스탠리(Paul Stanley)가 말했다. 미국 수정헌법 제2조(총기 소지 자유권)가 침해될까 우려한 총기 지지자들은 가게 벽에 진열된 공격용 소총을 몽땅 쓸어갔다(모두 구입했다). 총을 소유해 본 적이 없는 교외 사람들은 "정부가 그들에게 무엇을 하라고 지시하는 것을 원치 않아서" 가게로 몰려들었다. 사격 훈련장에서 개최되는 여성의 밤 행사는 모두 예약되었다.

결국 민주당에 의해 운영되는 의회는 신원조회 강화와 15발을 초과하는 탄창의 금지를 포함한 여러 총기 관련 법안을 통과시켰다. 그것은 자유주의적인 성향이 있는 서부의 주에서 과거의 엔필드 소총보다 더 많은 반향을 불러일으켰다. 격노한 총기 애호가들은 새로운 법안을 지지한 네 명의 의원을 소환하기 위해 서명 운동을 벌였다. 콜로라도스프링스의 존 모스(John Morse) 상원 의장과 푸에블로의 안젤라 기론(Angela Giron)에 반대하는 두 번의 시도가 성공해서, 9월 10일 해당 선거구의 유권자들은 주 상원의원의 해임을 원하는지에 대한 질문을 받게 될 것이다.

그것은 극적인 조치였다. 소환 제도는 일반적으로 권력을 남용한 것으로 보이는 관리들을 위한 것이지, 일부 사람들이 반대하는 법을 통과시킨 관리들을 위한 것이 아니다. 유권자들이 주 의원을 소환할 수 있도록 허용하는 19개 주 대부분과 마찬가지로 콜로라도 주도 실제로 이를 시도한 적이 없었다. 전국 주 입법부 회의에 따르면, 이러한 투표는 미국 역사상 단 36건에 불과하다. 1년이 지나면 모스씨는 어쨌든 임기가 만료되어 공직에서 물러나게 될 것이다.

(*수정헌법 제2조: 자신을 보호하기 위해 총기를 소유할 권리)

firearms n. (소총·권총 따위) 소형 화기 wonderland n. 동화의 나라; 신나는 것이 가득한 곳 zoo n. 비좁고 혼잡한 곳 rifle n. 소총 amendment n. (법 등의) 개정; 미국 헌법 수정 조항 firing range 사격 훈련[연습]장 background check 신원 조사 magazine n. 무기고; (연발총의) 탄창 round n. 일제 사격; (탄약의) 1발분 recoil n. 되튐, 반동 outraged a. 분노한, 격노한 gather signatures 서명운동을 벌이다 recall v. 소환(召還)하다 boot v. 해고하다, 내쫓다 reserve v. ~을 마련해 두다 abused a. 악용된 term-limited a. 임기 만료 임박의

33 부분이해 ③

ladies' night은 "여성이 할인 요금으로 어떤 행사에 참석할 수 있는 밤"을 의미하며, booked solid는 '모두 예약되었다'는 것을 의미한다. 이는 사격 훈련장(firing range)이 "모두 예약되었다"는 것을 의미하므로 ③이 정답이다.

밑줄 친 Ⓐ"booked solid"는 사격 훈련장이 '______'는 것을 의미한다.

① 견고하게 건설되었다
② 완전히 둘러싸여있다
③ 완전히 채워졌다
④ 섬세하게 설계되었다
⑤ 잘 보호되었다

34 부분이해 ①

새로운 법안과 관련된 내용은 두 번째 단락 첫 번째 문장에 명시되어 있는데, "민주당에 의해 운영되는 의회는 신원조회 강화와 15발을 초과하는 탄창의 금지를 포함한 여러 총기 관련 법안을 통과시켰다."고 했으므로, the new laws가 명시하는 것은 15발 이상이 들어있는 총기를 판매(carry)할 수 없는 것이라고 볼 수 있다.

밑줄 친 Ⓑ"the new laws"는 ______는 것을 명시한다.

① 총기 가게는 15발 이상 들어있는 총기를 판매할 수 없다
② 15세 이상이면 누구나 콜로라도 주 어디에서나 기관총을 살 수 있다
③ 미국의 모든 시민은 총으로 자신을 방어할 권리가 있다
④ 서부 주에 갈 때는 총기를 휴대해서는 안 된다
⑤ 정부는 국민들에게 필요할 때 무엇을 해야 하는지 알려줄 수 있다

35 내용파악 ④

총기 규제를 반대하는 콜로라도 주의 주민들은 총기 규제 관련법을 통과시킨 주 상원의원인 존 모스에 반대하여 이 법안을 지지한 의원들을 소환하기 위해 서명 운동을 벌였고, 이 시도가 성공해서 해당 선거구의 주민들은 주 상원의원의 해임을 원하는지에 대한 질문을 받게 될 것이라고 했다. 따라서 존 모스는 총기 사용을 규제하는 법안을 통과시켰기 때문에 소환될 것이라고 볼 수 있다.

이 글에 따르면, 주 상원의원인 존 모스는 그가 ______ 때문에 소환될 것이다.

① 자신의 사익을 위해 권력을 남용했기
② 수정헌법 제2조의 권리를 위해 싸웠기
③ 유권자의 지지를 얻지 못했기
④ 총기 사용을 규제하는 법안을 통과시켰기
⑤ 곧 은퇴하기로 되어있기

36-38

기후 변화의 전국적인 비용이 어떤 곳에서는 손실을 감추고 다른 곳에서는 이익을 감추게 된다 해도 놀라운 일이 아니다. 그것은 평균이 작용하는 방식이다. 그러나 손실의 분배가 문제가 된다. 연구 결과, 기후 변화의 고통이 미국의 가장 부유한 지역보다 가장 가난한 지역에 더 많은 부담을 안겨줄 것으로 밝혀진다. 곡물 수확량과 노동 생산성의 저하 그리고 증가하는 사망과 범죄는 소득이 전국 평균 이하인 미국의 더운 남부 카운티 지역에서 특히 두드러질 것으로 예상된다. 이와 대조적으로, 부유한 뉴잉글랜드 주와 태평양 북서부 지역에서는 겨울이 더 온화해지고 덜 치명적이게 되며, 농업 수확량이 증가할지도 모른다. 기후 변화의 부담이 저소득계층의 사람들에게 불균형적으로 지워지기 때문에 기후 변화의 총 경제적인 비용은 감소하는데, 이는 온난화 비용을 줄이는 이상적인 방법은 아니다.

기후 변화의 비용이 큰 부분적인 이유는 기후 변화의 영향이 불확실하여, 투자를 저해하고 기후 변화의 피해를 완화시킬 수 있는 또 다른 조치들도 저해하기 때문이다. 따라서 사람들은 더 높은 기온이(온난화가) 미래에 무엇을 의미하는지 더 확실히 알기 위해 기꺼이 돈을 지불할 것이다. 경제 전망을 둘러싼 불확실성은 가장 가난한 카운티에서 가장 높다. 이들 지역 중 일부의 경우 최악의 결과는 40% 이상의 국내 총생산 손실을 의미할 수 있다.

미국에 초점이 맞춰져있지만, 이 분석은 또한 세계 기후 문제를 설명한다. 전 세계 기후 변화의 비용은 다시 불균등하게 (그리고 불확실하게) 분배될 것이지만, 부유하고 온대 기후인 국가일수록 종종 피해가 더 적을 것이다. 그 결과, 지구 온난화로 인한 경제적 손실 추정치는 거의 확실히 과소평가되고 있는데, 이는 지구온난화의 가장 나쁜 영향이 소득이 가장 낮아서 소득 감소가 전 세계 국내 총생산에 가장 적은 영향을 미치는 지역에 집중되어 있기 때문이다.

conceal v. 감추다, 숨기다 distribution n. 분배 crop yield 곡물 수확량 mortality n. 사망률 pronounce v. 단언하다, 언명[공언]하다 aggregate a. 집합적인, 총계의 disproportionately ad. 불균형적으로 slash v. 대폭 줄이다[낮추다] costly a. 많은 돈[비용]이 드는 impair v. 손상시키다, 해치다 projection n. 예상, 예측 describe v. 설명하다, 묘사하다 unevenly ad. 고르지 않게; 균형 잡히지 않게 understate v. 적게 말하다, 낮추어서 말하다 nasty a. (아주 나빠서) 끔찍한, 형편없는 correspondingly ad. 상대적으로, 상응하여 tumble v. (가치·가격 등이) 빠르게 하락하다[폭락하다]

36 글의 주제 ①

기후 변화로 인한 총 경제적인 비용은 부유하고 날씨가 좋은 곳에 사는 사람들에 비해 저소득계층의 사람들에게 불균형적으로(과도하게) 지워진다는 내용의 글이다. 따라서 이 글의 주제로 적절한 것은 ① '기후 변화 비용의 불평등한 분배'이다.

이 글의 가장 적절한 주제는 '______.'
① 기후 변화 비용의 불평등한 분배
② 지구 온난화 비용으로부터의 단절감
③ 지역 카운티는 기후 변화의 영향을 받지 않는다
④ 전 세계의 기온이 지역 기후 조건에 영향을 미친다
⑤ 기후 변화의 불확실성을 조정함으로써 사망 증가를 막는 방법

37 부분이해 

밑줄 친 문장은 "그 부담(기후 변화의 부담)은 저소득계층의 사람들에게 불균형적으로 지워진다"라는 의미인데, 기후 변화로 인한 곡물 수확량과 노동 생산성의 저하로 저소득계층이 더 영향을 받게 될 것이므로 이는 미국의 불평등 문제를 악화시킬 것이다. 따라서 ②가 정답이다.

밑줄 친 "the burden disproportionately falls on those with low incomes"는 ______을 의미한다.
① 기후 변화의 경제적 효과를 계산하는 것은 투명한 문제이다
② 기후 변화는 미국의 불평등 문제를 악화시킨다
③ 소득이 낮은 사람들은 부자보다 더 높은 세금을 낼지도 모른다
④ 그 부담은 가난한 사람들에게 적절하다
⑤ 불평등 문제는 종종 강조된다

38 내용일치 

기후 변화의 영향에 대한 분석은 미국에 초점을 맞췄지만, 이 분석은 또한 세계 기후 문제를 설명한다고 했으므로 ③이 정답이다. ② 겨울이 더 온화해질 것이라고 했을 뿐 현재는 극한의 겨울로 유명하다는 말이 아니다. ⑤ 기후 변화의 영향을 평균적으로 말해버리다 보니 구체적인 지역별 상황(손실과 이익)은 감추어져서 그 영향이 불명확해진다.

이 글에 따르면, 다음 중 옳은 것은?
① 전 세계 기후 변화와 관련된 비용은 균일하게 분배된다.
② 뉴잉글랜드 지역은 혹독한 겨울로 알려져 있다.
③ 세계의 기후 문제에 대한 분석은 미국 상황에만 한정되어 있지 않다.
④ 전 세계적인 기후 변화 비용과 관련된 피해는 부유한 국가에 더 클 것이다.
⑤ 기후 변화의 영향은 불명확하지 않다.

39-41

[A] 지정학은 단순히 "국제 관계"를 말하는 허세적인 방법이 아니다. 그것은 세상에 대해 생각하고 장래에 무슨 일이 일어날지 예측하는 방법이다. 경제학자들은 사람들의 이기적인 단기 활동이 애덤 스미스(Adam Smith)가 "국가의 부"라고 불렀던 것을 가져다주도록 작용하는 보이지 않는 손에 대해 이야기한다. 지정학은 보이지 않는 손의 개념을 국가와 다른 국제 관계자들의 행동에 적용한다. 국가와 지도자에 의한 단기적인 이익 추구는 국부는 아니더라도 최소한 예측 가능한 행동을 낳게 되고, 이로써 향후 국제 체제의 형태를 예상할 수 있게 된다.

[C] 지정학과 경제학 둘 모두는 행위 주체들이 최소한 자신의 단기적인 이익을 알고 있다는 점에서 이성적이라고 가정한다. 현실은 합리적인 행위자로서의 그들에게 제한된 선택을 제공한다. 전반적으로 사람들과 국가들은 완벽하게는 아니지만 적어도 무작위적으로는 아니게 그들의 이익을 추구할 것으로 가정된다. 체스 게임을 생각해보자. 표면적으로는 각각의 체스 선수가 이용할 수 있는 첫수는 20개인 것 같다. 실제로는, 이 20개의 수들 중 대부분은 너무 안 좋아서 빠른 패배로 이어지기 때문에 (이용할 수 있는) 수는 훨씬 적다. 체스를 더 잘 할수록, 선택할 수 있는 수가 더 분명하게 보이므로 실제로 이용할 수 있는 수는 더 적어진다. 선수가 실력이 더 좋을수록 수가 더 예측가능하다. 체스의 고수는 절대적으로 예측가능할 정도로 정확하게 체스를 하다가 마침내 뛰어나고 예측할 수 없는 그 한 수의 일격을 가하는 것이다.

[B] 국가의 행동 방식도 이와 마찬가지이다. 국가를 구성하는 수백만 또는 수억 명의 사람들은 현실의 제약을 받는다. 불합리하면 지도자가 되지 않을 지도자들을 그들은 만들어낸다(합리적인 사람을 지도자로 세운다). 수백만 명 사람들의 꼭대기에 오르는 것은 바보들이 흔히 하는 일은 아니다. 지도자들은 선택할 수 있는 다음 수들의 총체를 이해하고 완벽하게는 아니더라도 최소한 상당히 잘 실행한다. 때때로 등장하는 뛰어난 지도자는 놀랍도록 예상치 못한 성공적인 수로 잘 해나가기도 하지만, 대부분의 경우 통치 행위는 단순히 필수적이며 논리적인 다음 조치를 실행하는 것이다. 정치인들이 한 국가의 외교 정책을 운용할 때 그들은 동일한 방식을 따른다. 만약 지도자가 사망하여 교체되면 또 다른 지도자가 등장해 아마도 첫 번째 지도자가 하던 일을 계속할 것이다.

geopolitics n. 지정학 pretentious a. 허세 부리는, 가식적인 forecast v. 예측[예보]하다 down the road 장차 언젠가는[앞으로] invisible a. 보이지 않는 pursuit n. 추구, (원하는 것을) 좇음 constrain v. ~에게 (…을 하는 것을) 제한[제약]하다 flawlessly ad. 흠 없이, 완전하게 come along with 성공하다, 잘 해나가다 stunningly ad. 굉장하게, 깜짝 놀랄 정도로 governance n. 통치, 관리; 통치[관리] 방식 execute v. 실행[수행]하다 more likely than not 어느 쪽이냐 하면, 아마, 십중팔구 rational a. 합리적인, 이성적인 randomly ad. 닥치는 대로, 임의로 potential a. 가능성이 있는, 잠재적인 move n. (체스 등의 보드 게임에서 말 등을) 두기[둘 차례], 수 predictable a. 예측[예견]할 수 있는

39 단락배열 ①

장래에 무슨 일이 일어날지 예측하는 방법으로 지정학을 소개한 Ⓐ가 첫 번째 단락으로 적절하고, Ⓒ 단락에서 합리적이어서 예측 가능한 행동을 하는 사람들(개인)과 국가들 중 개인의 경우를 체스 게임을 예로 들어 설명하고, 이 방식을 국가도 이와 같이 한다고 한 Ⓑ로 단락이 이어져야 문맥상 적절하다.

40 내용파악 ③

사람들은 합리적인 사람을 지도자로 세운다고 했고, 이들의 통치 행위는 단순히 필수적이고 논리적인 다음 조치를 실행하는 것이라고 했다. 그리고 지도자가 사망하여 교체되면 또 다른 지도자가 등장해 아마도 첫 번째 지도자가 하던 일을 계속할 것이라고 했으므로, 국가의 미래는 합리적인 지도자들에 의해 이행되기 때문에 예측가능하다고 볼 수 있다.

국가의 미래는 ______ 때문에 예측가능하다.
① 역사는 되풀이되기
② 지도자는 체스를 두는 법을 알기
③ 합리적인 지도자들에 의해 이행되기
④ 사람들은 항상 장기적인 이익을 추구하기
⑤ 적자생존의 원칙이 항상 작용하기

41 내용파악 ⑤

체스의 고수는 마지막에 뛰어나고 예측할 수 없는 한 수의 일격으로 성공하고, 때때로 등장하는 뛰어난 지도자는 예상 밖의 성공적인 수로 잘 해나간다고 했다. 따라서 이들은 예상치 못하지만 성공적인 일을 한다는 점에서 비슷하다고 볼 수 있다.

윗글에서, 체스의 고수와 때때로 등장하는 뛰어난 국가 지도자는 ______ 는 점에서 비슷하다.
① 그들은 수백만 명의 사람들 중에서 선택된다
② 그들은 목표를 달성하기 위해 매우 열심히 일한다
③ 그들은 다른 사람들을 조종하는 데 능숙하다
④ 그들은 자신의 분야에서 뛰어난 재주를 가지고 태어난다
⑤ 그들은 예상치 못하지만 성공적인 일을 한다

42-43

그레고리는 회색 털을 가진 나의 아름다운 페르시안 고양이다. 그는 자부심 있고 품위 있게 걸으며 발레 무용수처럼 우아하게 각 발을 천천히 올렸다 내렸다 하면서 거만한 춤을 춘다. 하지만 그의 자부심이 외모로까지 확대되지는 않는데, 대부분의 시간을 실내에서 TV를 보며 지내면서 뚱뚱해지고 있기 때문이다. 그는 TV광고, 특히 Meow Mix와 9 Lives를 즐긴다. 고양이 사료에 대해 잘 알고 있었기 때문에 그는 일반 고양이 사료 브랜드를 거부하고 비싼 브랜드만을 선호하게 되었다. 그레고리는 그가 먹는 것에 대해서만큼 방문객들에 대해서도 까다로워서, 몇몇 사람들과 친구가 되고, 다른 사람들은 접근하지 못하게 한다. 그는 당신의 발목을 껴안고 쓰다듬어 달라고 애원할 수도 있고, 스컹크를 흉내 내며 당신이 좋아하는 바지를 더럽힐 수도 있다. 그레고리는 많은 고양이 전문가들이 생각하는 것처럼 자신의 영역을 지키기 위해서 이런 행동을 하는 것이 아니라 내 친구들을 질투하기 때문에 나의 체면을 잃게 하기 위해 이런 행동을 한다. 손님들이 떠나면, 나는 텔레비전 앞에서 잠을 자고 혼자 미소를 짓고 있는 늙은 그레고리를 바라보며, 그의 불쾌하지만 사랑스러운 습관을 용서할 수밖에 없다.

disdain n. 경멸(감); 거드름; 거만[오만]한 태도 paw n. (동물의 발톱이 달린) 발 delicacy n. 여림, 연약함, 섬세함 appearance n. 모습, 외모 commercial n. 광고 (방송) generic a. 일반적인, 포괄적인 befriend v. 친구가 되어 주다 repel v. 쫓아 버리다, 접근하지 못하게 하다 snuggle v. 다가붙다, 바싹 다가서다 pet v. (동물·아이를 다정하게) 어루만지다, 쓰다듬다 stain v. 얼룩지게 하다, 더럽히다 humiliate v. ~에게 창피를 주다, 욕보이다 fleabag n. 더러운 몰골(을 한 사람), 지저분한 짐승 obnoxious a. 아주 불쾌한, 몹시 기분 나쁜 endearing a. 사랑스러운

42 글의 문체 ③

이 글의 필자는 자신이 기르는 회색 털을 가진 페르시안 고양이 그레고리의 걸음걸이, 뚱뚱한 외모, 비싼 브랜드의 사료를 선호하는 습관, 방문객들에 대해 까다롭게 구는 행동 등을 서술하며 설명하고 있다. 따라서 이 글의 문체는 ③ '서술적'이라고 볼 수 있다. ① 비교적인 ② 연대순의 ④ 논리적인 ⑤ 설득적인

43 부분이해 ②

필자가 언급한 그레고리의 행동 가운데 'obnoxious(불쾌한)'에 가장 부합되는 것은 '스컹크를 흉내 내며 당신이 좋아하는 바지를 더럽히는 것'이다. 따라서 ②가 정답이다.

밑줄 친 "<u>his obnoxious, but endearing, habits</u>"는 ______ 가리킨다.
① 쓰다듬어 달라고 애원하는 것
② 주인의 옷을 버려 놓는 것
③ 하루 종일 TV를 보는 것
④ 영역 표시를 남기는 것
⑤ 일반 고양이 사료를 먹지 않는 것

44-45

복제가 멸종 위기에 처한 종을 보존하는 데 도움이 될 수 있다는 생각은 수년 동안 논쟁의 대상이 되어왔다. 그러나 그러한 논쟁이 전문 환경보호론자나 환경보호 생물학자들에 의해 행해지는 경우는 거의 없다. 사자를 연구하는 한 생물학자는 그 생각이 "부질없는 이야기(Bunkum)"라며 나에게 날카로운 반응을 보였다. 그와 위험에 처한 종과 사면초가에 몰린 생태계를 연구하는 다른 많은 사람들은 복제를 그들의 주된 관심사와 무관한 것으로 여긴다. 더 나쁘게도, 그것(복제)은 우리를 미혹케 하여 값비싼 대가를 치르게 하는 것일지도 모르는데, 돈과 에너지를 엉뚱한 곳에 쏟게 하고, 모든 실수와 선택은 되돌릴 수 있고 멸종된 종들은 생물공학을 사용하여 다시 만들 수 있다는 거짓된 확신을 대중들에게 느끼게 할 것이기 때문이다. 사실은 한 종이 멸종위기에 처했을 때 그 문제는 일반적으로 두 가지다. 충분한 서식지가 없다는 것과 개체 수가 감소함에 따라 줄어든 유전자 풀에 다양성이 충분히 남아있지 않다는 것이다. 복제는 이러한 문제를 완화하는 데 어떤 기여를 할 수 있는가? 서식지에 관해서는 아무것도 없다. 유전적 다양성에 관해서는 아주 특별한 상황을 제외하고는 거의 또는 전혀 없다. 복제는 복사하는 것이며 복사하는 것으로 다양성을 늘리지는 못한다.

cloning n. 복제 endangered species 멸종 위기 종(種) bandy v. (타격·언쟁 따위를) 주고받다; (이야기를) 퍼뜨리다 pointed a. (말 등이) 날카로운, 신랄한 imperiled a. 위험에 빠진 beleaguered a. 사면초가에 몰린; (적에게) 포위된 ecosystem n. 생태계 irrelevant a. 무관한, 상관없는 divert v. (돈·재료 등을) 전용[유용]하다 bogus a. 가짜의, 위조의 reassurance n. 안심시키는 말[행동] reversible a. (원상태로) 되돌릴 수 있는 twofold a. 2배의, 2중의 ease v. ~를 완화하다, 가볍게 하다

44 동의어 ②

bunkum은 '(인기를 끌기 위한) 부질없는 어리석은 말', '허튼소리'의 의미이므로 ② nonsense가 정답이다. ① 기적 ③ 믿음 ④ 관심 ⑤ 돈

45 내용파악 ④

마지막 문장에서 필자는 복제는 서식지 문제도 해결할 수 없고 "복제는 복사하는 것이며 복사하는 것으로 다양성을 늘리지도 못한다"고 주장했으므로, 복제가 멸종위기에 처한 종에 대한 해결책이 될 수 없다고 생각함을 알 수 있다. 따라서 ④가 정답이다.

이 글의 필자는 복제가 ______라고 주장한다.
① 미래에 인간의 삶을 변화시킬 것이다
② 많은 방법으로 종을 다양화 시킬 수 있다
③ 동물의 기대 수명을 연장할 것이다
④ 멸종위기 종에 대한 해결책이 될 수 없다
⑤ 지구상에 비슷한 종들이 많이 생겨나게 할 것이다

46-47

사람들에게 나이를 먹는 것에 대해 어떻게 생각하는지 물어보면, 그들은 아마도 모리스 슈발리에(Maurice Chevalier)와 같은 맥락에서 대답할 것이다. "대안을 생각해보면 노년은 그렇게 나쁘지 않습니다." 뻣뻣해진 관절, 약화되는 근육, 약해지는 시력, 흐릿한 기억력은, 현대 세계의 노인에 대한 경솔한 경멸과 아울러, 죽음보다는 더 좋을지 모르지만 어쩌면 그다지 많이 더 좋지도 않을, 두려운 미래의 모습인 것 같다. 그러나 인간이 노화를 두려워하는 것은 잘못된 것이다. 삶은 낙원과도 같은 곳에서 죽음의 골짜기를 향해 길고 천천히 쇠퇴하는 것이 아니다. 삶은 오히려 U자형 곡선을 이루고 있다.
사람들은 성인 생활을 시작할 때 일반적으로 꽤 생기가 있다. 청년에서 중년으로 넘어가면서 내리막길로 접어들고 마침내 일반적으로 중년의 위기로 알려진 밑바닥에 이르게 된다. 여기까지는 너무 친숙하다. 놀랄만한 부분은 그 후에 일어난다. 사람들은 노년을 향해 가면서 활력, 정신적 예리함, 외모 등, 소중히 여기는 것을 잃어버리지만, 또한 평생을 살면서 추구하는 것, 즉 행복을 얻기도 한다.
이 흥미로운 발견은 인간 행복의 수단으로서 돈보다 더 만족스러운 수단을 추구하는 한 새로운 경제학 분야에서 나왔다. 기존 경제학은 돈을 효용을 위한 대용물로 사용하는데, 이는 경제학이 행복에 대해 설명하는 암울한 방식이다. 그러나 돈과 행복 사이에 직접적인 관계가 있다는 주장에 설득되지 않은 일부 경제학자들은 곧바로 문제의 핵심으로 가서 행복 자체를 판단하기로 결정했다.

in the same vein 같은 맥락에서 alternative n. 대안, 선택 가능한 것 stiffen v. 뻣뻣해지다, 경직되다 joint n. 관절 fade v. 희미해지다 contempt n. 경멸, 멸시 prospect n. 가망, 예상, 전망 dread v. 몹시 무서워하다; 두려워하다 sunlit a. 볕이 드는; 희망에 찬 upland n. 고지 sunlit uplands 낙원과도 같은 곳, 최상의 상황 go downhill (품질·건강 등이) 내리막길로 접어들다[악화되다] reach a nadir 최하점에 도달하다, 밑바닥에 이르다 curious a. 궁금한, 호기심이 많은 conventional a. 전통적인, 종래의 proxy n. 대용물 dismal a. 음울한, 음침한 nub n. 요지, 핵심

46 빈칸완성 ①

빈칸 앞의 콜론은 동격관계를 의미하므로 빈칸에는 콜론 앞의 '평생을 살면서 추구하는 것'에 해당하는 것이 들어가야 하는데, 마지막 단락에서 'well-being(행복)'과 관련된 내용을 설명하고 있으므로 빈칸에는 ① happiness가 적절하다.

47 내용파악 ⑤

"사람들은 노년을 향해 가면서 자신이 소중히 여기는 활력, 정신적 예리함, 외모 등을 잃어버리지만, 사람들은 또한 평생을 살면서 추구하는 것, 즉 행복을 얻는다."고 했다. tradeoff는 '어떤 것을 얻으면 다른 쪽을 희생하는 것'을 의미하므로, 이 글과 관련한 속담으로 적절한 것은 ⑤이다.

윗글의 관련한 속담은 '______'이다.
① 고장 나지 않았으면 고치지 마라. (긁어 부스럼 만들지 마라.)
② 부화하기도 전에 달걀 수를 세지마라. (김칫국부터 마시지 마라.)
③ 하루 사과 한 개는 의사를 멀리하게 해준다.
④ 한 바구니에 네가 가진 모든 달걀을 넣지 마라. (한 가지 일에 모든 것을 걸지 마라.)
⑤ 얻는 것이 있으면 항상 잃는 것도 있다.

48-50

선거 데이터는 선거 운동에 더 많은 돈을 지출하는 후보가 일반적으로 승리하는 것이 사실임을 보여준다. 하지만 돈이 승리의 원인인가? 1990년대 경제 호황이 범죄를 감소하는 데 도움이 되었다는 것이 논리적으로 보일 수도 있는 것처럼 그렇게 생각하는 것은 논리적일지도 모른다. 그러나 단지 두 가지가 서로 연관되어 있다고 해서 한 가지가 다른 하나를 야기한다는 것을 의미하지는 않는다. 상관관계는 단순히 두 요인 — 이 두 요인을 X와 Y라고 하자 — 사이에 관계가 존재한다는 것을 의미한다. 그러나 상관관계는 그 방향에 대해서는 당신에게 아무것도 알려주지 않는다. X가 Y를 야기할 수도 있고, Y가 X를 야기할 수도 있으며, X와 Y 모두가 어떤 다른 요인인 Z에 의해 야기될 수도 있는 것이다.
이 시나리오를 생각해 보자. 살인자가 많은 도시에는 많은 경찰관이 있는 경향이 있다. 이제 실재하는 다음 두 도시의 경찰과 살인의 상관관계를 살펴보자. 덴버와 워싱턴 D.C.는 거의 비슷한 인구를 가지고 있지만 워싱턴은 덴버보다 거의 3배 더 많은 경찰이 있으며 살인사건의 수도 8배나 많다. 그러나 더 많은 정보가 없다면, 무엇이 원인인지 말하기 어렵다. 그에 대해 잘 모르는 사람은 이 수치를 고려하고는 더 많은 살인 사건을 일으키는 것이 워싱턴 D.C.에 더 많은 경찰 있기 때문이라고 결론을 내릴 수 있다. 오랜 역사를 지닌 그러한 생각은 일반적으로 엉뚱한

반응을 불러일으킨다. 그의 제국에서 가장 질병이 만연한 지역이 의사가 가장 많은 지역이라는 것을 알게 된 황제의 설화를 생각해 보라. 그의 해결책은 무엇이었는가? 그는 즉시 모든 의사들을 총살시킬 것을 명했다.

election n. 선거 campaign n. 선거 운동, 유세 logical a. 타당한, 논리적인 correlate v. (밀접한) 연관성[상관관계]이 있다 correlation n. 연관성 contemplate v. 고려하다, 심사숙고하다 provoke v. 유발하다 folktale n. 설화, 전설 czar n. 황제, 군주 province n. 지방 promptly ad. 지체 없이, 즉시

48 빈칸완성 ④

빈칸 다음 문장에서 의사가 가장 많은 지역에 질병이 만연해 있다고 생각한 황제가 해결책으로 모든 의사를 총살 시킬 것을 명했다고 했는데, 이는 질병의 원인을 의사로 돌린 '엉뚱한' 반응이므로 ④ wayward(변덕스러운, 엉뚱한)가 빈칸에 적절하다. ① 유순한 ② 논리적인 ③ 예측[예견]할 수 있는 ⑤ 논파[반박]할 수 없는

49 글의 요지 ③

두 요인(선거에서 많은 돈을 지출하는 것과 선거에서의 승리, 경찰의 수와 살인 사건의 수)을 예로 들며, 둘 사이에 상관관계가 있다고 해서 한 가지가 다른 하나를 야기한다는 것을 의미하지는 않는다고 설명하고 있으므로 글의 요지로 ③이 적절하다.

이 글의 요지는 ______이다.
① 경찰이 범죄를 일으킨다
② 범죄에는 해결책이 없다
③ 상관관계가 반드시 인과관계를 의미하는 것은 아니다
④ 정부는 범죄를 줄이기 위해 더 많은 경찰을 고용해야 한다
⑤ 경찰과 범죄의 증가는 모두 국민들의 필요에 의해 야기된다

50 내용일치 ④

첫 번째 단락의 마지막 문장에서 "X가 Y를 야기할 수도 있고, Y가 X를 야기할 수도 있으며, X와 Y 모두가 어떤 다른 요인인 Z에 의해 야기될 수도 있는 것이다."라고 했는데, X와 Y가 연관되어 있다면, Y가 X를 야기할 수도 있고 X와 Y가 다른 요인에 의해 야기될 수 있으므로, ④는 possible이라고 해야 문맥상 적절하다. ⑤ 상관관계가 인과관계를 의미할 가능성은 있다.(may imply)

다음 중 윗글에 대해 사실이 아닌 것은 무엇인가?
① 덴버는 워싱턴 D.C.보다 범죄율이 낮다.
② 설화에 나오는 황제는 의사가 병을 일으킨다고 믿었다.
③ 돈을 더 많이 소비하는 후보자들이 선거에서 이기는 경향이 있다.
④ X와 Y가 연관되어 있을 때 Y가 X를 야기하는 것은 불가능하다.
⑤ 경찰과 범죄 사이의 상관관계는 이 둘 사이의 인과관계를 의미할지도 모른다.

2022 성균관대학교(자연계)

01 ④	02 ⑤	03 ③	04 ③	05 ⑤	06 ④	07 ②	08 ②	09 ①	10 ③
11 ⑤	12 ④	13 ②	14 ⑤	15 ③	16 ③	17 ②	18 ⑤	19 ⑤	20 ②
21 ②	22 ③	23 ①	24 ②	25 ②					

01 동사의 태 ④

grapple은 '(해결책을 찾아) 고심하다, 씨름하다'라는 의미로 쓰일 때 '자동사+전치사'인 grapple with로 사용된다. ④ 앞의 주어 I가 grapple with questions하는 행위의 주체이므로, 마지막 문장은 능동태가 되어야 한다. ④를 grappling으로 고친다. grappled 다음의 like my predecessors는 삽입된 '전치사+명사' 구임에 유의한다.

predecessor n. 전임자 implicit a. 암시된, 내포된

그 당시 나는 이 책을 선정하고 서론을 쓸 때는 전임자들처럼 그 프로젝트에 내재된 질문들과 씨름하게 될 것이라고 생각했다.

02 재귀대명사 ⑤

대시 이하에 지각동사 watching 다음에 '목적어+원형동사' 형태가 병치돼 있는데, 이때 struggle to cheer의 의미상 주어는 watching의 목적어인 them(자녀들)이고 목적어도 them(자녀들)이다. 주어의 행위가 주어 자신에게 미치는 경우, 재귀대명사를 사용하므로, ⑤는 재귀대명사 themselves가 되어야 한다.

parenting n. 육아 first and foremost 다른 무엇보다도 commitment n. 약속; 전념; (돈·시간·인력의) 투입

팬데믹 상황에서 자녀양육을 그렇게 어렵게 만드는 것은 다른 무엇보다도 증가된 시간 투입이 아니다. 그것은 자녀들이 괴로워하는 모습을 가까이서 보는 것, 즉 그들이 위축되고, 스스로 기운을 내려고 노력하며, 살을 빼는 모습을 지켜보는 것조차도 아니다.

03 동의어 ③

claim v. 얻다, 차지하다 maiden a. 최초의(= first) worthy a. 가치 있는, 훌륭한 influential a. 영향력 있는

베스타판(Verstappan)은 아부다비에서 열린 시즌 마지막 경기에서 우승한 후 첫 타이틀을 차지한다.

04 동의어 ③

outpace v. 앞지르다, ~을 능가하다 replenish v. 보충[보급]하다(= restock) stockpile n. 비축량 hoax v. ~을 골탕 먹이다, (남을) 감쪽같이 속이다 truncate v. 길이를 줄이다 attest v. 증명[입증]하다

행정부는 국가의 공급 비축량을 보충하려고 하면서, 코로나 바이러스를 앞지르려고(이기려고) 전력질주하고 있다.

05 동의어 ⑤

unchecked a. 저지되지 않은, 억제되지 않은 disgruntled a. 불만스러워 하는, 언짢은(= discontented) dull a. 둔감한, 우둔한 rustic a. 단순한, 소박한; 교양 없는 incoherent a. 일관되지 않는, 모순된 indigent a. 가난한, 곤궁한

불만을 품은 근로자들을 저지하지 않으면, 그들은 직장에 대한 동료들의 견해를 부정적으로 형성하여, 훨씬 더 많은 근로자들이 자신들의 직업을 싫어할지도 모르는 환경을 조성할 수 있다.

06 논리완성 ④

의약품 공급의 대외 의존도를 줄이고 자국의 산업을 지키기 위해 필요한 사항이 빈칸에 적절한데, 외국에서 수입되는 값싼 제품에 관세를 부과하면 수입품의 가격이 올라 미국의 업체들이 외국 제품과 공정한 경쟁을 벌일 수 있게 될 것이므로 빈칸에는 ④가 적절하다.

overreliance n. 과도한 의존 automate v. 자동화하다 ramp up ~을 늘리다[증가시키다] courageous a. 용감한 step up ~을 증가시키다, 늘리다, 앞으로 나가다 counterfeit a. 위조의, 가짜의 level playing field 공평한 경쟁의 장

전 세계적인 유행병은 미국이 의약품 공급을 위해 아시아에 지나치게 의존하는 것이 매우 위험하다는 것을 증명했다. 미국 장갑 생산업체들의 성공은 업체들이 얼마나 자동화할 수 있는지, 그리고 수요에 맞춰 생산을 늘리거나 줄일 수 있을 만큼 충분히 유연한지에 달려있다. 미국 정부는 의료용 장갑을 포함하여 가짜 제품을 생산하는 사람들을 처벌하고 미국의 경쟁자들이 공평한 경쟁의 장에서 경쟁할 수 있도록 하기 위해 용감하게 나서서 필요한 관세를 부과해야 한다.

① 옹호할 수 없게 되다
② 정품을 생산하다
③ 자비로운 관리로서의 역할을 하다
④ 필요한 관세를 부과하다
⑤ 업계에 만연한 불의에 대해 숙고하다

07 논리완성 ②

monthly premiums(매달 내는 보험료), co-payments(공동 부담금), cost-sharing(비용 분담)은 재정적으로 책임을 져야 할 '부담'이 열거된 것이므로 ② strain이 빈칸에 적절하다. ① 상대 ③ 더미 ④ 과다 ⑤ 접근

skip v. 건너뛰다 prescription n. 처방(전) forgo v. (하고·갖고 싶은 것을) 포기하다 premium n. 보험료, 할증료 cost-sharing n. 비용 분담 disparity n. 차이 stubbornly ad. 완고[완강]하게

2018년에 모든 인종의 많은 미국인들이 비용을 이유로 지난 한 해 치료나 처방을 받지 않았다고 말했다. 저소득 흑인과 백인 성인의 비율이 가장 높았고, 5분의 1 내지 4분의 1이 치료를 포기했다고 말했다. 사람들이 보험에 가입되어 있더라도, 매달 내는 보험료, 공동 부담금 및 기타 비용 분담은 재정적인 부담이 될 수 있다. 사람들의 건강 지수와 관련해서 인종적 격차는 시간이 지나도 여전히 완고하게 지속되고 있었다.

08 논리완성 ②

the signs는 국가들이 관광객들에게 가하는 제한이 점점 느슨해지는 조짐을 일컫는데, 빈칸 다음에서 많은 곳이 여행 제한을 완화하고 있고 객실 이용률이 증가하고 있다고 했다. 따라서 여행 제한을 완화하는 조짐이 '고무적'이라고 볼 수 있으므로 ② encouraging이 빈칸에 적절하다. ① 속이는 ③ 비관적인 ④ 분명치 않은 ⑤ 골치 아픈

come to a standstill 멈추다, 정지하다 onerous a. 아주 힘든; 부담되는 destination n. 목적지 loosen v. 늦추다; 완화하다

항공기 운항이 거의 완전히 멈춘 지 1년 후, 많은 국가들은 국경을 봉쇄했으며, 여전히 관광객을 허용하는 국가들은 힘겨운 제한을 부과했다. 제한을 조금만 완화하여도 반가운 개선이 될 것이다. 그 조짐은 고무적이다. 2020년 9월에 이미 유엔 세계관광기구가 추적한 217개 목적지 중 115곳이 여행 제한을 완화했었다. 전 세계 호텔 객실 이용률은 4월 22%에서 8월 47%로 두 배 이상 증가했다.

09-10

벌의 생존 문제 중 하나는 꿀을 저장하는 것이고, 그래서 벌은 진화를 통해 가능한 최소한의 봉랍(蜂蠟)을 사용하여 최대한의 꿀을 저장하는 공간 패턴을 만들어냈다. 벌의 3차원 공간 패킹(채워 넣기) 시스템은 유동체를 저장하는 매우 효율적인 방법이다.
경제성(효율성)과 생존은 자연에서의 두 가지 핵심어이다. 상황에서 떼어내어 관찰해 보면, 기린의 목은 비경제적으로 긴 것처럼 보이지만, 기린의 먹이의 대부분이 나무 위 높은 곳에 있다는 사실에 비추어 보면 경제적이다. 만약 빛의 흡수가 생존에 필수적이라면, 빛을 흡수하기 위해 크고 비경제적으로 보이는 잎들이 발달된다. 경제성과 생존은 상호작용하는 힘이다. 우리가 자연 속에서 이해하고 감탄하는 아름다움은 결코 임의적이지 않다. 그것은 복잡한 상호작용의 부산물이다. 꽃의 색과 모양은 곤충을 유인하는 꽃의 능력과 직접적인 관련이 있다. 곤충의 색과 형태는 꽃을 배경으로 하여 자신을 위장하는 곤충의 능력과 관련이 있다.

store v. 저장하다 evolution n. 진화 wax n. 밀랍(蜜蠟), 봉랍(蜂蠟) dimensional a. ~차원의 fluid n. 유체(流體), 유동체 out of context 전후 관계를 무시하고 absorption n. 흡수 camouflage v. 위장하다

09 빈칸완성 ①

빈칸 다음 문장의 It은 앞 문장의 Beauty를 가리키는데 그것이 이러한 복잡한 상호작용의 부산물이라 했다. 무엇의 부산물이라는 것은 그것의 결과라는 말이고 그것과 필연적인 인과관계가 있다는 말이며, 필연적인 것은 우연적이거나 임의적인 것이 아니다. 따라서 빈칸에는 ①이 적절하다.

빈칸에 가장 적절한 표현은 ______이다.
① 임의적이지 않은
② 종종 무작위로 결정되는
③ 그들이 하는 일에 의해 정의되지 않는
④ 종종 겉모습으로 예측할 수 있는
⑤ 일생에 걸쳐 끊임없이 변화하고 성장하는

10 글의 요지 ③

기린의 경우 먹이가 나무 위 높은 곳에 있기 때문에 긴 목을 가지게 되었고, 빛의 흡수가 생존에 필수적인 식물의 경우 빛을 흡수하기 위해 큰 잎들이 발달하게 되었다고 예를 들며, 동식물의 형태와 패턴은 생존에 필요해서 그렇게 발달되었다고 설명하는 글이므로 ③이 요지로 적절하다.

이 글의 요지는 ______이다.
① 아름다움은 보는 사람의 눈에 달려 있다
② 생존은 자연을 유지하는 경제적인 방법이 아니다
③ 자연에서의 형태와 패턴은 생존의 필요성과 관련이 있다
④ 식물과 곤충은 생존과 거의 관련이 없는 형태를 발달시킨다
⑤ 기린의 긴 목은 적자생존의 결과이다

11-13

부동산 호황은 주식시장의 호황만큼이나 불가사의한 것처럼 보인다. 부동산 호황이 발생하면, 그에 대한 널리 행해지는 설명이 있다. 그 설명이 반드시 맞는 것은 아니다. 1990년대 후반 이후 많은 곳에서 부동산 가격 급등에 대해 여러 가지 그럴듯한 설명이 제시되어왔다. 그러한 설명 중 하나는 인구증가의 압박이 땅이 모자랄 정도로 생겨났고 그 결과 집값이 치솟았다는 것이다. 그러나 땅이 1990년대 이후부터만 바닥난 것은 아니었다. 인구 증가는 지금까지 꾸준하고 점진적으로 일어났다. 또 다른 이론은 집에 들어가는 노동력, 목재, 콘크리트, 강철 등의 것들의 수요가 너무 많아져서 비싸졌다는 것이다. 그러나 건설비용은 장기적인 추세와 일치하는 것이다. 또 다른 그럴듯한 설명은 부동산 호황이 취약한 세계 경제에 대처하기 위한 노력으로 많은 국가에서 시행된 금리인하 때문이라는 것이다. 그러나 낮은 금리가 확실히 원인이 되는 요인이기는 하지만, 중앙은행은 역사상 여러 번 금리를 인하해왔으며, 그러한 조치가 이렇게 일치된 호황을 일으키지는 않았다.
많은 사람들은 전 세계 많은 지역에서 주택 가격의 호황이 1980년대 일본 도시 지역 땅값의 급격한 호황만큼이나 안 좋게 끝날 것이라고 우려하고 있는데, 당시 일본의 주택 가격은 최고점에 이른 후 10년이 훨씬 넘도록 실질적으로 하락했던 것이다. 그러나 그러한 가격 변동과 그것이 예고하는 것을 이해하는 것은 어려운 문제이다.

real estate 부동산 boom n. (사업·경제의) 붐, 호황 mysterious a. 이해[설명]하기 힘든 glib a. 입심 좋은; 유창한; 그럴듯한 run-up n. (물가 따위의) 상승, 급등 run out of ~을 다 써버리다, ~이 없어지다

steady a. 꾸준한; 한결같은 gradual a. 점진적인 implement v. 이행하다, 실행하다 contributing factor 기여 요인, 도움이 되는 요소 concerted a. 협정된, 합의된; 공동의 portend v. (특히 불길한) 전조[징후]이다

11 빈칸완성 ⑤

빈칸 앞 문장에서 집에 들어가는 것들의 수요가 너무 많아져 그것들의 값(건축비용)이 비싸졌다고 한 다음 역접의 접속사 But이 왔으므로, 집에 들어가는 건축비용은 (급격히 변하지 않고 안정적으로 변하는) 장기적인 추세에서 벗어나지 않고 일치되게 변하는 것이라고 해야 집값의 급등을 설명할 수 없는 것이 되어 문맥상 적절하다. 따라서 빈칸에는 ⑤가 적절하다.

빈칸에 가장 적절한 표현은 ______이다.
① ~와 양립할 수 없는
② ~에 영향을 받지 않는
③ ~와 일치하지 않는
④ ~와 일치하지 않는
⑤ ~와 일치하는(~에서 벗어나지 않는)

12 내용파악 ④

토지 부족, 인구 증가, 금리 인하, 높은 건설비용 등이 부동산 호황(가격 급등)을 일으켰다는 설명이 있다고 했다. 하지만 일본의 경우를 보면 주택 가격이 최고점에 이른 후 10년 넘게 하락했다고 했으므로 ④ '하락하는 도시 땅값'은 부동산 호황에 대한 설명이 아니라, 호황 후의 여파에 대한 설명이다.

이 글에 따르면, ______는/은 부동산 호황에 대해 널리 행해지는 설명이 아니다.
① 토지 부족
② 인구 증가
③ 저금리
④ 하락하는 도시 땅값
⑤ 높은 건설비용

13 글의 요지 ②

토지 부족, 인구 증가, 저금리 등과 같이 부동산 호황에 대한 여러 가지 그럴듯한 설명이 있어왔지만, 실제로는 이 설명들로 인해 부동산 호황이 일어나는 것은 아니라고 설명하고 있다. 따라서 ② "부동산 호황에 대한 일반적인 설명은 종종 정확하지 않다."가 글의 요지로 적절하다.

이 글의 요지는 ______이다.
① 부동산 호황과 증시 호황은 같다
② 부동산 호황에 대한 일반적인 설명은 종종 정확하지 않다
③ 최근의 부동산 호황은 1980년대 일본의 도시 땅값 호황과 비슷하다
④ 최근 세계 여러 지역의 부동산 가격 급등은 걱정스럽다
⑤ 저금리가 부동산 가격 상승의 주요 원인이다

14-16

현재 스스로 민주주의 국가라고 여기는 곳들은 소수의 예외가 있지만 일반적으로 대의제 민주주의라고 알려진 과정에 의해 운영되고 있다. 그 수식하는 형용사(대의제)에 바짝 신경을 쓰고 생각해봐야 한다. 현대 민주주의의 출발점은 모든 분별 있는 성인이 공적인 일의 처리에 있어 동등한 발언권을 가질 권리가 있다는 믿음이다. 어떤 사람들은 다른 사람들보다 부유하고, 어떤 사람들은 더 총명하며, 어느 누구의 관심사도 다른 누군가의 관심사와 완전히 같지는 않다. 그러나 어떻게 통치되어야 하는지를 결정하는 데 있어서 모든 사람은 동등한 목소리를 낼 권리가 있다. 따라서 대부분의 민주주의에서 유권자들이 대통령을 선택하거나 대표를 선출된 의회에 보내는 선거에서 이 목소리가 몇 년에 한 번만 들린다는 사실과, 그 선거들 사이에, 최대 7년의 기간 동안 모든 결정을 내리는 것은 대통령과 국회의원인 반면, 민주주의에 속한 나머지 사람들은 자신과 무관한 승인에 대해 고개를 끄덕이거나 불만스러운 의견 차이에 대해 으르렁거리듯 말하면서 어느 정도 조용히 한쪽에 비켜서 있을 것으로 예상된다는 사실에는 뭔가 이상한 점이 있다. 이것은 시간제 민주주의이다.
몇몇 곳에는 민주주의를 시행하는 다른 방식이 존재하는데, 직접 민주주의라 불린다. 이런 직접적인 민주주의에서는, 선출된 대표들이 선거와 선거 사이의 기간 동안 자기 생각대로 하게 허용되지 않는다. 대부분의 사람들이 동의하지 않는 대표들의 어떤 결정을 취소하거나 때로는 대표들에게 원하지 않거나 생각지도 못했던 일을 하라고 주장함으로써 나머지 국민들은 언제든지 그들에게 잠자코 있으라고(직무를 정지하라고) 명할 수 있다. 이것이 행해지는 절차가 국민투표, 즉 국민 전체의 투표이다.

a handful of 소수의 representative a. 대표하는, 대리의 sit up 자세를 바로 하다[바로 앉다] starting point 출발점 sane a. 제정신인, 분별 있는 be entitled to ~에 대한 권리가[자격이] 주어지다 odd a. 이상한, 특이한 parliamentarian n. 의회 의원 nod v. (고개를) 끄덕이다 irrelevant a. 무관한, 상관없는 growl v. 으르렁거리듯 말하다 straightforward a. 간단한, 쉬운, 복잡하지 않은, 직접의 call ~ to order ~에게 규칙을 지키도록[조용히 하라고] 명하다, 정숙히 할 것을 명하다 machinery n. 조직, 시스템, 기구; 복잡한 일련의 절차 referendum n. 국민 투표, 총선거

14 글의 제목 ⑤

첫 번째 단락에서는 대의제 민주주의를 설명하고, 두 번째 단락에서는 직접 민주주의의 운영 과정에 대해서 설명하고 있으므로 ⑤가 글의 제목으로 적절하다.

이 글의 가장 적절한 제목은 ______이다.
① 왜 민주주의가 작동하지 않는가
② 현대 민주주의가 어떻게 실패했는가
③ 21세기의 민주주의
④ 독재정치를 민주주의로 바꾸는 방법
⑤ 민주주의를 운영하는 서로 다른 두 가지 과정

15 내용파악 ③

대의제 민주주의에서 유권자의 목소리는 대통령을 선택하거나 대표를 선출된 의회에 보내는 선거에서만 들리고, 모든 결정을 내리는 것은 대통령과 국회의원이라고 했다. 따라서 필자가 대의제 민주주의를

시간제 민주주의라고 주장한 것은 사람들의 목소리, 즉 유권자의 목소리가 선거에서만 들리기 때문이므로 ③이 정답이다.

이 글에서 필자는 ______ 때문에 대의제 민주주의의가 시간제 민주주의라고 주장한다.
① 대부분의 의원들이 시간제로 근무하기
② 어떤 사람들은 투표가 허용되지 않기
③ 국민의 목소리가 선거에서만 들리기
④ 모든 사람이 공적인 일에 있어서 동등한 발언권을 가지기
⑤ 사람들이 언제든지 의원들의 몇몇 결정을 취소할 수 있기

16 부분이해 ③

left to one's own devices는 '제멋대로 하도록 허용된'이란 의미이므로 ③이 정답이다.

밑줄 친 "left to their own devices"는 ______이라는 의미이다.
① 변함이 없게 허용된
② 변화에 저항하게 허용된
③ 그들이 원하는 대로 하게 허용된
④ 그들의 지위를 유지하게 허용된
⑤ 정권을 유지하게 허용된

17-18

일반적으로 세상에 대한 진술에는 두 가지 유형이 있다. 한 가지 유형은 실증적인 것이다. 실증적 진술은 서술적이다. 그 진술들은 세상이 어떠한지에 대해 주장한다. 두 번째 진술 유형은 규범적이다. 규범적 진술은 명령적이다. 그 진술들은 세상이 어떻게 되어야 하는지에 대해 주장한다. 실증적 진술과 규범적 진술의 주요 차이점은 우리가 그 진술들의 타당성을 판단하는 방법이다. 원칙적으로 우리는 증거를 조사함으로써 실증적 진술들을 확인하거나 반박할 수 있다. 이와 대조적으로 규범적 진술을 평가하는 것은 사실뿐만 아니라 가치도 포함한다. 어떤 것이 좋은 정책인지 혹은 어떤 것이 나쁜 정책인지 결정하는 것은 단지 과학의 문제가 아니다. 그것은 또한 윤리, 종교, 그리고 정치 철학에 대한 우리의 견해를 포함한다.
실증적 진술과 규범적 진술은 근본적으로 다르지만, 한 사람의 신념 안에서, 그 진술들은 종종 서로 얽혀있다. 특히, 세상이 어떻게 돌아가는지에 대한 실증적 관점은 어떤 정책이 바람직한지에 대한 규범적인 관점에 영향을 미친다. 예를 들어, 최저 임금이 실업을 야기한다는 주장이 사실이라면, 정부가 최저임금을 올려야 한다는 결론을 거부하게 할 수도 있다. 그러나 규범적 진술은 실증적인 분석에서만 나올 수는 없다. 그 진술들은 가치 판단도 수반한다.

descriptive a. 서술[묘사]하는 positive a. <철학> 실증적인; 긍정적인 normative a. 규범적인 prescriptive a. 규정[명령, 지시]하는 validity n. 유효함, 타당성 refute v. 논박[반박]하다 ethics n. 윤리, 도덕 intertwine v. 뒤얽히다 desirable a. 바람직한, 가치 있는 minimum wage 최저 임금

17 빈칸완성 ②

they는 normative statements를 가리는 대명사이며, 첫 단락 끝에서 두 번째 문장에서 규범적 진술을 평가하는 것은 사실뿐만 아니라 가치도 포함한다고 했으므로 ②가 정답이다.

빈칸에 가장 적절한 것은 ______이다.
① 사실과 의견
② 가치 판단
③ 검증 가능한 가설
④ 과학의 문제
⑤ 객관적인 세계관

18 내용파악 ⑤

"우리가 증거를 조사함으로써 실증적 진술들을 확인하거나 반박할 수 있다."고 했으므로 ⑤가 정답이다.

이 글에 따르면, 실증적 진술은 ______.
① 규범적이다
② 주관적인 의견의 진술이다
③ 규범적인 진술과 다르지 않다
④ 문화와 사회에 대한 우리의 견해에 영향을 받는다
⑤ 증거를 조사함으로써 검증되거나 수정되거나 거부될 수 있다

19-20

헤지 펀드 회사인 시타델의 사장인 켄 그리핀(Ken Griffin)은 젊은이들에게 재택근무를 하지 말라고 경고한다. "원격 근무 환경에서는 경력을 발전시키는 데 필요한 관리 경험과 대인 관계 경험을 갖는 것이 매우 어렵습니다."라고 그는 말한다. 가상 업무는 사일로를 고착화시킬 위험이 있다. 즉, 사람들은 이미 알고 있는 동료와 시간을 보낼 가능성이 더 높다. 기업 문화는 3차원에서 흡수하기가 더 쉬울 수 있다. (타인과의) 깊은 관계는 응답이 느린 인터넷 접속 환경에서 형성하기 더 어렵다. 2010년 한 연구는 공동 집필자들 사이의 물리적 근접성이 과학 논문의 영향에 대한 좋은 예측 변수임을 확인했다. 집필자들 사이의 거리가 멀수록, 인용될 가능성이 더 적었다. 원격 근무의 전도사들도 시간을 내어 물리적인 모임을 갖는다. "디지털 제일주의라고 해서 전혀 대면하지 않는다는 것을 의미하지는 않는다."

incredibly ad. 믿을 수 없을 정도로, 엄청나게 managerial a. 경영[관리, 운영]의 interpersonal a. 대인관계에 관련된 laggy a. 응답이 느린 evangelist n. 전도사

19 부분이해 ⑤

entrench는 '(생각·관례·권리 등을) 흔들리지 않게[확고하게] 하다'의 의미이며, silo는 '미사일과 그 발사 장치의 지하 격납 설비'로 여기서는 폐쇄되고 고립된 환경을 의미한다. 따라서 밑줄 친 표현은 이런 업무 환경을 확고하게 한다는 의미이므로 ⑤가 정답으로 적절하다.

밑줄 친 "entrenching silos"는 ______을 의미한다.
① 새로운 경계를 설정하는 것
② 다른 조직 사람들과 협력하는 것
③ 대규모 조직에서의 의사소통을 지원하는 것
④ 자주 교류하지 않는 사람들 사이의 협력을 지원하는 것
⑤ 다른 사람들과 떨어져 기능하는 고립된 집단을 확립하는 것

20 빈칸완성 ②

2010년 연구에서 확인한 연구 결과가 콜론 다음에 이어지는데, "공동 집필자들 사이의 거리가 멀수록, 논문이 인용될 가능성이 더 적었다."고 했으므로 이는 연구자들 사이의 물리적 근접성을 의미함을 알 수 있다. 마지막 문장도 대면의 중요성에 대해서 설명하고 있으므로 빈칸에는 ② proximity가 적절하다. ① 재산 ③ 솔직함 ④ 자세 ⑤ 신랄함

21-23

이산화탄소는 적외선을 흡수한다. 지구 표면은 적외선을 방출함으로써 서늘해진다. 대기 중에 이산화탄소가 더 많아지는 것은 이 과정을 어렵게 하므로, 이는 지구가 더 따뜻해지는 것을 의미하게 된다. 19세기 중반 이후 이산화탄소의 증가는, 산업 및 농업 생산과 메탄, 아산화질소, 그리고 프레온가스와 염화불화탄화수소와 같은 공업용 가스 등의 또 다른 온실 가스의 방출과 함께, 지구의 평균 표면온도를 1.1℃ 내지 1.2℃ 증가시켰다.
이것은 이미 농작물 수확량에 악영향을 끼쳤으며, 이 악영향은 이산화탄소 수준의 증가로 인한 모든 혜택을 능가한다. 그것은 가뭄과 폭염의 빈도, 강도, 지속시간을 증가시키고 있다. 그것은 거대한 영구 동토층 지대를 영구적이지 않게 만들었고 산악 빙하를 집어 삼켰으며 북극해의 다년 결빙 지역을 90% 감소시켰다. 그것은 그린란드와 서부 남극의 거대한 대륙 빙하를 불안정하게 만들고 중형급 허리케인이 가장 강력한 폭풍으로 발달하는 것을 더욱 쉽게 만들고 있다. 그것은 또한 심해의 영양분이 바다 표면 가까이에서 그 영양분에 의존하는 생물에게 도달하는 것을 더 어렵게 만들고 산소 수준을 감소시키고 있다. 해수면은 매 3년 정도마다 1센티미터씩 상승하고 있다. 이산화탄소 수준의 변화가 인류에 의해, 주로 화석 연료의 연소뿐 아니라 숲과 또 다른 자연 생태계를 농경지로 전환하는 것을 통해 초래되었다는 것은 의심의 여지가 없다. 이러한 활동이 현재의 형태로 계속되는 한, 이산화탄소 수준은 계속 상승할 것이며, 세계는 역사적인 상태에서 더 멀리 더 해롭게 멀어져갈 것이다.

carbon dioxide 이산화탄소 absorb v. 흡수하다, 받아들이다 infrared radiation 적외선 emit v. (빛·열·냄새·소리 따위를) 내다, 발하다, 방출하다 cool down 서늘해지다[하게 하다]; 식다 in concert with (~와) 제휴[협력]하여 greenhouse gas 온실 가스 nitrous oxide 아산화질소 adverse a. 부정적인, 불리한 crop yield 곡물 수확량 outstrip v. 능가하다, 앞서다 drought n. 가뭄 heat wave 장기에 걸친 혹서(酷暑) tract n. (넓은) 지역[지대] impermanent a. 영구적이 아닌, 영속하지 않는 gobble up ~을 눈 깜짝할 사이에 쓰다[잡아먹다] destabilize v. (체제·국가·정부 등을) 불안정하게 만들다 ice sheet (육지를 덮고 있는) 빙상, 대륙 빙하 nutrient n. 영양소, 영양분 fossil fuel 화석 연료 conversion n. 전환, 변환

21 빈칸완성 ②

이산화탄소는 적외선을 흡수하는데, 지구 표면이 적외선을 방출함으로써 식는다고 했다. 그런데 이산화탄소가 더 많아지게 되면, 더 많은 적외선을 흡수하여 지구 표면이 식지 못하게 되는 결과를 만들 것이다. 따라서 더 많은 이산화탄소는 지구가 더 따뜻해지게 할 것이므로 빈칸에는 ②가 적절하다.

빈칸에 가장 적절한 표현은 ______이다.
① 대기 오염의 증가
② 더 따뜻한 지구
③ 거주할 수 있는 지구
④ 보다 선진화된 국가들
⑤ 생태계 파괴

22 내용파악 ③

이산화탄소의 수치가 증가하면서, 해수면이 상승하고, 지구 표면 온도가 증가하고, 그린란드의 거대한 대륙 빙하를 불안정하게 만들고, 가뭄과 폭염의 빈도, 강도가 증가했다고 했다. 하지만 메탄과 같은 온실 가스의 방출은 이산화탄소 수준 증가의 결과가 아니라 원인이므로 ③이 정답이다.

이 글에 따르면, ______은 이산화탄소 수준 증가의 결과가 아니다.
① 해수면 상승
② 지구 표면 온도의 증가
③ 메탄과 같은 온실 가스의 방출
④ 그린란드의 거대한 대륙 빙하의 불안정화
⑤ 가뭄과 폭염의 빈도 증가

23 부분이해 

밑줄 친 these activities의 앞 문장에서 이산화탄소 수준의 변화는 주로 화석 연료의 연소뿐 아니라 숲과 또 다른 자연 생태계가 농경지로 전환되는 것을 통해 초래되었다는 것은 의심의 여지가 없다고 했다. 숲이나 다른 자연 생태계가 농경지로 개간되기 위해서는 삼림 벌채가 일어날 것이므로 these activities의 예로 적절한 것은 ①이 정답이다.

밑줄 친 "these activities"의 예는 ______이다.
① 삼림 벌채
② 이산화탄소 수준의 감소
③ 작물 수확량 증가
④ 화석 연료 사용의 제한
⑤ 지구 온난화의 원인을 이해하기

24-25

포커 게임의 기본 원칙은 간단하다. 플레이어들이 자신의 패를 숨기고 게임을 하다가 마침내 마지막 패를 보일 때가 되었을 때 가장 좋은 패를 가진 플레이어가 내기에 건 누적된 모든 돈 전부를 차지하는 것이다. 각 플레이어는 게임을 계속하기 위해서 계속 베팅을 해야 하지만, 일부는 마지막 패를 보일 때 훨씬 더 많은 돈을 잃는 위험을 감수하는 것보다 약간의 돈을 몰수당하기를 더 선호하여 도중에 게임을 포기한다. 만약 다른 모든 플레이어가 모두 포기하면, 패를 보여주지 않고도 게임에 건 돈 전부를 차지할 수 있다.
만약 당신이 포커 게임을 하고 있다면, 당신의 기본적인 도전 사항은 게임을 계속하기 위해 돈을 걸 가치가 있는지를 알아내는 것이다. 확률론으로는 잘 되지 못할 것이다. 당신이 쥐고 있는 패가 포커 판에 숨겨져 있는 다른 사람의 패보다 더 좋을 가능성을 계산하는 것만으로는 충분치 않다. 당신은 상대방의 수를 분석할 필요가 있다. 적은 돈을 거는 것이 약점(나쁜 패)의 표시인가? 아니면 당신으로 하여금 숨겨진 강점(좋은 패)에 대해

(상대의 강점을 못 보고) 판돈을 올리도록 유혹하는 속임수인가? 큰 판돈이 좋은 패를 가지고 있다는 것을 의미하는가 아니면 허세에 불과한 것인가? 동시에 상대방이 당신이 거는 돈을 판단하려고 할 것이라는 점을 당신은 인식해야 하고 당신은 예측할 수 있는 사람이 되지 않도록 주의해야 한다.

showdown n. (포커에서) 패를 모두 내보이기 pot n. (트럼프 게임에서) 건 돈 전부 accumulated a. 축적된, 누적된 bet n. 내기; 내기 돈 along the way 그 과정에서 forfeit v. ~을 잃다 probability n. 개연성, 확률 get someone far 성공하게 하다 odds n. (노름에서) 승률; (건 돈의) 비율 hand n. (가진) 패, (패를 가지고) 승부에 참가하는 사람 stakes n. 내기; 내기에 건 돈, 내기의 밑천 interpret v. 이해하다, 판단하다

24 빈칸완성 

바로 앞에서 '상대방이 당신이 거는 돈을 판단하려고 할 것이라는 점을 당신은 인식해야 한다'고 했다. 당신에 대한 상대방의 판단을 좌절시키려면 당신은 상대방이 당신을(당신의 패나 수나 거는 돈을) 제대로 판단하지 못하도록 예측 불가능하게 게임을 해야 할 것이다. 따라서 ② predictable이 빈칸에 적절하다. ①, ④, ⑤는 당신이 상대방을 잘못 판단하게 되는 것이다. ① 남을 잘 믿는 ③ 속마음을 알 수 없는 얼굴을 한 ④ 유혹에 넘어가는 ⑤ 허세에 넘어가는

25 내용일치 

"적은 돈을 거는 것이 약점의 표시인가? 아니면 당신으로 하여금 숨겨진 강점에 대해 판돈을 올리도록 당신을 유혹하는 속임수인가?"라고 했으므로 적은 판돈은 정말로 안 좋은 패를 가지고 있다는 것을 의미할 수도 있지만, 좋은 패를 갖고 있다는 것을 숨겨서 판돈을 올리도록 유혹하는 속임수 일수도 있다. 따라서 ②가 이 글의 내용과 일치하지 않는다.

윗글에서 사실이 아닌 것은 무엇인가?
① 내기에 건 큰돈은 좋은 패 또는 허세를 의미한다.
② 적은 판돈은 플레이어가 안 좋은 패를 가지고 있다는 것을 의미한다.
③ 플레이어는 패를 모두 내보이는 때가 된 후에 자신들의 패를 보여준다.
④ 플레이어는 패를 모두 내보이기 때가 되기 전에 게임을 포기하면 건 돈 모두를 잃는다.
⑤ 패를 모두 내보이는 때 가장 좋은 패를 가지고 있는 플레이어는 내기에 누적된 모든 돈을 차지한다.

2021 성균관대학교(인문계 A형)

01 ③	02 ②	03 ④	04 ③	05 ①	06 ⑤	07 ②	08 ④	09 ①	10 ⑤
11 ①	12 ③	13 ②	14 ③	15 ④	16 ③	17 ②	18 ④	19 ②	20 ④
21 ③	22 ⑤	23 ②	24 ⑤	25 ②	26 ③	27 ②	28 ④	29 ④	30 ④
31 ⑤	32 ①	33 ④	34 ③	35 ①	36 ⑤	37 ①	38 ③	39 ①	40 ④
41 ③	42 ④	43 ②	44 ④	45 ⑤	46 ⑤	47 ②	48 ④	49 ③	50 ①

01 동의어 ③

commensurate with ~에 상응한, 비례한(= proportionate to)

그 처벌은 범죄의 심각성에 상응하지 않았다.

02 동의어 

see red 격노하다(= become angry) jealous a. 질투하는 prejudiced a. 편견이 있는 sensitive a. 세심한; 예민한 enamored a. ~에게 반한, 사랑에 빠진

패트릭이 메리와 같이 있다는 생각만 해도 그녀는 매우 화가 났다.

03 동의어 

board n. 위원회 candidate n. 후보자 officially declare 공식적으로 선언[선포, 공표]하다(= promulgate) determine v. 결심하다, 결정하다 investigate v. 조사하다, 연구하다 distribute v. 분배하다

선거위원회가 후보자 명단을 공식적으로 발표하는 대로, 완벽한 보고서를 드리겠습니다.

04 동의어 

caliber n. 능력(= capability) range n. 범위 method n. 방법; (일의) 순서

뮤지컬에서 그녀는 노래가 아니라 연기력으로 매우 유명한 여배우이다.

05 동의어 ①

facility n. 시설; 능력(= ability) genius n. 천재 convenience n. 편의 ease n. 쉬움, 용이함 option n. 선택

연관이 전혀 없는 것들을 관련지어 생각하는 능력으로 인해 천재들은 다른 사람들이 놓친 것들을 볼 수 있다.

06 동의어 ⑤

stoic n. 금욕주의자 adversity n. 역경(= difficulty) unflinching a. 굽히지 않는 fortitude n. 용기 opposition n. 반대; 대립

그는 금욕주의자다. 고통이나 슬픔을 불평 없이 견디며, 역경에도 불굴의 용기로 대처한다.

07 상태를 나타내는 과거분사 

주어는 English이고 동사는 is used이다. 대륙에 흩어져 사는 사람들이라는 의미이므로, 상태를 나타내는 과거분사를 써서 400 million people (who are) scattered ~으로 써야 한다. '관계대명사 + be동사'는 흔히 생략한다. ②를 scattered로 고친다.

scatter v. 분산시키다; 흩어지다 continent n. 대륙, 육지

모든 대륙에 흩어져 있는 4억 명이 넘는 사람들의 모국어인 영어는 전 세계적으로 일곱 명 중 한 명이 어떤 식으로든 사용하고 있으며, 역사상 가장 널리 사용되고 있는 언어이다.

08 ascribe A to B 

ascribe는 'ascribe A to B(A를 B의 것으로 여기다)'의 형식을 취한다. 따라서 ④를 to로 고친다.

ascribe v. (원인·동기 등을) ~에 돌리다, ~에 기인하는 것으로 하다 contemplate v. 숙고하다 congenial a. 마음에 맞는

그의 소설들의 지속적인 인기는 그 소설들이 반복적으로 고려하는 주제와 그 소설들이 자신의 것으로 여기고 있는 가치들을 많은 독자들도 반복해서 숙고하고 마음에 맞는다고 생각하고 있다는 것을 암시한다.

09 분사구문의 주어와 주절의 주어의 일치 

분사구문의 생략된 주어는 주절의 주어 I이며, 이것은 look back하는 행위의 주체이므로 능동을 나타내는 현재분사를 써야 한다. ①의 Looked를 Looking으로 고친다.

be struck by ~에 깜짝 놀라다 confidence n. 확신; 신뢰

내가 40대 중반에 썼던 글들을 지금 돌이켜보면 대체로 문명의 성격과 문화의 발전 방식과 같은 문제들에 대해 내가 얼마나 많은 확신을 갖고 말했는지 깜짝 놀라게 된다.

10 부사의 비교급 ⑤

부사의 비교급이나 최상급에는 원칙적으로 the를 붙이지 않는다. 따라서 ⑤를 more로 고쳐야 한다.

circulate v. 순환시키다 oxygen n. 산소 organ n. (생물의) 기관(器官), 장기(臟器) efficiently ad. 효과적으로

운동 중에 심장 박동을 증가하게 하는 것은 몸이 근육과 장기에 혈액과 산소를 더 효과적으로 순환시키도록 하는 데 도움을 준다.

11 access to ①

명사 access 다음에는 관용적으로 전치사 to를 쓴다. 따라서 ①을 to로 고쳐야 한다.

assert v. 단언하다; 강력히 주장하다 access n. 접근, 출입 revolve around ~을 중심으로 하다 punish v. 벌하다, 응징하다

모든 사람이 부, 건강, 기회에 평등하게 접근할 수 있어야 한다고 주장하는 사회 정의는, 현대의 관행에서 어떤 주어진 개인의 선택이나 행위와는 상관없이, 역사적 사건, 현재의 조건, 집단 관계에 관한 가치 판단에 근거하여, 서로 다른 인구 집단을 선호하거나 처벌하는 것을 중심으로 하고 있다.

12 논리완성 ③

첫 문장에서부터 잠재력과 실제 업무 성취도를 구별하라고 했고, 결국 중요한 것은 업무 성취도라고 했으므로, 능력이 아니라 성취한 업무를 언급한 ③이 정답으로 적절하다.

common knowledge 상식 go hand in hand 어울리다 potential a. 잠재적인 fall down on 실패하다 mediocre a. 평범한, 보잘것없는 industry n. 근면 loyalty n. 충성심 test n. 기준 efficiency n. 능률, 유능 appraisal n. 평가

어떤 일을 할 수 있는 능력과 그 일의 성취도가 항상 일치하지는 않는다는 것은 상식이다. 엄청난 잠재력이 있는 사람이 게으르거나 일에 관심이 없어서 때때로 실패하는 반면에, 평범한 재능을 가진 사람이 근면과 고용주의 이익에 대한 충성을 통해 뛰어난 성과를 이루기도 한다. 따라서 모든 직원에 대한 최종적인 기준은 그 사람의 업무 성취도라는 것이 명백하다. 직원의 능률은 그 사람이 성취한 업무를 평가하는 것에 의해 가장 잘 측정된다.

① 그 사람의 자기 일에 대한 관심을 평가하는 것
② 그 사람의 고용주에 대한 충성을 평가하는 것
③ 그 사람이 성취한 업무를 평가하는 것
④ 그 사람이 자기 일을 성취할 수 있는 잠재력을 평가하는 것
⑤ 그 사람의 인성과 능력을 평가하는 것

13 논리완성 ②

두 문장이 but으로 연결돼 있으므로, 두 문장의 의미가 서로 반대 혹은 대조를 이루어야 한다. 이러한 의미를 만들어 주는 단어들로 짝지어져 있는 ②가 정답으로 가장 적절하다.

overtake v. 덮치다 atonement n. 보상 impunity n. 처벌받지 않음 retribution n. (나쁜 행동에 대한) 응보, 보복, 앙갚음 enthusiasm n. 열중, 열광 validity n. 정당성 attrition n. 마찰; 회오(悔悟)

그는 수년간 악행을 저지르고도 처벌받지 않았지만, 결국 그 악행에 대한 응보가 그를 덮쳤다.

14 논리완성 ③

'원인-결과'의 논리 구조를 만드는 ③이 빈칸에 적절하다. 정찰병이 택한 아무도 가지 않은 길은 위험하기 때문에 결과적으로 병사들이 걱정한 것이다. detour(우회로)는 빙 둘러 가면 시간이 많이 걸릴 뿐 위험한 것은 아니므로 부적절하다.

scout n. 정찰병 platoon n. 소대 considerable a. 상당한 revulsion n. 불쾌감 postulate v. 가정하다 agitation n. 마음의 동요; 선동 untrodden a. 밟히지 않은, 인적미답의 apprehension n. 우려, 걱정 validate v. 유효하게 하다 bewilderment n. 당황

그 정찰병이 아무도 가보지 않은 길을 택해서 자신의 부대로 돌아갔기 때문에, 병사들은 그의 운명에 대해 크게 걱정했다.

15 논리완성 ④

빈칸에 들어갈 단어에 대해 portents(징조, 전조)라는 말로 부연설명을 했으므로, 빈칸에는 이와 유사한 ④ premonition(사전 경고, 예고)이 적절하다.

foreshadowing n. 전조 sow v. 씨를 뿌리다 furrow n. 경작지, 밭고랑 ominous a. 불길한 portent n. 징조 triumph n. 승리; 대성공 disaster n. 재해, 재난 glimpse n. 흘끗 봄[보임] premonition n. 사전 경고 supernatural a. 초자연적인

일반 소설에서 전조란 이후의 이야기 줄거리라는 경작지에 작은 힌트를 뿌리는 작가의 책략을 가리킨다. 하지만 판타지 문학에서는 사전 경고라는 더 강력한 도구가 있다. 이것은 앞날의 승리 혹은 재난에 대한 불길하고, 때로는 무시무시한 징조이다. 그것은 거울에 어둡게 보이긴 하지만, 미래를 직접 흘끗 보여주는 것이다.

16 논리완성 ③

고용주의 관심을 끄는 것이 입사지원서의 목적이라고 했는데, 고용주의 관심은 회사 즉, 자신에게 유익을 주는 사원을 채용하는 일일 것이다. 따라서 ③이 빈칸에 적절하다.

a letter of application 입사지원서 sales letter 판매편지(인쇄물을 특정 사람들에게 우편으로 전달하는 직접 광고(DM)의 일종) grant v. 부여하다 present v. 제공하다, 주다; 내놓다

입사지원서는 당신이 판매원인 동시에 상품이 되는 판매 편지다. 왜냐하면, 지원서의 목적이 고용주의 관심을 끌고 고용주를 설득하여 당신에게 인터뷰 기회를 주도록 만드는 것이기 때문이다. 이를 위해, 그 편지는 당신이 고용주에게 무엇을 줄 수 있는지를 제시해야 한다.

① 그 일에서 당신이 무엇을 원하는지
② 당신의 재정 상황이 어떤지
③ 당신이 고용주에게 무엇을 줄 수 있는지
④ 일에 대한 당신의 태도
⑤ 일에 대한 당신의 관심

17 논리완성 ②

"아무런 주장도 하지 않는데도 어떤 주장을 하는 듯 보이기 위해 모호한 말을 사용한다."는 말을 역으로 생각하면, 모호한 말은 아무런 주장도 하지 않는 것으로 보이지만 실제로는 어떤 주장, 즉 광고주가 원하는 말을 하고 있는 것이다. 따라서 ②가 빈칸에 적절하다.

weasel words 모호한 말 weasel n. 족제비; 교묘한 속임수[계략] suck v. 빨다 means n. 수단 be instrumental in ~에 도움이 되다

광고주들은 제품에 대해 사실은 아무런 주장도 하지 않는데도 어떤 주장을 하는 듯 보이기 위해 모호한 말을 사용한다. 모호한 말(weasel words)이란 족제비가 다른 동물의 둥지에서 알을 먹는 방식에서 유래했다. 족제비는 알에 작은 구멍을 내고, 속을 빨아먹은 후 그 알을 둥지에 되돌려놓는다. 알을 자세히 살펴볼 때만 그 안이 비어 있다는 것을 발견할 수 있다. 모호한 말은 광고에 바로 이런 방식으로 사용된다. 모호한 말을 꼼꼼히 살펴보라. 그래야 그 말이 족제비가 빨아먹은 알처럼 속이 텅 비어 있다는 사실을 발견하게 될 것이다. 모호한 말은 어떤 말을 하는데도 사실은 정반대의 말을 하거나 아무 말도 하지 않는 것이다.

① 광고 수단으로 조심스럽게 사용되어야 한다
② 어떤 말을 하는데도 사실은 정반대의 말을 하거나 아무 말도 하지 않는 것이다
③ 가장 어려운 광고 도구이다
④ 광고주들의 이해에 관심이 없다
⑤ 소비사회를 규정하는 데 유용하다

18 논리완성 ④

계속해서 발전하고 있으니, 미래에는 지금의 것이 발전이 덜 이루어진 것으로, 즉 '미개한' 것으로 보일 수 있다. 따라서 ④가 빈칸에 적절하다.

ethics n. 윤리학; 윤리 evidence n. 증거 hand down 전승하다 evolve v. 진화하다 come to an end 끝나다 ethical code 윤리 규범 in times to come 미래에는 unsatisfactory a. 만족스럽지 못한 precursory a. 전조의, 때 이른 barbarous a. 야만적인, 미개한

인간의 역사에 대한 연구는 윤리와 종교에 대한 놀라운 발전이 계속되어왔다는 것을 보여준다. 이것들이 완벽한 형태로 하늘에서 떨어졌다는 만족스러운 증거는 없다. 하지만 이것들이 계속 발전해왔으며 그 과정이 아직 끝나지 않았음을 보여주는 근거는 충분하다. 요즘의 몇몇 윤리 규범과 종교적 관행은 아마도 미래에는 미개한 것으로 간주될 것이다.

19 논리완성 

'some ~ other …' 구문에서는 전후에 서로 반대되는 내용이 와야 한다. 뒤에서 '경제성장에 필요하다'라고 전통의 변화를 긍정적으로 말했으므로, 앞에서는 전통의 변화를 '부정적'으로 말해야 한다. 따라서 ②가 빈칸에 적절하다.

nap n. 낮잠 siesta n. (점심 후의) 낮잠, 시에스타

시에스타는 낮잠 즉, 한낮에 짧은 시간 동안 자는 것을 뜻하는 스페인말이다. 스페인과 라틴 아메리카의 많은 사람은 오후에 점심을 먹고 시에스타를 가진다. 과거에는 스페인 사람 대부분이 매일 시에스타를 즐겼다. 이 전통이 여전히 인기 있기는 하지만 과거보다 시에스타를 즐기기 위해 일을 중단하는 사람은 상당히 줄어들었다. 특히 마드리드나 바르셀로나와 같은 대도시에서는 많은 전문직 종사자들이 점심식사를 위한 짧은 휴식만을 가지고는 9시에서 5시까지 일한다. 몇몇 사람들은 기업들이 직원들에게 하루 중에 긴 점심과 시에스타를 허용하지 않는 것에 대해 스페인이 풍부한 문화 중 일부를 잃고 있다고 생각한다. 그러나 다른 사람들은 이러한 변화가 스페인의 경제 성장을 위해 필요하다고 생각한다.

① 스페인이 세상의 추세를 따르고 있다
② 스페인이 풍부한 문화의 일부를 잃고 있다
③ 스페인 사람들이 더 부지런해지고 있다
④ 스페인의 생활 방식은 시대에 뒤떨어진다
⑤ 스페인의 전통은 바뀌어야 한다

20 논리완성 

앞에서 정체성 형성과 성장이 사춘기에 국한되지 않는다고 했으므로, 평생에 걸쳐 성장한다는 ④가 빈칸에 적절하다.

identity n. 정체성 be confined to ~에 국한되다 adolescence n. 사춘기 tackle v. (일·문제 따위에) 달려들다, 달라붙다, 씨름하다

정체성 의식의 발달이 십대 시절의 중요한 부분이기는 하지만, 에릭슨(Erickson)은 정체성의 형성과 성장이 사춘기에만 국한된다고 믿지 않았다. 그 대신, 정체성은 사람들이 새로운 도전에 직면하고, 다양한 경험과 씨름하면서 평생에 걸쳐 변화하며 성장한다.

① 환경에 의해 규정된다
② 사람들이 무엇을 하느냐에 의해 정의된다
③ 그들의 성격에 의해 드러난다
④ 평생에 걸쳐 변화하며 성장한다
⑤ 우리의 인생관을 형성한다

21 논리완성 

바로 앞 문장에서 왕족과 정치인뿐만 아니라 다른 많은 이들도 역사와 관련이 있다고 했으므로, 이들도 역사에 기록될 자격과 권리가 있음을 이야기하고 있는 ③이 빈칸에 적절하다.

point n. 목적; 요점 constitution n. 헌법 concentrate on 집중하다 parliament n. 의회 involve v. 수반하다, 포함하다

대부분의 역사책은 왕이나 여왕, 그리고 지도자에 대해 많은 이야기를 들려준다. 오랫동안 영국 역사가들은 역사를 읽는 유일한 목적이 영국 헌법이 어떻게 발전되었는지를 알아내기 위해서라고 생각했다. 따라서 이들은 의회와 법에 집중하고 다른 모든 것은 완전히 무시해버렸다. 좀 더 최근 들어 역사가들은 왕족이나 정치인뿐 아니라 훨씬 더 많은 이들이 역사와 연관되어 있다는 것을 지적하고 있다. 역사에는 자신의 역사를 들려줄 권리를 가진 온갖 종류의 사람들이 있다.

① 사회적 지위가 향상된
② 또한 의회에 참여했던
③ 자신의 역사를 들려줄 권리를 가진
④ 자신의 삶이 역사적 운동에 의해 규정된
⑤ 또한 영국 헌법의 발전에 기여한

22 문맥상 적절하지 않은 단어 고르기 ⑤

앞 문장에서 글로벌한 안목을 가져야 한다고 했으므로, 세상은 점점 좁은 장소가 되고 있다고 해야 한다. 따라서 Ⓔ는 larger가 아니라 smaller가 되어야 적절하다.

record-shattering a. 기록을 깨는, 기록적인 hesitant a. 머뭇거리는, 주저하는 rotation n. 라디오 방송국에서의 반복적인 취급(= repeated play on a radio station) dismiss v. (고려할 가치가 없다고) 묵살[일축]하다

BTS의 기록적인 성공에도 불구하고 라디오는 대체로 K-pop을 반복적으로 틀어주기를 꺼리고 있다. 알파 미디어의 베커(Becker)는 자신의 라디오 회사가 이것을 어디에서부터, 어떻게 바꿔야 할까를 열심히 연구하고 있다고 말한다. “사람들은 주로 영어로 되어있지 않은 노래들은 종종 무시해버리죠. 그런데 제가 다시 제기하는 문제는, 만약에 작년에 가장 많이 라디오에서 들은 노래가 ‘데스파시토(Despacito)’이었는데도, 영어가 아닌 노래를 왜 더 많이 틀 수 없는가? 하는 것입니다.”라고 그는 말한다. 물론 슈퍼주니어의 K-pop/라틴크로스오버의 성공이 보여주었듯이 미국이 K-pop의 유일한 목표 시장은 아니다. “음악 애청자들은 저희가 글로벌한 안목을 갖기를 기대하기 시작하고 있습니다. 프로그래머로서 저희는 세상이 예전보다 훨씬 더 <넓은> 곳이라는 사실을 좀 더 깨닫고 있습니다.”라고 위틀은 말한다.

23 문맥상 적절하지 않은 문장 고르기 ②

새로운 동네가 마음에 드는 이유를 설명하는 글인데, ②는 새집 내부의 공간 활용과 관련된 내용이므로 ②가 문맥상 적절하지 않은 문장이다.

go for a walk 산책하다 roomy a. 널찍한; 여유가 있는

새집의 입지조건이 내 마음에 든다. 우선, 동네가 안전해서 밤에도 산책을 즐길 수 있다. 동네 사람들 대부분이 밤에도 문을 잠그지 않는다. <새집은 워낙 널찍해서 가구를 좀 더 사야겠다는 생각이 든다.> 게다가 동네가 편리한 위치에 있다. 많은 상점과 레스토랑이 근처에 있다. 몇 마일 안에 도서관과 헬스클럽도 있다. 무엇보다도, 동네 사람들이 좋다. 그들은 친절하고, 우리 동네를 안전하고 청결한 상태로 유지하고 싶어 한다.

24 글의 요지 ⑤

But으로 시작하는 세 번째 문장이 주제문이다. 이력서에서든, 질문서에서든, 에세이에서든, 당신의 말을 통로로 이용하여 당신 자신의 생각을 표현하라는 내용이다. 따라서 ⑤가 글의 요지로 적절하다. ③ 객관적이 아니라 주관적으로 표현해야 한다.

conduit n. 도관(導管) resume n. 이력서 questionnaire n. 질문서 skillset n. 다양한 재주 static a. 정적인 potential n. 잠재력; 가능성 explicate v. 상세히 설명하다 facet n. 관점

이야기하라. 단순히 생각을 종이 위에 기록하는 것으로 그치지 마라. 당신의 말을 당신 자신을 표현하는 통로로 이용하라. 당신이 가진 여러 정밀한 기술이나 폭넓은 경험을 똑같이 가진 사람은 아무도 없다는 의미에서 이력서와 질문서가 독특한 것일 수 있지만, 이력서와 질문서의 언어는 메마르고 정적이다. 반면에, 에세이는 당신의 인성을 설명해줄 수 있는 동적인 이야기이다. 에세이는 아마도 어떤 문제나 사건에 대한 경험이나 철학을 통해서, 당신의 성격의 어떤 측면을 포착해야 한다.

이 글의 요지는 무엇인가?
① 화제에 휩쓸리지 말라.
② 문제에 대한 당신의 관점을 분명히 제안하라.
③ 당신의 생각을 객관적인 언어로 표현하라.
④ 당신의 폭넓은 경험에 대한 글을 써라.
⑤ 개인적인 목소리로(당신의 말로) 생각을 전달하라.

25 화자의 감정 ②

친한 사람들 속에서 혼자 이방인이었으니 서먹하고 주눅이 들었을 것이다. 나이 어린 이등 항해사의 눈길을 피하는 행동만 보아도 짐작할 수 있다. 따라서 ②가 화자의 감정 상태로 적절하다.

second mate 이등 항해사 detect v. 탐지하다 quiver n. 떨림 sneer n. 냉소, 비웃음 officer n. 고급 선원 fortnight n. 2주일 hand n. 승무원 on board 승선하고 있는 disappointed a. 실망한 diffident a. 자신 없는, 겁먹은 distracted a. 괴로운, 마음이 산만한 indifferent a. 무관심한

이등 항해사는 조용한 젊은이였다. 나이보다 더 진지해 보인다는 생각이 들었다. 하지만 우연히 눈이 마주쳤을 때 그의 입술이 약간 떨리는 것을 보았다. 나는 배의 선장이었지만 바로 눈길을 피했다. 내 배에서 비웃음을 조장하는 것은 내가 하지 말아야 할 일이었기 때문이다. 더구나 고급 선원들을 잘 알지 못했었다는 것도 말해 두어야겠다. 겨우 2주 전에야 이 배를 지휘하도록 임명되었기 때문이다. 그 후에도 선원들을 제대로 파악하지 못했다. 선원들은 18개월을 모두 함께 지낸 사람들이었다. 나는 배에서 유일한 이방인이었다.

26-28

싱가포르의 상황이 가진 두 가지 특징은 지금 세계화와 교육을 논의하는 데 있어 주목할 만하다. 첫 번째 특징은 전략적 위치를 제외하고는 천연자원도 없는 작은 섬으로서, 싱가포르의 생존은 언제나 주요 강대국에 대한 유용성에 달려있었다는 점이다. 싱가포르가 식민지로서 관심을 끈 이유는 그 지역의 경제적 침략을 위한 좋은 위치의 기지가 되어주었기 때문이다.

1819-1963년의 식민지 경험은 싱가포르가 영국 경제 제국으로 편입되는 것을 심화시키는 역할을 했다. 1950년대에 문화, 언어, 정치 문제를 놓고 정치적 논쟁이 있기는 했지만, 식민지 언어인 영어의 경제적 자원으로서의 가치에 대해서는 또한 일찍이 인정하고 있었다. 1950년대 후반 싱가포르 경제를 중계무역항에서 산업 경제로 전환하려는 초기 계획은 외국의 자본, 기술, 시장의 필요를 인식하고 있었다. 따라서 싱가포르는 식민지에서 독립한 많은 국가의 특징인 경제적 민족주의 이데올로기를 탈피했다. 싱가포르는 1인당 연간 소득이 미화 2만 달러를 넘는 선진국으로 인정받고 있지만, 지금도 세계적인 경제 세력들에 대해 경제적으로 개방적이어야 할 필요성을 이처럼 명확하게 이해하고 계획을 세우고 있다. 대외무역은 싱가포르 경제의 주된 요소이며, 싱가포르의 지도자들은 성과를 벤치마킹하는 방법으로서 국제적으로 비교하는 것을 좋아한다. 싱가포르는 무역에 매우 크게 의존하고 있고 이에 따라서 개방 경제를 가질 수밖에 없다는 점에서, 세계 경제에서 독특한 나라이다.

context n. 상황; 배경 natural resources 천연자원 strategic a. 전략의, 전략상 중요한 base n. 기지 penetration n. 침투, 침입 integration n. 통합; 완성 contestation n. 논쟁 recognition n. 승인; 인정 transform v. 변형시키다; 바꾸다 entrepot n. 창고; 중계무역항 eschew v. 피하다 external trade 대외무역 characterize v. ~의 특색을 이루다; 특징짓다 per capita 1인당

26 글의 제목 ③

첫 번째 문장에서 이미 '세계화'라는 맥락에서 말하고 있다. 나머지는 모두 '세계화'에 포함되는 작은 소재들이다. 따라서 ③이 제목으로 적절하다.

이 글의 가장 적절한 제목은 무엇인가?
① 싱가포르의 식민지 시대
② 싱가포르의 전략적 위치의 중요성
③ 가장 세계화된 나라로서의 싱가포르
④ 경제적 자원으로서의 식민지 언어
⑤ 싱가포르의 영국 경제 제국으로의 편입

27 빈칸완성 ②

and 앞에서 무역에 매우 크게 의존하고 있다고 했는데, 무역은 다른 나라와의 거래이므로 다른 나라에 대해 개방적이어야 할 것이다. 따라서 ②가 빈칸에 적절하다.

빈칸 Ⓐ에 적절한 것은?
① 외부 세력에 지배당해야 한다
② 개방 경제를 가질 수밖에 없다
③ 교육제도의 탄력성을 가속화해왔다
④ 문명의 가치를 강조해야 한다
⑤ 아시아 국가로서의 문화적 정체성을 강화해왔다

28 내용일치 ④

경제 세계화와 경제 민족주의는 서로 상반되는 의미다. 경제적 민족주의 이데올로기를 탈피했다고 했으므로 ④가 사실이 아닌 진술이다.

다음 중 사실이 아닌 것은?
① 싱가포르의 전략적 위치는 경제 성장에 기여했다.
② 싱가포르는 경제 발전을 위한 영어의 가치를 인정했다.
③ 싱가포르는 천연자원이 없어서 외국 자본에 의지했다.
④ 싱가포르는 지금까지 경제 민족주의를 유지하고 있다.
⑤ 대외무역은 싱가포르의 경제를 설명하는 중요한 특징이다.

29-31

행정안전부에 따르면 한국의 인구는 12월 31일 현재 51,829,023명이고, 작년과 비교해 20,838명이 줄었다고 한다. 1962년 주민등록제도가 시행된 이래 통계상 처음으로 인구가 줄었다. 또한 심각한 것은 인구가 급속하게 고령화되고 있다는 점이다. 인구의 1/4은 60세 이상이며, 젊은이들의 숫자는 꾸준하게 감소하고 있다. 혼자 사는 젊은이와 노인들의 수도 계속해서 현저하게 증가하여 1인 가구의 전체 숫자는 9백만에 이르러, 총가구의 39.2%를 차지하고 있다. 일본과 서구 선진국들에서 이미 보았듯이 출산율 감소와 사회의 고령화는 노동력 <과잉>과 소비 감소로 이어질 수 있고, 생산 감소와 국가 예산 고갈이라는 결과를 낳는다. 정부로서는 결혼과 출산에 관련된 부정적인 요소들을 해결하려 노력해야 한다. 그리고 정부는 양육, 교육, 주택을 위한 재정 지원을 근본적으로 증대시켜야 한다. 우리는 다문화가정을 포함한 다양한 가족 유형을 받아들일 수 있는 미래 지향적인 태도를 가져야 한다. 지속적인 인구 감소는 경제적 활력과 성장 잠재력을 저해하여, 전반적인 국력을 약화시킨다. 정부는 출산을 증가시키고 인구 고령화를 완화하는 편의적인 조치를 취하는 대신에 사람들의 생계를 개선하는 데 초점을 맞춰야 한다. 또한 민간 부문 주도로 젊은이들을 위해 더 많은 일자리를 만들고 주택 공급을 늘리는 근본적인 조치를 취해야 한다.

as of ~현재 statistical a. 통계의, 통계학의 resident registration system 주민등록제도 graying n. 고령화 account for 차지하다 surplus n. 잉여 depletion n. 고갈 budget n. 예산 tackle v. (일·문제 따위에) 달려들다 drastically ad. 과감하게, 철저하게 mindset n. 사고방식 embrace v. 받아들이다 hamper v. 방해하다 national capacity 국력 expedient a. 편의적인, 편의주의의 take a step 조처를 하다 private sector 민간 부분

29 문맥상 적절하지 않은 단어 고르기 ④

출산이 감소하고 사회가 고령화되면 노동력은 '남아도는' 게 아니라 부족해진다. 따라서 Ⓓ의 surplus(과잉)는 글의 흐름상 부적절하고 shortage(부족)가 적절하다.

30 글의 요지 ④

'문제-문제 해결' 구성 방식의 글이다. 마지막 두 문장이 문제의 해결책을 제시한 것인데 그중에도 끝에서 두 번째 문장에 저자가 말하고자 하는 요지가 담겨있다. 즉, 정부는 편의적인 조치를 취하는 대신에 사람들의 생계를 개선하는 데 초점을 맞춰야 한다는 것이므로, ④가 요지로 적절하다.

이 글의 요지는?
① 정부는 1인 가구에 대한 세금을 인상해야 한다.
② 정부는 더 강력한 주민등록제도를 개발해야 한다.
③ 정부는 결혼과 출산을 장려하기 위해 재정 지원을 해야 한다.
④ 정부는 인구 감소를 해결하기 위해 사람들의 생계를 개선하는 근본적인 조치를 취해야 한다.
⑤ 정부는 서구 국가들과 일본이 채택한 모델을 따라야 한다.

31 내용일치 ⑤

'일시적인' 조치가 아니라 '근본적인' 조치가 필요하고 정부 주도가 아니라 민간 주도로 해야 하므로 ⑤가 사실이 아닌 진술이다.

다음 중 이 글의 내용과 일치하지 않는 것은?
① 고령화 인구의 수가 늘어나고 있다.
② 우리는 다양한 가족 유형을 받아들여야 한다.
③ 1인 가구의 수가 빠르게 증가하고 있다.
④ 인구 감소는 경제적 활력을 해칠 것이다.
⑤ 정부는 더 많은 일자리를 만드는 일시적인 조치를 취해야 한다.

32-34

팬데믹(전 세계적인 역병)이 우리의 많은 핵심적인 관계에 영향을 미치고 있다는 것은 이미 다 알고 있는 사실이다. 변호사, 치료사, 학자들은 코로나-19로 인한 이혼 증가를 부추기고 있는 많은 요소들과 팬데믹이 2021년에도 계속될 것으로 보이는 이유를 더 분명하게 파악하기 시작하고 있다. 관계 전문가들은 팬데믹 이전에는 아무런 문제에 직면하지 않았고 가정의 건강과 활력에도 큰 변화가 없었던 유대감이 강한 부부조차 이혼에 취약해질 수 있다고 믿고 있다. 심리치료사이자 영국 심리상담치료학회의 대변인인 로넨 스틸맨(Ronen Stilman)은 이것은 팬데믹이 '편안함, 안정, 리듬을 제공하던 안정된 일상'을 빼앗아갔기 때문이라고 설명한다. 이것들(안정된 일상)이 없으면, 이것(팬데믹)으로 인해 부부는 그들의 관계 이외의 '다른 형태의 지지와 자극을 찾을 수 있는' 기회를 거의 갖지 못하게 되며, 이러한 상황은 그들에게 스트레스를 줄 수 있다. "많은 사람이 자신은 물론이고, 자신들의 관계에서 벌어지고 있는 일을 감당하려 애쓰는 상황에 갇혀 있음을 발견하게 됩니다. 어떠한 압력도 배출하지 않는 압력솥처럼, 결국에는 뚜껑이 펑 터져나가고, 관계가 무너질 수 있습니다."라고 스틸맨은 말한다.

pandemic n. 전국적[대륙적, 세계적]으로 유행하는 병 factor n. 요인 feed into ~에 영향을 미치다, 부추기다 break-up n. 이혼; 관계 악화 stability n. 안정, 안정성 UK Council for Psychotherapy 영국 심리상담 치료 학회 strain n. 부담, 압박(감) struggle v. 노력하다 cope with 감당하다 pressure cooker 압력솥 lid n. 뚜껑 pop v. 펑 터지다 break down 나빠지다

32 빈칸완성 ①

Ⓐ 앞에서 이혼이 증가하고 있다고 했으므로, 심지어 사이가 좋은 부부조차도 쉽게 이혼할 수 있다는 의미가 되어야 한다. 따라서 '~하기 쉬운'이라는 뜻의 ①이 빈칸에 적절하다. ② 적대적인 ③ 저항하는 ④ 영향받지 않는 ⑤ 상처입지 않는

33 글의 요지 ④

코로나-19으로 인해 이혼이 증가하는 현상과 그 이유에 대해 다루고 있는 글이다. 따라서 ④가 글의 요지로 적절하다. ③ household(가정)라 하면 가정의 재정, 건강, 교육, 폭력 등 범위가 너무 넓어진다.

이 글의 요지는 무엇인가?
① 팬데믹 상황에 대처하는 방법
② 팬데믹 시기에 정신 건강을 유지하는 방법
③ 팬데믹이 영국 가정에 미치고 있는 영향
④ 팬데믹이 인간관계의 위기를 낳는 이유
⑤ 위기에 처한 부부에 긍정적인 영향을 주는 요소들

34 지시대상 ③

Ⓑ 앞 문장에 나온 복수 형태의 명사 ③ well-established routines를 가리킨다.

35-36

지난 3년간 매년 여름 채플 힐에 위치한 노스캐롤라이나 대학은 신입생들에게 책 한 권을 읽고 오리엔테이션 주간에 토론할 수 있도록 준비를 해오라고 요청해왔다. 이전의 책들은 남북전쟁이나 시카고 저소득층 주택단지의 궁핍과 같은 주제를 다루었다. 올해는 9/11 기념일이 다가옴에 따라 대학은 해버포드 대학 종교학과 교수 마이클 셀스(Michael Sells)의 『쿠란에 접근하기: 초기의 계시들(Approaching the Quran: The Early Revelations)』이라는 책을 선정하였다. 이 선정이 몇몇 기독교 근본주의자들과 세련되지 못한 입법위원들에게 발생시킨 분노는 너무나 커서 학생들이 포르노 책을 숙제로 받았던 것으로 생각되었을 정도였다.
항의하는 이들에는 더러 대학을 고발한 사람도 있었는데, 공립대학에서 종교 도서 과제는 헌법의 정교(政敎)분리 원칙을 위반하는 것이라고 말했다. 하지만, 사실 이들이 진정으로 반대하는 것은 이슬람에 대해 처음부터 근본적으로 악하다고 추정하지 않고, 객관적으로 연구하려는 노력이다.

incoming a. 들어오는 housing project (보통 정부 자금으로 개발한) 저소득층 주택단지 anniversary n. 기념일 fundamentalist n. 근본주의자 ham-handed a. 서투른 legislator n. 법률 제정자 sue v. 고발하다 assign v. 할당하다; 숙제 내다 presume v. 추정하다 at the outset 처음부터 inherently ad. 본질적으로

35 저자의 태도 ①

기독교 근본주의자들과 세련되지 못한 입법위원들을 둘째 단락에서 '항의자들'로 표현하고 있는데, 이들에 대한 저자의 태도는 마지막 문장에서 그들이 겉과 속이 다르다고 지적한 점에서 알 수 있듯이, 비판적인 태도이다. 따라서 '비난하다'라는 뜻의 ①이 정답으로 적절하다. ② 미화하다 ③ 칭찬하다 ④ 지지하다 ⑤ 진정시키다

36 빈칸완성 ⑤

이슬람교 관련 서적을 공립대학의 신입생들에게 줄 과제로 선정했다는 것은 이슬람교를 적대시하는 기독교 근본주의자들을 분노케 했을 것이다. 학생들에게 포르노 책을 주었다고 생각했을 정도라 했고, 고소하고 항의하는 반응이 이어지므로 빈칸에는 '격분,' '격노'라는 뜻의 ⑤가 적절하다. ① 감동 ② 범죄 ③ 예의 ④ 비난

37-38

일요일 아침마다 동네 스타벅스 가게에서는 엄마가 '모자 유대 시간'이라 부르고 싶어 하는 시간을 마련한다. 이번 일요일도 예외는 아니다. 엄마와 나는 늘 마시는 차이 라테와 캐러멜 프라푸치노를 놓고 앉아서, 커피 원두 향기와 더불어 부드러운 겨울 햇빛을 즐기고 있다. "그래서 알렉스야, 아빠의 50번째 생신을 위해 무얼 할까?" 엄마가 곧 있을 계획에 대해 질문을 하실 때, 사실은 어떤 답을 기대하고 있는 것은 아니다. 이미 생각해 둔 것이 있으니까. 오래전 엄마는 시, 노래, 촌극 등 개인적인 선물을 만드는 가족의 전통을 만드셨다. 처음에는 그냥 동네 가게에서 선물 카드 하나 사면 될 텐데 왜 그렇게 많은 시간을 낭비해야 하는지를 알지 못했다. 하지만 12살이 되어서 내 생각은 바뀌었다. 내 생일날 부모님은 포스터를 한 장 선물했는데, 몇 시간에 걸친 포토샵 작업의 결과물이었다. 긴 머리와 구레나룻을 기르고 꼭 맞는 옷을 차려입은 나는 비틀스의 다섯 번째 멤버가 되어 애비로드를 건너고 있었다. 아침에 잠이 깰 때마다 침대 맞은편에 붙여놓은 이 포스터를 제일 먼저 보게 되고, 그러면 하루를 웃으면서 시작한다. 그 이후로 다음 선물을 무엇으로 준비하고 작업을 시작해야 하는지에 대해 설득이 필요 없게 되었다.

play host to 주인 노릇 하다, 개최하다, 주최하다 absorb v. 흡수하다, 빨아들이다 aroma n. 방향(芳香), 향기 upcoming a. 다가오는 skit n. 촌극 outlook n. 예측, 전망; 사고방식 sideburns n. 구레나룻

37 글의 제목 ①

가족의 생일에 시, 노래, 촌극 등, 개인적인 선물을 마련해서 주는 어느 가족의 전통에 대한 내용이므로, ①이 제목으로 가장 적절하다.

이 글에 가장 적절한 제목은?
① 개인적인 선물을 주는 한 가족의 전통
② 부모님과의 유대 시간
③ 포토샵으로 비틀스 포스터 만들기
④ 아빠의 생일을 위한 선물 카드
⑤ 선물 프로젝트 만들기

38 빈칸완성 ③

개인적인 선물 만들기의 전통이 세워진 이후로는 선물 만들기는 당연히 하는 것으로 여길 것이고, 그러므로 선물을 준비하도록 따로 이야기할 필요가 없을 것이다. 따라서 빈칸에는 '설득'이라는 의미의 ③이 적절하다. ① 핑계 ② 노력 ④ 선택 ⑤ 재능

39-40

사람들이 무리지어 사회를 이룰 때, 그들은 서로 다른 여러 트레이드오프에 직면하게 된다. '대포(군비)와 버터(민생)' 사이의 트레이드오프가 전형적인 트레이드오프의 하나이다. 사회가 외국 침입자들로부터 해안을 지키기 위해 국가 방위(대포)에 돈을 쓰면 쓸수록, 그 나라의 생활수준을 올리는 데 필요한 소비재(버터)에는 돈을 덜 쓸 수밖에 없다. 또한 현대 사회에서 중요한 트레이드오프로는 깨끗한 환경과 높은 소득 수준 사이의 트레이드오프가 있다. 오염으로 규제받는 일을 줄이도록 기업에 요구하는 법은 재화와 서비스의 생산 비용을 증가시킨다. 높은 비용 때문에 기업은 결국 적은 수익을 올리게 되고, 적은 임금을 지불하고, 높은 가격을 부과하게 되거나, 이 셋을 조합한 것이 된다. 따라서 오염 규제는 깨끗한 환경과 이에 따른 건강 개선이라는 이익을 만들어내지만, 이것들은 규제를 받는 기업의 소유주, 노동자, 고객의 수익 감소를 대가로 하여 얻어지는 것이다. 사회가 직면하는 또 다른 트레이드오프로 효율성과 평등 사이의 트레이드오프가 있다. 효율성이란 사회가 부족한 자원을 이용해 최대의 이익을 얻는 것을 의미한다. 평등은 그 이익이 사회 구성원 사이에 균등하게 분배되는 것을 의미한다. 다시 말해, 효율성이란 경제 파이의 크기이고, 평등이란 그 파이가 분배되는 방식을 가리킨다.

trade-off n. 트레이드오프(상반된 것들 사이에 절충하여 균형을 취함) aggressor n. 침략자; 침략국 consumer goods 소비재 firm n. 기업 regulation n. 규칙, 규정 end up 결국 ~하게 되다 at the cost of ~을 대가로 하여 benefit n. 편익, 이익 distribute v. 분배하다 uniformly ad. 동일하게; 일정하게

39 글의 제목 ①

트레이드오프가 무엇인지 설명하고 있으므로 ①이 제목으로 적절하다.

이 글의 가장 적절한 제목은 무엇인가?
① 트레이드오프의 본질
② 트레이드오프의 이익
③ 트레이드오프 규제의 효과
④ 효율성과 평등의 중요성
⑤ 깨끗한 환경의 중요성

40 빈칸완성 

앞 문장에서 효율성과 평등의 정의를 말하고, In other words로 시작하니, 그 정의를 비유적으로 다시 말하는 것이다. 효율성이 파이의 크기라면 평등은 파이가 분배되는(나누어지는) 방식이 되므로 빈칸에는 ④가 적절하다.

빈칸 Ⓐ에 가장 적절한 것은 무엇인가?
① 효율성과 평등 사이에 균형을 맞추는 방법
② 사회 구성원들이 똑같은 공헌을 하는 방법
③ 경제 파이의 똑같은 질을 보장하는 방법
④ 파이를 개별 슬라이스로 나누는 방법
⑤ 파이의 똑같은 비용을 유지하는 방법

41-42

교육은 상승작용과 통합작용 모두를 하는 힘입니다. 사람들이 존엄한 삶을 살아가는 데 필요한 기술과 지식을 습득하고 그들의 열망을 성취하고 사회에 이바지할 때, 교육은 상승작용을 합니다. 사람들이 교육을 통해 삶을 개선할 때 불평등 격차를 줄일 수 있는 더 나은 기회를 갖게 되기 때문에, 교육은 또한 통합작용을 하는 힘이기도 합니다. 이러한 상승시키는 힘과 통합하는 힘은 서로를 강화합니다. (하지만) 오늘날 이 두 가지 목표는 도전받고 있습니다. 빠른 과학 기술의 발전으로 인하여 우리가 학교와 고등 교육에서 습득하는 기술과 지식은 유효기간이 더 짧아지고, 세계화는 사회적 불평등을 확대시켰습니다. 최근 의회에서 저는 교육의 통합적인 측면을 강화하기 위해 우리가 어떤 것을 했고 앞으로 어떤 일이 행해질 것인지에 대해 폭넓게 발언했습니다. 오늘 저는 불평등에 대해서는 이야기하지 않으려 합니다. 오늘은 교육이 생활을 향상시키고 미래를 위해 우리 젊은이들을 준비시키는 일을 계속하게 하기 위해 우리가 이루어야 할 변화에 대해 이야기하겠습니다. 이것은 세상의 모든 교육자가 던지고 있는 핵심적인 질문, 즉 우리 젊은이들을 어떻게 미래를 위해 준비시켜야 하는가 하는 질문입니다.

uplifting a. 향상하는 integrating a. 통합하는 acquire v. 획득하다, 습득하다 dignified a. 당당한 aspiration n. 열망, 포부 object n. 목적, 목표 expiry date 만기일 extensively ad. 광범위하게

41 내용파악 ③

첫 문장에서부터 '교육'이 주제라고 밝히고 있고, 교육의 두 가지 중요한 측면(상승작용, 통합작용)을 언급하고 있다. 특히 마지막 문장에서 세상의 모든 '교육자'가 던지고 있는 핵심적인 질문을 언급하므로 ③이 정답이다.

연설의 대상이 되는 청중은 ______이다.
① 의원들
② 뉴스기자들
③ 교육자들
④ 외교관들
⑤ 부모들

42 빈칸완성 ④

Ⓐ 앞 문장에서 교육의 두 가지 측면을 말했는데, 다음 문장을 보면 두 가지 측면 모두에 문제가 생겼음을 알 수 있다. 따라서 '도전받는'이라는 의미의 ④가 빈칸에 적절하다. ① 유지되는 ② 성취되는 ③ 추구되는 ⑤ 촉진되는

43-45

공공연히 공유되는 선택과 중요성의 원칙이 더는 존재하지 않는 것으로, 더는 의지할 수 없는 것으로 느껴지면서 현대(모더니즘) 소설가가 태어난다. 공적인 믿음의 배경이 이렇게 무너진 이유는 사회·경제적 요소와 관련 있을 뿐 아니라, 윤리학, 심리학, 그 밖의 여러 문제에서 새롭게 등장한 생각들과도 관련이 있다. 빅토리아 세계의 상대적 안정은 훨씬 더 복잡하고 불확실한 어떤 것에 자리를 내어주었고, 1차 세계대전과 그것이 드러낸 공포와 무익함이 기존의 사상계에 준 충격은 이 무너짐의 느낌을 마음속 깊이 생생하게 전달하는 데 도움이 되었다. 물론, 대부분의 보통 사람들은 조상들의 전통적인 도덕과 관습에 따라 계속 살아갔다. 이 새로운 감정에 반응을 보이고, 자신들의 인상이 다른 사람에게도 당연히 유효할 것이라고 더 이상 여길 수 없었던 사람들은 오직 민감한 '아방가르드(전위적인 예술가들)'뿐이었다.

significance n. 의미; 중요성 breakdown n. 몰락, 붕괴 ethics n. 윤리학, 윤리 relative a. 상대적인 stability n. 안정성 give way to ~에 자리를 내어주다 established a. 확립된, 기정의 futility n. 무용성 in accordance with ~에 따라 morality n. 도덕성 take it for granted that ~을 당연시하다 avant garde n. 아방가르드, 전위파, 선구자 a. 아방가르드의, 전위적인

43 내용파악 ②

첫 번째 문장과 두 번째 문장의 내용에서, '공공연히 공유되는 원칙이 붕괴'하면서 현대 모더니즘 소설이 태어난다고 했으므로 ②가 정답이다.

이 글에 따르면, 현대(모더니즘) 소설은 ______에 의해 태어났다.
① 인간관계의 급격한 변화
② 공통된 믿음의 붕괴
③ 1차 세계대전의 무익함
④ 종래의 지식의 붕괴
⑤ 인상의 중요성에 대한 새로운 인식

44 빈칸완성 ④

can no longer 앞에 콤마(,)가 있으므로, 앞의 "더는 존재하는 것으로 느껴지지 않는다"는 말에 같은 취지로 덧붙이는 말이 이어져야 한다. 존재하지 않는 것에는 의지할 수도 없으므로 ④가 빈칸에 적절하다.

빈칸 Ⓐ에 적절한 표현은?
① 도덕에 기초하다
② 인간 윤리를 지지하다
③ 인간 본성을 설명하다
④ 의지할 것이 되다
⑤ 위안을 주다

45 동의어 ⑤

hold good은 '유효하다'라는 의미이므로 remain valid가 같은 의미를 가진 표현으로 적절하다.

46-48

우리 모두는 믿을만한 에너지원을 영원히 이용 가능하리라 생각하게 되었다. 우리는 언제 어디서든지 원하는 곳으로 차를 몰고 간다. 계기판의 연료탱크 눈금이 내려가면, 그냥 가장 가까운 주유소에 차를 댄다. 집에서는, 실내온도를 바꾸거나 음식 준비를 해야 할 때마다 가까이 있는 전자 제품을 켜기만 하면 된다. 이렇게 아무런 생각 없이 이용하는 모든 에너지의 원천은 무엇인가? 세계 대부분에서 에너지는 석탄, 천연가스, 석유와 같은

화석연료를 태워서 만들어진다. 문제는 이런 자원이 유한하다는 것이다. 현재의 사용률로 사용하면, 2080년 이전에 세계의 석유 공급은 거의 다 없어질 것이다.

Ⓒ 이 세계적인 문제에 대한 최선의 해결책은 미래의 필요를 충족시키기 위한 대체 에너지원을 찾는 것이다. 현재 화석연료를 대체하는 최고의 대안은 핵융합과 태양 에너지이다. 핵융합은 엄청난 에너지를 방출하는 핵반응이다. 사실상 오염도 없어서 아마도 장기적으로는 최고의 선택일 수 있다. 그러나 유감스럽게도, 이용 가능하려면 적어도 20년은 더 있어야 한다. 다른 가능한 에너지원인 태양력은 핵을 제외한 지구의 모든 에너지의 원천이다. 태양 에너지에 대해 생각할 때 사람들은 개별 주택 소유자들이 태양력을 이용하여 물을 데우고 건물 난방을 할 수 있는 많은 방식에 대해 생각한다. 하지만 태양 에너지는 전기를 생산하고 자동차 연료를 정제하는 데도 이용할 수 있다.

Ⓕ 21세기에 충분한 에너지원을 확보하기 위해서는 개발을 추구하고 대체 에너지원 사용을 세계적으로 독려해야 한다는 것이 명백하다. 이 문제를 무시하면, 우리 아이들은 어떻게 될까? 2050년에 그들의 삶은 어떠할까?

pull into 차를 세우다 appliance n. 가전제품 fossil fuel 화석연료 meet v. 충족시키다 fusion n. 핵융합 nuclear reaction 핵반응 enormous a. 막대한 utilize v. 활용하다 generate v. (전기·열 등을) 발생시키다 purify v. 정화하다, 정제하다 what become of ~이 어떻게 되다

46 단락 나누기 ⑤

문제 제기 → 해결방안 제시 → 결론으로 이어지는 구성이다. 처음부터 Ⓒ까지가 '문제 제기'이고, Ⓒ부터 Ⓕ까지가 '해결방안 제시'이며, Ⓕ 이하가 결론인 셈이다. 따라서 ⑤가 정답이다.

47 빈칸완성 ②

Ⓐ가 들어있는 문장은 '문제는 ~'으로 시작하는데, 다음 문장에서 "2080년 이전에 석유 자원은 고갈될 것이다"라고 했으므로, 문제는 에너지원의 '유한성'이다. 따라서 빈칸에는 '한정되어 있는', '유한한'이라는 뜻의 ②가 적절하다. ① 인공적인 ③ 오염된 ④ 위험한 ⑤ 쓸모없는

48 글의 요지 ④

이 글은 화석연료를 대체하는 새로운 에너지원을 찾는 것이 필요하다는 내용이므로 ④가 글의 요지로 적절하다.

이 글의 요지는 무엇인가?
① 오염 없는 에너지를 찾아야 할 필요성
② 에너지 절약 계획의 중요성
③ 가전제품과 차량의 효율성을 증대시켜야 할 필요성
④ 새로운 에너지원을 찾는 것의 중요성
⑤ 태양 에너지의 잠재력

49-50

독립선언문은 13개 식민지가 영국으로부터의 독립을 선언한 수단이었다. 격식을 갖춘 선언문을 작성하도록 대륙 회의에 의해 임명된 5명의 특별위원 중 하나였던 토머스 제퍼슨(Thomas Jefferson)이 선언문을 썼다. 1776년 6월 28일 대륙 회의에 처음 상정되었을 때 펜실베이니아주와 사우스캐롤라이나주의 대표단은 수정안이 선언문에 담길 때까지 승인을 거부했다. 그러다가 그 수정안이 선언문에 들어갔고 선언문은 7월 4일에 마침내 승인되었다. 원래는 대륙 회의의 의장과 서기관만이 서명하였으나, 개별 주들이 대륙 회의의 조치를 확증함에 따라 대표자들도 추가적으로 서명하였다.

colony n. 식민지 declare v. 선언하다 assign v. (임무·일 따위를) 부여하다, 주다 delegate n. 대표 approve v. 승인하다 amendment n. 수정안 affix v. 도장을 찍다, (서명 등을) 써 넣다 confirm v. 확증하다; 승인하다; 추인하다

49 내용일치 ③

마지막 문장에서 대표자들이 서명한 것은 자신이 대표하는 주들이 독립선언문 작성 조치를 확증하면서였다고 했으므로 ③이 사실이 아닌 진술이다.

이 글에서 사실이 아닌 것은?
① 독립선언문은 1776년 7월 4일에 승인되었다.
② 격식을 갖춘 선언문을 작성하도록 위촉된 위원은 5명이었다.
③ 대표들은 특별 위원회의 다른 위원들과 논쟁을 한 후 서명했다.
④ 펜실베이니아주와 사우스캐롤라이나주는 선언문에 수정안이 담기지 않았기 때문에 독립선언문을 승인하지 않았다.
⑤ 독립선언문은 식민지들이 영국으로부터 독립을 선언하는 방식이었다.

50 글의 주제 ①

이 글은 독립선언문의 의의(意義), 작성자, 서명과 승인 과정을 설명하면서 독립선언문이 어떻게 생겨났는지를 밝힌 글이므로 ①이 글의 주제로 적절하다.

이 글의 주제는 무엇인가?
① 독립선언문의 탄생
② 독립선언문에서 서명의 중요성
③ 독립선언문에서 수정안의 중요성
④ 독립선언문의 세부사항에 대한 의견 불일치
⑤ 격식을 갖춘 선언문을 작성하는 데 있어서의 특별위원회의 역할

2021 성균관대학교(자연계 A형)

01 ②	02 ⑤	03 ⑤	04 ③	05 ④	06 ④	07 ③	08 ①	09 ⑤	10 ②
11 ②	12 ③	13 ④	14 ②	15 ⑤	16 ①	17 ④	18 ②	19 ⑤	20 ①
21 ④	22 ②	23 ⑤	24 ③	25 ①					

01 동의어 ②

physician n. 의사, 내과의사 treat v. 대우하다; 치료하다 pecuniary a. 금전적인, 재정적인(= financial) reward n. 보수, 보상 sufficient a. 충분한, 족한 special a. 특별한

모든 의사가 일부 환자들에 대해서는 금전적인 보상을 전혀 기대하지 않고 치료한다.

02 동의어 ⑤

legislature n. 입법부, 입법기관 appropriate v. (어떤 목적에) 충당하다; (정부가 어떤 금액을) 예산에 계상(計上)하다; (의회가) ~의 지출을 승인하다; 횡령하다 charitable a. 자비로운, 자선의 allocate v. 할당하다, 배분하다(= allot) raise v. (돈을) 마련[조달]하다 recognize v. 인지하다; 인정하다 spend v. 소비하다 request v. 요청[요구, 신청]하다

의회가 자선기금의 용도로 지출을 승인한 돈은 아직 배분되지 않았다.

03 동의어 ⑤

analytical a. 분석의, 분석적인 method n. 방법, 방식 fit v. ~에 맞다, ~에 적합하다 paradigm n. 보기, 범례; 패러다임 come up with 제시[제안]하다; 생각해내다, 고안해내다, 만들어내다(= create) point of view 관점 supply v. 공급하다 understand v. 이해하다 follow v. 따르다 refute v. 반박하다

지그문트 프로이트(Sigmund Freud)의 분석 방법은 완전히 새로운 관점을 만들어내기 위해 전통적인 패러다임에 맞지 않는 세부사항들을 찾고자 고안되었다.

04 접속사 ③

interest와 desire를 연결하는 ③의 either는 접속사가 아니므로 연결할 수 없다. 따라서 ③의 자리에는 등위접속사가 들어가야 하며, 문맥상 or가 적절하다.

exercise v. (능력 등을) 발휘하다, 쓰다; (권력을) 행사하다 utmost a. 최대한도의, 극도의 humility n. 겸손, 겸양 discretion n. 신중, 분별, 사려 shred n. 조각, 파편; 약간, 소량 intervene v. 개입하다, 간섭하다; 중재하다 sage n. 현인, 현자

고대의 현자들이 우리에게 가르쳐 주듯이, 진리를 발견하고 올바른 길을 찾으려 할 때는 우리가 최대한의 겸손과 신중함을 발휘해야 하며, 그 진리를 실행에 옮길 때는 일말의 이기적인 관심이나 욕망도 개입되어서는 안 된다.

05 부정적인 의미의 접속사 unless ④

unless는 '~하지 않으면(if not)'이라는 부정적인 의미의 접속사이므로 그 절에 not이 사용될 수 없다. 따라서 ④를 were로 고쳐야 한다. would be와 were는 가정법 표현이다.

amazing a. 굉장한 invention n. 발명 morality n. 도덕성, 윤리

과학이 놀라운 발명과 발견을 했지만 도덕은 그만큼 발전하지 못한 현 시대에, 만약 젊은이들이 지능뿐만 아니라 도덕에 있어서도 충분한 훈련을 받지 않으면 인간의 미래는 암울할 것이다.

06 논리완성 ④

빈칸을 포함하고 문장은 결론에 해당하는데, 앞에서 '비판이 비판받는 사람의 개선을 목적으로 해야 함'을 이야기했으므로, '개선'의 의미를 포함하고 있는 표현이 빈칸에 들어가야 한다. 따라서 '건설적인'이라는 뜻의 ④가 정답으로 적절하다.

criticism n. 비평, 비판 fault-finding n. 흠잡기 statement n. 말, 진술 influence n. 영향, 영향력 condemn v. 비난하다, 나무라다 improvement n. 개량, 개선 careful a. 조심스러운; 신중한 logical a. 논리적인 retrospective a. 회고하는, 회상하는 constructive a. 건설적인, 적극적인 generous a. 관대한

비판은 흠잡기가 아니라 균형 잡힌 의견이다. 이유와 설명을 제시하지 않고는 그 어떤 말도 해선 안 된다. 이것은 비판이, 마땅히 그래야 하듯이, 안내자로서의 영향력을 행사하기 위해 반드시 필요하다. 개선 방법을 설명하지 않고 비난하는 것은 아무에게도 도움이 되지 않는다. 그러므로 모든 비판은 건설적이어야 한다.

07 논리완성 

빈칸 이하의 that절에서는 인간이 동물을 이용하는 것에 대해 찬성하는 입장을 이야기하고 있는데, 이것은 앞 문장에서 언급한 입장과 완전히 상반되는 의견이라 할 수 있다. 따라서 빈칸에는 '정반대의'라는 뜻의

③이 들어가야 한다. ② optimistic(낙관적인)은 주로 미래의 추이에 대한 태도를 나타내는데 여기서 두 that절은 미래의 내용이 아니다. ④ 그 자체로 모순된 견해인 것은 아니다.

currently ad. 일반적으로, 널리; 현재 primate n. 영장류 동물 entertainment n. 대접, 환대; 오락 experiment n. 실험 species n. 종(種), 종류 evolutionary a. 발달의, 발전의; 진화의 convenient a. 편리한, 형편이 좋은 optimistic a. 낙관적인 opposite a. 정반대의 contradictory a. 모순된 right a. 옳은

우리는 현재 박테리아에서 영장류에 이르는 동물들을 음식, 옷, 서커스와 동물원에서의 오락, 그리고 의학 실험 등의 목적으로 많은 다양한 방법으로 이용하고 있다. 일부 사람들은 동물들을 이렇게 이용하는 것이 모두 잘못되었고 동물들이 인간의 목적을 위한 수단으로 이용되어선 안 된다고 주장할 것이다. 또 다른 사람들은 우리가 다른 종(種)들을 우리 자신의 이익을 위해 이용하는 것은 정당하고도 자연스러운 일이며 또한 이것은 사실 우리가 진화적 측면에서 성공을 계속하는 데 정말로 중요하다는 정반대의 견해를 취할 것이다.

08 논리완성 ①

빈칸을 기준으로, 앞에는 '함께 이야기를 나누는 것을 남성들은 우정의 중요한 요소로 생각하지 않는다'는 내용이 있고, 뒤에는 '여성들에게는 함께 이야기를 나누는 것이 우정에서 큰 비중을 차지한다'는 내용이 제시돼 있다. 빈칸을 기준으로 전후 내용이 대조를 이루므로, 빈칸에는 '반면에'라는 의미의 ①이 적절하다.

identify v. (본인·동일물임을) 확인하다; (성명·신원, 명칭·분류·소속 따위를) 인지[판정]하다

언어는 남녀가 우정에 대해 생각하는 서로 다른 방식들의 일부이다. 대부분의 북미 남성들은 우정이 캠핑이나 테니스와 같은 것들을 함께 하는 것을 의미한다고 생각한다. 그들 대부분에게 있어서, 이야기를 나누는 것은 우정에서 중요한 부분이 아니다. 반면에, 미국 여성들은 대개 자주 함께 이야기를 나누는 사람을 가장 친한 친구로 인정한다. 여성에게 있어서, 친구들과 이야기를 나누고 그들의 의견에 동의하는 것은 매우 중요한 의미를 갖는다.

① 반면에
② 이리하여
③ 마찬가지로
④ 이런 식으로
⑤ 비슷한 맥락에서

09 논리완성 ⑤

주어인 The law는 뉴욕시에서 그나마 실내에서 흡연을 할 수 있는 곳인 소규모 식당과 술집에서 앞으로는 흡연을 할 수 없도록 하는 법안을 의미한다. 만약 이 법이 통과된다면 뉴욕에서 흡연 장소를 찾는 것은 매우 힘든 일이 될 것이다. 그러므로 빈칸에는 '불친절한', '불만스러운'이라는 뜻의 unaccommodating이 적절하다.

outpost n. 전초기지 mayor n. 시장 have one's way 뜻대로[마음대로] 하다 establishment n. 설립, 창립; 시설, 시설물 customer n. 손님, 고객 breathe a sigh of relief 안도의 한숨을 내쉬다 universe n. 우주; 분야, 영역 shrink v. (수량·가치 등이) 줄다 comfortable a. 기분 좋은, 편한 narrow a. 폭이 좁은; 편협한 adequate a. 적당한, 충분한 crowded a. 붐비는, 혼잡한 unaccommodating a. 양보하지 않는; 순종하지 않는; 불친절한; 불만스러운

뉴욕 시에서 공공 실내 공간에서 흡연할 수 있는 소규모 식당이나 술집과 같은 몇 안 남은 전초기지들이 마이클 블룸버그(Michael Bloomberg) 시장이 자신의 생각대로 한다면, 금연 구역이 될 것이다. 그리고 그는 실제로 그렇게 할 것 같다. 이들 시설에 근무하는 대부분의 근로자들과 비흡연 고객들은 안도의 한숨을 내쉬고 있지만, 흡연자들은 자신들의 영역이 또다시 줄어들고 있다고 생각한다. 만약 그 법이 시의회에서 통과되면, 뉴욕시는 미국에서 가장 흡연하기에 불편한 곳이 될 것이다.

10 논리완성 

사회자가 던진 질문이 혼합 학습의 정의에 대한 것인데, 여러 가지 학습을 나타내는 용어가 다양하게 많다면 그 중 하나인 혼합 학습이 무엇인지 정의하기가 어려울 것이므로 빈칸에는 define이 적절하다.

moderator n. (토론회 따위의) 사회자 vantage point 관점, 견해 term n. 말, 용어 including prep. ~을 포함하여 blended learning 혼합 학습(온·오프라인 학습을 결합한 학습방법) demand v. 요구하다 define v. (성격·내용 따위를) 규정짓다, 한정하다; (말의) 정의를 내리다, 뜻을 밝히다 ask v. 묻다; 요구하다 approve v. 시인하다; 승인하다 assimilate v. 동화시키다; 흡수하다

지난여름, 나는 한 교육 회의에 토론자로 참석했는데, 사회자는 토론자들에게 "혼합 학습을 어떻게 정의합니까?"라고 물었다. 사회자의 그 질문은 프로젝트 기반 학습, 혼합 학습, 개인 맞춤 학습, 온라인 학습 등을 비롯한 광범위한 교육 용어들이 혼재하는 상황에서 혼합 학습이 무엇인지를 정의하는 것이 어려울 수도 있다는 현실적인 관점에서 나온 것이었다.

11 논리완성 

빈칸 다음에서 근거가 뒷받침되는 이론과 질적 내용 분석 둘 모두가 자연주의적 탐구를 바탕으로 하고 있다고 한 것은 둘의 '공통점'에 대한 내용이므로, 빈칸에는 ②가 적절하다.

appropriate a. 적합한, 적절한 method n. 방법, 방식 inquiry n. 조사; 연구, 탐구 critical a. 결정적인, 중대한 grounded a. 기초를 둔, 근거가 있는 theory n. 이론 qualitative a. 성질상의, 질적인; 정성(定性)의 content n. 내용 analysis n. 분석, 분해 naturalistic a. 자연의; 자연주의의 entail v. (필연적 결과로서) 일으키다, 수반하다; ~을 필요로 하다; (노력·비용 등을) 들게 하다 identify v. (신원 등을) 확인하다[알아보다]; 찾다, 발견하다 theme n. 주제, 화제 involve v. 수반하다, 포함하다, 필요로 하다 rigorous a. 엄격한 coding n. 법전화, 암호화

조사를 위해 적절한 연구 방법을 사용하는 것은 성공적인 연구에 있어 매우 중요하다. 근거가 뒷받침되는 이론과 질적 내용 분석은 서로 닮은 점이 있다. 둘 모두가 주제와 패턴의 확인을 필요로 하고 엄격한 암호화를 수반하는 자연주의적 탐구를 바탕으로 하고 있다.

① 차이를 좁히다
② 서로 닮은 점이 있다
③ 애매모호한 점을 분명하게 하다
④ 이론을 전개하다
⑤ 지식을 제공하다

12 논리완성 ③

다른 업종의 회사를 인수한다는 것은 사업의 다각화(diversify)와 관련이 있으며, 이 경우 인수되는 회사는 자회사(subsidiary company)가 된다.

operation n. (사업 따위의) 운영, 경영, 조업 corporation n. 법인; 주식회사 announce v. 공고하다, 발표하다 acquire v. 획득하다; (재산·권리 등을) 취득하다 manufacturing n. 제조공업, 가공공업 multiply v. 늘리다, 증가시키다 monopolize v. 독점하다 intensify v. 강하게 하다, 증강하다 peculiar a. 독특한, 고유의; 특별한 diversify v. 다양화하다, 다채롭게 하다; (사업을) 다각화하다 subsidiary a. 부차적인, 종속적인 facilitate v. 촉진하다, 조장하다 sequential a. 연속되는, 일련의, 결과로서 일어나는 smooth v. 수월하게[편하게] 하다, (곤란 따위를) 제거하다 major a. 주요한

사업의 다각화를 위한 노력의 일환으로, 그 회사는 다른 유형의 제조업에서 자회사를 인수할 것이라고 발표했다.

13 글의 흐름상 적절하지 않은 표현 고르기 ④

③과 ⑤는 모두 "내 룸메이트가 대단히 사교적인 반면, 나는 혼자 조용히 있는 것을 매우 좋아한다."라는 내용에 대한 부연설명인데 반해, ④는 둘 사이의 공통점에 해당하는 내용이므로, 두 내용의 중간에 들어가기에 적절하지 않다.

compatible a. 양립하는, 모순되지 않는; 조화되는 stay up late 늦게까지 자지 않고 있다 messy a. 지저분한, 어질러진 scatter v. 흩뿌리다, 사방으로 흐트러뜨리다 convert v. 변하게 하다, 전환하다 be oneself 자연스럽게 행동하다, 평소의 모습을 잃지 않다

내 룸메이트와 나는 그리 잘 조화되지 않는다. 우리는 수면습관이 다르다. 그는 늦게까지 TV를 보거나 음악을 듣는 것을 좋아하지만, 나는 대개 일찍 잠자리에 든다. 게다가, 그는 매우 깔끔한 사람이다. 그는 항상 방을 깔끔하고 깨끗하게 해놓는 것을 좋아한다. 반면에, 나는 상당히 잘 어질러 놓는다. 나는 항상 내 책과 서류를 방 여기저기에 흩뜨려 놓는다. 마지막으로, 내 룸메이트가 대단히 사교적인 반면, 나는 혼자 조용히 있는 것을 매우 좋아한다. 그는 친구들을 우리 방으로 초대해서 우리 방을 파티 장소로 바꾸고 싶어 한다. <다행히도, 우리 둘 모두 같은 종류의 음악을 좋아한다.> 반대로, 나는 내 방을 평소처럼 있을 수 있는 나만의 공간으로 간주하며, 나만의 사생활을 원한다.

14-16

인공지능 기술이 고인이 된 뮤지션들의 목소리를 복원하여 최신곡을 부르게 한다. 어느 게임 회사는 자사의 대표 게임에 수록된 사운드트랙 부르기 경연대회를 방송한다. 국내 음악계는 미디어, 기술, 산업이 한 데 모이게 되면서 발전을 거듭하고 있다.

한국의 게임업체 넥슨(Nexon)은 아케이드형 액션 게임 던전 앤 파이터(Dungeon and Fighter)에 가장 잘 맞는 TV 경연대회 포맷을 채택했다. 유튜브 채널 딩고뮤직(Dingo Music)에서 볼 수 있는 5부작 시리즈가 목요일 현재 2백만 건 이상의 조회수를 기록했다고 회사측은 밝혔다. 넥슨이 음반업계와 <관행적인> 협업을 모색한 것은 이번이 처음이 아니다. 이 회사는 이전에 체코 국립 심포니 오케스트라에서부터 대중가요 싱어송라이터 요조(Yozoh)에 이르는 매우 다양한 음악가들과 협업을 해왔다. 이 회사는 또한 클래식과 대중음악 모두를 주요 선곡으로 하는 음악회를 마련해오고 있다.
인공지능의 활용이 늘어나는 것은 국내 대중음악계에 활력을 불어넣고 있다. 음악채널 엠넷(Mnet)은 최근 홀로그램과 AI 목소리 커버를 통해 고인이 된 아티스트들이 출연하는 AI 음악 프로젝트 "원스 모어 타임"을 선보였다. 한국의 방송사 SBS는 1996년 31세의 나이로 세상을 떠난 전설적인 가수 김광석 씨의 목소리를 재현하는 AI와 인간 전문가의 대결도 방송했다. "이전의 음악 경연 프로그램들이 경쟁에 집중했다고 한다면, 최근 음악 프로그램들은 새로운 기술을 적용하고 게임의 사운드트랙 같은 색다른 종류의 음악을 소개하면서 더욱 다양한 접근을 하고 있습니다. 이런 새로운 시도가 계속 영향을 미칠 것으로 기대됩니다."라고 국내의 한 음악 평론가는 말했다.

artificial intelligence 인공지능 restore v. 복구하다, 복원하다; 되찾게 하다 deceased a. 사망한, 고(故) contemporary a. 동시대의; 현대의 air v. 방송하다 competition n. 경쟁; 경기 scene n. (패션·음악 등의) …계(界) convergence n. 한 점[선]에의 집중; 집중성; (사상·경제력 따위의) 수렴(收斂) fit v. ~에 맞다, ~에 어울리다 garner v. 모으다; 축적하다 collaboration n. 협력, 협업 arrange v. 배열하다, 정리하다; 주선하다 feature v. (배우를) 주연시키다; (사건을) 대서특필하다 invigorate v. 활기를 북돋우다 diverse a. 다양한 approach n. 접근법, 해결방법 novel a. 신기한, 새로운 impact n. 영향, 영향력 critic n. 비평가, 평론가

14 글의 흐름상 적절하지 않은 표현 고르기 ②

게임업체가 음반업계와 협업을 하는 것은 '관행'이 아닌 '파격'이라 할 수 있다. 그러므로 Ⓑ는 '파격적인 협업'이라는 의미가 되도록 an unconventional collaboration이어야 한다.

15 저자의 태도 ⑤

본문은 '인공지능 기술이 대중음악계에 새로운 활력을 불어넣고 있음'을 이야기하고 있는데, 마지막 문장의 인용문의 내용을 통해 그 같은 새로운 영향이 앞으로도 계속될 것임을 말하고 있으므로, 저자는 AI 기술을 전도유망하다고 보는 시각을 갖고 있다고 할 수 있다.

인공지능 기술에 대한 저자의 시각으로 적절한 것은?
① 애매모호한
② 미심쩍어하는
③ 적개심을 가진
④ 불명확한
⑤ 전도유망한

16 글의 요지 ①

음악계에서 AI를 적극적으로 활용하게 됐다는 사실과 함께 그 사례를 구체적으로 제시하고 있는 내용이므로, ①이 정답으로 적절하다.

위 글의 요지로 적절한 것은?
① AI와 음악 산업의 협업
② 고인이 된 뮤지션들의 목소리 복원
③ 클래식과 대중음악의 결합
④ 오래된 대중가요의 재현
⑤ AI와 인간 전문가의 경쟁

17-19

유럽과 미국의 천문학자들은 목요일에 행성들이 공전하고 있는 우리 태양계와 유사한 항성계 두 개가 발견되었다고 발표했는데, 이것은 그 항성계에 외계생명체가 있을 가능성을 높여주는 발견이다. 이를 모두 합쳐서, 27개의 이전에 알려지지 않은 행성을 발견했다고 천문학자들은 발표했고, 이로써 지금껏 알려진, 부근의 항성 주위를 공전하는 행성의 수는 100개 이상으로 늘어나게 되었다.
UC버클리의 제프리 마시(Geoffrey Marcy)와 워싱턴 D.C. 카네기 연구소의 폴 버틀러(Paul Butler)가 이끄는 한 단체는 15개의 행성에 대한 세부사항을 발표했다. 제네바 대학의 스위스 천문학자 마이클 메이어(Michael Mayor)가 이끄는 유럽의 한 연구팀은 12개의 행성에 대한 세부사항을 추가로 공개했는데, 이는 과학 회의에서 발표하기로 했던 계획보다 며칠 앞서서 이뤄진 것이었다.
"우리 은하계 안에는 우리 행성계(태양계)와 비슷한 행성계가 틀림없이 수십억 개가 있을 겁니다."라고 마시는 말한다. 그의 연구팀은 항성 55 캔크리(Cancri)가 목성과 유사한 행성을 거느리고 있는 것을 발견했다. 이 행성은 원에 가까운 궤도를 그리며 공전하고 있는데, 이는 목성과 매우 흡사한 점이다. 거대한 가스 덩어리인 그 행성은 게자리에서 41광년 떨어진 곳에 있는 항성인 55 캔크리를 도는 데 약 14년이 걸린다.
마시의 연구팀은 지구와 같은 행성은 55 캔크리의 주위를 도는 행성들의 방해를 받지 않고 그 항성을 안전하게 공전할 수 있을 것으로 추정하고 있다. 그 유럽 연구팀은 또한 크기와 원형 공전 궤도라는 면에서 목성과 유사한 행성이 있는 또 다른 항성계에 대해서도 보고하고 있다.
우주생물학자들은 중심에서 떨어진 곳에 있는 거대 가스 행성들의 공전 궤도가 거의 원형에 가까운 항성계가 생명체가 있는 행성이 존재할 가능성이 더 높다고 말한다. 이론적으로, 목성과 유사한 천체들은, 목성이 우리 태양계의 역사를 통해 그래왔던 것처럼, 항성과 더 가까이 있는 지구와 유사한 작은 행성들을 혜성의 충돌로부터 보호해줄 것이다. 게다가, 원형 공전궤도를 가진 행성은 다른 행성들의 궤도 안정성을 해칠 가능성이 더 적다. 프린스턴 대학의 천체물리학자 데이비드 스퍼겔(David Spergel)은 "이제 우리는 갑자기 우리의 태양계가 특별하지 않다는 첫 번째 보고를 받았습니다."라고 말한다.

astronomer n. 천문학자 the solar system 태양계; 태양계와 유사한 다른 항성의 행성계 orbit n. 궤도 v. 궤도를 그리며 돌다 boost v. 밀어 올리다, 끌어 올리다 odds n. 가망, 가능성, 확률 house v. ~에 거처할 곳을 주다; 숙박시키다; 수용하다 extraterrestrial life 외계생명체 institution n. 학회, 협회 release v. 공개[발표, 발매]하다 unveil v. 정체를 드러내다; (비밀 따위를) 밝히다 planetary system 행성계(항성과 그 둘레를 공전하는 행성으로 이루어진 계) Milky Way galaxy 우리 은하, 태양계가 포함된 은하 planet n. 행성 occupy v. 점령하다, 점거하다 Jupiter n. 목성 constellation n. 별자리 constellation Cancer <별자리> 게자리 calculate v. 계산하다; 추정하다 disturbance n. 소동; 방해; 혼란 astrobiologist n. 우주생물학자 outlying a. 밖에 있는; 중심을 떠난 gas giant 거대 가스 행성(질량의 대부분이 수소와 헬륨으로 이루어진 행성) screen v. 가로막다, 막다 comet n. 혜성 impact n. 충돌, 충격 disturb v. 방해하다 stability n. 안정, 안정성

17 글의 주제 ④

태양계와 유사한 항성계를 우리 은하계 안에서 다수 발견한 사실에 대해 이야기하고 있는 내용이므로, ④가 정답으로 적절하다.

위 글의 주제로 적절한 것은?
① 알려져 있지 않은 행성의 원형 궤도 계산
② 항성계에서 행성간의 거리
③ 과학 회의의 발표 내용
④ 우리 항성계(태양계)와 유사한 항성계들의 발견
⑤ 목성을 닮은 행성의 발견

18 내용일치 

마이클 메이어가 이끄는 유럽의 한 연구팀에서 항성 55 캔크리가 목성과 유사한 행성을 거느리고 있는 것을 발견했다. 그러므로 ②가 정답으로 적절하다. ① 약 14년이 걸린다고 했다. ③ 27개를 추가로 발견했으며, 이 27개를 기존에 발견된 것들과 합치면 100개가 넘는다. ④ 더 작은 행성들을 혜성의 충돌로부터 보호하는 역할을 한다. ⑤ 원형 공전궤도를 가진 행성은 다른 행성들의 궤도 안정성을 해칠 가능성이 더 적다.

위 글에 의하면 다음 중 옳은 것은?
① 캔크리 55가 거느리고 있는 행성은 캔크리 55를 도는 데 약 41년이 걸린다.
② 유럽 천문학 연구팀이 발견한 다른 항성계에는 목성과 유사한 행성이 있다.
③ 그 천문학자들이 발견한 이전에 알려지지 않은 행성의 수는 100개가 넘는다.
④ 이론적으로는, 목성과 유사한 천체가 더 큰 행성들을 보호하는 것으로 여겨지고 있다.
⑤ 원형 공전 궤도를 가진 행성은 다른 행성들의 궤도 안정성을 증진시킬 가능성이 더 적다.

19 빈칸완성 ⑤

마지막 문장에서 언급한 '보고'는 '태양계와 유사한 항성계들의 발견'을 가리킨다. 이것은 우리가 살고 있는 태양계가 그다지 특별한 것은 아니라는 것을 나타내주는 것이므로, ⑤가 정답으로 적절하다.

빈칸에 들어가기에 가장 적절한 것은?
① 중요하지 않다
② 위험에 처해 있다
③ 목성과 매우 흡사하다
④ 55 캔크리로부터 지나치게 멀다
⑤ 특별하지 않다

20-22

인터넷 덕분에 우리는 전 세계의 가족, 친구들과 순식간에 연결될 수 있게 되었다. 온라인 강의실과 인스턴트 메신저는 우리로 하여금 사람들을 만나고, 친분과 우정을 쌓고, 심지어는 로맨스도 시작할 수 있게 해준다. 인터넷이 공동체를 키웠고 사람들에게 더 깊은 관계를 형성하게 하는 것처럼 보일 것이다. 그러나 한 연구에서는 놀랍고 다소 충격적인 사실을 발견했다. 온라인에서 매우 많은 시간을 보내는 사람들이 네트워크에 접속하지 않는 동료들보다 실제로는 더 많은 고립감과 외로움을 느낀다는 것이다.
인터넷은 가족과 가까운 친구라는 강한 사회적 유대관계를 그저 알고 지내는 정도의 약한 유대관계로 대체하는 효과를 나타낸다. 한 연구원의 말처럼, 우리는 채팅방에서 만난 사람에게 아기를 돌봐달라고 요청할 수는 없다. 인터넷상에서 이뤄지는 개인 간의 대화는 아무리 진심어린 것이라 할지라도, 모든 디지털 데이터가 그런 것처럼 덧없이 사라지는 속성을 가지고 있다. 목소리나 얼굴과 이어져 있는 게 아닌 까닭에, 그것들은 한순간에 나타났다가 사라지고 만다. 엽서 한 장만큼의 실체도 없기 때문이다. 채팅방에서는 사람들이 오가며, 새로운 대화명으로 가려진 채 다시 불쑥 나타난다. 존재하지 않는 인터넷 주소로 이메일을 보내려고 하는 것만큼 부질없는 짓은 없다.

acquaintance n. 면식, 친분; 아는 사람, 아는 사이 initiate v. 시작하다 foster v. 기르다; 육성하다, 조장하다 formulate v. (세심히) 만들어 내다; (의견을 공들여) 표현[진술]하다 disturbing a. 충격적인, 불안감을 주는 isolated a. 고립된, 격리된 replace v. 대신하다, 대체하다 acquaintanceship n. 아는 사이, 사귐, 교제 baby-sit v. ~의 아이를 돌봐주다 exchange n. 교환; 대화 heartfelt a. (말·행위 따위가) 마음으로부터의, 진심에서 우러나오는 unattached a. 떨어져 있는; 무소속의 vanish v. 사라지다, 자취를 감추다 lack v. ~이 결핍되다, ~이 없다 substance n. 실질, 내용; 실체 pop up 불쑥 나타나다 cloak v. 가리다, 숨기다, 감추다 screen name 컴퓨터 네트워크에서 다른 온라인 상대와 통신할 때 사용하기 위해 만든 이름 futile a. 무익한, 헛된 nonexistent a. 존재하지 않는

20 글의 주제 ①

첫 번째 문단에서는 "온라인에서 많은 시간을 보내는 사람들이 고립감과 외로움을 더 많이 느낀다."는 것을 말하고 있고, 두 번째 문단에서는 "인터넷을 통해 맺어지는 인간관계가 일시적인 속성을 가지고 있다."는 것을 이야기하고 있다. 두 가지를 모두 포괄하는 주제로 적절한 것은 ①이다.

위 글의 주제로 적절한 것은?
① 인터넷이 만들어낸 헛된 인간관계
② 인터넷이 초래한 해악
③ 고립을 극복하는 수단으로서의 인터넷
④ 사람들이 사이에서 더 깊은 관계를 형성하는 데 있어서의 어려움
⑤ 우정을 형성하는 데 있어서 인터넷이 가진 편리성

21 빈칸완성 ④

빈칸을 포함한 문장의 내용을 다음 문장에서 부연설명하고 있는데, '한순간에 나타났다가 사라지고 만다'라고 했으므로, 이 표현과 호응하는 ④가 정답으로 적절하다.

빈칸에 들어가기에 가장 적절한 것은?
① 자발적인
② 친밀한
③ 짜증나게 하는
④ 덧없는
⑤ 초연한

22 내용일치 ②

②의 인터넷 사용에 따른 온라인 수업의 변화에 대해서는 본문에서 구체적으로 언급하지 않았다.

다음 중 위 글과 일치하는 않는 것은?
① 인터넷 사용자는 새로운 대화명을 사용할 수 있다.
② 인터넷을 사용함으로써, 온라인 수업은 많은 혁명적인 변화를 이루었다.
③ 인터넷을 사용함으로써, 우리는 세계의 다른 사람들과 즉시 연결될 수 있다.
④ 인터넷은 유대관계가 약한 친분이나 우정을 만든다.
⑤ 인터넷을 친분을 쌓는 수단으로 이용하는 사람들은 네트워크에 접속하지 않는 동료들보다 더 고립감을 느낀다.

23-25

가족의 본질에 대한 가정은 사회과학에 매우 많이 있다. 인류학, 사회학, 그리고 심리학 분야들은 모두 가족 제도에 대해 특정한 방향성을 가지고 있는데, 이 방향성이 해당 분야의 이론적 입장과 연구 의제를 규정짓는다. 사회학자와 인류학자들 사이에서 가족에 대해 시작점이 되는 전제는 가족이 사회를 조직하는 데 있어서 중심이 되는 제도 중의 하나라는 것이었다. 가족이 중심이 되는 역할을 하는 것은 성적(性的) 행위를 통제하고, 번식을 조절하고, 가족 단위 내에서 태어난 아이들의 사회화를 책임짐으로써 사회생활을 매우 효과적으로 조직할 수 있는 능력을 갖고 있기 때문이다. 많은 사회과학 분야들은 "어떻게 해서 사회가 가능한가?"라는 질문으로 시작하며, 그 분야들은 개인을 가족 단위로 조직하는 것이 사회적 규제와 연속성을 제공하는 매우 효과적인 수단임을 인식하고 있다. 가족 제도를 통해, 개개인은 함께 결합되며 자신의 이름과 전통을 자손을 통해 영속화시킬 수 있는 사회적·법적 허가를 받게 된다. 모든 사회는 미래 세대의 지도자와 일꾼들로 다시 채워진다.

assumption n. 가정; 가설 abound v. 많이 있다; 풍부하다 discipline n. 학과, 교과, (학문의) 분야 anthropology n. 인류학 sociology n. 사회학 psychology n. 심리학 orientation n. 방침, 태도 institution n. 협회, 시설; 제도, 관례 define v. (성격·내용 따위를) 규정짓다, 한정하다; (말의) 정의를 내리다 theoretical a. 이론의, 이론상의 agenda n. 안건, 의사일정, 의제 premise n. 전제 organize v. 조직하다, 편제하다, 구성하다 centrality n. 중심적 역할[위치], 중요성 capacity n. 능력, 재능 effectively ad. 유효하게; 효과적으로 regulate v. 통제하다; 조절하다 reproduction n. 생식, 번식 ensure v. ~을 책임지다, 보장[보증]하다, (성공 등을) 확실하게 하다 socialization n. 사회화 recognize v. 인지하다; 인정하다 continuity n. 연속성 perpetuate v. 영속시키다 offspring n. 자식, 후손 replenish v. 채우다; 다시 채우다

23 빈칸완성 ⑤

빈칸을 포함한 문장의 내용을 다음 문장에서 부연설명하고 있다. 이어지는 문장에서 '개인이 가족 제도 안에서 함께 결합되며 후손을 통해 영속성을 이루려 함'을 이야기하고 있는데, 이것은 가족 제도 즉, '개인을 가족 단위로 조직하는 것'에 의해 이루어지는 것이므로 ⑤가 정답으로 적절하다.

빈칸에 들어가기에 가장 적절한 것은?
① 사회구성원들이 공유하는 공통의 신념
② 영속적인 성씨의 확립
③ 성적 행위의 규제 및 통제
④ 아동의 사회화
⑤ 개인을 가족 단위로 조직함

24 글의 주제 ③

본문은 "가족이 사회를 조직하는 데 있어서 중심이 되며, 사회가 존재할 수 있는 것도 개인을 가족 안에서 결합시키고 통제할 수 있기 때문임"을 설명한다. 그러므로 ③이 정답으로 적절하다.

위 글의 주제로 적절한 것은?
① 사회학 분야의 중요성
② 사회의 형성에 있어서 사회적 규제의 역할
③ 사회를 조직하는 중심적인 제도로서의 가족
④ 성씨의 영속화가 가진 중요성
⑤ 미래 세대를 책임지기 위한 수단으로서 가족

25 동의어 ①

sanction은 '제재' 혹은 '승인[허가]'의 의미로 쓰이는데, 주어진 문장에서는 문맥상 후자의 뜻으로 쓰였다. 그러므로 '승인', '허가'라는 뜻의 ①이 동의어로 적절하다. ② 신성함 ③ 특권 ④ 처벌 ⑤ 탄원

2020 성균관대학교(인문계 A형)

01 ④	02 ①	03 ⑤	04 ②	05 ③	06 ②	07 ⑤	08 ①	09 ④	10 ④
11 ③	12 ④	13 ③	14 ①	15 ①	16 ④	17 ③	18 ⑤	19 ⑤	20 ④
21 ②	22 ③	23 ①	24 ⑤	25 ②	26 ①	27 ③	28 ①	29 ⑤	30 ③
31 ②	32 ⑤	33 ②	34 ⑤	35 ②	36 ①	37 ⑤	38 ④	39 ②	40 ③
41 ②	42 ③	43 ③	44 ④	45 ⑤	46 ②	47 ④	48 ③	49 ②	50 ④

01 동의어 ④

play down 경시하다, 과소평가하다(= understate) humiliation n. 치욕을 안겨주기, 모욕 manipulate v. 조작하다, 다루다 maximize v. 최대로 하다 eliminate v. 제거하다 exaggerate v. 과장하다

그 정치인은 치욕스럽게 의석을 잃을 가능성을 과소평가하고 있다.

02 동의어 ①

abuse v. 남용하다; 학대하다 undermine v. 밑을 파헤치다; 손상시키다(= damage) resource n. 자원, 자산 indifference n. 무관심, 냉담 back v. 지지하다; 후원하다 reward v. 보상[보답]하다 delay v. 연기하다 pay off 보상받다, 갚다; 성공하다

중소기업들이 대형 거래처들의 횡포에 피해 받지 않도록 보호하려는 노력이 자원 부족과 관료들의 무관심에 의해 손상되고 있다.

03 동의어 ⑤

strip v. 껍질을 벗기다, 제거하다 dull a. 칙칙한, 윤기 없는 layer n. (쌓인 것의) 층; 지층 varnish n. 니스; (니스 칠한 것 같은) 광택면 alteration n. 변경, 개조 vibrant a. 진동하는; 생생한(= alive) tedious a. 지루한, 장황한 genuine a. 진짜의; 거짓 없는

칙칙한 광택막과 셀 수 없이 서투르게 수정한 흔적을 제거하고 나니, 이 중세 시대의 걸작은 지금만큼 생생하게 보인 적이 없었다.(지금은 더할 나위 없이 생생해 보인다.)

04 동의어 ②

guess v. 추측하다 devised a. 고안된, 만들어진(= invented) encounter v. 만나다, 조우하다 creature n. 창조물, 피조물 familiar a. 보통의; 친숙한; 정통한 incomprehensible a. 이해할 수 없는, 불가해한

우리는 만들어진 단어들의 의미를 문맥을 통해 추측하고, 우리의 친숙한 세상과 멀리 동떨어져 있는 마술적이고 신비한 피조물들을 마주한다.

05 동의어 ③

cater to ~에게 만족을 주다, ~에 영합하다(= indulge) blame v. 비난하다 preach v. 설교하다 cheat v. 속이다

"스타워즈: 라스트 제다이"의 감독 라이언 존슨(Rian Johnson)은 그저 팬들을 즐겁게 만족시키려고만 하는 것은 "잘못"이라고 말했다.

06 수동태가 불가한 자동사 ②

climb은 '오르다, 상승하다'를 의미하는 자동사다. 자동사는 수동태로 사용할 수 없으므로 ② was climbed를 climbed로 고쳐야 한다.

life expectancy n. 기대 수명 climb v. 오르다; 상승하다 sanitation n. (공중) 위생; 하수 설비 take hold 확립하다, 정착되다

1900년에 50세 미만이었던 기대 수명이 영양, 위생, 의료 서비스의 개선이 확립되면서 1930년대에는 60세 이상으로 상승했다.

07 대동사의 수일치 

⑤의 주어인 even higher percentages of those less than eighty years old에서 those가 복수여서 percentage이든 percentages이든 복수 취급하기 때문에 does를 do로 고쳐야 한다.

survey n. 개론; 조사 the elderly n. 노인층

일부 아프리카 도시의 조사에 따르면, 현재 80세 이상의 노인 중 절반이 병원에서 사망하고 있고, 80세 미만의 노인 가운데는 더 높은 비율이 그렇다고(병원에서 사망한다고) 한다.

08 전치사 despite ①

despite는 그 자체가 완전한 전치사이므로, despite of의 형태로 사용되지 않는다. ①을 despite로 고친다.

scour v. 질주하다; 찾아다니다 remote a. 원격의; 외딴 biodiversity n. 생물의 다양성 estimate v. 추정하다, 평가하다

수십 년 동안 지상에서 가장 친숙한 곳들과 외진 곳들 중 일부를 끊임없이 탐색했지만, 생물의 다양성을 연구하는 과학자들은 자연종(種) 가운데 90% 이상이 여전히 알려져 있지 않다고 추정하고 있다.

09 명사절을 이끄는 종속접속사 that ④

문장에서 보어를 이루는 ②의 접속사 that이 이끄는 절과 ④의 관계대명사 what이 이끄는 절이 등위접속사 and로 병치되어 있다. 그러나 관계대명사 what은 그 자체에 선행사를 가지고 있기 때문에 불완전한 절을 취해야 하는데, what 다음에 완전한 절이 왔으므로 옳지 않다. ④ what을 접속사 that으로 고친다.

in any case 어쨌든 have an impact on ~에 영향을 주다 intelligibility n. 이해할 수 있음, 명료함

내가 깨닫지 못했던 것은 희귀한 단어들은 종종 문맥을 통해서 그 의미를 추측할 수 있다는 것과, 그 희귀한 단어들은 읽고 있는 것을 전반적으로 이해하는 데에 거의 영향을 주지 못한다는 것이었다.

10 주어와 동사의 수일치 ④

명사절로 쓰인 that절 안에서 주어 all the hotels there가 복수이므로 동사도 복수여야 한다. ④ there was를 there were로 고쳐야 한다.

book v. 기록하다; 예약하다 exception n. 예외; 반대

지난 1996년에 미국 애틀랜타에서 하계 올림픽이 개최되었을 때, 한 지역 TV 방송국은 그곳의 모든 호텔들이 한 군데를 제외하고는 전부 예약됐다고 보도했다.

11 논리완성 ③

빈칸에는 '자신감과 의사결정 능력'과 대조를 이루면서 마지막 문장의 '동료들과 직원들의 독창적인 경험에 관여하다'와 의미적으로 가까운 표현이 들어가야 한다. 따라서 '공감, 이해력, 협동' 같은 말이 적절하다.

sideline v. 출전 못하게 하다, 열외로 취급하다 confidence n. 자신감, 신뢰 consulting firm 컨설턴트 회사, 자문회사 engage with ~와 관계맺다 outperform v. 더 나은 결과를 내다, 능가하다 shyness n. 수줍음, 숫기 없음 aggressiveness n. 공격성 empathy n. 공감, 감정 이입 outspokenness n. 솔직함 indecisiveness n. 우유부단

전통적으로 비즈니스 세계에서는 공감을 피하고 자신감이나 중요한 의사결정 능력과 같은 요소들을 더 선호했지만, 최근에는 공감이 중요한 기술로 널리 간주되고 있다. 인적자원 컨설팅업체 Development Dimensions International의 2016년 연구에 따르면, 동료나 직원의 독창적인 경험에 관여하는 상사들은 업무능력이 다른 사람보다 40% 더 뛰어나다고 한다.

12 논리완성 ④

바로 앞에서 "맨헌트"에서의 형사가 "닥터 마틴"의 아홉 시즌 내내 맡아 지지층을 구축한 역할에서 벗어난 것(a departure)으로 간주된다고 했는데, '벗어난 것'이란 아주 다른 것을 의미한다. 그런데 빈칸 뒤에서 형사 역과 의사 역의 공통점을 언급했으므로, 빈칸에는 역접의 접속사 But이 적절하다.

devoted a. 헌신적인, 사랑하는 audience n. 관객, 시청자, 지지자 grumpy a. 심술이 난, 성미 까다로운 condescending a. 잘난 척하는, 겸손하지 못한 awkward a. 서투른, 어색한, 다루기 힘든 touchy a. 화를 잘 내는, 까다로운 good at ~에 능숙한, 잘하는

영국 배우 마틴 클룬즈(Martin Clunes)는 그가 "닥터 마틴"의 아홉 시즌 내내 까다롭고, 잘난 체하는 마을 의사 역을 연기한 덕분에 열렬한 시청자를 모았다. "맨헌트"에서 그가 맡아 연기한 등장인물인 런던 교외지역의 프랑스 대학생 살인 사건을 수사하는 형사는 앞서 맡은 역할에서 벗어난 것으로 간주될 수 있을 것이다. 그러나 "맨헌트"에서의 형사는 의사와 공통점이 많다. 즉 그는 다루기 힘들고, 논쟁적이고, 까다롭지만 자신의 직무에는 아주 뛰어나다.

13 논리완성 ③

모든 중독성 물질 가운데 알코올이 가장 큰 피해를 주는 이유는 마약과는 달리 알코올은 법적 규제를 거의 받지 않는다는 것과 언제 어디에서나 쉽게 구입할 수 있기 때문이라고 한다. 따라서 빈칸에 적절한 것은 알코올은 '규제를 거의 받지 않고 있지만 가장 큰 피해를 끼친다.'가 적당하다.

intoxicate v. 흥분시키다, 중독시키다 illegal a. 불법의, 비합법적인 in contrast 반대로 omnipresent a. 편재하는, 어디에나 있는 adverse effect 부작용; 역효과 intoxicant n. (술과 같이 사람을) 취하게 만드는 것 inflict v. 고통을 주다 victim n. 희생자, 피해자

사람을 중독 시키는 모든 물질 중에서 알코올은 가장 규제를 적게 받지만 가장 큰 피해를 입힌다. 많은 불법 마약들은 그 사용자들에게 보다 위험하지만, 상대적으로 구입이 어려워서 그 영향은 제한적이다. 반대로 알코올은 쉽게 구입할 수 있기 때문에 그 부작용에 시달리는 사람들이 훨씬 더 많다. 2010년 마약 전문가 단체는 영국에서 20개의 일반적인 중독성 물질이 초래한 총 손상(損傷)에 대해 기록하고 알코올이 가장 큰 피해를 끼치는 이유는 음주 운전자 때문에 생긴 피해자들처럼 그것이 비소비자에게 주는 피해 때문이라고 결론 내렸다.

① 가장 규제를 많이 받지만 제일 적은 피해를 준다
② 가장 규제를 많이 받지만 제일 큰 피해를 미친다
③ 가장 규제를 적게 받지만 제일 큰 피해를 입힌다
④ 가장 규제를 적게 받지만 가장 적은 피해를 준다
⑤ 비소비자에게 해롭지가 않다

14 논리완성 ①

본문에 따르면 예전에 기업의 광고를 독점해서 수익을 창출했던 신문방송사의 환경이 인터넷과 SNS 중심의 새로운 시대로 접어들면서부터 크게 변모했다고 한다. 예전과는 다른 환경 속에서 생존하기 위해 신문방송사가 빈번하게 자행하는 낚시성 제목 달기와 부정확한 정보에 의거하는 방송과 기사는 당연히 미디어 불신의 결과를 가져올 것임을 알 수 있다. 따라서 빈칸에 적절한 것은 ①이다.

journalism n. 언론계, 저널리즘; 신문 잡지 terminal a. 끝에 있는, plummet v. 떨어지다, 추락하다 problematic a. 문제의, 의문스러운 prioritize v. 우선시하다 clickbait n. 클릭베이트(인터넷에서 클릭을 유도하는 제목 문구), 낚시기사 headline n. 표제, 주요 제목 transparency n. 투명 contribute to 기여하다 distrust n. 불신, 의혹

새롭고, 디지털 형식이고, 경쟁이 치열한 세계 미디어 환경은 저널리즘이 의존하고 있는 비즈니스 모델에 근본적인 문제를 가져왔다. 인쇄물이 손을 쓸 수 없을 정도로 감소하고 있고, 텔레비전 시청자들도 급감하고 있다. Google, Facebook, Amazon과 같은 인터넷 대기업들이 소비자를 겨냥한 보다 효율적인 광고방법을 제공하고 있는 때에, 뉴스 시간대의 광고는 더 이상 매력적이지 않다. 이러한 새로운 재정적 현실 때문에 많은 뉴스사(社)는 생존하기 위해 문제가 되는 기법을 채택하고 있다. 즉, 뉴스의 질보다는 양을 우선시하고 소위 클릭베이트 제목을 운영하는 것이다. 이러한 발전들 각각은 뉴스보도기관 내에 투명성이 부족한 것과 여과되지 않은 소셜 미디어 플랫폼을 뉴스원(原)으로 더욱 많이 사용하는 것과 결합하여 미디어의 불신에 기여하고 있다.

① 미디어의 불신
② 디지털 미디어에 대한 의존
③ 전통 미디어의 부흥
④ 온라인 광고 산업의 쇠퇴
⑤ 불공정한 경쟁 환경

15 논리완성 ①

'인간의 사고와 행동이 어디에서 비롯되었는가?'라는 물음은 반복되는 질문이다. 본문에서 인간의 사고와 행동이 선천적인 요인인가 질의한 후에, 사유와 행동이 생물학적 본성에서 비롯되었는가?라고 앞 문장의 내용을 다시 부연하고 있다. 따라서 '즉'이나 '다시 말해서'가 빈칸에 가장 적절하다.

issue n. 문제, 쟁점 inborn a. 선천적인, 타고난 nurture v. 양육하다, 키우다

고대 그리스에서 아리스토텔레스(Aristotle)와 플라톤(Plato) 같은 초기 철학자들은 심리학적 쟁점에 대해 논의했었다. 인간이 생각하고 행동하는 방법이 선천적인 것인가? — 즉 사유와 행동이 인간의 생물학적 본성에서 비롯되었는가? 아니면 그것은 교육, 경험, 문화를 통해 체득되는가? 예를 들어, 사유와 행동은 인간 양육 방법에서 비롯되었는가?

16 논리완성 ④

새로운 미디어 기기가 수업에 유용한 도구로 사용될 수도 있다고 한 다음 이런 기기들로 인한 단점이 빈칸 뒤에 이어지고 있으므로, 부정적인 의미의 부사 ④ Unfortunately가 빈칸에 적절하다.

ideally ad. 이상적으로, 이론상, 원칙적으로 take notes 노트하다, 기록하다 access v. 입수하다, 접근하다 tune out ~을 듣지 않다[무시하다]; 채널을 딴 데로 돌리다

가장 재미있는 교사들과 함께한다 해도 수업 시간 내내 완벽한 주의를 기울이는 것은 어려울 수 있다. 이러한 이유로 많은 교사들이 수업 중에 적극적인 참여를 포함시키려 한다. 지난 10년 사이에 교실에 노트북과 스마트폰이 출현하면서, 교사가 학생들의 관심을 끄는 것의 어려움은 더 커졌다. 이론상으로는, 그러한 기술을 통해 학생들은 필기하고, 온라인 자료에 접속하거나 수업활동에 참여할 수 있다. 유감스럽게도 학생들은 또한 페이스북이나 이메일을 확인하느라고 수업에 대한 관심을 꺼버릴 수도 있다.

17 논리완성 ③

둘째 문장에서 '실제로는 21세기는 역사상 가장 불평등한 사회를 만들지도 모른다'고 했으므로 첫 문장의 빈칸에는 불평등에 반대되는 ③의 '평등'이 가장 적절하다.

bridge v. (다리를) 놓다, (간극을) 메우다 gap n. 간격, 차이 rift n. 갈라짐, 균열; 신념의 차이 divide v. 나누다, 분할하다 caste n. 카스트 제도; 배타적 계급 peace n. 평화 demolition n. 파괴, 폭파 equality n. 평등 capitalism n. 자본주의 civilization n. 문명

지난 수십 년 동안, 세상 사람들은 인류가 평등으로 나아가고 있고, 세계화와 신기술을 통해 우리가 더 빨리 평등에 이를 수 있다는 말을 들었다. 실제로는, 21세기는 역사상 가장 불평등한 사회를 만들지도 모른다. 세계화와 인터넷은 국가 간의 격차를 메우기도 하지만, 계급 간의 균열을 확대시킬 위험이 있으며, 인류가 세계의 통합을 막 달성하려는 것 같은 것과 마찬가지로, 인간 종(種) 자체가 서로 다른 생물학적 계급들로 분할될지도 모른다.

18 논리완성 ⑤

탄소배출량을 줄이고, 에너지 절약을 일상화하고, 최고의 에너지 효율 기준을 맞추고, 대중교통이나 카풀을 통해 탄소 배출을 줄이는 것은 모두 지구온난화를 막는 것과 관련이 있다.

carbon footprint 탄소배출량 step n. 단계, 조치 follow v. 따르다, 추종하다 conserving energy 에너지 절약 Energy Star 미국 정부가 도입한 에너지 절약 전기, 전자 제품 인증제도 gas mileage 연비

어떻게 지구 온난화를 막을 수 있는지 궁금한가? 몇 가지 간단한 단계를 따름으로써 탄소배출량을 줄여가라. 에너지 절약을 일상생활과 소비자 결정의 일환으로 삼으라. 냉장고, 세탁기, 건조기와 같은 새로운 가전제품을 구입할 때에는, 정부의 에너지스타 라벨이 부착된 제품을 찾아보라. 왜냐하면 이런 제품들은 연방 정부의 최소요건보다 더 높은 에너지 효율 기준에

부합하기 때문이다. 자동차를 구입할 때는 연비가 가장 높고 배출 가스가 최저인 차를 찾아보라. 그리고 대중교통과 가능하면 카풀(자동차 함께 타기)을 이용해서도 배출량을 줄일 수 있다.

① 생활비를 낮추는지
② 청정에너지를 생산하는지
③ 만약의 경우에 대비하는지
④ 평소보다 적게 구매하는지
⑤ 지구 온난화를 막을 수 있는지

19 논리완성 ⑤

For instance 이하는 '우리가 매사를 고정 관념에 의거해서 평가하고 판단하게 되며, 또한 고정 관념에 일치하지 않는 경우에는 생각이나 판단을 바꾸는 것이 아니라, 그것을 예외로 치부한다'는 내용이다. 따라서 빈칸에는 '일단 고정 관념이 형성되면, 그것은 계속 지속하게 된다'는 의미를 만드는 ⑤가 적절하다.

stereotype n. 고정 관념 consistent a. 일치하는, 모순이 없는(with) aggressive a. 공격적인, 적극적인 attribute v. ~의 원인으로 여기다 determination n. 결의 affirmative action 차별 시정[철폐] 조치, 소수민족 우대 정책 fit v. 적합하다, 어울리다 category n. 구분, 종류; 분류

일단 우리가 고정 관념을 형성하고 나면, 그 고정 관념을 계속 지속하는 경향이 있다. 예를 들어, 우리는 우리가 가진 고정 관념과 일치하는 방식으로 행동을 인식할 수도 있다. 공격적이라고 설명되는 변호사와 공격적이라고 설명되는 건설노동자는 서로 다른 이미지를 떠오르게 한다. 이와 마찬가지로 백인의 성공은 근면과 결의 때문이며, 흑인의 성공은 행운이나 소수자 우대정책 같은 외적 요소에 기인한다고 생각할 수도 있다. 고정 관념에 들어맞지 않는 사람을 만나게 되면, 우리는 고정 관념을 바꾸기보다 그를 특이한 범주에 넣을지도 모른다.

① 고정 관념에 대해 잊어버리는
② 고정 관념을 무시하는
③ 우리 생각을 바꾸는
④ 다른 사람들과 고정 관념을 공유하는
⑤ 고정 관념을 지속하는

20 문맥상 적절하지 않은 단어 고르기 ④

인공지능에 기초한 자율무기들이 적에게 방해받지 않고 계속 작동하려면, 쉽게 '작동시키는(turn on)' 것이 아니라 쉽게 '작동을 중지하는(turn off)' 것이 어렵도록 설계되어야 한다. 따라서 ⓓ를 off로 고쳐야 한다.

autonomous weapon 자율 무기 casualty n. 사상자 thwart v. 방해하다, 좌절시키다 lose control 통제력을 상실하다

자율 무기는 살상용으로 프로그램화된 인공지능(AI) 시스템이다. 이런 무기들이 나쁜 사람 수중에 들어가게 되면 용이하게 대량의 사상자를 야기할 수 있다. 더구나 AI 군비경쟁은 우발적으로 AI 전쟁을 유발시켜 많은 사상자를 초래할 수도 있다. 적으로부터 방해받지 않기 위해서, 이 무기들은 간단하게 작동을 <작동시키는> 것이 아주 어렵도록 설계될 것이다. 따라서 인간은 그러한 상황에 대한 통제력을 잃을 가능성도 있다. 이런 위험은 성능이 약한 AI에도 존재하지만 AI 지능과 자율성의 수준이 높아지면서 더 커진다.

21 부분이해 ②

밑줄 친 임무는 둘째 문장에 나온 테러범들이 국가에게 제시하는 an impossible challenge of their own이고 이것은 국가가 모든 시민을 폭력으로부터 보호할 수 있다는 것을 입증하는 것이므로 정답이 ②임을 알 수 있다. 즉 테러범들이 어떤 국가에서 테러를 행하면 그것은 그 국가에게 시민을 폭력으로부터 보호할 수 있다는 것을 입증하라는 도전이 된다는 것이고 테러범들은 국가에 이런 도전을 던져 세력균형을 깨뜨리고 자신들에게 유리한 상황을 기대하는 것이다.

undertake v. 착수하다, 떠맡다 of one's own 고유한, 자기 자신의 reshuffle v. 다시 섞다, 개조하다 unforeseen a. 예기치 않은, 의외의 surrender v. 항복하다, 포기하다

테러범들은 군대가 없음에도 불구하고 폭력을 통해 정치적 세력 균형을 바꾸고자 하는 불가능한 임무를 착수한다. 그들의 목적을 달성하기 위해, 테러범들은 그들 자신이 만든 불가능한 도전 과제를 국가에게 제시한다. 즉 국가가 모든 시민을 언제 어디서든지 정치적 폭력으로부터 보호할 수 있다는 것을 입증하는 것이다. 테러범들은 국가가 이런 불가능한 임무를 수행하려고 할 때, 그것이 여러 가지 정치적인 카드를 다시 섞어 그들에게 그 어떤 예기치 않은 으뜸 패(최상의 수)를 주게 되기를 바란다.

밑줄 친 "this impossible mission"은 '______'을 가리킨다.
① 시민들에게 테러범들에게 항복하지 말라고 설득하는 것
② 테러범들로부터 시민들을 보호하는 것
③ 시민들에게 충분한 식량과 직업을 제공하는 것
④ 전국의 모든 범죄자들을 소탕하는 것
⑤ 시민들이 서로 싸우지 않게 하는 것

22 내용파악 ③

저자는 질병을 진단하고 치료하는 의사가 불치병에 대해서는 전혀 속수무책인 점을 개탄하고 있다. 따라서 '무력감'을 느낀다는 ③이 정답이다.

internist n. 내과 전문의사; (미) 일반 개업의사 medication n. 약물치료, 투약 dumbfounded a. 어안이 벙벙한, (너무 놀라서) 말을 못하는 finality n. 최종적인 상태, 종국 untreatable a. 치료할 수 없는 fatal a. 치명적인, 생명과 관계되는 comfort n. 위로, 편안함

비록 내가 의사의 역할은 단순한 생물의학적 진단과 치료 그 이상이라고 배웠고 지금도 그렇게 믿고 있지만, 그리고 일반 의사들은 여러 문제들을 좀체 해결하는 것이 아니라 종종 관리하는 것이고, 치료는 투약으로 행해지는 것만큼이나 말로도 행해진다는 것을 내가 알고 있지만, 그래도 나는 치료할 수 없고 순식간에 죽음에 이르게 되는 병의 결말에 대해 난감해진다. 그는 곧 죽을 것이고 그것을 바꾸어놓기 위해 내가 할 수 있는 것은 아무것도 없다. 내가 이 사람에게 줄 수 있는 것은 아무것도 없다. 단지 진통제와 내가 가지고 있는 어떤 위로의 힘뿐이다.

의사로서 이글의 저자는 ______ 감정을 느끼고 있다.
① 자신감 넘치는
② 자랑스러운
③ 무력한
④ 외로운
⑤ 관심 있는

23 글의 어조 ①

이념의 꼬리표는 제쳐두고 자신의 원칙과 소신에 따라 이 세상을 위해 무엇을 하고 싶은지 생각해보라고 촉구하는 글이므로, 글의 어조로는 ①(충고하는, 권고하는)이 적절하다. ② 무관심한 ③ 풍자적인 ④ 변명의 ⑤ 향수어린

conviction n. 확신; 유죄판결 conservative a. 보수적인 liberal a. 진보적인 moderate a. 절도를 지키는, 온건한, 삼가는 independent n. 무소속 정치인 excuse n. 변명, 핑계 set aside 제쳐놓다, 무시하다 opportunism n. 편의주의, 기회주의

우리의 야망, 결정, 반응은 우리가 진실이라고 생각하는 것에 의해 형성된다. 정당과 이념의 손쉬운 꼬리표 너머에는 그 꼬리표들을 형성하는 뿌리 깊은 확신이 있다. 그러나 보수나 진보에 대한, 급진파나 온건파에 대한, 민주당이나 공화당이나 무소속 정파에 대한, 그리고 이것을 지지하거나 저것을 반대하는 것에 대한 집착이 생각을 게을리하는 핑계가 되어버리는 일이 너무나 자주 있다. 그것은 적대적인 행위의 구실이 된다. 그리고 적어도 오늘만큼은 나는 당신에게 그런 꼬리표를 제쳐두고 당신이 기여하고 싶은 세상에 대해 당신의 원칙이 무엇을 말하는지 탐구해보길 촉구한다. 소신이란 우리의 닻(주변의 의견에 휘둘리지 않게 해주는 것)이기 때문이다. 만일 소신이 닻이 아니라면, 우리는 여러 선택들을 우리가 꼭 그렇게 선택해야 하기 때문이 아니라 다른 사람들이 그렇게 선택하기 때문에 그렇게 선택하는 기회주의의 위험에 처하게 된다.

24 내용파악 ⑤

'증거를 밝혀낸다', '암살단의 습격을 받는다', '살아남기 위해 탈출하면서', '이 엄청난 음모의 배후가 누구인지를 찾아내는 것이다' 등에서 이 글이 '스릴러 소설'에 대해 평하는 글임을 알 수 있다. 따라서 ⑤가 정답이다.

verify v. 검증하다, 진실임을 증명하다 authenticity n. 확실성, 신뢰성 charismatic a. 카리스마가 있는, 사람을 압도하는 trickery n. 사기, 협잡 deception n. 속임, 기만 plunge v. 몰아넣다, 급락하다 ambush v. 매복하다, 매복했다가 습격하다 assassin n. 암살범 flee v. 도망치다, 탈출하다 masterful a. (사람·상황을 통제하는 데) 능수능란한

발견물의 진위를 입증하기 위해 백악관은 정보 분석가 레이첼 브라운(Rachel Brown)이 솜씨를 발휘하기를 요청한다. 카리스마 넘치는 학자 마이클 팀버랜드(Michael Timberland)를 포함한 전문가 팀과 함께, 레이첼은 북극으로 가서 과학적인 기만행위 — 세상을 논란으로 몰아넣을 수 있는 대담한 속임수 — 의 상상할 수 없는 증거를 밝혀낸다. 그러나 그녀가 대통령에게 경고할 수 있기도 전에 레이첼과 마이클은 매복한 암살단의 습격을 받는다. 살아남기 위해서 황량하고 목숨을 위협하는 지역을 가로질러 탈출하면서 그들의 유일한 생존의 희망은 이 엄청난 음모의 배후가 누구인지를 찾아내는 것이다. 진실이 가장 충격적인 기만이라는 것을 그들은 알게 될 것이다.

25-26

대략 오전 5시경이 중국 고속도로에서 가장 위험한 시간이다. 이런 위험은 장거리 대형 트럭 기사들 때문에 생긴다. 그들은 며칠 동안 차량을 운전하는 중이며, 기름을 주유할 때에만 차를 세운다. 그런 트럭 기사들이 깨어 있는지 잠들어 있는지를 알 수 없기 때문에, 그들은 시한폭탄과도 같다.

Ⓑ 그것이 트럭 기사들을 다소 안 좋아 보이게 만든다면, 현실은 더 서글프다. 중국의 트럭 기사는 중요하지만 눈에 띄지 않는 존재들이다. 그들의 노고 덕분에 중국은 거대한 제조업 국가가 되었다. 중산층 중국인들이 스마트폰을 터치하여 소파에서 셀카봉에 이르기까지 무엇이든 할인가로 속달 배송 주문하고 있어서, 트럭 기사들의 노력은 중국의 소비지출의 급격한 증가의 원동력이 되고 있다. 이러한 기동성의 폭발적인 증가가 중국 트럭 기사들에게 명예나 존경을 가져다주지는 못했다.

Ⓓ 20세기에, 미국과 서유럽에서 이와 비슷한 운송 호황을 경험했을 때, 대중문화는 장거리 기사들과 같은 소박한 영웅들을 만들었다. 이들은 건장하고 과묵한 유형의 인물들로 공장에서 감독에게 복종하기보다는 용감하게 눈보라를 헤쳐나가기를 더 선호하는 인물이었다. 할리우드 영화사는 경찰이나 다른 권위적인 인물들보다 뛰어나고, 재치 있게 말하는 감동적인 운전사들에 대한 영화를 제작했다. 대통령 당선 직후에, 도널드 트럼프(Donald Trump)는 트럭 기사를 백악관으로 초대했고, 대형 장비(트럭) 위에 올라가 경적을 울리고 노동자 계급(블루칼라)의 거친 노동자들에게 보내는 그의 신임을 과시했다. 이와 대조적으로 중국 지도자들은 정부 당국을 조롱하는 고독한 일꾼들을 경계하고 있다. 신년 직전에 북경의 오토바이 배달꾼들에게 감사하면서, 시진핑(Xi Jinping) 주석은 그들이야말로 '정말 바쁘게 일한다고' 방송에서 말하면서 그들에게 대단히 집단적인 찬사를 보냈다.

peril n. 위험, 위기 lorry driver n. 대형 트럭 기사 ticking bomb n. 시한폭탄 unloved a. 사랑 받지 못하는 juggernaut n. 거대한 조직[존재] selfie-stick n. 셀카봉 feed a boom 급속한 발전을 공급하다 mobility n. 이동성 brawny a. 건장한, 튼튼한 taciturn a. 말이 없는, 과묵한 wisecracking a. 재치 있는 말을 하는 heartbreaking a. 감동적인 outsmart v. 앞서다 rig n. 배의 돛; 장치; (비격식) 트럭 burnish v. 광을 내다 credential n. 신용 증명서, 업적 flout v. 경멸하다, 멸시하다 wary a. 경계하는, 신중한 unsung a. 찬양되지 않은 busy as bees 매우 바쁜

25 단락 나누기 ②

본문을 세 개의 단락으로 구분한다면, 첫 번째 단락은 장거리 운송에서 오는 중국 트럭 기사들의 과중한 업무 부담과 피로가 교통사고의 위험성을 초래할 수 있다는 내용인 Ⓑ까지이다. 두 번째 단락은 중국의 장거리 트럭 기사들의 노고 덕분에 중국은 세계 제조업의 중심지가 되었고, 중국의 소비 지출의 증가를 가져왔지만 현실은 그들에게 어떤 명예나 존경심도 가져오지 못한다는 내용인 Ⓑ에서 Ⓓ까지이다. Ⓓ 이하의 세 번째 단락에서는 과거 미국과 서유럽의 운송 발전과 트럭 기사들에 대한 존중심을 예시하면서, 이것이 중국의 현실과는 얼마나 대조적인가를 설명하고 있다. 따라서 ②가 정답이다.

26 내용파악 ①

장거리 트럭 기사들의 노고 덕분에 중국은 세계의 제조업의 중심이 되었고 또한 소비 지출의 증가를 이루었지만 정작 그들은 어떤 명예나 존경심도 얻지 못한다고 언급하고 있다. 따라서 ①이 정답이다.

이 글에 따르면, 중국의 장거리 트럭 기사들은 ______.
① 중국 경제에서 찬양받지 못하는 영웅이다
② 서양의 기사보다 임금을 적게 받는다
③ 게으르고 절제력이 없다고 비판 받는다
④ 최근 할리우드 영화에서 지속적인 주제가 되었다
⑤ 부와 명성이 급속히 늘었다

27-28

계란을 식초에 넣어 가열하고 나서, 마크(Mark)는 숟가락 위에 계란을 얹어 조리대 쪽으로 옮겨놓고 뒷방에서 빈 병 하나를 꺼내 왔다. 그가 묘기를 부리기 시작하는데도 손님이 그를 지켜보지 않아 화가 났지만, 그래도 기분 좋게 계속 진행했다. 그는 계란을 병목으로 통과시키려고 오랫동안 애를 썼다. 그는 계란을 다시 가열하려고 식초 냄비를 난로 위에 갖다 놓고, 다시 집어 들다가 손을 데었다. 뜨거운 식초 안에 두 번째로 담긴 후에 계란껍질은 조금 말랑말랑해졌지만, 그의 목적을 이루기에는 충분하지 못했다. 마크는 계속 시도했고 필사적인 결의의 정신이 그를 사로잡았다. 자신의 묘기가 마침내 완성되려 한다고 생각했을 때, 택시가 식당 정문 앞에 도착했고, 손님은 서둘러 나갔다. 마크는 계란을 정복하여, 자기 식당에 온 손님을 즐겁게 할 줄 아는 직원으로서의 명성을 얻게 해줄 묘기들을 계란으로 해보이려고 마지막 필사적인 노력을 기울였다. 그는 계란이 걱정됐지만 조금 거칠게 다루려고 했다. 욕설이 나오고 이마에 땀이 맺혔다. 계란이 그의 손 아래에서 깨졌고 내용물이 옷 위로 쏟아졌다.

trick n. 재주, 묘기 cheerfully ad. 기분 좋게 struggle v. 투쟁하다, 애쓰다 desperate a. 필사적인; 절망적인 take possession of ~을 손에 넣다, 점유하다 attempt v. 시도하다 rough a. 거친; 대충[대강]한 swear v. 맹세하다, 욕하다 spurt v. 분출하다 do trick 속임수를 쓰다; 재주를 부리다

27 부분이해 ③

마크가 시도하고 있는 것은 계란을 병 안에 쏙 집어넣으려는 묘기를 말한다.

밑줄 친 his purpose는 ______이었다.
① 계란을 삶는 것
② 계란으로 음식 만들기
③ 계란을 병 속으로 집어넣기
④ 더 많은 손님을 받는 것
⑤ 전문 마술사가 되는 것

28 내용파악 ①

마크가 계란을 병 안에 집어넣는 묘기를 시도하는 목적은 식당에 온 손님을 즐겁게 해주기 위한 것이라고 언급하고 있다.

이 글에 따르면, 마크는 ______ 위해서 자신의 재주를 부리고 싶어 했다.
① 손님을 즐겁게 해주기
② 더 많은 팁을 받기
③ 훌륭한 요리사가 되기
④ 직업을 바꾸기
⑤ 일자리를 얻기

29-30

어쩌다 보스턴에서 미국에서의 마지막 디너파티에 갔을 때, 나는 디너파티의 건전함에 놀랐다. 우선, 우리 일행 8명에 와인은 딱 한 병뿐이었다. 그 술도 아내와 내가 가져온 것이었다. 결국 그것은 손님마다 골무 크기의 잔으로 한잔(아주 조금만) 돌아가는 양이었다. 그리고 그때 내가 상당히 충격을 받은 사실은, 식사 전에 주인이 정숙을 요청한 다음에 기도한 것이었다. 영국인이기에 나는 이것이 모종의 이상한 의례적인 장난인가 생각했다. 영국에서였더라면 그것은 확실히 그러했을 것이다. 그것은 경건했지만, 나는 소리 내어 낄낄 웃었다. 그런 다음 모든 사람이 머리를 숙이고 우리가 먹을 음식에 대해 주님께 감사드리는 것을 보면서, 나는 이것이 결코 웃을 일이 아닌 것을 깨달았다. 그전에는 나는 와인 반잔만으로 디너파티를 즐길 수 있다고 생각하지 못했다. 그런데 그거 아는가? 그 모임은 내가 참석했던 가장 즐거운 저녁 식사 중 하나였다. 내 말은, 왜 디너파티가 항상 술 때문에 안 좋아져서 어리석은 짓거리가 되어야 하는 거냐는 말이다. 나는 그 보스턴 디너파티에서의 주제를 지금까지 기억하고 있다. 그 주제는 차에 치여 죽은 동물을 먹어야 하는지 아닌지에 관한 것이었다. 일치된 의견은 우리가 먹을 거라는 것이었으며, 적어도 먹으면 안 되는 타당한 이유는 없다는 것이었다. 그렇다. 그 주제는 웃음보따리가 아니라 상당히 교훈적이었다. 다음 날 아침에 나는 머리가 개운했고, 이것은 기분 좋은 변화였다.

as it happens 공교롭게도, 우연히 for a start 우선 blow over 놀라게 하다 wholesomeness n. 건전함 thimble n. 골무, 씌움 고리, 극소량 bottle n. (the-) 술, 음주 work out to 결국 ~이 되다 considerable a. 상당한, 꽤 say grace 기도하다 Brit n. 영국인 ritualistic a. 의례적인, 관습적인 awful a. 끔찍한, 이상한; 공손한, 경건한 snigger v. 낄낄 웃다 silliness n. 어리석은 짓 roadkill n. 차에 받혀 죽은 동물 enlightening a. 계몽적인, 깨우치는 crystal-clear a. 매우 맑은, 명료한

29 빈칸완성 ⑤

저자가 우연찮게 방문했던 보스턴의 디너파티는 이전의 다른 디너파티와는 판이했다. 무엇보다도 그 모임에서는 술을 자제하고 기도로 시작해서 건전한 대화의 시간을 가졌었는데, 바로 이것이 저자에게는 큰 충격과 감동이었다고 언급하고 있다. 따라서 빈칸에는 '건전함'이 가장 적절하다. ① 격식 ② 천박함 ③ 인색함 ④ 솔직함

30 내용파악 ③

저자가 보스턴 디너파티에서 감동을 받은 이유는 그 모임이 술에 취해 추태부리지 않았다는 것과, 대화의 주제가 단지 웃고 즐기기 위한 것이 아니라 교훈적이었기 때문이었다. 따라서 저자가 모임의 진지한 대화의 가치를 높이 평가하고 있다는 것을 알 수 있다.

이 글에 따르면 저자는 마침내 보스턴 디너파티의 ______의 가치를 소중히 여겼다.
① 신앙심
② 무례하지 않은 유머
③ 진지한 대화
④ 선의의 거짓말
⑤ 시간 엄수

31-32

누구나 그 앱을 가지고 있다. 그것은 화면 창 위에서 당신을 조롱하는 앱이며, 그 앱을 숨기려고 한 폴더로 당신을 유혹하는 앱이다. 또한 당신은 그 앱을 로그아웃하고 삭제하지만, 다음 날 아침이 되면 다시 다운로드하게 되는 앱이다. 그 앱을 당신은 결코 끊을 수가 없다.
코리 루이스(Corey Lewis)에게 있어, 그 앱은 바로 인스타그램이었다. "나는 언제나 별 이유 없이 인스타그램을 훑어(스크롤해)봅니다."라고 시애틀을 기반으로 활동하는 43세의 기술 마케팅 컨설턴트는 말했다. "뇌를 잠깐 쉬게 할 때마다 나는 상당히 잠재의식적인 반응으로 인스타그램을 켜고 올라와 있는 최신정보를 훑어보기 시작합니다."
몇 가지 새롭고 반갑지 않은 기분이 상황을 더 악화시키고 있었다. "실제로 나는 내 생활과는 전혀 무관한 게시물에 대해 화가 났고 이상하고 불편한 감정이 생겼습니다."라고 그는 말했다. 최근에, 자신의 아기가 주변을 이리저리 돌아다니고 있는데도, 루이스는 휴대폰에서 피드(인스타그램에 올라온 글)를 확인하고 있었다.
"나는 아무리 짧은 시간이라도 매 순간을 인스타그램으로 채우고 있었는데, 이것은 정말로 이기적인 것이며, 내가 되고 싶어 하는 관심 많고 개방적이고 늘 같이 있어주는 부모와는 정반대인 것을 알게 되었습니다."라고 그는 말했다. 무언가 조치를 취해야 할 때였다.

app n. 애플리케이션, 소프트웨어 프로그램 home screen n. 화면, 텔레비전 lure v. 유혹하다, 꾀어내다 thumb v. ~을 대충 훑어보다(through); ~을 되풀이해서 읽다 feed n. 최신 정보를 업데이트 해놓은 웹페이지 subconscious a. 잠재의식의 have a bearing on ~와 관계가 있다 weird a. 기묘한, 수상한 not-very-me a. 나에게는 맞지 않는, 어울리지 않는, 불편한 toddler n. 유아, 아기 jam v. ~을 밀어 넣다, 채워 넣다

31 글의 주제 ②

본문에서는 중독성이 강해 사람들이 거의 손을 놓지 못하고 있는 '인스타그램'이라는 앱을 설명하고 있다. 따라서 글의 주제로 가장 적절한 것은 ②이다.

이 글의 주제는 ______이다.
① 훌륭한 부모가 되는 법
② 소셜 미디어 중독
③ 관계맺음의 이점
④ 앱을 평가하는 법
⑤ 현대 기술의 위험

32 부분이해 ⑤

인스타그램에 몰입하는 것이 지극히 이기적이고 필자가 되고 싶어 하는 바람직한 부모상과도 상반된 것이기에 지금이야 말로 '무언가 조치를 취해야 할' 시간이라는 의미는 인스타그램을 그만두겠다는 것임을 알 수 있다.

밑줄 친 '<u>to do something</u>'의 하나의 사례는 ______이다.
① 새로운 앱 개발
② 최신 앱 업로드
③ 새로운 앱 구매
④ 앱으로 더 많은 시간 보내기
⑤ 인스타그램을 종료하고 삭제하기

33-34

최근 닐슨 북 리서치(Nielsen Book Research)에 따르면, 여성이 판타지, 공상 과학 소설, 공포물을 제외한 소설의 전 분야에 있어 남성보다 (소설을) 더 많이 구매한다. 그리고 남성이 소설을 읽을 때, 여성 작가의 소설을 읽지 않는 경향이 있는 반면에, 여성은 남성 소설가들을 읽고 존경하지만, 가치판단은 거의 하지 않는다. 여성은 소설에 많은 관심을 갖는 구매자일 뿐만 아니라 — 연구 조사에 따르면 영국, 미국, 캐나다 소설 시장에서 여성이 매출의 80%를 차지한다 — 남성보다 더 많은 여성이 문학 행사 참가자이자, 도서관 회원, 오디오북 독자, 문학 블로거들, 그리고 문학 단체와 야간 강좌의 회원들이다. 또한 학교나 집에서 아이들에게 읽기를 가르치는 것은 대체로 여성들이다. 소설의 역사는 언제나 여성 독자들에 대한 역사였다. 18세기부터, 소설 그 자체는 과학이나 정치학에서 정규 교육을 받지 못한 새로운 유한 계층의 여성을 목표로 했다. 초기의 소설 작품을 집필하고 평가했던 남성 작가들과 비평가들은 소설 형식을 정통 형식으로 인정했다. 그러나 그들은 센세이션 소설과 로맨스 소설의 여성 작가들에게 곧 추월당했다. 여성들은 타인의 삶에 대해 배우는 방법으로서 그리고 남성에게 종속적인 여성의 지위에 도전할 수 있게 하는 여성들의 관계와 이야기 구조를 상상하는 방법으로서 소설을 선호했다. 많은 사람들에게 소설 읽기는 상당히 개인적인 활동이었지만, 그것은 또한 여성들이 다른 여성들과 공유하는 활동이기도 했다. 오늘날의 독서토론회는 18세기의 파리의 살롱과, 독학하기 위해 여성들이 모였던 진보적인 여성참정권 집단들에서 그 계보의 기원을 찾을 수 있다.

outbuy v. 무리해서 구입하다 keen a. 예리한, 날카로운, 관심이 많은 appraise v. 평가하다 legitimize v. 합법화하다, 정당화하다 overtake v. 따라잡다, 추월하다 sensation fiction 센세이션 소설(1860년대와 1870년대 영국에서 인기 있었던 소설 장르) take to 전념하다; 좋아하다; 의지하다 fantasize v. 공상에 잠기다, 상상하다 subordinate a. 하위의, 종속하는 collective a. 집합적인, 종합적인 trace back to 기원을 거슬러 가다 lineage n. 혈통, 가계; 계보 suffrage n. 선거권, 참정권 misleading a. 오해하게 하는, 현혹시키는

33 빈칸완성 ②

빈칸 앞에서 여성들이 남성보다 더 소설에 관심이 많고, 더 많이 읽고 구매하며 또한 다양한 문학 활동과 행사에 참여한다고 했다. 그리고 빈칸 이하에서 소설 창작과 독서에서의 여성의 역할을 역사적으로 살펴보고 있다. 따라서 ② '소설의 역사는 언제나 여성 독자들의 역사였다'가 빈칸에 적절하다.

다음 중 빈칸에 가장 적절한 것은 무엇인가?
① 소설이 여성의 영역이라는 생각은 종종 오해를 낳는 것이다.
② 소설의 역사는 언제나 여성 독자들의 역사였다.
③ 여성 독서의 역사는 남성이 쓴 것이다.
④ 역사상 내내 여성들은 온갖 형태의 장애물에 직면해왔다.
⑤ 여성 작가들은 교육자와 비평가들에 의해 간과되었다.

34 내용일치 ⑤

초기 소설이 독자층으로 목표로 했던 집단은 정규 교육을 받지 못한 새로운 유한 계층의 여성이라고 언급하고 있다. 유한 계층은 노동자 계층이 아니므로 ⑤가 사실이 아니다.

다음 중 본문의 내용과 옳지 않은 것은 무엇인가?
① 남성 독자들은 공포나 판타지를 선호한다.
② 여성은 남성보다 소설작품을 더 많이 산다.
③ 남성은 여성작가를 거의 읽지 않는다.
④ 소설 읽기는 여성들에게 집단적인 활동이었다.
⑤ 초기 소설은 주로 교육받지 않은 노동자 계층의 여성을 목표로 했다.

35-36

최근에 루브르 박물관(the Louvre)을 찾은 방문객들은 이제 여행객들이 모나리자(the Mona Lisa) 그림 앞에서 단 1분만 있어도 계속 이동하라는 요청을 받게 된다고 전하고 있다. 일부 방문객들의 경우 그 시간의 대부분을 모나리자의 사진을 찍는 것이 아니라, 모나리자를 배경으로 해서 자신의 사진을 찍으면서 보낸다. 한 가지 견해는 우리가 관광과 미술관 방문을 너무 대중화한 결과, 우리가 보러 온 것을 감상하기는 것이 사실상 불가능해져 버렸다는 것이다. 이렇게 방문 신청이 차고 넘치는 사회에서는 경험도 다른 것과 마찬가지로 하나의 상품이 된다. 유명한 그림을 보기 위해서뿐 아니라 에베레스트 산에 오르기 위해서도 사람들이 줄을 선다. 이런 식으로 생각하면, 여가도 고역이며, 일터로 돌아가는 것이 이런 고된 체험으로부터의 당연한 벗어남이 된다. 이런 산업화된 서두름 속에서 잃는 것은 바라봄(관람)의 질이다. 극단적인 예로, 고인이 된 철학자 리처드 월하임(Richard Wollheim)을 생각해보라. 그가 루브르 박물관을 방문했을 때, 그는 한 그림 앞에 앉아서 무려 4시간이나 보낼 수 있었다. 처음 한 시간은 (그림에 대한) 오해를 없애는 데 필요하다고 그는 주장했다. 그때가 되어서야 그림이 본모습을 드러내기 시작할 것이다. 이런 일은 오늘날에는 상상조차 할 수 없는 것 같지만, 아직 방법을 강구해볼 수는 있다. 가장 붐비는 박물관에도, 관람객들이 대체로 무시하지만, 몇 시간 동안 깊이 생각하며 감상할 만한 관람실과 그림들이 많이 있다. 엄청난 인파가 부분적으로는 미숙한 박물관 운영의 결과일 때도 가끔 있다. 오늘날 모나리자 관람을 그렇게도 급히 서둘러 하게 되는 경험인 부분적인 이유는 박물관이 재정비되고 있어서 모나리자가 임시 관람실에 있기 때문이다. 문화 순례의 또 다른 장소인 플로렌스의 우피치 미술관(The Uffizi)은 입장하려고 기다리는 줄을 7분으로까지 줄였다.

oversubscribe v. 필요 이상으로 신청하다 democratize v. 민주화하다, 대중화하다 appreciate v. 이해하다; 감상하다; 고마워하다 queue n. 줄; 한 무리의 사람들 conceive v. (생각을) 마음에 품다, 상상하다 well-earned a. 자기 힘으로 얻은, 당연한 break from 속박에서 벗어나다 ordeal n. 시련, 고난 misperception n. 오해 organize v. 조직하다, 정리하다, 준비하다 throng n. 군중, 인파 pilgrimage n. 순례, 성지 참배

35 글의 제목 ②

예술 관람 경험이 상품화되고 많은 관람객들 속에서 예술작품을 급히 서둘러 보는 것이 고역이 된 것은 조급한 산업사회의 예술에 대한 무관심과 바라봄(관람)의 질에 대한 무관심이 낳은 결과인 것이므로 글의 제목으로 가장 적절한 것은 ②이다.

이 글의 제목은 ______이다.
① 대중문화 vs 고급문화
② 무관심한 문화 속의 예술
③ 예술의 대중화
④ 최근 공공 박물관의 쇠퇴
⑤ 디지털 시대의 박물관 마케팅

36 내용파악 ①

박물관에서 작품을 제대로 감상할 수 없는 이유는 미숙한 관리운영의 결과 때문이라고 지적하고 있다. 따라서 ①이 정답이다. 우피치 미술관에서 입장하려고 기다리는 줄을 7분으로 줄인 것도 군중 통제의 한 예이다.

작가는 박물관에서 관람의 질은 ______로 개선할 수 있다고 한다.
① 더 나은 군중 통제
② 모든 사진 촬영 금지
③ 입장료 인상
④ 더 나은 조명 시스템
⑤ 갤러리 에티켓

37-38

종교는 사람을 자극하여 이타주의적인 행동이나 무자비한 가혹 행위를 하게 할 수 있고, 경우에 따라 두 가지 결과를 모두 낳을 수도 있다. 이러한 모순을 분석하려는 생각을 카렌 암스트롱(Karen Armstrong)이 하게 되는 것은 당연한 일이다. 영국 태생의 전직 가톨릭 수녀였던 그녀는 가장 광범위한 종교사에 관한 책을 12권 이상 저술했으며, 신앙이 주장하는 바가 사실이든 아니든 신앙은 합법적인 인간 경험의 일부라는 자신의 견해를 설명했다. 암스트롱은 최근 작품인 『유혈의 들판(Fields of Blood)』에서 이미 나와 있는 기존의 많은 이론들에 또 다른 이론을 더하지는 않는다. 대신에, 그녀는 종교와 세계사에 대한 개관을 소개하면서, 세계 모든 신앙의 초기 발전을 약술한다. 이어서 거대한 필치와 수많은 (완전히 정확하지는 않지만) 세부 설명을 통해, 기독교적인 서양이 지난 500년 동안 세계에 미친 영향을 연구한다. 그녀가 어느 악마들과 싸우고 있는지 깨달을 때야 비로소 어떻게 이 모든 것이 일관성을 갖는지 명확해진다. 암스트롱은 어떤 것도 증명하려고 하지 않고, 몇 가지 것들의 오류를 입증하려고 한다. 그 몇 가지 중 첫째가 종교는 폭력의 불필요한 원인이어서, 종교를 없애면 평화가 증진될 것이라는 생각이다. 그리고 둘째가 이슬람교는 폭력을 부추기는 종교의 끔찍한 사례라는 견해이다. 그녀의 세 번째 악마는 처음의 두 가지를 합친 것으로, "기독교적인" 서양이 이슬람 세계보다는 종교적 신념을 더 많이 버렸기 때문에, "기독교적인" 서양이 구제불능으로 폭력적인 이슬람교를 억눌러야 한다는 생각이다.

inspire v. 영감을 주다, 고무하다 ruthless a. 무자비한, 잔인한 dissect v. 절단하다; 분석하다 expound v. 상술하다, 설명하다 on offer 팔려고 내놓은 overview n. 개관, 개요 sketch v. 개념을 말하다 stroke

n. 일격; 발작; 한바탕의 일, 노력 cohere v. 결합하다, 논리 정연하다, 일치하다(with) disprove v. 오류를 입증하다, 반박하다 gratuitous a. 불필요한, 쓸데없는 egregious a. 지독한, 어처구니없는; 악명 높은 bogeyman n. 귀신, 악귀; 고민거리 shed v. 버리다 baggage n. 여행용 수하물; 신념, 이론 incorrigible a. 고쳐지지 않는; 다루기 힘든 restrain v. 억제하다; 제한하다 authoritarian a. 권위주의적인

37 내용파악 ⑤

셋째 문장 expounding 이하에서 '신앙이 주장하는 바가 사실이든 아니든 신앙은 합법적인 인간 경험의 일부'라고 했으므로 ⑤가 그녀가 주장하는 내용이다.

암스트롱은 그녀의 저서들에서 ______라고 주장한다.
① 종교는 근본적으로 권위주의적이다
② 종교는 인간의 폭력을 제거하는 강력한 도구의 역할을 해왔다
③ 종교의 부정적인 면은 과장되고 있다
④ 신앙은 그 주장이 정당할 때에만 의미 있는 것이다
⑤ 신앙은 그것이 진리에 근거해있는지의 여부와는 상관없이 인간의 삶에 필요하다

38 부분이해 ④

밑줄 친 부분을 포함한 그녀의 세 번째 악마는 그녀가 맞서 싸우고 있는 잘못된 통념으로 그녀가 그 오류를 입증해 보이고자 하는 것이다. 따라서 that 절 전체가 잘못된 생각인 것이다. shed가 여기서는 '버리다'는 뜻이고 baggage가 여기서는 faith(신앙)와는 다른, 고정된 신념의 뜻이다. 셋째는 첫째와 둘째의 결합인데 첫째 잘못된 생각의 설명에서 종교를 폭력의 불필요한 원인이라 했으므로 종교적인 신념을 많이 버릴수록 더욱 평화로운 것이 된다. 따라서 밑줄 친 내용은 ④를 의미한다.

밑줄 친 부분은 ______을 의미한다.
① 이슬람교는 평화적인 종교이다
② 기독교는 사람들 속에 있는 최악의 것을 드러낸다
③ 기독교적인 서양은 이슬람 세계보다 더 종교적이다
④ 기독교적인 서양은 보다 더 온화한 세계적인 세력이다
⑤ 기독교적인 서양은 이슬람 세계로부터 배울 수 있다

39-40

지난 10년에 걸쳐 행동과학자들은 몇 가지 흥미로운 통찰을 생각해냈다. 캘리포니아의 한 고급 식료품점에서 행해진 획기적인 실험에서, 연구원들은 여러 잼들을 진열해놓은 시식대를 설치했다. 첫 번째 실험에서 그들은 24가지의 다양한 잼들을 맛볼 수 있도록 멋지게 배치했다. 다른 날에, 그들은 단지 6개의 잼만 진열했다. 시식회에 참여한 손님들은 상점에서 같은 브랜드의 잼을 구입할 수 있는 할인 상품권을 받았다. 24개의 잼이 진열되었을 때 더 많은 쇼핑객들이 진열대에 들른 것으로 판명되었다. 그러나 후속 구매에 관한 한, 6개의 잼 진열대에 들린 손님들 중 적어도 30퍼센트가 잼을 구매했는데, 이것은 24개를 선택해야 했던 사람들 중 단지 3%만이 구입한 것과 비교된다.
선택 대상의 수가 증가함에 따라, 선택할 여러 대체물들을 현명하게 서로 구별할 수 있을 만큼 충분한 정보를 취득하는 데 필요한 노력이 선택 대상이 더 늘어난 소비자들에게 주는 이익보다 더 커지는 시점이 있을지도 모른다. 이 시점에서 선택은 더 이상 자유를 주는 것이 아니라 압박을 주는 것이다. 다시 말해, 얼마간의 선택이 좋다는 사실이 반드시 더 많은 선택이 더 좋다는 것을 의미하는 것은 아니다. 소비자들은 선택 대상이 너무 많은 것이 사람을 무력하게 만든다는 것을 알게 되는데, 이는 정보 취득의 스트레스와 아울러, 잘못 인식하고 잘못 계산할 위험과, 이용 가능한 대체물들을 오해할 위험과, 자신의 취향을 잘못 파악할 위험과, 순간적인 변덕에 굴복하고는 나중에 후회할 위험을 초래하기 때문이다.

come up with ~을 내놓다, 제안하다 intriguing a. 흥미를 자아내는; 음모를 꾸미는 upmarket a. (상품 등이) 고급품 시장[고소득층]용의, 고급이며 고가인 tempting a. 유혹하는, 매력적인 array n. 배치, 배열, 열거 discount voucher n. 할인 쿠폰 selection n. 선발, 선택 option n. 선택, 취사 multiply v. 증가시키다; 곱하다 alternative n. (2개의 것 중) 한 쪽; 대안 outweigh v. ~보다 뛰어나다, 중대하다 at this point 이 시점에서 liberate v. 해방하다, 자유롭게 하다 tyrannize v. 압제하다 debilitate v. 약하게 하다 miscalculation n. 오산, 판단 착오 yield to 항복하다, ~에 굴하다 whim n. 변덕, 일시적 기분

39 글의 제목 ②

이 글에서 시식대 실험을 통해 행동과학자들이 밝혀낸 사실은 선택 대상이 어느 정도 있는 것은 좋지만 너무 많이 있으면 스트레스가 되고 잘못 선택할 위험이 있어 오히려 좋지 않다는 사실이다. 따라서 글의 제목으로 적절한 것은 ② '선택의 역설'이다.

이 글의 적절한 제목은 ______이다.
① 선택과 자유 민주주의
② 선택의 역설
③ 자유 선택과 경제 성장
④ 정보와 인간의 행동
⑤ 소비 사회에서 인간적인 것

40 내용파악 ③

24개의 잼이 진열되었을 때 더 많은 쇼핑객들이 진열대에 들른 것으로 판명되었지만, 후속 구매 면에서는 6개의 잼만 진열되어 있을 때 더 많이 구매했다. 이것은 선택 대상이 너무 많을 때는 구매 의욕이 꺾인다는 것을 말한다. 따라서 ③이 정답이다.

캘리포니아 식료품점에서 손님을 대상으로 했던 실험은 ______ 보여주고 있다.
① 사람들은 완벽한 선택이 존재한다고 믿는다
② 쇼핑객들은 선택이 많다고 해서 (쇼핑을) 방해받지는 않는다
③ 너무 많은 선택은 의욕을 꺾는 것이다
④ 만약 24가지 종류들 중에서 모든 것을 가질 수 있다면, 결정은 쉬운 일이 된다
⑤ 물건 값이 더 비쌀수록, 결정은 더 힘겨워진다

41-42

볼더 소재 콜로라도 대학교의 노먼 페이스(Norman Pace) 교수가 이끄는 연구팀은 미국 국립 과학원 회보에 샤워헤드(샤워 분수구)는 세균의 완벽한 은신처가 된다고 보고했다. 그들은 미국 9개 도시의 45개 곳에서 샤워헤드 내부에 쌓이는 생물막 표본을 채취하여 거기에 들어있는 유전 물질을 분석했다. 놀랍게도, 몇몇 표본 안에서 그들은 호흡기 질환을 유발할 수 있는 Mycobacterium avium(결핵을 일으키는 세균의 일종)으로 알려진 병균이 집중되어 있다는 것을 발견했다. 이 병균은 수돗물에서 찾을 수 있지만 분무되어 흡입되지 않는 한 — 바로 이것이 세균이 많은 물이 샤워헤드를 통해 고압으로 가해질 때 발생하는 현상이다 — 무해하다. 작은 입자들을 흡입하게 되면, 그것이 폐로 들어가 감염을 일으킬 수 있다. 이것이 경종을 울리는 이유인가? 이는 건강한 사람들과는 무관하고, 면역 체계가 손상되었거나 폐질환의 위험이 있는 사람들, 예를 들면 노인들은 예방조치를 취하기를 원할지도 모른다고 페이스 박사는 주장한다. 표백제로 샤워헤드를 청소하는 것은 세균이 수돗물의 흐름을 따라 돌아오기 때문에 효과가 없을 것이다. 세균이 잘 끼는 플라스틱 샤워헤드를 금속 샤워헤드로 교체하는 것이 좋은 생각이다. 또한 샤워헤드의 오물을 제거하기 위해 물이 조금 흐르도록 놔두는 것이 좋다고 페이스 박사는 말한다. 하지만 그렇게 되면 물의 흐름에 의해 생긴 분무에 사람들을 노출시킬 수도 있다. 대신에 고위험군에 속하는 사람들을 위한 가장 안전한 선택은 간단하게 목욕하는 것일 수도 있다.

bug n. 작은 곤충, (비격식) 미생물, 세균 biofilm n. 생물막 genetic material 유전적 물질 microbe n. 미생물, 병원균 tap water 수돗물 aerosol n. 분무 inhale v. 흡입하다, 삼키다 cause n. 근거, 이유 infection n. 전염, 감염 compromised a. 면역 반응 등이 제대로 발휘되지 못하는 immune system 면역 체계 pulmonary a. 폐의; 폐질환의 precaution n. 예방 조치, 경계 bleach n. 표백제 flow of water 수류 gunk n. 오물

41 빈칸완성 ②

페이스 박사 팀은 샤워헤드 안에서 채취한 생물막 표본에서 호흡기 질환을 유발할 수 있는 세균을 집중적으로 발견했다. 따라서 빈칸에 적절한 것은 ②이다. ③ 수돗물에 사는 것이 아니라 샤워헤드 안에 산다.

다음 중 빈칸에 가장 적절한 것은 무엇인가?
① 샤워는 모든 종류의 세균을 깨끗이 씻는데 도움이 된다
② 샤워헤드는 세균의 완벽한 은신처가 된다
③ 더러운 세균들이 수돗물에 산다
④ 사람은 끊임없이 세균에 노출되어 있다
⑤ 호흡기 감염은 샤워와는 아무 상관이 없다

42 내용파악 ③

샤워헤드에서 발생하는 병균 감염 문제를 피하기 위해서는 플라스틱제 샤워헤드를 금속제로 교체하기, 샤워헤드의 오물을 제거하기 위해 물을 조금 흐르게 하기, 그리고 고위험군 사람들은 샤워 대신에 간단하게 목욕하기 등을 권장하고 있다. 따라서 ③이 정답이다.

연구 자료에 따르면 샤워헤드의 문제를 피하고 싶다면 ______을 추천한다.
① 샤워헤드 안의 수압을 증가시킬 것
② 플라스틱 샤워헤드를 사용할 것
③ 목욕을 할 것
④ 화학 약품으로 샤워헤드를 청소할 것
⑤ 샤워헤드를 통해 물을 충분히 오랫동안 흘려보낼 것

43-44

19세기에 미국에서는 통상적인 사형수 처형 방법이었던 교수형에 대해 점차 반감을 갖게 되었다. 교수형은 종종 공개적으로 집행되어서 구경꾼들 사이에 폭동과 다른 볼썽사나운 행동을 자주 유발했다. 또한 교수형은 자주 어설프게 진행되어서, 천천히 교살되거나 목이 끊어지기도 했다. 사형제를 반대하는 사람들은 교수형이 잔인하고 야만적이라고 주장함으로써 지지자들을 얻었다. 사형 집행의 체면을 회복하기 위해서, 사형제 지지자들은 전기사형(감전사) 개념을 생각해냈다. 전기는 새롭고 매혹적인 기술이었고, 무엇보다도 현대적인 것이었다. 이와 동시에 전기는 사람들을 불안하게 했다. 미국은 이제 막 주요 도시들에 전력망을 구축하기 시작했고, 비록 전등(電燈)이 주는 혜택은 모두에게 명백했지만, 그것이 얼마나 안전한지는 누구도 확신하지 못했다. 단두대(유혈이 낭자한)에서 모르핀 과다복용(너무 쾌락적인)에 이르는 처형방법을 조사한 후, 뉴욕주 의회에 의해 임명된 한 위원회는 1888년에 전기사형을 추천했는데, 위원회가 장담하는 바로는 그것이 순간적이고, 고통스럽지 않고 전혀 야만적이지 않을 것이었다. 이 점에 대해 위원회를 설득한 사람은 미국의 가장 유명한 발명가인 토마스 에디슨(Thomas Edison)이었다. 전기사형을 추천하는 것에 있어서 에디슨이 가지고 있던 주된 관심은 미국 전역에 전력망을 구축하기 위한 경쟁에서 자신의 주요 경쟁자인 조지 웨스팅하우스(George Westinghouse)의 평판을 나빠지게 하는 것이었다. 에디슨의 회사는 직류를 사용했지만, 웨스팅하우스의 회사는 교류를 사용했다. 에디슨은 전기사형이 사형수를 처형하는 최적의 새로운 방법일 뿐만 아니라 웨스팅하우스의 교류가 자기 회사의 직류보다 더 좋다고 주장했다. 다시 말해, 전기사형 제도를 에디슨이 지지했던 것은 마케팅 전략이었다. 사형집행에 교류를 사용하는 것이 대중들의 마음속에 교류를 죽음과 영구히 연관시켜서 자신에게 경쟁 산업에서의 우위를 부여해주기를 에디슨은 바랐던 것이다.

condemned a. 유죄를 선고 받은, 사형수의 execute v. 처형[사형]하다 in public 공개적으로 hanging n. 교수형 unseemly a. 보기 흉한, 부적당한 botch v. 망치다, 어설프게 하다 strangulation n. 교살, 목을 졸라 죽임 decapitation n. 참수 respectability n. 존경할 만함; 체면 electrocution n. 전기사형, 감전사 glamorous a. 매혹적인, 화려한 commission n. 위원회 instantaneous a. 순간적인, 즉각적인 devoid of ~이 없는 barbarism n. 야만, 미개한 행위 direct current 직류 alternating current 교류 indelible a. 지울 수 없는 edge n. 우위, 우세

43 내용파악 

사형수들을 전기사형 방법으로 처형해야 하는 이유로 빨리 죽고, 고통스럽지 않고, 야만적이지 않고, 단두대처럼 유혈이 낭자하지 않고 현대적이기 때문이라고 지적하고 있다. 하지만 비용과 관련한 ③은 본문에 언급된 바가 없다.

이 글에 따르면, 다음 중 사형집행 방법으로 전기사형을 채택한 이유가 아닌 것은 무엇인가?
① 그것은 인도적이다.
② 그것은 빠르다.
③ 그것은 저렴하다.
④ 그것은 현대적이다.
⑤ 그것은 깨끗하다.

44 빈칸완성 ④

에디슨이 경쟁 회사의 교류 전기를 이용해서 죄수들을 처형하고 싶어 했던 것은 대중들의 마음속에 교류 전기를 죽음과 연관시키고, 최종적으로는 전기 사업 분야에서 자사의 직류 전기를 보다 더 유리하게 하려고 했던 것이므로, 이는 상업적인 '마케팅 전략'의 일환으로 볼 수 있다.

다음 중 빈칸에 가장 적절한 것은 무엇인가?
① 종교적인 결정
② 과학적 추론
③ 정치적인 항의
④ 마케팅 전략
⑤ 도덕적 딜레마

45-47

심신(心身) 문제는 오랫동안 존재해 왔지만, 지금도 여전히 철학자들의 관심을 끌고 있다. 이것은 심신 문제의 이해와 관련하여 우리가 과거의 철학자들과 동일한 위치에 있다고 말하는 것은 아니다. 그와는 반대로 놀라운 진보가 있었다. 이러한 진보는 뇌의 작용에 대한 과학적 이해의 엄청난 발전 때문이기도 했고 계속해서 우리의 철학적 개념들이 가다듬어지고 마음에 대해 던지는 질문들이 가다듬어졌기 때문이기도 했다. 이런 이유 때문에, 우리는 이제 심신 문제가 해결에 근접하고 있고, 그래서 어쩌면 21세기 철학의 무제한적인 난문제에는 포함되지 않을 것이라고 말할 수 있는 것일까? 20세기 마지막 10년 동안 의식에 관한 놀라울 만큼 뜨겁고 다소 예기치 못한 논쟁의 물결로 미루어 볼 때, 심신 문제는 계속 살아 꿈틀대는 문제로 보인다. '심신 문제'라는 용어는 실제로 수많은 철학적 논제들, 예를 들어 자아의 통일성, 정신 상태의 지향성, 인간의 합리성 및 작인(作因)과 같은 문제들을 포괄하고 있다. 그러나 우리가 시각, 색체, 생각, 감정을 어떻게 실제로 경험하는 그 방식으로 경험하는가 하는 우리의 의식적 경험을 설명하는 문제가 이 수많은 논제들의 중심에 있으며 또한 최근에는 가장 격렬한 논쟁을 불러일으켰다.
사실, 의식의 문제에 대한 새로운 관심은 심신 문제를 철학 논쟁뿐 아니라 과학 논쟁에서도 중심 문제가 되게 했다. '의식의 신경 상관자' — 특정한 정신적 경험에 상응하는 뇌 활동 유형 — 를 찾는 것이 지금 많은 심리학자와 신경과학자의 과학적 의제에 올라 있다. 다른 한편으로, 철학자들은 신경 상태와 정신 상태 사이의 관계가 가진 단순한 상관관계 이상의 본질에 대해 의문을 제기하느라고 분주하다.

compelling a. 강제적인; 설득력이 있는 continual a. 계속적인, 끊임없는 refinement n. (취미·태도의) 고상함, 세련 open-ended a. 제한이 없는, 자유로운 controversy n. 논쟁, 문제 alive and kicking 계속 살아 활동하는 self n. 본성; 자아 intentionality n. 지향성, 의도성, 고의성 agency n. 작인, 매개자, 대행 기관; 대리; 작용 at the heart of ~의 핵심에 focus n. 초점, 주안점 vigorous a. 활기찬, 격렬한 neural a. 신경의 correlate n. 상관자, 상관물 agenda n. 의제, 안건

45 글의 주제 ⑤

첫 단락에서 심신문제와 관련한 철학적 발전을 언급하고 이제는 심신문제가 더 이상 문제 되지 않는 해결된 문제인가하고 의문을 던지고 그 이하에서 심신 문제는 심리학, 신경과학, 철학에서 여전히 살아 꿈틀대는 문제임을 설명하고 있으므로, 글의 주제로 적절한 것은 ⑤이다.

이 글의 주제는 ______이다.
① 철학자들 대 과학자들
② 현대 과학의 큰 발전
③ 고전 철학자들의 위대함
④ 과학이 철학적 문제를 해결하는 방법
⑤ 심신 문제와 관련하여 지금 우리는 어디에 와있는가

46 빈칸완성 

빈칸 Ⓐ 다음에서 '놀라운 진보가 있었다'고 한 것은 빈칸 앞의 '우리가 과거의 철학자들과 동일한 위치에 있다'고 한 것을 뒤집어 그 반대의 진술을 하는 것이므로 빈칸 Ⓐ에 적절한 것은 On the contrary이다. 마지막 단락 첫 문장에서 철학 논쟁과 과학 논쟁에서 심신문제가 중심이 되었음을 언급하고 이어서 먼저 과학자들이 의식의 상관관계를 다루는 것을 언급했으므로 철학자들에 대한 언급이 시작되는 Ⓑ에는 '다른 한편으로'라는 뜻의 meanwhile이 적절하다.

47 내용파악 

글에 따르면 심신의 문제는 ④ 뇌 과학자들 때문에 (그 이해에) 많은 발전을 이루었다고 했다. ①은 심신 문제가 과학 분야에만 속한 것이 아니기 때문에, ②는 심신 문제가 철학자들에 의해 이미 해결된 것이 아니기 때문에, ③은 심신 문제가 여전히 철학의 주요관심사이기 때문에, 마지막으로 ⑤는 과학의 발전으로 더 정교해진 내용을 현대 학자들이 이해할 수 없는 것이 아니기 때문에, 전부 틀린 내용이다.

이 글에 따르면, 심신의 문제는 ______.
① 지금 과학 분야에 속한다
② 이미 철학자들에 의해 해결되었다
③ 철학자들의 주요 관심사가 아니다
④ 뇌 과학자들 때문에 많은 발전을 보았다
⑤ 현대 학자들에 의해 이해될 수 없을 것 같다

48-50

월드컵 경기 중에 축구 스타 알렉스 모건(Alex Morgan)이 차(茶)를 마시는 듯한 승리 댄스(골 세리머니)를 보여준 것에 대한 논쟁은 이제 수그러들었지만, 그것은 영국의 두 번째로 깐깐한 신문인 『The Times of London』 독자들 사이에 오랫동안 영국인들을 괴롭혀온 문제에 대한 논의를 다시 점화시켰다. 그것은 "찻잔에 차를 부을 때 무엇을 먼저 부어야 하는가? 차부터인가 우유부터인가?"라는 문제이다.
편집자에게 보내는 결투 편지가 7월 4일부터 실리기 시작했는데, 그날 브라이턴(Brighton)시의 밥 매덤스(Bob Maddams)는 미국의 축구 선수인 모건이 우유를 먼저 붓는지에 대해 깊이 생각하는 글을 썼고, 이것이 서리(Surrey)

카운티의 톰 호우(Tom Howe)의 답변을 7월 5일자에 실리게 했다.
"편집장님, 여자 월드컵에서 행해진 알렉스 모건의 차 마시기 승리 댄스에 대한 밥 매덤스의 편지(7월 4일자)는 우유를 먼저 넣는 것이 옳다는 것을 암시합니다. 나는 우유가 먼저냐 나중이냐 하는 문제는 사회적 신분의 표시라고 항상 믿게 되었습니다. 싸구려 도자기 찻잔은 뜨거운 차를 부으면 깨지고, 그래서 우유를 먼저 부어 온도를 낮추고 사고를 피하는 것입니다."
호우 씨의 편지는 정말로 독자들을 격분시켰다. 7월 6일자, 『The Times』지(紙)는 하나가 아니라 네 개의 답변을 게재했다. 레스터셔(Leicestershire) 카운티의 피터 서전트(Peter Sergeant)는 편지에서 "차는 도자기를 얼룩지게 하므로 우유를 먼저 넣어 이것을 완화시킵니다."라고 지적했다. 옥스퍼드셔(Oxfordshire) 카운티에서 보낸 두 번째 답신은 얼마나 많은 우유가 필요한지 알려면 차를 먼저 부어야 한다고 주장했다. 세 번째 편지에서는 보스턴 차 사건을 언급했다. 그리고 서리 카운티의 캐서린 머니(Catherine Money)로부터 온 네 번째 답신은 "우유 먼저(milk-in-first)"의 약어와 함께 사회계급의 중요한 문화적 맥락도 제시했다.
"편집장님, 차보다 우유를 먼저 붓는 것이 던지는 메시지를 상기시켜 준 점에서 톰 호우는 옳습니다. 어떤 사람을 '다소 MIF하다'고만 말해도 알아야 할 모든 것을 다 말해준 셈이니까요."라고 그녀는 썼다.
영국 신문의 독자투고란은 심장부에서 발산되어 나오는 실망의 파도를 감지하는 데 사용될 수 있는 민감한 도구이다. 예를 들어, 올 봄에 옥스퍼드셔의 한 주간 신문 편집장은 편집장에게 보내는 편지의 경칭인 "Sir"를 없애기로 결정했는데, 분노한 편지들이 너무나 쇄도해서 즉시 그 결정을 취소했다.

reignite v. 다시 불붙이다, 다시 일으키다 starchy a. 녹말의; (태도가) 빳빳한 broadsheet n. 보통 사이즈 신문, 광고용 인쇄물 dueling n. 투쟁, 결투 muse v. 명상하다, 생각에 잠기다 aloud ad. 소리 내어; 두드러지게 editor n. 주필, 편집자 standing n. 신분, 격식 set off 출발하다, 시작하다, 폭발시키다 recollection n. 기억, 회상 emanate v. 빛이 발하다, 소문이 퍼지다, 생각이 나오다 heartland n. 중심 지역, 핵심 지역, 심장 지대 phase out 단계적으로 정지시키다 form of address 경칭 inundate v. 범람시키다, 침수하다 reverse v. 뒤집다, 취소하다

48 내용파악 ③

"영국인이 찻잔에 차부터 붓는가 아니면 우유부터 붓는가?"라는 문제에서 우유부터 붓는 것이 올바른 것이 아니라고 주장한 사람은 옥스퍼드셔 카운티에서 보낸 두 번째 답신자이다.

49 부분이해 

the decision은 편집장에게 보내는 편지에서 경칭인 "Sir"를 없애기로 결정한 것을 말하고 있다.

밑줄 친 <u>the decision</u>은 무엇을 의미하는가?
① 우유부터 먼저 붓기
② "Sir"라는 표현을 사용하지 않기
③ 편집장에게 보내는 투고란을 없애기
④ 편지 쓴 사람들 가운데 한 명을 편들지 않기
⑤ 편집장에게 보내는 편지에 답장하지 않기

50 내용파악 

'MIF'하는(우유를 먼저 붓는) 이유 가운데 하나는, 싸구려 찻잔에 뜨거운 차부터 부으면 찻잔이 깨지기 때문이다. 따라서 'MIF'하는 사람들은 '싸구려 찻잔을 사용하는 가난한 사람들'을 가리킨다고 볼 수 있다.

캐서린 머니에 따르면 이른바 MIF는 ____(을)를 가리킨다.
① 예절을 아는 상류층
② 차 문화를 감당할 수 있는 부자들
③ 중국산 도자기를 사용한 왕족
④ 싸구려 찻잔을 사용한 가난한 사람
⑤ 우유보다 차를 더 많이 마시는 중산층

MEMO

MEMO